I0646943

ÉTUDES

SUR LA VIE ET LES ŒUVRES

DE MOLIÈRE

ÉTUDES

SUR LA VIE ET LES ŒUVRES

DE

MOLIÈRE

PAR

M. ÉDOUARD FOURNIER

REVUES ET MISES EN ORDRE

PAR M. PAUL LACROIX

(Bibliophile Jacob)

ET PRÉCÉDÉES D'UNE PRÉFACE

PAR M. AUGUSTE VITU

PARIS

LAPLACE, SANCHEZ et Cie, ÉDITEURS

3, RUE SÉGUIER, 3

1885

PRÉFACE

L'œuvre d'Edouard Fournier est variée autant qu'immense.
L'infatigable curiosité de ce chercheur explorait les points les
plus divers de notre histoire nationale, sans que la folle du
logis cessât de hanter son cerveau de poète ; il savait l'y faire
vivre en paix avec la raison et la science. En dehors de ses travaux d'éditeur, théâtres du Moyen-Age et de la Renaissance,
théâtre du grand siècle et théâtre moderne, Edouard Fournier
a marqué sa prédilection pour les travaux historiques par des
publications considérables, où l'archéologie, l'érudition pure et
l'anecdote alternent ou se succèdent sans se nuire ni s'absorber.

A travers tant de figures diverses se dessinant sur les per-
spectives lointaines de nos annales, il en est une, demeurée
colossale et dominante à l'horizon, qui, plus longtemps qu'aucune autre, captiva l'attention d'Edouard Fournier : c'est Molière.
Jamais, pour ainsi dire, il ne la perdit de vue, essayant, dès
le début, de reconstituer le roman du grand comique à travers
les légendes suspectes, les contes absurdes ou calomnieux,
comme aussi les enthousiasmes à faux, moins supportables peut-
être que les dénigrements systématiques. Au fond des amères
diatribes d'un Louis Veuillot contre l'immortel auteur de *Tartuffe*, on discerne un sentiment de justice littéraire plus profond à l'égard du génie de Molière que dans les plates admirations d'un Etienne ou d'un Auger.

Cette espèce de fascination que Molière exerce encore, deux
siècles après sa mort, sur la littérature française, et qui parait
s'accroître en raison inverse des distances, Edouard Fournier
la ressentit plus vivement que nul autre de ses contemporains.

*

Il y a vingt ans que notre regretté confrère publiait sous ce titre : *le Roman de Molière*, un petit livre qu'il donnait comme le prélude et d'avance la pièce justificative d'un ouvrage plus complet : *Molière au théâtre et chez lui*, qu'il préparait, mais qui n'a pas vu le jour.

Les motifs de ce changement de résolution, il ne les a pas expliqués ; mais je les devine. Par suite de ces coïncidences, aussi fréquentes dans le domaine de l'érudition que dans celui des sciences, en la même année où paraissait *le Roman de Molière*, ingénieusement construit sur les traditions acceptées jusque-là faute d'éléments de critique et de contrôle, Eudore Soulié publiait ses *Recherches sur Molière et sur sa famille*. Soixante-quinze documents authentiques, entièrement inédits, venaient éclairer d'un jour nouveau la personne de Molière, de ses parents, de ses alliés et des principaux collaborateurs de sa vie domestique ou littéraire. C'était, quarante ans après les découvertes de Beffara, une révolution plus considérable et plus profonde encore dans le *moliérisme*. Et voilà qu'au lendemain des *Recherches* d'Eudore Soulié, Jal y vint apporter un supplément de premier ordre en publiant l'état civil presque complet de la famille Béjart.

Tout était à recommencer. Edouard Fournier se le tint pour dit. Il suspendit son travail entrepris sur les anciens vestiges. Armé de la patience, qui est l'outil le plus sûr de l'érudition, il examina tranquillement les découvertes inattendues d'Eudore Soulié de cette nouvelle initiation ; naquit la série de notices qu'il dissémina un peu partout, dans les journaux et les revues, et qu'une main pieuse réunit aujourd'hui.

Appelé par une conformité d'études, aussi par les souvenirs d'une longue confraternité, à caractériser en une courte préface la valeur de ces intéressants essais, où la biographie renouvelée cède le pas à la critique littéraire, j'ai tenu à indiquer la nuance qui sépare, dans l'œuvre moliéresque d'Edouard Fournier, la partie biographique dont il puisait les éléments hors de lui-même, et les aperçus critiques dont le solide mérite lui appartient tout entier.

La différence est grande, en effet, entre ce que le dix-huitième siècle crut savoir d'après Grimarest et ses copistes, et ce que nous en savons réellement aujourd'hui. Il s'en faut, cependant, que les éléments nouveaux aient été coordonnés et mis en œuvre avec assez de suite pour substituer de toutes pièces la vérité aux fables anciennes, qui trop longtemps eurent cours. Cela s'explique. Les révélations se sont produites si rapidement, par « déballage », si j'ose m'exprimer ainsi, qu'on n'a pas encore eu le temps de les mettre à profit et de les enchaîner pour édifier sur elles une vie de Molière, je ne dis pas complète et définitive, hélas! nous n'en sommes pas là! — mais rectifiée quant aux faits et aux dates, dans la limite de ce que nous connaissons enfin, grâce à Beffara, à Eudore Soulié et à Jal.

On peut entrevoir que ce travail nécessaire, lorsqu'il s'accomplira, ne laissera rien subsister des légendes accréditées par l'ignorance, la légèreté ou l'intrépidité mensongère des anciens biographes.

Je connais l'objection, car il y a des objections même contre les laborieuses recherches de l'érudition désintéressée. C'est que les documents ne nous instruisent que des choses extérieures, et qu'ils ne nous font pas pénétrer dans l'intimité même du grand homme objet de notre culte, dans son esprit et dans son cœur. L'intuition pure et simple, venant et soufflant d'où elle veut, ne relevant que d'elle-même, garde des préférences et livre bataille contre les faits les mieux constatés ou en faveur d'erreurs nouvelles. Ces combats purement littéraires, attentivement suivis par un public de fidèles, ont l'avantage de maintenir une sorte d'équilibre instable entre l'étroite rigueur du fait et les entraînements de l'imagination, si facilement dérivée, comme un ballon sans lest, vers les régions illimitées de la fantaisie.

Il n'en demeure pas moins évident que la fixation de certaines dates, que la détermination de certains problèmes spéciaux, résultant de la confrontation de quelques paperasses poudreuses, ont leur retentissement immédiat dans le domaine des sentiments et des idées, où, d'ailleurs, les abstracteurs d'hypothèses ne se confinent pas toujours.

Si l'on voulait se rendre compte de l'effet de dissolution instantanée, produit par l'apparition d'un document nouveau, sur l'atmosphère aux couleurs chatoyantes des rêves aventureux, il suffirait de s'arrêter à un point entre dix, par exemple celui-ci.

Claire-Armande-Grésinde-Elisabeth Béjart, qui devint madame
Molière, était-elle la fille légitime de Joseph Béjart et de Marie
Hervé, comme l'attestent vingt actes authentiques, ou bien la
fille clandestine de Magdeleine Béjart, que les mêmes documents
lui donnent comme sœur aînée ? Il semble qu'il n'y ait pas à
hésiter, d'une part entre une supposition romanesque, et d'autre
part une suite ininterrompue d'actes qu'on ne saurait arguer de
faux qu'en impliquant dans l'accusation un nombre infini de
faussaires.

Cependant, il faut bien l'avouer, la majorité des biographes
penche encore aujourd'hui pour la maternité de Magdeleine.
Pourquoi? leur demanderez-vous. Mais, répondront-ils, c'est
que la vérité nous paraît bien plate, à tout le moins bien
invraisemblable. Madame Molière étant née vers 1641 ou
1642, sa mère officielle, née en 1590, l'aurait mise au monde à
cinquante-trois ans. L'objection semblait spécieuse sinon pé-
remptoire. On ne voulait pas croire à la fécondité surannée d'une
femme quinquagénaire demeurée stérile depuis quatorze ans.
Cela se pouvait soutenir autrefois, mais voici que, en 1867, Jal
produit l'acte de baptême de l'avant-dernier enfant de Marie
Hervé : c'est une fille, nommée Bénigne-Madeleine, née le 20 novembre 1639. L'argument disparaît; puisque l'intervalle entre la
naissance de Bénigne-Madeleine et la conception de Claire-Armande-Grésinde-Elisabeth, sa sœur puinée, se réduit à dix-huit
mois ou deux ans tout au plus.

D'ailleurs, au point de départ de ces suppositions qui laissaient
planer un doute pénible sur la mémoire de Molière, est-il donc
si sûr que Molière, à peine majeur, occupât une place dans le
cœur de Magdeleine Béjart, son aînée de quatre ans par l'âge,
mais bien plus encore par sa situation de fortune, par l'éclat
de ses aventures et par le rang d'épouse morganatique que
semblait lui reconnaître le vaillant et romanesque comte de
Modène ? En un mot, Molière fut-il, à son entrée dans la vie,
le jeune amant de Magdeleine Béjart? On l'a dit; mais qui le
dit? Tallemant des Reaux, qui n'en sait manifestement rien,
puisqu'il prend Magdeleine pour Armande et croit que Molière
l'a épousée. Il y a surtout Montfleury (à ce que dit Racine); mais
Montfleury calomniait et dénonçait par vengeance.

Il règne, d'ailleurs, une épaisse obscurité, qu'il serait bien

tentant de dissiper, sur ces cinq années de 1638 à 1643, prologue mystérieux de la longue association de Molière avec les
Béjarts, devenus sa seconde famille, remplies par les conspira-
tions de M. de Modène et de son ami le chevalier L'Hermite de
Vauselles, père et parrain de la petite Françoise, contre le cardinal de Richelieu, leur condamnation et leur exil, et qui abou-
tissent à leur rentrée en France après la mort de Louis XIII, en
même temps que le duc d'Epernon, retour qui coïncide d'une
manière si curieuse avec la fondation de l'Illustre Théâtre
(30 juin 1643).

Les preuves abondent que le comte de Modène vécut jusqu'aux dernières années de leur vie dans une étroite liaison
d'affection et d'intérêts avec Magdeleine, non moins qu'avec
Molière lui-même, au point d'être le parrain de la petite Magdeleine, fille de Molière et d'Armande Béjart. Il y a là matière à
quelques réflexions pour les esprits circonspects qui n'admettent
pas, sans de bonnes preuves, une promiscuité qui ne ferait pas
honneur à la délicatesse de Molière, et qui conduirait même
assez loin dans la voie des inductions fâcheuses.

Montfleury, ou Racine, son porte-paroles, n'accusait pas précisément Molière d'avoir épousé la fille après avoir vécu avec la
mère. La calomnie n'y perdra rien. Ce que Montfleury n'osait
pas alléguer, Le Boulanger de Chalussay ne se gêne pas pour
l'expliquer en toutes lettres dans son pamphlet rimé.

Or, qu'Armande fût la fille de Magdeleine, il n'y a vraiment
pas lieu d'y croire, à moins de déchirer un trop grand nombre
d'actes judiciaires ou notariés ; elle a pour elle, en fait comme
en droit, la possession d'état, et il demeure par conséquent
acquis pour les juges non prévenus qu'elle était la dernière
née de M. et Mme Béjart et la sœur cadette de Magdeleine.
Mais on doit, en critique comme au barreau, éviter de défendre
une bonne cause par de mauvais arguments. Les dates ici ne
prouvent rien, car elles plaident à la fois le pour et le contre.
L'existence de la « petite non encore baptisée », qui paraît être
Armande, est constatée par une requête au lieutenant civil du
10 mars 1643 ; or, à cette époque, Molière, on n'en saurait douter,
était déjà en liaison réglée avec la famille Béjart.

Que l'on y prenne garde : la légende des amours de Molière
avec Magdeleine Béjart, quelles qu'en puissent être les suites,

demeure inconciliable avec le respect que nous aimons à professer pour une telle mémoire ; ou Armande serait la fille de Molière, ce qu'il est inutile de qualifier, ou bien il aurait, à tout le moins, épousé la fille ou la sœur de sa maîtresse, deux cas sociaux qui, pour n'être pas sans exemple, ne le recommanderaient pas mieux à l'estime de ses contemporains qu'à celle de la postérité.

On peut multiplier presque indéfiniment ces points d'interrogations et ces raisons de douter sur chacune des phases essentielles de la vie de Molière. Ce n'est pas le lieu d'aborder incidemment l'histoire rebattue de ses prétendues infortunes conjugales, par laquelle des pamphlétaires, parfois éloquents, travestissant d'une manière odieuse les souffrances physiques et morales d'un homme de génie, essayèrent de le déshonorer après sa mort.

Il est cependant des traditions contre lesquelles on ne doit pas plus se lasser de protester qu'on ne se lasse de les reproduire. Comment admettre, par exemple, que Molière se fût dépeint sous les traits d'Arnolphe dans une comédie assurément contemporaine de son mariage (20 février 1662), puisqu'elle fut représentée quelques mois après (26 décembre)? On ne se bafoue pas soi-même, on ne se ridiculise pas sciemment aux yeux de celle qu'on aime et de qui l'on veut être aimé. Nul rapport saisissable entre Arnolphe et Molière : Molière venait d'épouser, et Arnolphe n'épouse pas.

Et quelle ressemblance découvrir entre Agnès, petite fille innocente, ignorante, sans usage du monde, et la brillante Armande Béjart, ornée de tous les talents, et certainement majeure lorsqu'elle épousa Molière?

Ajoutons qu'Agnès et Arnolphe ne sont pas nés dans le cerveau de Molière, qui les emprunta l'un et l'autre à Scarron.

Répètera-t-on, pour continuer la gageure, qu'Alceste et Célimène nous offrent encore la contre-épreuve de Molière et d'Armande? Cela ne tient pas devant une minute d'examen. Les scènes de jalousie d'Alceste ont été reprises textuellement par Molière à *Don Garcie de Navarre*, qu'il avait écrit étant encore garçon, qu'il fit représenter le 4 février 1661, juste une année avant son mariage, et qu'il jouait encore le 4 novembre 1663, moins de trois ans avant *le Misantrope*. Enfin, faudra-t-il souffrir

toujours qu'on attache au chapeau de l'immortel inventeur du
Misantrope, de *Tartuffe* et des *Femmes savantes*, cette devise
du plagiaire : « Je prends mon bien où je le trouve? » Molière,
qui ne se faisait pas faute d'expliquer ses intentions et ses méthodes, non seulement dans ses préfaces, mais aussi dans des
dissertations étendues, telles que les lettres sur le *Misantrope*
et sur *Tartuffe*, n'a jamais rien prétendu depareil. Qui donc le lui
attribue? Personne et tout le monde. Grimarest, ne se pouvant
dissimuler que Molière avait emprunté plusieurs scènes au
Pédant joué, emprunt d'autant plus avéré que la pièce de
Cyrano de Bergerac était imprimée et fort répandue, essaya
d'excuser Molière au moyen d'une fable qui fait honneur à
l'imagination de ce biographe. Il feignit que, dès le collège de
Clermont, Cyrano eût emmagasiné dans sa mémoire un fond
de bonnes choses qu'il tenait de Molière et dont il se servit par
la suite. « Aussi, » ajoute sérieusement Grimarest, « Moliere ne
» s'est-il pas fait un scrupule de placer dans ses ouvrages plu-
» sieurs pensées que Cyrano avoit employées auparavant dans les
» siens. — Il m'est permis, disait Molière, de *reprendre* mon
» bien où je le trouve. » Grimarest lui-même, malgré son effron-
terie, ne revendiquait pour Molière qu'un droit de restitution et
non de butin. Cependant la phrase de Grimarest dénaturée a fait
fortune. Nombre d'honnêtes gens jureraient que Molière s'était
attribué des lettres de marque pour courir en corsaire sur ses
contemporains. Un des vers de *Tartuffe* a eu le même sort ; ne
cite-t-on pas couramment : « Il est avec le ciel des accommo-
» dements! » maxime impie et téméraire, au lieu du texte vrai :

> Mais on trouve avec lui des accommodements,

qui est un vrai propos de casuiste.

Il est temps d'en revenir aux *Etudes* d'Edouard Fournier,
écrites de 1858 à 1878; la biographie et la légende de Molière
n'occupent qu'une faible partie du volume que je viens de relire
en épreuves avec autant d'attention que d'intérêt et de plaisir.
Les études littéraires sur l'œuvre du grand philosophe comique
y tiennent la plus large place; ici plus de controverses ; l'érudition elle-même s'efface devant le jugement affermi du critique
sagace et fin.

L'ensemble des morceaux consacrés au *Tartuffe* mérite une

attention particulière. Edouard Fournier reconstitue avec une
habileté merveilleuse les éléments de cette grande composition,
sur les origines et la portée de laquelle règne encore un profond mystère. Que l'abbé Roquette, devenu évêque d'Autun, fût
le prototype de Panulphe, c'était la conviction profonde d'Edouard
Fournier; il l'appuie d'arguments si ingénieux, de rapproche-
ments si séduisants qu'on se repentirait de ne s'y pas soumettre
« pour la beauté du raisonnement qu'il en fait. » Du reste,.
Edouard Fournier, qui savait par expérience de quels éléments
divers et par quelles combinaisons multiples se construit une
pièce de théâtre, s'est plu à rechercher ailleurs que dans une
peinture individuelle les traits complémentaires du personnage,
et ceux qu'il a recueillis dans l'*Aloysia* de Chorier sont de la
plus haute curiosité.

Ce grand chef-d'œuvre, je parle de *Tartuffe*, Ed. Fournier y
revient sans cesse, et, à chaque retour, il apporte quelque aperçu
nouveau, quelque remarque oubliée par ses prédécesseurs et
par lui-même. Se laissant pénétrer par la pensée de Molière
autant qu'il en était pénétré, il ressent vivement les fautes des
interprètes : « Depuis tantôt deux siècles, » dit-il, « que cette
» comédie occupe le théâtre, elle a trouvé, pour altérer son
» texte et fausser sa tradition, bien des occasions que le mau-
» vais goût ou la vanité des comédiens l'ont aidée à ne pas
» manquer. » Il faut lire surtout le court mais substantiel
chapitre intitulé : « *Conseils aux comédiens qui jouent le rôle de
» Tartuffe.* » C'est pour ainsi dire de l'actualité. Le grand comédien qui, cette année même, a pris la peine d'expliquer docte-
ment comment il comprenait le personnage, n'y trouvera pas
de quoi déconcerter sa thèse. Comme M. Coquelin et comme Molière lui-même, Edouard Fournier soutenait que Tartuffe est un
cuistre, un maraud, dont il se faut bien garder de rehausser
ou de déguiser le « cynisme ardent et béat. » Je me tais des
autres points impliqués dans la controverse ; j'attends M. Coquelin
à la lumière de la rampe ; peut-être joue-t-il le rôle autrement
qu'il ne le définit, et l'on ne saurait hasarder, en matière d'interprétation artistique, l'ombre d'une critique préventive.

D'ailleurs, c'est à Bressant que mon regretté confrère s'en
prenait, à Bressant qui s'était avisé de présenter au public un
Tartuffe gentilhomme, et, comme le dit spirituellement Edouard

Fournier, « un Almaviva déguisé, un Tartuffe Alonzo ». Il n'en avait pas précisément l'étrenne ; Leroux, et plus anciennement encore Firmin, y faisaient assaut d'élégance. Aucun de ces « amoureux » distingués n'aurait pris sur lui de nous rendre l'oreille rouge et le teint bien fleuri du pied-plat tout enflammé non moins de luxure que des « quatre grands coups de vin » dont Tartuffe avait coutume d'arroser son repas.

La perspicacité naturelle et le sens critique d'Edouard Fournier n'apparaissent pas avec moins d'évidence lorsqu'il disculpe Molière d'avoir fait servir la vieille fable d'*Amphytrion* au panégyrique de l'adultère royal. Edouard Fournier avait été saisi de ce fait si simple que Molière ne pouvait deviner la faveur future de madame de Montespan, lorsqu'il écrivait sa pièce au plus tard dans l'automne de 1667, c'est-à-dire au moment où mademoiselle de la Vallière, déclarée duchesse depuis quelques mois, mettait au jour, au château royal de Saint-Germain-en-Laye (2 octobre 1667), son troisième enfant, légitimé de France sous les noms de Louis de Bourbon, comte de Vermandois. Il serait d'ailleurs malaisé de découvrir dans l'*Amphytrion* de Molière l'apparence d'une consolation équivoque en faveur des maris royalement trompés ; Plaute et Rotrou avaient appuyé sans scrupule sur ce point délicat : c'est précisément là que Molière se dérobe :

> Trève aux discours,
> Et que chacun chez soi doucement se retire ;
> Sur telles affaires toujours
> Le meilleur est de ne rien dire.

C'est le langage de l'homme prudent et avisé, de l'honnête homme, comme on disait en ce temps-là, non celui du complaisant ni du flatteur.

Ainsi, parcourant d'une plume agile, tantôt la vie et tantôt les œuvres de son écrivain préféré, Edouard Fournier, entre temps, s'est délassé à des épisodes moindres, mais toujours pleins d'intérêt, comme tout ce qui touche notre grand poète comique. Les Poquelins à Bordeaux, la montre de Molière, le Jubilé de 1873, le Musée de Molière à la Comédie française, les Interprètes de Molière au Théâtre-Français, sont autant de chapitres qui préservent ces études d'ensemble contre toute apparence de pédantisme ou de monotonie. En ces morceaux curieux et piquants, on reconnaît la piété fervente du moliériste et la touche légère de l'écrivain spirituel et sagace qui se plut à vivre en familiarité complète avec les profonds philosophes de la gaîté française, avec l'auteur inconnu de *Pathelin*, comme avec Molière, Regnard et Beaumarchais, et dont le nom, protégé par ces morts illustres, vivra longtemps dans la mémoire des lettrés.

AUGUSTE VITU.

PREMIÈRE PARTIE

ÉTUDES

SUR

LA VIE DE MOLIÈRE

I

LE DOSSIER DE MOLIÈRE (1)

Il ne s'agit pas moins que d'une vie *inédite* de Molière. Les archives de théâtre n'y sont pour rien ; ce sont les archives des notaires qui ont tout fourni. J'ai dit que c'était la biographie, j'aurais mieux fait de dire : c'est le dossier de Molière et des siens. Mais, biographie ou dossier, peu importe. Sa valeur, comme intérêt de révélation ou de curiosité, n'en est pas moins inestimable, et il n'est pas un admirateur du grand homme, qui ne doive la plus vive reconnaissance à M. Eudore Soulié, dont l'active et lumineuse patience a pu retrouver, un à un, chez quinze ou vingt notaires, en des cartons perdus, les soixante pièces environ, par lesquelles ce que l'on sait de Molière se trouve inopinément renouvelé de fond en comble, depuis sa naissance jusqu'à sa mort.

Que la source d'où tout cela est sorti par un miracle d'investigation, n'épouvante pas ceux qui ne veulent

---

(1) *Recherches sur Molière et sur sa famille,* par Eud. Soulié, conservateur adjoint des musées impériaux. *Paris,* 1863, in-8° de 387 pages.

qu'amusement dans la vie de Molière, comme dans ses
œuvres. Les actes retrouvés valent, passez-moi l'équivoque, valent presque tous des actes de comédie. Molière, et cela dans le sens le plus sérieux et parfois le
plus navrant du mot, Molière est comique, même par-
devant notaire. La comédie de ses affaires vaut parfois
celle de son théâtre ; elle l'éclaire, d'ailleurs, en plus
d'un point, et ajoute par là d'une façon singulière à son
intérêt, à ses enseignements. On voit là, de mieux en
mieux, par mille petites lueurs nouvelles, combien son
œuvre procède de sa vie, et combien l'une, ainsi que
nous l'avons dit souvent, n'est que le reflet de l'autre
ou son écho.

Un critique, ordinairement obligeant et mieux renseigné, mais qui, en raison du journal où il écrit, croit
sans doute nécessaire de n'admettre que des certitudes
officielles, niait, l'autre jour, avec assurance, cette
préoccupation de Molière à répéter sa vie dans ses
comédies, et à se jouer ainsi lui-même, avec ses passions, ses faiblesses et ses douleurs. Qu'il lise avec soin
ce volume, qu'il y apprenne enfin la vie de Molière, et
il verra si ceux qu'il critique se sont mépris, lorsqu'ils
ont soutenu la thèse qu'il combat. Le livre de M. Soulié
n'était pas, du reste, indispensable pour qu'ils eussent
raison. Leur réplique victorieuse était écrite depuis tantôt deux siècles dans ces quelques lignes du premier
biographe de Molière, le comédien Marcel, qui rédigeait, sous la dictée de La Grange, ami et compagnon
du grand homme. Voici ce qu'il dit à propos de ses
comédies : « Il s'y est joué le premier, en plusieurs endroits, sur les affaires de sa famille, et qui regardoient
ce qui se passoit dans son domestique. C'est ce que

ses plus particuliers amis ont remarqué bien des fois. »

Le nouveau volume permettra de le constater encore mieux. Mais, s'il apporte des preuves sur ce point, combien, pour d'autres, n'apporte-t-il pas de démentis! Tous les livres sur Molière vont en être bouleversés. J'en ai publié un, moi-même, il y a quelque temps (1), où j'aurai à réparer plus d'une brèche, et plus d'une hypothèse à remettre sur pied ou même à supprimer tout à fait. Ce petit volume n'est pas, toutefois, le plus malheureux. Ainsi que nous le ferons voir, en passant, les certitudes notariées apportées par M. Soulié lui sont d'ordinaire plus indulgentes que rigoureuses. Il a parfois deviné ce qu'elles assurent. Il faudra, de ci de là, le recrépir et le replâtrer un peu, tandis qu'il en est d'autres qui devront être refaits de fond en comble.

Mais ne perdons plus de temps, examinons, pièce à pièce, l'admirable liasse que M. Soulié intitule, avec une modestie et une simplicité sérieuses : *Recherches sur Molière et sur sa famille*. Tirons-en la quintessence, sans nous faire faute d'élaguer, ou même au besoin de compléter. M. Soulié nous en saura gré. Il nous apprend tant de choses, qu'il y aurait ingratitude à ne pas tâcher de lui rendre un peu la pareille.

Pour la naissance de Molière, rien n'est changé. Il continue à naître, comme l'avait découvert Beffara, dans la maison de la rue Saint-Honoré, qui fait le coin de celle des Vieilles-Etuves, le 15 janvier 1622. Les prétentions de la maison de la rue de la Tonnellerie sont définitivement mises à néant; elles n'ont plus, pour elles,

_____

(1) *Le Roman de Molière,* suivi de fragments sur sa vie privée, d'après des documents inédits nouveaux. *Paris,* 1863, in-8°.

que le buste menteur de la façade, qu'on supprimera bientôt, j'espère, si la maison elle-même n'est pas supprimée.

A l'âge de onze ans, Poquelin perd sa mère, femme charmante, à ce qu'il semble, d'après ce qu'a découvert M. Soulié. Quoique simple épouse d'artisan, elle aime les livres, et ce n'est pas sans surprise que l'on trouve, sur le bahut, façon de Flandres, qui orne le cabinet voisin de sa chambre, un exemplaire du *Plutarque* d'A-myot, que nous retrouverons plus tard en double chez Molière, à Auteuil et à Paris. C'est aussi une bourgeoise élégante, que Mme Jean Poquelin, la tapissière, plus cossue que coquette, mais certainement soigneuse et soignée au dernier point. Elle est ce que sera son fils, dont rien n'égalait, on le sait, la minutie d'ordre et de propreté. Elle ne se permet que les modes bourgeoises, le chaperon, le vertugadin et le collet à plusieurs étages, dont ne veulent déjà plus les coquettes des métiers ; mais tout cela est de si belle étoffe, le drap d'Es-pagne du chaperon, les toiles à passement et le point coupé du collet ont si bon air, qu'il n'y a pas de nou-veautés qui les vaillent. Et quels bijoux ! Les financières d'aujourd'hui n'en ont pas de plus riches : une montre à boite d'or émaillé avec sa chaîne, quatorze anneaux d'or, une ceinture de pièces d'or, qui devaient faire grande envie aux bourgeoises, dont le *demi-ceint d'ar-gent* était alors la plus belle parure ; mais le plus admi-rable de cet écrin de tapissière, ce sont deux bracelets de perles rondes, tant grosses que menues, auxquels s'est trouvée la quantité de mille cinquante-quatre perles ! »

Ajoutez à tout cela une argenterie à l'avenant, l'aiguière et les beaux plats d'argent dont parlera Chrysalde, puis de riches meubles, des miroirs de Venise, de brillantes tentures à personnages, et vous conviendrez que Molière, plus tard, si magnifique lui-même en ameublement, fut, de bonne heure, à l'école du goût et des belles choses.

Le père Poquelin, devenu veuf, changea tout cela. C'était un homme chagrin, un peu avare, comme le remarque M. Soulié, d'après l'examen de ses comptes. Molière, qui ressemblait tant à sa mère, ne lui dut rien, à lui, que quelques traits peut-être de son Harpagon. Une particularité de l'inventaire, dont M. Soulié ne nous semble pas avoir compris la signification, est, à nos yeux, un trait de lumière pour le caractère de l'homme et sa moralité.

L'argent comptant est toujours ce que les pères, devenus tuteurs, tâchent de dissimuler avec le plus de soin, lorsque l'inventaire est dressé. Maître Poquelin ne nous paraît pas y avoir manqué. On ne trouva pas, chez lui, un pauvre écu comptant. A Saint-Ouen, où il avait une chambre dans la maison de bouteille de Louis Cressé, son beau-père, on ne trouva, non plus, rien d'abord. Des titres de créances, des obligations plus ou moins fortes souscrites par des gens de la campagne ou de pauvres diables à qui maître Poquelin prêtait à la petite semaine, voilà quel était, avec les hardes, les meubles, les bijoux et les marchandises, tout l'actif de la succession. Quant à l'argent, pas un rouge liard. On s'en étonna, et ce fut alors que Poquelin, vivement pressé, avoua que son argent était à Saint-Ouen, où, par mégarde sans doute, il l'avait porté et oublié. On y retourna, et au fond d'un coffre rempli d'une foule de

vieilles hardes, en tout semblable à la malle du Géronte
des *Fourberies de Scapin*, on découvrit deux mille
bonnes livres en pistoles, écus d'or et douzains, qu'on
se hâta d'inscrire à la suite de la désignation précédemment faite des objets contenus dans le coffre. Cette mention est écrite d'une autre encre que le reste, ce qui
prouve bien qu'elle est postérieure à la première visite.
M. Soulié constate l'intercalation et s'en étonne, sans se
l'expliquer.

Le père Poquelin n'était pas homme à rester veuf,
lors même qu'il n'eût pas eu quatre enfants sur les bras.
Un nouveau mariage pouvait lui apporter une nouvelle
dot. Il chercha et trouva vite. Un an et vingt jours après
la mort de sa première femme, le 30 mai 1633, il se remariait à la fille d'honorable homme Eustache Fleurette,
marchand et bourgeois de Paris. La somme apportée
par la nouvelle épouse était-elle d'importance ? C'est
probable ; le caractère de maître Poquelin, qui sans
cela ne se fût pas remarié, semble nous en répondre, et,
d'ailleurs, nous le voyons, quatre mois après, acheter,
au prix de 8,500 livres, une maison sous les petits
piliers des Halles, en face le Pilori et non loin de la célèbre hôtellerie du Heaume.

Le voilà de plus en plus à l'aise, mais il n'en est que
plus chiche et regardant, comme on dit ; c'est lui fendre
l'âme que lui demander le payement de quelques sommes ; celles dont il doit rendre compte à ses enfants sont
le plus amer de ses soucis. Il fait tout, pour éluder cette
dure loi de la tutelle, ou pour n'y obéir que le moins
possible. Le 14 septembre 1634, il cède son fonds de
commerce à son fils Jean, frère cadet de Molière, et il
ne manque pas de stipuler qu'en raison de cette cession,

« ledit fils Poquelin ne pourra demander aucun compte
ni partage de biens de la succession de sa mère, ains
en laisser jouir sondit père, sa vie durant; le semblable,
ajoute-t-il, parlant de sa fille Madeleine, mariée alors
depuis trois ans à André Boudet, le semblable étant ob-
servé par sa sœur, cohéritière de ladite défunte leur
mère. » De sa seconde femme, morte en couche, trois
ans après son mariage, il lui était resté une fille, nommée Catherine. Autre tutelle, autres comptes en perspective, autres tourments. Il les esquiva habilement. Il
fit de sa fille une religieuse. Lorsqu'il eut, en 1635,
donné 5,000 livres pour qu'elle prît le voile aux Visitandines de Montargis, il se déclara quitte, et cela de
l'aveu même des parents, qui lui signèrent un acte en
bonne forme.

Dans la même ville de Montargis, était une cousine de
Molière, aussi religieuse, mais chez les Bernardines.
M. Soulié se demande si ce n'est pas de l'un de ces deux
couvents, qu'étaient venues les deux sœurs qui assistèrent à l'agonie de Molière, et l'aidèrent si pieusement à
mourir. Il aimerait à voir, en elles, des compagnes en
religion de la sœur du grand homme. C'est malheureusement impossible. On sait, en effet, d'après le témoignage de Grimarest, que les religieuses qui bénirent
seules ses derniers moments n'étaient pas des sœurs de
Sainte-Marie, « mais de celles qui viennent ordinairement à Paris quêter pendant le carême ; » c'est-à-dire,
par conséquent, des sœurs de Sainte-Claire, appelées
alors, par le peuple, *Hirondelles de carême*. Pour dédommager M. Soulié de la perte de sa touchante illusion au
sujet de nos Visitandines, je lui raconterai, sur la sœur
de Molière et sur sa cousine, une anecdote dont pourra

1.

fort bien s'accommoder l'infaillible seconde édition de
son curieux volume. Je trouve cette anecdote, au tome II,
page 102, de la *Mosaïque historique* de Dusaulchoy, publiée en 1818 : « Il a, dit-il, existé à..., deux visitandines,
qui se nommaient Poquelin, parentes de Molière ; elles
rougissaient de reconnaître comme parent l'auteur de
Tartuffe ; elles jeûnaient, tous les ans, à un jour fixe,
pour expier le malheur d'une telle alliance. » Ne sont-ce
pas là notre bernardine et notre visitandine de Montargis ?

Ce n'était pas là la seule attache religieuse qu'il y eût
dans la famille de Molière. Son frère Jean avait épousé,
en 1656, une jeune orpheline, Marie Maillard, que l'é-
vêque de Césarée, Bourlon, protégeait, et qui ne semble
pas avoir été, pour cela, plus savante ; elle ne savait pas
écrire, mais elle était riche ; elle avait apporté en dot
11,500 livres, qui formeraient aujourd'hui une somme
de 57,000 francs environ. C'était assez pour que le père
Poquelin fût indulgent pour l'insuffisance de l'éducation.

L'argent, je le répète, voilà son grand point. Aussi
quel crève-cœur ce fut pour lui, quand son fils aîné, à
peine à vingt-un ans, s'en vint lui réclamer une part de
sa légitime !

Ne lui avait-il pas suffi à cet enfant ingrat d'avoir dévoré, pour une éducation désormais inutile, pour son titre
d'avocat, pris à Orléans, pour ses études sur les bancs
de Sorbonne, des sommes dont chaque écu n'était sorti
du coffre de son père, qu'en lui déchirant le cœur ? Il
fallait encore qu'il vînt de nouveau s'attaquer à la
bourse de ce marchand économe et lui briser l'âme ; et
pourquoi encore? c'est là le plus amer : pour se faire

comédien, pour courir avec des jeunes fous comme lui la pretantaine du théâtre ! Le père s'exécuta, mais à une dure condition. Voyant bien, à la marche suivie par son fils, que c'en était fait de lui pour toute carrière honorablement acceptée, et qu'il ne serait jamais qu'un coureur de comédie, il lui donna la somme demandée, 630 livres, mais il exigea que dès lors il se dessaisît, « en faveur de tel autre de ses enfants, qu'il lui plairait, » du titre qu'il lui avait fait accorder, quelques années auparavant, pour la survivance de sa charge de tapissier du roi. Molière signa, prit la somme, et sans doute on ne le vit plus, que lorsqu'il lui fallut quelque autre argent.

L'acte est du 6 janvier 1643. Nous avions dit, dans notre livre (1), que Molière avait dû tout abandonner pour ses premiers essais de comédien, à la fin de 1642. On voit que nous ne nous étions pas trompé. Quels étaient ces essais ? Avec qui jouait-il ? Quelles pièces et sur quel théâtre ? C'est ce qu'on ne peut dire au juste. Le Boulanger de Chalussay, dans son *Elomire,* prétend que tout son apprentissage était alors de servir de Tabarin, subalterne à l'Orviétan ou à Bary, les deux grands opérateurs de la place Dauphine. Encore, Bary avait-il refusé son service !

> Tu briguas, chez Bary, le quatrième employ :
> Bary t'en refusa ; tu t'en plaignis à moy ;
> Et je me souviens bien qu'en ce temps là, mes frères
> T'en gaussaient, t'appelant le mangeur de vipères.

C'est Madeleine Béjard, sous le nom d'Angélique, que Chalussay fait parler ainsi. Et je crains bien qu'il ne lui

(1) *Le Roman de Molière.*

fasse dire un mensonge, là où d'elle-même elle aurait pu dire bien des vérités. Personne, en effet, nous allons le voir, ne connaissait mieux qu'elle les commencements de Poquelin.

Dans les premiers mois de 1643, elle était revenue à Paris, après une longue course dans les provinces du Midi, à laquelle l'avaient obligée certaines circonstances sérieuses, moitié de galanterie et de politique, dont nous n'avons pas à parler ici, les ayant longuement racontées ailleurs. Elle venait retrouver le baron de Modène, délivré d'exil par la mort de Richelieu, et poursuivre près de lui des espérances de mariage, dont la naissance d'une fille, quatre ans auparavant, avait été le gage. Une autre fille était née pendant le voyage, mais on l'avait laissée en Languedoc, et, pour cause, on n'en parlait pas.

A peine à Paris, avec son frère Joseph, sa sœur Geneviève et sa mère, Marie Hervé, qui venait elle-même d'accoucher d'une fille, le père de toute cette bande, qui, suivant quelques actes, était procureur au Châtelet, et, suivant d'autres, huissier des eaux et forêts, vint à mourir. Comme il ne laissait rien que des dettes, on ne voulut pas de sa succession. Par un acte que M. Soulié a retrouvé encore, Marie Hervé y renonça, le 10 mars 1643.

Tout cela n'indique certes pas une grande aisance. Cependant, à la fin de cette même année, nous trouvons les deux sœurs Béjard associées, au risque et péril de ce qu'elles possèdent, dans une troupe de comédiens, qui modestement se fait appeler *l'Illustre Théâtre*. On a mis la main sur le petit Poquelin : les risques et périls sont pour lui. Quelques pauvres diables les partagent : ce sont Germain Clérin ; G. Pinel, qui, de maître d'écriture, s'est fait comédien, entraîné peut-être par Poquelin, son ancien élève ; Nicolas Bonenfant, Catherine Bourgeois et Madeleine Malingre. Je ne parle pas de Beys et de la Des Urlis, qui sont aussi de la bande. Ils ne peuvent pas compter parmi les dupes : la Des Urlis est une madrée, qui n'est dans cette troupe que comme l'oiseau sur la branche, et Beys est un matois qui ne s'y est mis que parce qu'il sait bien qu'il n'a rien à perdre. On ne peut saisir que sa personne. Or, il sort de la Bastille, et, si on le met en prison au Châtelet, cela le changera.

La troupe étant ainsi tant bien que mal organisée, on cherche un théâtre. C'étaient alors les jeux de paume, qui en servaient. Ils étaient nombreux vers les fossés de Nesle, qui, devenus la rue Mazarine, conservèrent jusqu'à nos jours le monopole de ces tripots, pour les appeler de leur nom populaire. L'*Illustre Théâtre* chercha fortune de ce côté, et fit affaire d'abord avec le propriétaire du jeu de paume des Métayers, puis avec le paveur des bâtiments du roi, Léonard Aubry, qui, moyennant 200 livres, s'engagea, par acte du 28 décembre 1643, à paver de neuf les avenues du tripot, impraticables sans cette précaution. Malgré ces facilités d'entrée données au public, il n'entra pas. La gêne se fait bientôt sentir, et les actes en témoignent. Les honneurs sont venus, mais l'argent est resté en route. L'oncle du jeune roi, Gaston d'Orléans, qui a toujours beaucoup aimé les divertissements du théâtre, a pris la bande sous son patronage. Afin de montrer que l'on en est digne, et comme l'on connaît son goût pour les ballets, on enlève à la troupe de Cardelin un danseur, Daniel Mallet, et, par acte du 28 juin 1644, on l'enrôle.

Toute la troupe signe l'engagement, et pour la pre-

mière fois on voit apparaître parmi ces signatures celle
de Poquelin, ainsi transformée : DE MOLIÈRE. Quand on
est le comédien d'une Altesse Royale, peut-on faire moins
que de quitter un nom bourgeois, pour en prendre un
bien sonore, précédé d'une belle particule ! Poquelin en
est aux emprunts. Il commence par le nom, ce sera
bientôt le tour de l'argent. Tous en sont là, dans la
troupe. Clérin commence : le 17 septembre 1644, il se
fait prêter 100 livres, par le paveur Chanteloup.

Ce n'est qu'une goutte d'eau dans un gouffre. Il faut
bientôt aviser aux grands moyens, quitter ce quartier,
où le voisinage du palais de Gaston, le Luxembourg,
n'a valu à la troupe qu'un titre illusoire et pas une recette. Le Marais vaudra mieux : les Béjard y sont nés, et
Madeleine y a laissé de nombreuses connaissances, dans
le temps où, menant joyeuse vie en sa petite maison
du cul-de-sac Thorigny, elle s'est fait un nom parmi ces
aimables filles qu'on appelait « les demoiselles du Marais. » L'hôtel de Guise n'est-il pas, d'ailleurs, dans ce
quartier ? M. de Modène y règne, et la Béjard règne
toujours sur M. de Modène. Une recrue nouvelle sera
une recommandation de plus près du noble duc, le
Mécène du Marais : c'est le poète Desfontaines, qui, dernièrement, lui a dédié sa tragédie de *Perside*, et que la
société théâtrale compte depuis peu parmi les siens.
Cela dit, on décampe du faubourg Saint-Germain.

C'est en hiver, triste saison pour déloger, mais excellent moment pour tâter un nouveau public. Il faut deux
choses indispensables : une salle, c'est-à-dire un jeu de
paume, et de l'argent. On trouve l'un et l'autre. Un certain Fr. Pommier prête, le 17 décembre 1644, en deux
obligations, 300 livres d'une part et 1,700 d'une autre,

avec l'engagement collectif de tous les sociétaires, et sous la caution de Marie Hervé, qui garantit, pour 300 livres, ses deux filles et Molière. La caution n'est pas solide, et 300 livres, ce n'est guère ; mais la troupe a promis, dans l'acte, de livrer toutes les recettes à Pommier, qui pourra même les percevoir lui-même, et Pommier a donné l'argent. C'est risquer beaucoup ; ce théâtre est peu chanceux, et il faut bien du monde, pour faire une belle recette, à cinq sols par personne ! La troupe, en effet, ne comptant que comme troupe de campagne, ne fait pas payer davantage.

On s'installa, cependant. Le charpentier Girault, qui veut bien encore travailler pour la société, bien qu'elle lui redoive quelque argent, dispose, dans le jeu de paume de la *Croix-Noire*, rue des Barrés, près du port Saint-Paul, le matériel des loges et bancs, tréteaux et coulisses, qui servaient déjà dans le tripot des Métayers, et les représentations commencent.

Trois mois après, tout va mal encore : on doit beaucoup, il faut de nouveau emprunter, et c'est Molière, cette fois, qui emprunte seul. Le 31 mars 1645, il est dans la maison de la Barre du Temple, signant une obligation de 291 livres à Jeanne Levé, marchande publique, entre les mains de laquelle il laisse comme nantissement deux magnifiques rubans de broderie d'or fin. Il est gêné, mais il fait le grand seigneur, il donne des gages de roi de théâtre. Pendant sa dernière détresse, il n'avait plus signé que Poquelin, maintenant il reprend son nom d'emprunt, il signe : sieur de Molière, ce qui est un grand pas de vanité fait sur quelques-uns des actes des années précédentes, où souvent il se faisait seulement nommer Poquelin, *dit* Molière. Il veut éblouir la prêteuse : non content de ses rubans d'or, il fait briller ses titres. Il ne se donne pas la triste caution de celui de comédien, il le cache même. Il signe : tapissier et valet de chambre du roi.

Il habitait alors, au coin de la rue des Jardins-Saint-Paul, dans une maison encore debout. Si Rabelais, qui mourut dans cette même rue, où s'essayait la comédie de Molière dans un si pénible enfantement, avait pu être là, il eût certes bien ri de la scène. Molière en dut bien rire lui-même, pour peu qu'il l'observât, ce qu'il ne manquait jamais de faire.

Le 2 août suivant, il ne rit plus, il est au Châtelet, où l'a fait emprisonner Antoine Stauffer, marchand chandelier, pour 115 livres qu'il lui doit, puis pour 27 autres encore qui ont comblé la mesure ; Antoine Stauffer s'est lassé d'éclairer le théâtre gratis, et, en attendant mieux, la liberté du chef de la bande lui paye ses chandelles. Molière adresse requête au lieutenant-civil, qui était alors M. d'Aubray, père de la Brinvilliers ; il fait sonner bien haut son titre de comédien de *l'Illustre Théâtre* entretenu par Son Altesse Royale, mais il oublie cette fois prudemment de se nommer *sieur de Molière*.

Ordre est donné de le relâcher, quand survient Pommier, qui a obtenu contre lui sentence, le 10 mai précédent, pour les sommes par lui prêtées, et qui le fait retenir. Léonard Aubry accourt alors à l'aide du pauvre homme aux abois. Une caution de quarante livres par semaine, pendant deux mois, suffirait à Pommier : Aubry la donne. Molière est libre ! Non, pas encore. Le Châtelet ne veut pas rendre si tôt une si belle proie. Un linger, le sieur Dubourg, à qui Molière doit

155 livres, l'a recommandé, comme on dit, et le Châtelet le garde, mais sans sévérité, cette fois. Molière donne caution juratoire, et on le laisse sortir. Le 13 août, il comparaît devant les notaires Morel et Levasseur, pour s'engager, avec ses camarades, à garantir Aubry de sa caution de complaisance.

A partir de ce moment, on reste six ans au moins, sans le retrouver, de façon certaine, à Paris. Au mois d'avril 1651, il y reparaît pour donner à son père une quittance générale de 1,965 livres qui lui ont été données ou qui ont été payées pour lui. Peu de temps auparavant, le 15 janvier 1651, sa sœur s'était mariée; il n'avait pu être de la noce.

Après cette halte, il reprend sa course à travers la province, il la continue pendant sept ans, sans s'arrêter une heure, et enfin revient prendre définitivement pied à Paris, où s'arrêteront les agitations de sa vie, où commenceront les agitations de son âme.

Vers 1650, en passant par une ville du Languedoc, Nîmes peut-être, où le seul vrai portrait d'Armande Béjard fut longtemps conservé, Madeleine, sa mère, l'avait reprise des mains de l'excellente dame qui l'avait jusqu'alors gardée, et la petite avait dès lors fait partie des bagages de la caravane. Elle fut, dans ces voyages, une des plus douces joies de Molière. Il l'aima d'abord comme un père; puis, son amour se transforma et grandit à mesure que la petite grandissait et se transformait. « Il aimait fort la jeunesse, » ainsi que l'a dit l'auteur de la *Fameuse Comédienne*, qui ne connut pas très bien sa vie, mais qui connut à fond son cœur. Son amour pour Mlle Menou l'avait fait entrevoir; sa passion plus profonde pour Armande le prouva tout à fait.

Son rêve fut de l'épouser, rêve de fou, comme il n'en arrive qu'aux hommes de suprême raison. Tout s'y opposait : son âge, qui doublait celui d'Armande, son passé de longue intimité avec Madeleine, la mère ; et, par dessus tout, le bruit qui, à cause de ce passé même, ne manquerait pas de faire bourdonner les plus odieux soupçons à la seule nouvelle de ce mariage. Il brava tout. Des précautions furent prises, cependant. La vérité était, je l'ai fait voir, qu'Armande ne pouvait être sa fille, puisqu'il n'avait connu Madeleine qu'après sa naissance ; mais, néanmoins, partout on le pensait, on le répétait.

Prouver l'absurde méchanceté de ces bruits était impossible. Tant qu'Armande resterait la fille de Madeleine, elle serait aussi pour tout le monde la fille de Molière. Que faire ? Lui donner une autre mère. On s'y hasarda ; les circonstances s'y prêtaient. Marie Hervé, l'aïeule, était, nous l'avons dit, accouchée d'une fille, presque dans le même temps que Madeleine. Cette petite, dont aucune trace n'a été retrouvée à Paris, n'avait sans doute pas tardé à mourir dans un des voyages de la troupe en province. C'est sa place qui fut donnée à Armande ; c'est son état civil qu'on lui prêta. Acte grave, mais nécessaire, puisque Molière ne pouvait vaincre sa funeste passion, et puisqu'il y allait de sa faveur près du roi, si, les bruits d'inceste continuant, il ne pouvait prouver de façon authentique l'impossibilité de l'accusation.

La substitution fut faite, mais de quelle manière ? Avec toutes les hésitations des gens qui ne croient pas eux-mêmes à ce qu'ils veulent faire croire. Si Armande eût été vraiment la fille de Marie Hervé et non celle de

Madeleine, avec quel empressement ne l'eût-on pas crié partout et très haut, puisqu'il suffisait de la publicité de ce fait, pour avoir raison de l'absurdité de l'autre ? Point du tout, on se cacha, on procéda comme font les coupables. On craignit les protestations, et, comme on n'avait rien pour y répondre d'une façon victorieuse, on les esquiva clandestinement.

Au lieu des trois bans publics exigés pour tous les mariages, on obtint, par grâce spéciale du cardinal de Retz, ami de Molière et alors archevêque de Paris, qu'un seul serait publié ; puis, à bas bruit, sans autres témoins que les indispensables, parmi lesquels même se faisait remarquer l'absence de la sœur de Madeleine, on signa le contrat, et on se rendit à l'église. Et quel jour encore, et à quelle heure cette dernière cérémonie ? Le mardi-gras, alors que les églises, que repeuplera le carême, sont toutes désertes, vers dix heures du soir, et après que Molière était allé jouer en visite chez M. d'Ecquevilles.

Le coup réussit, mais les bruits continuèrent de plus belle. Montfleury, comédien de l'Hôtel de Bourgogne, qui enrageait de la faveur de la troupe du Palais-Royal et de son chef, usa de son crédit près de la reine-mère, et, par elle, il alla jusqu'au roi. A la fin de 1663, il avait fait tout le mal qu'il pouvait faire : « Montfleury, écrit Racine au mois de décembre, a écrit une requête contre Molière et l'a donnée au roi ; il l'accuse d'avoir épousé la fille et d'avoir aussi vécu avec la mère. » Que fit le roi ? On ne sait. Peut-être demanda-t-il à Molière de s'expliquer. Molière montra son contrat de mariage, et tout fut dit.

Quelques-uns des actes fournis par M. Soulié sont

d'irréfutables preuves de ce que j'avance. Le contrat
même, où l'on voit la pauvre Marie Hervé, qui vit chez ses
enfants et aux frais de ses enfants, donner 10,000 livres,
c'est-à-dire 50,000 francs d'aujourd'hui, à la mariée,
qui passe pour être sa fille, suffirait comme témoignage.
On voit bien que c'est la riche Madeleine Béjard, la
vraie mère, qui dote, quand c'est Marie Hervé, la fausse
mère, qui donne. Elle ne déboursa pas un écu, lorsque
Geneviève, sa vraie fille, se maria, et elle aurait donné
10,000 livres à Armande ! C'est insensé de le croire.

Le testament de Madeleine est plus net et plus explicite encore. Armande y est faite légataire universelle,
et cela en présence de son frère Louis Béjard et de sa
sœur Geneviève, restés toujours amis de Madeleine,
égaux en droits avec Armande, si elle n'est que la
sœur, mais obligés de s'effacer devant elle, si elle est la
fille, et c'est ce qu'ils font.

Non, sur ce point, je le répète, le doute n'est pas possible. Il faut en revenir à la tradition universelle, répandue du temps de Molière, que l'acte, retrouvé par Beffara, avait seul pu faire taire.

Il faut en croire ceux qui ont le mieux connu Molière,
Boileau, par exemple, qui, parlant un jour de lui à
Brossette, lui dit sans phrase : « Il a d'abord été amoureux de la comédienne Béjard, dont il a épousé la
fille. »

———

II

LA FAMILLE ET LA JEUNESSE DE MOLIÈRE (1)

Il n'est pas de fête, où l'on célèbre Molière, qui ne soit une fête pour la France, et surtout pour Paris, dont il est un des plus glorieux enfants.

Avec Corneille, avec Racine, avec La Fontaine, qui nous venaient, l'un, d'une grande ville normande, les deux autres, de Picardie ou de Champagne, la province se faisait, dans la gloire littéraire du grand siècle, une telle part, qu'il semblait difficile d'en avoir une plus belle, et, qu'en cela, Paris courait risque d'être surpassé.

Molière vient, et il suffit pour rétablir l'équilibre.

Avec lui, lors même qu'on ne l'entourerait pas de

---

(1) Ce chapitre, où l'on retrouve, sous une forme différente, quelques-uns des faits et des détails qu'on a vus dans l'étude qui précède, renferme beaucoup plus de particularités sur la famille Poquelin. Nous avons cru devoir le conserver presque entier comme un appendice au premier chapitre. C'est l'extrait d'une conférence qu'Edouard Fournier avait faite, en mai 1873, au Théâtre-Italien, à l'occasion du second Jubilé de Molière.

(Note de l'Editeur.)

tant d'autres Parisiens illustres : Boileau, La Bruyère,
madame de Sévigné, etc. ; avec lui seul, Paris se tiendrait au point culminant de l'esprit français, dans son
époque la plus belle, à l'heure de son rayonnement le
plus parfait.

Je n'ai pas besoin de vous apprendre qu'il eut deux
noms, dont le plus célèbre n'est pas celui de sa famille.

Grand homme, il s'appelle Molière ; enfant et jeune
homme, il s'appela Poquelin. Or, comme c'est de l'enfant et du jeune homme dont je dois surtout vous entretenir, ne vous étonnez pas si je vous parle plutôt de
Poquelin que de Molière.

Sa famille, depuis un certain temps fixée à Paris,
n'en était pas originaire. On a dit qu'elle venait d'E-
cosse, et que Molière aurait eu pour ancêtre un soldat
de la garde écossaise de Charles VII ; rien n'est moins
sûr. A notre avis, il ne faut pas aller si loin, il ne faut
pas chercher hors de France l'origine, même lointaine,
de ce pur génie français. Comme un arbre bien planté
n'appartient qu'au sol d'où il a jailli, Molière nous appartient par ses racines, comme par le reste.

C'est de Beauvais que vinrent les Poquelin. Dès la fin
du xvi° siècle, ils y étaient déjà nombreux, et déjà aussi
séparés en plusieurs branches, qui bientôt ne se con-
nurent plus, mais qu'on a cependant confondues toujours, au risque de grouper autour de Molière une famille presque innombrable, et de lui trouver des parents,
là où il n'avait pas même des amis.

Une partie des Poquelin, en effet, étaient très fiers,
car ils étaient fort riches, et leur dépit dut être des plus
vifs, quand ils surent qu'un maître étourdi, qui portait
leur nom, s'était mis au théâtre. Ce nom, Dieu merci, il

ne l'y garda pas longtemps. Les riches Poquelin purent respirer : le comédien ne s'appelait plus que Molière. Plus tard, ils auraient bien voulu le reprendre et dire qu'il était des leurs, ils le tentèrent même, mais inutilement.

Ils avaient rougi du métier, ils ne furent pas de la gloire.

Ces Poquelin, dont quelques-uns semblent avoir eu quelques relations avec notre grand homme, eurent, à Paris, dès que leur branche s'y fut implantée, le premier rang dans le grand commerce, dans la haute marchandise. Ils tenaient, par leurs alliances, aux Bastonneau, aux Gautier, aux Brochant, enfin, à toutes les grosses maisons, où, de la rue Saint-Honoré et de la rue des Bourdonnais à la rue Quincampoix, on vendait les soieries et l'on faisait la banque. Ces deux sortes d'affaires s'associaient alors.

L'un d'eux, Robert Poquelin, qui logeait rue de la Chanvrerie, fut même un des premiers directeurs de la Compagnie des Indes, sous le protectorat de Colbert, dont le frère avait été son compère : il avait tenu sur les fonds un des vingt et un enfants de Robert Poquelin.

Qu'on ne s'étonne pas du nombre. Dans plus d'une famille, en fourmillait un pareil. Chez deux autres de ces mêmes Poquelin, Louis et Jean-Baptiste, nous trouvons d'une part douze enfants, et de l'autre seize. En 1717, chez un certain Dupérier, qui était ingénieur, et à qui l'on doit, par parenthèse, l'invention des pompes d'incendie, ce fut encore bien mieux. Marié deux fois, il eut trente et un enfants : dix-neuf de sa première femme, douze de la seconde.

Quoique les Poquelin de la branche riche eussent

pullulé, comme vous venez de le voir, un siècle après,
personne ne survivait de leur nom ; et personne non
plus ne le perpétuait dans l'autre branche, dont nous
allons parler, et d'où était sorti Molière. Lorsque, il y a
cent ans, en 1773, on fit, au Théâtre-Français, mais en
diminutif, ce même Jubilé si splendidement renouvelé
et agrandi par M. Ballande, en 1873, au Théâtre-Italien, on ne trouva pas un Poquelin, un vrai, pour y assister ! Le dernier était mort, le 11 mai précédent, à
quatre-vingts ans. Il tenait à la branche riche par je ne
sais quel rameau, et descendait, par conséquent, de
ceux qui n'avaient pas voulu reconnaître Molière.

Il l'avait, lui, pour son compte, reconnu plus volontiers, et même avec une sorte de vanité. En 1769, sur
une invitation de l'Académie française, il était venu
assister à la lecture de l'*Éloge de Molière* par Chamfort,
et s'y était laissé appeler, gros comme le bras, « petit-
neveu du grand homme », quoiqu'il ne fût même pas
son arrière-petit-cousin. Il avait savouré les applaudissements accordés à celui qu'on lui donnait pour ancêtre,
avec une modestie toute pleine d'orgueil, mais sans
grande connaissance de cause, ainsi qu'on put le voir,
quand fut rédigé l'inventaire de ses effets, meubles,
hardes et livres, dont j'ai lu une copie. Ce dernier des
Poquelin ne possédait même pas les Œuvres de Molière !

L'autre branche, celle qui nous importe le plus, était
aussi venue de Beauvais, et sans doute vers le même
temps que la première. Celle-ci s'était adonnée au commerce ; celle-là resta dans les métiers, ce qui, vis-à-vis
de la haute marchandise, était une sorte de dérogeance.

La tapisserie avait déjà grand renom à Beauvais. Les
Poquelin de la branche cadette s'y lancèrent, et avec

succès. L'un d'eux, Louis Poquelin, obtint même, en 1580, le titre de tapissier et valet de chambre près de l'un des princes de la Maison royale, et c'est ce qui paraît l'avoir décidé à venir à Paris.

Malgré son titre, malgré ses armoiries, car il s'en était fait faire, que M. Gourdon de Genouillac nous a révélées dernièrement : il portait *d'azur à un chevron d'or, accompagné en chef de deux gerbes de même, et en pointe d'un rocher d'argent ;* malgré tout cela, ni lui ni ceux de sa branche ne semblent avoir frayé avec les Poquelin de la branche riche.

La tapisserie, qui n'était qu'un métier, continuait de leur nuire auprès de ces importants du gros négoce, de ces grands seigneurs de la haute draperie. Les alliances qu'ils avaient faites ne les avaient pas, d'ailleurs, rapprochés de la branche riche.

Si les métiers n'étaient pas en considération près des marchands, les arts l'étaient encore moins, la musique surtout, et dans la musique, le métier de violon.

Ce métier-là, qui a compté et compte encore tant de glorieux virtuoses allant de pair avec les plus grands artistes, était alors tout à fait taré. Pour dire un méchant drôle, on disait *un violon.* Ceux même de la Chambre du roi, les vingt-quatre violons, comme on les appelait, n'étaient pas mieux vus.

Or, c'est la fille d'un de ces vingt-quatre, Agnès Mazuel, qu'un des Poquelin, le tapissier Jean, épousa en 1594.

Si, par ce mariage avec la fille d'un musicien, la considération n'est pas entrée chez les Poquelin, l'art, du moins, y a pénétré, y a jeté son germe, et l'éclosion ne s'en fera guère attendre : la fille du violon Mazuel fut

2

l'aïeule de Molière, qui la connut, qui ne la perdit même qu'assez tard, et se souvint toujours d'elle.

N'a-t-il pas fait d'Agnès Mazuel, cette vieille grand'-mère, la marraine de sa plus jeune, de sa plus fraîche création : l'Agnès de l'*Ecole des femmes?*

Son père, qui s'appelait aussi Jean et qui fut aussi tapissier, était né, un an après le mariage, c'est-à-dire en 1595, et s'était marié à vingt-six ans, le 27 avril 1621, sans qu'on eût, cette fois, à se plaindre d'une mésalliance.

Marie Cressé, qui ne venait que d'avoir vingt ans, quand il l'épousa, était, elle aussi, d'une famille de tapissiers, mais qui avait des attaches bourgeoises. Plus d'un notaire et plus d'un médecin y touchaient de près par alliance. Les notaires Ogier et Gigault, devant qui furent passés une partie des actes intéressant Molière, dont on doit la précieuse découverte aux soins si infatigables et si intelligents de M. Eudore Soulié, avaient pris femmes dans la famille Cressé.

Un médecin, qui fut alors des plus en vue à Paris, par sa vie, où ne manquèrent pas les aventures galantes, et par ses titres, Pierre Cressé, mort à quatre-vingt-quatre ans, maître de la Faculté de médecine, était de la famille de la mère de Molière, dont, en outre, le frère avait épousé la sœur d'un chirurgien.

On voit que, lorsque Molière se moqua de la médecine et de la chirurgie, il n'eut pas à aller bien loin pour étudier ses types : il fit de la satire en famille.

Sa mère, sur laquelle nous devons insister, car il dut tenir d'elle, comme la plupart des fils, semble avoir eu toute la distinction que son état pouvait lui permettre alors. On le voit à ses préférences, et à ce que l'inventaire, rédigé après sa mort, nous a révélé de ses habitudes.

Pour chacun des six enfants qu'elle eut en onze années de ménage, et dont Molière était l'aîné, elle voulut, autant que possible, des marraines et des parrains, qui fussent d'un rang au-dessus du sien. C'est ainsi qu'elle donne, pour marraine, à Louis, son second fils, la femme « de noble homme Jehan Ledoux, président à Joigny », et à sa seconde fille, la femme du chirurgien Lirot, valet de chambre du roi. C'est par le choix dans les parrainages qu'on peut connaître ainsi les relations des familles. Celui de notre tapissière était donc, on le voit, toujours distingué. Fallait-il qu'elle-même fût marraine, elle n'était pas moins difficile pour le compère à accepter. Le dernier qui fut parrain avec elle, le 15 septembre 1631, n'était pas moins que maître Antoine Forget, commissaire de l'artillerie. Elle était friande de ce qui l'élevait.

Si Jean Poquelin, son mari, se mit en mesure d'obtenir la qualité « d'honorable homme », qualité assez enviée dans les métiers, ce dut être sur ses instances ; et s'il acheta de Nicolas, son frère, la charge de tapissier du roi, ce fut sans doute sur les instances encore plus pressantes de sa femme.

Je réponds donc qu'elle fut bien fière du titre d'*honorable homme*, acquis par son mari ; par malheur, elle ne put en jouir longtemps. Quand elle mourut, le 10 mai 1632, Jean Poquelin ne l'avait que depuis un peu plus d'un an ; c'est sur son acte de mort, qu'il le prit pour la première fois.

Où s'était rédigé la plus grande partie de cet inventaire, si précieux, si curieux ? Dans la maison même où était né Molière, et que son père ne quitta que beaucoup plus tard ; dans le vieux logis, à l'enseigne des *Singes*, qui faisait le coin de la rue des Vieilles-Etuves et de la rue Saint-Honoré, et dont M. Nicolas Lecamus, marchand apothicaire , autre type tout préparé pour les comédies futures de son jeune locataire, devint propriétaire, quelques années après.

On était là dans un des carrefours les plus fréquentés de Paris, à la *Croix du Trahoir*, c'est tout dire pour qui connaît sa vieille ville ; à l'endroit où se multipliaient devant le petit Poquelin, sous ce jeune regard, le mieux fait pour les bien voir, les spectacles les plus divers.

Au bout de la rue de l'Arbre-Sec, qui s'y joignait à la rue Saint-Honoré, se dressait une potence qui ne servait que trop souvent ; les porteurs de chaises y avaient une station, où s'entendaient chaque jour quelques-unes de ces querelles, dont la dernière scène des *Précieuses* a gardé l'écho ; les friands de bons vins, comme Sganarelle, y accouraient aux caves de vin muscat les plus vantées de Paris ; les valets fripons, comme La Flèche, y venaient en fourniture chez Francœur, l'illustre épicier ; les Dorimène y affluaient chez Maurice, le parfumeur en renom, et les Don Juan, le manteau sur le nez, y passaient d'un pied leste, pour aller en bonne fortune chez Prud'homme, le baigneur de la rue des Vieilles-Etuves.

C'était un spectacle mouvant et sans fin, qui menait à un autre plus vivant encore. La rue de l'Arbre-Sec était, en effet, alors la seule voie qui conduisît de la rue Saint-Honoré au Pont-Neuf, à ce grand théâtre des empiriques et de leurs bateleurs, et, par là, le point de mire le plus attirant pour la curiosité de notre espiègle.

Chaque jour, il trouve le prétexte de quelque course

pour pousser jusque-là ; puis, prenant le plus long, au retour, tantôt il passe par les Halles, vers Sainte-Opportune, où le drapier, M. Jourdain, sur le pas de sa porte, rêve qu'il sera gentilhomme ; tantôt il va du côté du Palais-Royal, pour s'amuser, en croquant une dariole du pâtissier Ragueneau, qui a son rêve aussi, puisqu'il se croit poëte et veut être comédien. Molière, l'ayant rencontré, plus tard, dans le Midi, l'enrôla..... comme moucheur de chandelles.

Tout lui était déjà bon pour observer, en s'amusant. Va-t-il en famille chez les Cressé, médecins ou chirurgiens, il rit et observe encore ; va-t-il chez un de ses oncles, un Poquelin, qui est concierge et tapissier de M. de Liancourt, il sent passer, dans son esprit d'enfant, ses premières esquisses de grands seigneurs lettrés ou courtisans, Oronte ou Philinte.

Il y revint plus tard, pour être applaudi. Jamais il ne fit jouer une pièce, sans la lire d'abord en ce même hôtel de Liancourt, dont il était devenu le poëte fêté, après n'y avoir été tout enfant que le neveu du concierge.

Les pratiques de son père, qui en avait bon nombre et de première noblesse, l'amusaient aussi, par tout ce qu'il entendait dire aux valets qui venaient faire les commandes.

Ces très grands seigneurs lui donnaient ainsi de loin la comédie. Il la leur rendit avec ses pièces. Il nous semble, par exemple, s'être inspiré, pour un des types de l'*Avare*, de ce qui se passait à l'hôtel du duc de Mazarin, un de ces nobles clients de son père, chez lequel on tirait à la loterie les emplois du service, de telle sorte qu'on y était à tour de rôle secrétaire ou frotteur, cocher ou cuisinier.

2.

Voilà bel et bien maître Jacques. Quant à Harpagon, c'est le père Poquelin lui-même, ayant autour de lui, pour le doubler, d'autres types avec lesquels nous allons rapidement faire connaissance : Béline, la belle-mère, et peut-être un peu Tartufe.

Le père Poquelin, lors même qu'il n'eût pas eu quatre enfants sur les bras, n'aurait pas été homme à rester veuf. Un nouveau mariage pouvant lui apporter une dot nouvelle, il le chercha et le trouva très vite.

Un an et vingt jours après la mort de sa première femme, dont, par parenthèse, il oublia de célébrer le bout de l'an, il se remariait à Catherine Fleurette, dont le père, « honorable homme et bourgeois de Paris », était mort depuis peu. Avait-il laissé un gros héritage ? La dot apportée par sa fille, la nouvelle épouse, était-elle d'importance ? C'est plus que probable. Le caractère de Jean Poquelin, qui, sans cela, ne se fût pas remarié, semble nous en répondre. Nous le voyons d'ailleurs, quatre mois après, acheter, au prix de 8,500 livres, la maison des petits piliers des Halles, en face du Pilori, qui, restée très longtemps dans sa famille, fut, à notre connaissance, son unique propriété.

Cette seconde femme de Jean Poquelin, Catherine Fleurette, était la belle-mère, la Béline, dont nous parlions. On ne sait rien de son caractère, mais la façon amère dont Molière a peint la seconde femme d'Argan peut jusqu'à un certain point servir d'indice. Il y a là un reflet, et dans ce reflet une revanche.

Il est, d'ailleurs, certain que, tant que vécut Catherine Fleurette, le petit Poquelin, au moins délaissé, ne fut pas ce que sa propre mère aurait fait de lui. De son temps, il allait à l'école. Sous la belle-mère, on l'en retira, quoiqu'il n'eût que onze ans et qu'il y fût certainement remarqué. Il lui fallut rester, chez son père, simple apprenti tapissier.

Jusqu'à plus de quatorze ans, les témoignages sur ce point ne manquent pas : il n'eut que cette occupation.

La seconde femme tenait dans l'ombre l'aîné du premier mariage, réservant la belle place aux fils qu'elle pourrait avoir. Elle n'eut que deux filles et mourut en donnant le jour à la seconde.

Alors tout changea pour le jeune Poquelin, ce qui prouve, sans doute possible, que la belle-mère avait été pour beaucoup dans les dispositions peu bienveillantes, prises à son égard.

Son grand-père maternel, Louis Cressé, qui l'avait en grande affection, contribua-t-il à ce changement, qui allait tirer de chez le tapissier notre futur grand homme et lui ouvrir une voie où son esprit se retrouverait mieux? C'est à peu près hors de doute.

En tout cas, la volte-face du père, en faveur du fils, à partir du moment où l'influence de la belle-mère ne se fit plus sentir, est certaine.

Il parut avoir compris sans doute, je le répète, sous l'inspiration du grand-père, ce qu'il laissait perdre d'intelligence dans son arrière-boutique, en y claquemurant son fils : il le mit au collège, et, vers le même temps, il lui fit donner la survivance de sa charge de tapissier du roi.

Ces deux actes ont l'air, direz-vous, de se contrarier. Pourquoi lui donner, en effet, l'éducation du collège, si, quand il en sera sorti, il doit, comme semble l'indiquer cette concession de survivance, redevenir tapissier?

Tout s'explique, lorsque, allant au fond des choses,

on voit que c'est pour lui-même, par simple précaution, que Jean Poquelin a pris cette mesure.

Il tenait la charge, dont il était si fier, de son frère cadet, Nicolas Poquelin, qui, bien qu'il l'eût vendue à beaux deniers, s'obstinait à en garder quelque chose, c'est-à-dire la survivance, et avec elle le droit de porter toujours le titre de tapissier du roi.

Il y eut, sur cela, dispute entre les deux frères, pendant plus de six ans; puis enfin, un accord en 1637, de telle façon que Jean Poquelin eut désormais, sans conteste ni partage, toute la charge, survivance comprise. C'est pour qu'il n'y eût plus doute à cet égard, qu'il donna cette survivance, l'année même, à son fils aîné, sans chercher s'il le ferait plus tard oui ou non tapissier.

Or, il est probable que, dès ce moment, il ne voulait pas qu'il le fût. Que désirait-il donc faire de lui?

Je ne sais trop, mais je croirais presque qu'il avait l'intention de le mettre dans les ordres. Voilà qui vous étonne, mais je ne crois pas me tromper. Oui, et Walcknaër l'a pensé, comme moi : celui qui fut l'auteur du *Tartufe* eût été prêtre ou moine, s'il eût suivi les idées de son père!

Celui-ci, à partir de son second mariage, s'était un peu tourné de ce côté-là. Catherine Fleurette avait un oncle, chanoine de Mantes, qui avait signé à son contrat, qui avait été témoin du mariage et qui paraît dès lors avoir eu certaine influence dans la maison. Tout ne fit plus qu'y pencher vers l'Eglise.

Qui Jean Poquelin donna-t-il pour femme à son second fils? Une orpheline, protégée d'un prélat, Mgr Bourlon, évêque de Césarée. Que fit-il de la seule fille, qui eût survécu de son second mariage? Une religieuse,

une visitandine, à Montargis. Enfin, lorsqu'il avait pris
la résolution de mettre son fils aîné dans un collège,
quel avait été celui de son choix ? Le collège de Clermont, le collège des Jésuites.

Vous voyez, comme je le disais, que tout cela sent de
bien près l'Eglise.

Ce n'est pas tout, quand ses études chez les révérends
pères sont finies, où le jeune Poquelin doit-il faire un
nouveau stage ? Est-ce à Orléans, où l'on prend les li-
cences pour être avocat ? Non, il n'y a pas trace de son
passage, dans les archives que nous avons scrupuleuse-
ment consultées.

C'est le droit canonique, c'est la théologie, que l'é-
lève des Jésuites doit alors apprendre. Tallemant des
Réaux, parlant de ces dernières études de Molière, ne
fait mention que « des bancs de Sorbonne », où l'on ne
se formait, en effet, qu'à la théologie et au droit canon.

Va-t-il rester de ce côté et s'y perdre, car il n'y
est que par force et sans la moindre vocation ? Ne le
craignez pas. Un autre courant l'en a depuis longtemps
détourné, l'emportant où il doit aller.

Pendant que le père Poquelin lui imposait des études
de religion et de prêtrise, le grand-père Louis Cressé lui
réservait, aux jours de sortie et pendant les vacances,
des distractions de toute autre sorte : il le menait à
l'Hôtel de Bourgogne, où se donnaient tragédies et
comédies ; au Théâtre de la troupe italienne, où Scaramouche, qu'il devait tant imiter plus tard, jouait et
mimait ses merveilleuses farces ; ou bien encore au
Pont-Neuf, devant ces tabarinades, où nous l'avons
déjà surpris.

Voilà qui ne sent plus guère le couvent ni l'Eglise.

Chez les Jésuites mêmes, on savait aussi s'en distraire. Chaque distribution de prix avait là son théâtre, son spectacle, sa tragédie.

Molière y brilla, j'en réponds, mieux encore que dans les classes, et sans doute est-ce par là qu'il plut au petit prince de Conti, dont les études s'achevaient alors au même collège, et qui lui fut plus tard un si favorable protecteur dans le Midi. Le prince protégea Molière, en souvenir de leurs maîtres communs les Jésuites ; il tendit la main à l'acteur vagabond, pour le plaisir que lui avait fait le comédien camarade.

Ainsi, quand le père Poquelin pouvait croire son fils tout aux études qui menaient à l'Eglise, celui-ci était tout aux distractions qui l'entraînaient vers le théâtre. La philosophie elle-même s'en était mêlée. A ses heures, et, celles-là, il les choisissait longues, il allait chez Gassendi, avec Bernier, Chapelle, Cyrano de Bergerac, le poète Hesnault et bien d'autres, pour y faire de la libre pensée, à bas bruit, en petit comité. Ils n'y parlaient que d'Epicure ou du poème de Lucrèce, dont Molière, à ce moment, commença même une traduction, dont il semble que rien n'est resté.

Quand son père veut l'attacher à l'Eglise, les détachements, comme on le voit, ne lui manquent pas. Le théâtre et la philosophie en sont les plus puissants.

Il ne fallait plus que l'amour ; son tour arriva. Un jour du mois de janvier 1643, lorsque Jean-Baptiste Poquelin touchait à ses vingt et un ans, il demanda à son père six cents livres, à compte sur l'héritage de sa mère, sur sa légitime. Le père, qui depuis longtemps devait flairer bien des choses, sentit le coup et s'exécuta, mais avec précaution : il exigea que son fils renoncerait

à la survivance de sa charge de tapissier du roi. Il avait
compris que c'était désormais un enfant perdu pour ses
projets, lequel ne serait rien de ce qu'on en avait espéré,
ni prêtre, ni moine, ni docteur... pas même tapissier.

Le sort en était jeté pour Jean-Baptiste Poquelin.
Parmi tant de choses qui tourmentaient sa pensée si
vaste et si remplie, l'amour avait enfin fait pencher la
balance, du côté du théâtre. Il avait trouvé la comédienne qui devait le faire comédien.

C'était une aventurière de théâtre, plus vieille que lui
de quatre ans au moins, qui avait déjà compté bien
des amis parmi les seigneurs et les poètes, entre autres
Rotrou; c'était Madeleine Béjard.

A ce même moment de l'année 1643, elle était revenue à Paris, après une longue course dans les provinces
du Midi, à laquelle l'avaient obligée certaines circonstances, moitié de galanterie, moitié de politique.

Elle venait retrouver le baron de Modène, délivré
d'exil par la mort de Richelieu, et poursuivre près de
lui des espérances de mariage, dont avait été le gage
la naissance d'une fille, reconnue par lui, quatre ans
auparavant.

Qu'arriva-t-il de ses démarches de ce côté? Je l'i-
gnore, mais il me paraît bien qu'elles furent inutiles et
que, pour se faire des ressources, la maîtresse délaissée
dut, plus que jamais, redevenir comédienne.

Nous la voyons bientôt, en effet, qui, de compagnie
avec sa mère, sa sœur Geneviève et son frère Joseph
Béjard, premier rôle pour jouer « les héros », quoiqu'il
fût bègue, s'associe à une troupe, formée récemment
par « des enfants de famille », et qui se fait appeler
« l'Illustre-Théâtre », afin de bien montrer qu'elle n'est

pas d'origine interlope et vagabonde, comme les autres bandes tragi-comiques.

Le petit Poquelin ne s'y est glissé d'abord que comme conseiller, inspirateur discret, disant ce qu'il faut faire, sans autrement se mêler du reste ; mais l'arrivée de la Béjard, dont il ne tarde pas à être épris, lui fait bientôt changer de rôle dans la troupe. C'est alors qu'il « s'en met », comme dit Tallemant, et, qui pis est,—on le verra bientôt — à ses risques et périls.

« Le conseilleur » d'hier sera « le payeur » de demain. Quelques autres , dupes comme lui , mais qui comme lui ne demandent qu'à l'être, sont de l'entreprise : Denys Beys, qui oublie de rester libraire, comme depuis plus d'un siècle on l'a été dans sa famille de père en fils ; Georges Pinel , qui de maître d'écriture s'est fait comédien , entraîné peut-être par le petit Poquelin, son ancien écolier; puis, de plus obscurs : Nicolas Bonenfant , Catherine Bourgeois , Madeleine Malingre, etc., etc.

Quand la troupe se croit organisée et a fait quelques essais de représentations « en visite », comme on disait, chez quelque grand seigneur ou quelque riche bourgeois, elle cherche un théâtre.

Les jeux de paume en servaient alors. Ils étaient nombreux sur les fossés de Nesle, qui, devenus la rue Mazarine, ont même gardé presque jusqu'à nos jours le monopole de ses « tripots », pour les appeler de leur nom populaire.

Nos comédiens de « l'Illustre-Théâtre » cherchèrent fortune de ce côté. Ils firent affaire, tout d'abord, avec un certain Gallois, propriétaire du jeu de paume des Métayers, assez délabré et d'approche fort peu acces-

sible, mais qu'il promit de leur livrer en bon état et
abordable, s'ils voulaient lui laisser le temps de faire
ces réparations.

Ils l'accordèrent, et, en attendant, allèrent jouer à
Rouen avec un certain succès, dont nous vous dirions le
détail, si nous n'étions pas impatients de revenir avec
eux à Paris.

Gallois, cependant, ne faisait pas ce qu'il avait promis;
ils l'apprirent, et durent, de Rouen même, lui signifier
par acte d'avoir à tenir ses engagements, c'est-à-dire à
leur livrer, au jour fixé, son jeu de paume présentable
et surtout accessible.

Gallois ne s'en pressa pas davantage, si bien que, de
guerre lasse, il leur fallut, moyennant deux cents livres,
stipulées dans un acte du 28 décembre 1643, mettre en
besogne, aux abords du jeu de paume, le paveur Léonard Aubry, qui, se mêlant lui-même de tragédies, les
traita en confrères et resta leur ami.

Voilà les avenues du tripot pavées à neuf et enfin praticables. On peut entrer, mais on n'entre pas. Il y a bien
peu de gens, dans ce pauvre faubourg, qui soient en état
de se payer, même à bas prix, le plaisir du théâtre;
personne ne vient donc.

La gêne se fait bientôt sentir. De nouveaux actes,
dont la découverte est due encore à M. Eudore Soulié,
n'en témoignent que trop.

Les honneurs, toutefois, sont venus, si l'argent est resté
en route. L'oncle du petit roi, Gaston d'Orléans, qui a
toujours beaucoup aimé le divertissement du théâtre, a
pris sous son patronage la troupe aventureuse. Il ne
veut pas qu'elle se soit établie tout à fait en pure perte,
à quelques pas de son palais du Luxembourg.

Pour montrer qu'on est digne de l'illustre protecteur,
dont on connaît le goût pour les ballets, on se paye le
luxe d'un danseur : on enlève Daniel Manet au théâtre
de l'acrobate Cardelin, et, par acte du 24 juin 1644, on
l'enrôle.

Toute la troupe signe l'engagement, et pour la première fois, on voit apparaître, parmi ces signatures, celle
de notre Poquelin, ainsi transformée : DE MOLIÈRE.

Quand on est comédien d'une Altesse Royale, peut-on
faire moins que quitter un nom bourgeois, pour en
prendre un des plus sonores, précédé de la noble particule ?

Poquelin, d'ailleurs, en est aux emprunts : il a commencé par le nom, ce sera bientôt le tour de l'argent.

Il est vrai que tous en sont là dans la troupe. Clérin,
tout des premiers, a dû s'engager pour cent livres envers le paveur Chanteloup ; puis, vers le même temps,
les associés ont souscrit en masse une reconnaissance
de onze cents livres à Louis Baulot, « maître d'hôtel du
roy ». Il ne leur faut pas moins que cette somme, pour
payer leur loyer d'abord ; puis, pour acheter deux tragédies, dont leur répertoire, un peu trop dénué, éprouve
le besoin.

C'est à Tristan et à Du Ryer qu'ils se sont adressés :
le premier leur vend sa pièce de *la Mort de Crispe*, et
l'autre, sur lequel ils comptent beaucoup, car ils ont
joué à Rouen son *Esther* avec grand succès, leur fait
livraison de sa tragédie de *Scévole*, qui restera de ses
meilleures.

Les cent livres prêtées à Clérin et les onze cents empruntées par toute la troupe, ne devaient être qu'une
goutte d'eau dans leur gouffre.

Il faut bientôt aviser aux grands moyens : quitter ce quartier, où le voisinage du palais de Gaston n'a valu à la troupe qu'un titre illusoire, sans une recette.

Le Marais vaudra peut-être mieux. Les Béjard y sont nés, et Madeleine y a laissé de nombreuses connaissances, au temps où, menant joyeuse vie dans sa petite maison du cul-de-sac Thorigny, elle s'est fait un nom parmi ces aimables filles qu'on appelle « demoiselles du Marais. »

L'hôtel de Guise n'est-il pas, d'ailleurs, dans ce quartier ? M. de Modène y règne, et la Béjard espère toujours pouvoir reprendre son empire sur M. de Modène.

Une recrue nouvelle sera une recommandation, de plus, près du noble duc, Mécène du Marais : c'est le poète Desfontaines, qui dernièrement lui a dédié la tragédie de *Perside* et que la société de l'Illustre Théâtre compte, depuis peu, parmi les siens.

On décampe donc du faubourg Saint-Germain et l'on se met en route pour le Marais.

C'est en hiver, saison fort triste pour déloger, mais excellente pour tâter d'un nouveau public. Il faut deux choses indispensables : une salle, c'est-à-dire un jeu de paume, et de l'argent.

On trouva l'un et l'autre. Un certain François Pommier, très mêlé aux poètes de cabaret et dont les idées curieuses nous donneront beaucoup à dire, prête, le 17 décembre 1644, en deux obligations : d'une part, trois cents livres, et, de l'autre, mille sept cents, avec engagement collectif de tous les sociétaires, et caution de la mère des Béjard, qui garantit pour trois cents livres ses deux filles et Molière.

La caution n'est pas très solide, et trois cents livres,

ce n'est guère : la troupe doit donc promettre, en outre, qu'elle livrera toutes ses recettes à Pommier, qui pourra même, s'il veut, les percevoir, chaque jour, de ses propres mains. Là-dessus, il a donné l'argent.

C'est, en somme, risquer encore beaucoup : ce théâtre est peu chanceux, et il faut bien du monde pour faire une belle recette, à « cinq sols » par personne ! La troupe, en effet, ne comptant que comme troupe de campagne, ne peut pas faire payer davantage.

On s'installe, cependant. Un charpentier, le sieur Giraud, qui consent à travailler encore pour la société, bien qu'elle lui redoive quelque argent, dispose, dans le jeu de paume de la *Croix-Noire*, rue des Barrés, près du port Saint-Paul, le matériel des loges et bancs, tréteaux et coulisses, qui servaient déjà dans le tripot des Métayers ; et les représentations commencent.

Trois mois après, tout va de mal en pis. On doit beaucoup, il faut emprunter encore ; c'est Molière, cette fois, qui emprunte seul. Le 31 mars 1645, il est dans la maison de la Barre du Temple, signant une obligation de deux cent quatre-vingt-onze livres à Jeanne Levé, « marchande publique », entre les mains de laquelle il laisse, comme nantissement, deux magnifiques rubans de broderie d'or fin.

Il est gêné, mais fait le grand seigneur ; il donne des gages de roi de théâtre. Pendant sa dernière détresse, il n'avait plus signé que « Poquelin » ; maintenant, il reprend son nom d'emprunt, il signe : « sieur de Molière, » ce qui est un grand effort de vanité, comparé à ce qu'il signait encore sur quelques-uns des actes des années précédentes, où souvent il mettait seulement : « Poquelin, *dit* Molière. »

Il veut éblouir sa prêteuse. Non content de ses rubans d'or fin, il fait briller ses titres. Il ne se donne pas la triste caution de celui de comédien, il le cache même; il signe : « Sieur de Molière, tapissier et valet de chambre du roi ! »

Il habitait alors, au coin de la rue des Jardins-Saint-Paul, dans une maison encore debout. Si Rabelais, qui mourut dans cette même rue, où s'essayait la comédie de Molière en un si pénible enfantement, avait pu être là, il eût certes bien ri de la scène. Molière en dut bien rire aussi, pour peu qu'il s'observât lui-même, ce qu'il ne manquait jamais de faire.

Le 2 août suivant, il ne rit plus : il est au Châtelet, où l'a fait mettre en geôle Antoine Fausser, marchand chandelier, pour cent quinze livres qu'il lui doit, puis pour vingt-sept autres encore, qui ont comblé la mesure; il s'est lassé d'éclairer le théâtre gratis, et, faute de mieux, la liberté du chef de la bande lui paiera ses chandelles.

Molière adresse une requête au lieutenant civil, qui était alors M. d'Aubray, père de la Brinvilliers : il fait sonner bien haut son titre de comédien de l'Illustre Théâtre entretenu par Son Altesse Royale; mais il oublie, cette fois, prudemment de se nommer sieur de Molière.

Ordre est donné de le relâcher, quand survient Pommier, qui a obtenu contre lui sentence, le 10 mai précédent, pour les sommes à lui prêtées, et qui le fait retenir. Léonard Aubry accourt alors au secours du malheureux aux abois. Une caution de quarante livres par semaine, pendant deux mois, suffirait à Pommier; Aubry la donne.

Molière est libre ! Non, pas encore. Le Châtelet ne veut pas sitôt lâcher une aussi belle proie. Un « linger, » le sieur Dubourg, à qui Molière doit cent cinquante-cinq livres, l'a, comme on dit, recommandé, et, faisant droit à cette recommandation, le Châtelet le garde, mais, cette fois, sans sévérité. Le prisonnier donne caution juratoire, et on le laisse sortir.

A partir de ce moment, il disparaît de Paris. Où est-il ? Partout, sans qu'on puisse bien le saisir nulle part. Il fait des courses sans fin, à travers la province. Son corps s'y fatigue, mais son cœur s'y relève, son esprit s'y mûrit. Il ne laisse que sa vie aux ronces du rude chemin, où sa pensée, en revanche, se fait plus forte, son âme plus haute.

Aussi, quelle transformation, lorsque Paris le retrouve, plus de douze ans après ! Il est parti vagabond, il revient grand homme !

LES AMOURS DE MOLIÈRE

Ce n'est pas l'auteur de comédies, dont on a tant parlé sans tout dire cependant, que nous allons étudier en Molière ; c'est l'homme même, en le cherchant surtout dans la passion qui le posséda le plus, et tout entier : l'amour. S'il entra dans la voie où l'attendaient tant d'épreuves et tant de gloire, c'est que l'amour l'y entraîna. Si, parmi tant d'œuvres admirées, il en est quelques-unes, où le sentiment humain éclate encore mieux qu'ailleurs et sur lesquelles il semble qu'on entende retentir « *ce rire amer*, » véritable accent de l'humaine comédie, dont parlait Boileau, après avoir écouté Molière dans certaines parties du *Misanthrope*, c'est que, pour ces œuvres supérieures aux autres, parce qu'il y laissa plus de lui-même, l'amour, avec ses dépits, ses douleurs et ses désespoirs, l'inspirait.

Je sais, parmi les chants de la Grèce héroïque, une chanson dansée, où la Comédie primitive cueillit toutes faites quelques-unes de ses plus jolies scènes d'amour, et qui nous donna aussi, en sa fleur la mieux épanouie,

la partie amoureuse de l'œuvre de Molière. La connais-
sait-il ? Je le crois, car, parmi les choses de l'antiquité,
il en est peu qu'il ignorât ; mais son cœur, aussi pur,
aussi vrai que celui des hommes primitifs à qui l'idée
en était venue, aurait pu la trouver de lui-même. Cette
chanson, tout égayée de danse, est ce qu'on appelait,
dans Égine, Athènes ou Sycione, le *chant amœbée*. Au milieu d'un cercle de belles jeunes filles et de beaux ado-
lescents, s'avançait un jeune homme, armé d'un glaive
d'or, et une vierge couverte d'un voile et couronnée de
fleurs. Ils chantent, ils dansent, et leurs danses et leurs
chants expriment l'amour dont ils sont épris. Mais voilà
qu'ils se séparent : le dépit éclate dans leurs paroles et
sur leurs visages. Ils se fuient, puis reviennent, mais
pour se fuir de nouveau. Encore quelques instants, et
le dépit deviendra de la colère ; des larmes, de vraies
larmes couleront... Mais, non, un sourire a brillé, et la
rosée qui perlait déjà s'évanouit sous ce gai rayon.
Les mains se reprennent, les bras s'enlacent ; la danse
recommence avec la chanson, et les deux amoureux,
fiancés par ce retour de tendresse, gagnent, en se caressant toujours, la couche nuptiale. Toute la comédie de
l'amour est dans cette scène antique, où se trouve aussi
l'image fidèle de la vie amoureuse de Molière. Partout
où nous le rencontrons, il aime ; partout où il aime, il
trouve moins des occasions de bonheur tranquille, que
des occasions de dépit jaloux, et cependant, il ne cesse
jamais d'aimer. Ainsi sa vie se passe dans ces continuelles variations du *chant amœbée* ; mais, toujours soigneux de cacher ses tristesses, n'oubliant jamais sous
ses propres ennuis le rire dont il a fait son art, il ne
prend, de ce chant, moitié rieur et moitié triste, que la

note souriante, pour en faire comme le refrain de ses
comédies.

Depuis l'une des premières jusqu'à l'une des dernières,
depuis le *Dépit amoureux* jusqu'au *Bourgeois gentilhomme*,
nous le suivons, ce refrain de l'admirable esprit, trop
rempli des pensées qui l'oppressent, pour ne pas les
faire déborder sur ce qu'il écrit, mais trop bon aussi
pour en communiquer l'amertume, et s'appliquant alors
à traduire en sourires, pour le public, toutes ses secrètes
mélancolies. Si Molière n'était qu'un esprit, l'âcre satire
ne lui coûterait pas : elle serait l'expression naturelle et
complète de ce qu'il souffre; mais c'est un cœur aussi,
et comme le fiel ne sort jamais du cœur, on n'en trouve
pas dans ses œuvres. Il sent qu'il doit au monde, puis
que sa mission est de l'instruire, la confidence de ce
qu'il souffre; mais il lui vient du cœur je ne sais quelle
crainte de communiquer sa souffrance, en l'exprimant
avec toute son amertume, et il n'en prend, pour la montrer aux autres, que ce qui peut leur être une leçon
mêlée d'amusement. Ses pensées sont amères, mais le
miel est sur ses lèvres, et tout s'adoucit en y passant.
Ainsi, dans le *Misanthrope* même, où il est tout entier
avec toutes ses peines, on ne trouve, sauf quelques éclats
de ce rire désespéré dont je parlais tout à l'heure, que
l'expression d'un chagrin qui craint d'être contagieux en
se faisant trop voir; qui aime mieux faire rire, que se
faire plaindre, et au fond duquel on sent bien moins la
haine du mal que des regrets pour l'absence du bien.
Et, là, pourtant, je le répète, toute son âme aurait dû
éclater en sanglots, car il souffrait alors, à ce moment
du *Misanthrope*, tout ce qu'un cœur aimant peut souffrir. Époux, il était odieusement trahi; poète, il était

3.

persécuté : sa comédie du *Tartufe* se trouvait prise dans
les pièges des faux dévôts. Ami, il était trompé : Racine
le quittait, pour la scène de l'hôtel de Bourgogne, et lui
enlevait l'*Alexandre*, quoiqu'il l'eût déjà joué plusieurs
fois sur son théâtre. Ce n'est pas tout : la maladie, dont il
devait mourir sept ans après, commençait à le torturer,
et, comme ses acteurs ne pouvaient rien sans lui, il fallait
qu'il suspendît, pendant deux mois, ses représentations !
Ainsi, malade lui-même d'âme et de corps, souffrant, de
plus, de toutes les misères que l'inaction allait faire en-
durer à ceux dont il était moins le chef que le père et
l'ami, voilà Molière, à l'heure du *Misanthrope*. Il faudrait, à d'autres, de bien moindres douleurs, pour se
croire le sujet d'une tragédie ou d'un mélodrame ; lui,
ne fit qu'une comédie, où il se représenta dans un personnage qui semble inviter moins à s'apitoyer sur ses
chagrins, qu'à rire de ses brusqueries.

Si c'est ainsi qu'en usait Molière avec ses douleurs
les plus profondes, on comprend avec quelle facilité il
devait se faire un jeu des menues peines de l'amour, de
ces dépits dont je parlais, et qui semblent avoir été l'ac-
cident quotidien de ses passions si nombreuses et si
diverses. Ses comédies, en plus d'une scène, en ont
comme je l'ai dit, gardé le reflet et l'écho. Eraste du
Dépit amoureux, dans la scène de fâcherie et de raccommodement avec Lucile, c'est Molière ; et Gros-René
avec Marinette, c'est Molière aussi. Dans *Tartufe*, Valère
querellant Marianne, puis revenant à elle, c'est encore
lui ; dans le *Bourgeois gentilhomme*, Cléonte se prenant
de colère boudeuse contre une autre Lucile, mais n'attendant qu'un sourire pour se rengager, c'est lui encore,
toujours lui. Il se faisait déjà vieux ; à cette dernière

fois ; c'était trois ans avant sa mort, mais il n'avait rien désappris de l'amour : son cœur était une source inépuisable de tendresse, et la conduite de sa femme une source non moins intarissable de colère et de dépit. Ainsi, malgré l'âge, malgré ses quarante-huit ans, il pouvait se croire encore un jeune amoureux.

C'est sa femme, c'est Armande Béjard, qui, pour la scène de Valère et de Marianne dans *Tartufe*, lui avait déjà donné la réplique, sinon sur le théâtre, du moins chez lui, où ne se multipliaient que trop ces sortes de brouilleries, qu'un raccommodement ne suivait pas toujours ; mais, cette fois-là, le public avait pu se méprendre sur les personnages, tandis que, dans le *Bourgeois gentilhomme*, il ne put s'y tromper. Molière lui-même prit plaisir à peindre Lucile, qui affolait et désolait Cléonte, sous les traits mêmes d'Armande Béjard.

« Elle a les yeux petits ? dit Covielle, le valet à qui l'amour n'a pas ôté la clairvoyance.

» — Cela est vrai, répond Molière par la bouche de Cléonte, elle a les yeux petits, mais elle les a pleins de feu, les plus brillants, les plus perçants du monde, les plus touchants qu'on puisse voir.

» — Elle a la bouche grande ? ajoute Covielle.

» — Oui, mais on y voit des grâces qu'on ne voit point aux autres bouches ; et cette bouche, en la voyant, inspire des désirs, est la plus attrayante, la plus amoureuse du monde.

» — Pour la taille, elle n'est pas grande ?

» — Non, mais elle est aisée et bien prise...

» — Pour de l'esprit...

» — Elle en a, Covielle, du plus fin, du plus délicat...

» — Elle est toujours sérieuse ?

» — Veux-tu de ces enjouements épanouis, de ces joies toujours ouvertes ? Et vois-tu rien de plus impertinent que les femmes qui rient à tout propos ?

» — Mais, enfin, elle est capricieuse, autant que personne du monde.

» — Oui, elle est capricieuse, j'en demeure d'accord ; mais tout sied bien aux belles, on souffre tout des belles... »

Et Molière, dont ce dernier mot est le cri, souffrit tout d'Armande, non pas en aveugle (pouvait-il l'être ?); non pas, non plus, comme un complaisant, mais comme un martyr. En ce temps même, s'il fallait en croire une tradition transmise par Grimarest, à l'époque de la première représentation du *Bourgois gentilhomme*, qui fut, on le sait, donnée à Chambord en 1670, à l'heure où Molière apportait, comme gage de quelque réconciliation nouvelle, ce joli portrait d'Armande, Armande le trompait plus cruellement que jamais. Elle mettait en œuvre, avec quelques-uns des plus séduisants parmi les seigneurs de la cour, ces ressources de coquetterie, qu'elle possédait si bien, et dont Molière, qui en savait les effets, semble avoir craint de parler : c'est le seul trait qui manque à son esquisse ; mais, lors même que la conduite d'Armande ne nous apprendrait pas tout ce qu'elle avait en cela d'art et de manèges infinis, d'autres, qui n'avaient pas les mêmes motifs de discrétion que Molière, ne nous le laisseraient pas ignorer. C'était la plus fine mouche de coquette dont on puisse se faire une idée. Il n'était pas d'air ni de mine, qui ne lui fussent familiers, suivant les circonstances. Avec Molière *le contemplateur* et le mélancolique, elle faisait la sérieuse : lui-même vous l'a dit ; mais, avec d'autres, croyez que l'égrillarde avait des

airs de rechange, et ne tarissait pas en rires et chansons. Bien chanter était, avec l'art des fines simagrées,
son principal talent sur le théâtre ; il va donc sans dire
que ce devait être aussi, à la ville, son principal manège
de coquetterie. « Si, lisons-nous dans les *Entretiens*
galants (1), livre de cette époque dont l'auteur paraît bien
connaître les personnes qu'il cite, si la Molière retouche
quelquefois à ses cheveux, si elle raccommode ses
nœuds ou ses pierreries, ces petites façons cachent une
critique judicieuse et naturelle. Elle entre, par là, dans
le ridicule des femmes qu'elle veut jouer. Mais enfin,
avec tous ces avantages, elle ne plairait pas tant, si sa
voix était moins touchante. Elle en est si bien persua-
dée elle-même, que l'on voit bien qu'elle prend autant de
divers tons qu'elle a de rôles différents. »

Molière fit, à ses dépens, une étude complète de tous
les tons divers de cette sirène, et ses comédies reçurent
la confidence de ses épreuves. Pour que rien ne lui fût
épargné, avant d'avoir la souffrance du malheur même,
il eut celle du pressentiment. Il avait, pour ainsi dire,
vu naître Armande, puisque, ainsi que nous le
verrons, il s'était engagé, tout jeune, dans la troupe
de la mère, Madeleine Béjard, dont il fut le comédien
par amour. L'enfant promit ce que devait être la femme.
Toutes les coquetteries de Célimène étaient en fleur,
dans les savantes ingénuités d'Agnès. Molière n'y fut
pas trompé, mais il y fut pris, comme il arrive aux
hommes les plus experts, qui, sachant où est le piège,
y courent pourtant d'eux-mêmes. Si, avant d'être la Célimène du *Misanthrope*, Armande fut l'Agnès de l'*École*

_____
(1) Tome II, p. 89.

des femmes, Molière aussi fut Arnolphe, avant d'être
Alceste, et il le fut, avec la conscience qu'il l'était. Il
avait mesuré la différence de leur âge ; il s'était représenté, comme un abîme, les vingt-trois années qu'il
avait de plus qu'Armande ; il avait, l'un après l'autre,
connu tous ces secrets du savoir féminin, qui dormaient
sous l'ignorance de la petite fille, et qui se révèleraient
bien vite dans les coquetteries de la femme, pour peu,
surtout, qu'elle eût épousé un homme déjà sur l'âge ;
enfin il avait tout pressenti, il avait même dit ses pressentiments. *Don Garcie,* ce précurseur d'Alceste, qui
n'est autre que Molière lui-même, avait été l'interprète
de ses craintes : l'*hymen,* avait-il dit (1),

> L'hymen ne peut nous joindre, et j'abhorre des nœuds
> Qui deviendraient sans doute un enfer pour tous deux.

Un an après, cependant, en 1662, au moment où il
achevait l'*École des femmes*, expression encore plus
complète de ses pressentiments, il épousait Armande !

Le ménage n'eut guère qu'une année de bonheur, à
peu près tranquille ; puis, survinrent les dépits avec ra-
patriages, dont la scène de Valère et de Marianne, faite
à ce moment, reflète les alternatives. Les réelles infortunes ne se firent pas attendre ensuite. Armande, par
ses mines, œillades provocantes, « airs nonchalants (2) »
ne prit que trop de gens, qu'elle n'écouta que trop, et,
comme c'étaient de ces grands braillards qui le matin
encombraient les antichambres de la cour, et le soir les
bancs du théâtre, partout pérorant sur leurs bonnes for-

(1) Acte I, sc. I.
(2) C'est l'expression employée dans *la Fameuse Comédienne,*
pour désigner l'une des mines favorites de la Molière.

tunes, Molière apprit bien vite que désormais le sort de
son Sganarelle était devenu sa propre destinée, et que
Scarron avait prédit juste, lorsqu'en 1660, sur le point
de mourir, il avait dit, dans son *Testament burlesque :*
Je lègue

A Molière le cocuage.

Ce fut une bien cruelle douleur pour cet homme, de
souffrir dans sa trop sérieuse réalité ce qu'il avait tant
de fois tourné en raillerie, et de trouver, pour soi-même,
dans ce thème comique si bien exploité par lui pour
les rires de la foule, un sujet de larmes véritables. Si je
vous dis qu'il pleura, c'est que lui-même ne s'en est pas
caché. Un billet, qu'il écrivit à Lamothe-Levayer, nous
révèle ce que ses plus sérieuses comédies ne laissaient
pas soupçonner elles-mêmes : le plaisir qu'il trouvait
dans les larmes, en se disant, comme Ovide, *est quædam
flere voluptas.*

C'était en 1664. Lamothe-Levayer venait de perdre
son fils, qui avait été l'un des meilleurs amis de Molière ;
celui-ci s'empressa de lui adresser, avec un sonnet qu'on
trouvera plus loin, la lettre que voici, retrouvée par
M. Monmerqué dans le manuscrit de Conrart, à l'Arsenal :
« Vous voyez bien, Monsieur, que je m'écarte fort du
chemin qu'on suit d'ordinaire en pareille rencontre, et
que le sonnet que je vous envoie n'est rien moins qu'une
consolation. Mais j'ai cru qu'il fallait en user de la sorte
avec vous, et que c'est consoler un philosophe, que de
lui justifier ses larmes, et de mettre sa douleur en
liberté. Si je n'ai pas trouvé d'assez fortes raisons pour
affranchir votre tendresse des sévères leçons de la philosophie et pour vous obliger à pleurer sans contrainte,

il en faut accuser le peu d'éloquence d'un homme qui ne
saurait persuader ce qu'il sait si bien faire. »

En 1664, lorsqu'il parlait ainsi de la consolation par
les larmes, l'occasion d'en répandre était déjà venue
pour lui. C'est cette année-là que commencèrent ses
chagrins de ménage. Il pardonna d'abord, mais son
pardon, tombé sur un cœur ingrat, ne fut qu'un encou-
ragement pour de nouvelles fautes, et il n'y eut plus
alors de trève à ses angoisses. L'absence eût pu les calmer, mais elle était impossible. S'il fuyait sa femme
chez lui, il la retrouvait au théâtre avec toutes ses séductions, avec tout l'art charmant qu'elle apportait dans
l'interprétation de ses œuvres, et il était ainsi repris,
quoi qu'il pût faire, par l'esprit et par le cœur. Sa passion avait tant de violence et le rendait si faible, qu'il
avait été heureux que les nécessités de leur métier
apportassent ces obstacles à leur séparation. Il ne voulut même pas habiter une autre demeure que la maison
commune. Tout ce qu'il put faire, ce fut de loger à un
autre étage que sa femme. Elle avait gardé le premier,
où elle recevait beaucoup de monde, avec grand fracas
de rires et de gaieté, tandis que, lui, réfugié plus haut
dans son cabinet, tâchait de s'échapper à lui-même, par
le travail, la lecture, ou la conversation de ses amis.
Il n'y parvenait pas; son chagrin le suivait toujours.
Chacune de ses œuvres nouvelles en apportait un écho,
et s'il était avec ses amis, sa tristesse était telle, qu'ils
le provoquaient toujours à quelque confidence où son
cœur pût se soulager en s'épanchant.

Un jour qu'il était en sa maison d'Auteuil, Chapelle
le surprit en cet état d'esprit; il le fit parler, et leur
entretien, répété à l'auteur de *la Fameuse comé-*

dienne (1), est devenu la page la plus curieuse et la
plus authentique en même temps de ce livre, d'ailleurs
fort suspect. Molière ouvre là tout son cœur.

« Je suis né, dit-il à son ami, avec la dernière disposition à la tendresse, et, comme tous mes efforts n'ont pu
vaincre le penchant que j'avais à l'amour, j'ai cherché
à me rendre heureux, c'est-à-dire autant qu'on peut
l'être avec un cœur sensible. J'étais persuadé qu'il y
avait fort peu de femmes qui méritassent un attachement sincère; que l'intérêt, l'ambition, la vanité, font
les nœuds de toutes leurs intrigues. J'ai voulu que l'innocence de mon choix me répondît de mon bonheur :
j'ai pris ma femme, pour ainsi dire, dès le berceau.
Je me suis mis en tête, que je pourrais lui inspirer, par
habitude, des sentiments que le temps ne pourrait détruire, et je n'ai rien oublié pour y parvenir... Le mariage
ne ralentit point mes empressements, mais je lui trouvai,
dans la suite, tant d'indifférence, que je commençai à
m'apercevoir que toutes mes précautions avaient été
inutiles, et que ce qu'elle sentait pour moi était bien
éloigné de ce que j'aurais souhaité pour être heureux.
Je me fis à moi-même des reproches sur une délicatesse
qui me semblait ridicule, et j'attribuai à son humeur ce
qui était un effet de son peu de tendresse pour moi. Je
n'eus que trop de moyens de me convaincre de mon
erreur... Je pris dès lors la résolution de vivre avec elle
comme un honnête homme qui a une femme coquette,
et qui en est bien persuadé, quoiqu'il puisse dire que sa
méchante conduite ne doive contribuer à lui ôter sa
réputation... Sa présence me fit oublier toutes mes réso-

(1) Page 20.

lutions, et les premières paroles qu'elle me dit pour sa
défense me laissèrent si convaincu que mes soupçons
étaient mal fondés, que je lui demandai pardon d'avoir
été si crédule. Mes bontés ne l'ont point changée ; je me
suis donc déterminé à vivre avec elle comme si elle n'é-
tait pas ma femme ; mais, si vous saviez ce que je souffre,
vous auriez pitié de moi. Ma passion est venue à un tel
point, qu'elle va jusqu'à entrer avec compassion dans ses
intérêts ; et quand je considère combien il m'est impossible de vaincre ce que je sens pour elle, je me dis, en
même temps, qu'elle a peut-être la même difficulté à détruire le penchant qu'elle a d'être coquette, et je me
trouve plus de disposition à la plaindre qu'à la blâmer.
Vous me direz sans doute qu'il faut être poète, pour
aimer de cette manière ; mais, pour moi, je crois qu'il
n'y a qu'une sorte d'amour, et que les gens qui n'ont
point senti de semblables délicatesses, n'ont jamais aimé
véritablement. Toutes les choses du monde ont du rapport avec elle dans mon cœur : mon idée en est si fort
occupée, que je ne sais rien, en son absence, qui me
puisse divertir. Quand je la vois, une émotion et des
transports, qu'on peut sentir, mais qu'on ne saurait exprimer, m'ôtent l'usage de la réflexion ; je n'ai plus
d'yeux pour ses défauts, il m'en reste seulement pour
ce qu'elle a d'aimable... N'est-ce pas là le dernier point
de la folie, et n'admirez-vous pas que tout ce que j'ai de
raison ne serve qu'à me faire connaître ma faiblesse,
sans en pouvoir triompher ? »

Ne vous semble-t-il pas que vous venez d'entendre
parler Molière lui-même ? Quant à moi, mon avis sur ce
précieux débris de conversation, c'est qu'il n'y faut pas
voir autre chose que le fragment d'une lettre, écrite par

Molière, du temps de ses chagrins, à Chapelle, et communiquée par celui-ci à l'auteur de *la Fameuse Comédienne*, qui, suivant un procédé déjà connu alors, aura cru bon d'en faire une scène, pour la rendre plus intéressante.

Quand on se voit et se parle chaque jour, quand l'un des deux cœurs demande sans cesse à se rapprocher de l'autre, la séparation n'est point réelle; il ne faut que le hasard d'un sourire ou d'un mot, pour amener une réconciliation. C'est ce qui arriva entre Molière et sa femme, et sans doute plus d'une fois. Réconciliés pour un mot, pour un mot on se brouillait encore; et le *chant amœbée*, reprenant son jeu à travers le ménage, reparaissait aussi, comme réminiscence, dans les pièces du poète, chez qui l'homme ne s'oubliait jamais. Si Molière mit dans le *Bourgeois gentilhomme* cette scène de Lucile et de Cléonte, dont j'ai déjà parlé; si, dans les *Amants magnifiques*, il glissa aussi cette charmante traduction de l'ode d'Horace, *Donec gratus eram*, qu'on lira plus loin, c'est qu'au moment où il écrivait ces œuvres de son âge plus mûr, il était, comme au temps des œuvres de sa jeunesse, sous l'impression constante de ces scènes de dépit, de brouille et de réconciliation, qu'amant il avait trop connues, que mari il connaissait plus encore.

Sur la fin de sa vie, pendant le temps qui s'écoula depuis la *Psyché*, faite en collaboration avec Corneille, jusqu'au *Malade imaginaire*, il semble pourtant avoir eu plus de tranquillité. L'accord était revenu dans le ménage. Un jour, du temps que Molière faisait les *Femmes savantes*, Boileau, l'étant venu voir, le trouva qui sortait,

pour s'aller promener, comme un bon bourgeois, avec
sa femme (1).

C'est vers ce temps-là qu'il fut père pour la troisième
fois ; et la naissance d'un second fils, que, malheureusement, il ne devait pas non plus conserver, le consola
de la mort de son aîné, qu'il avait perdu on ne sait pas
au juste à quelle date, mais sans doute à l'époque de la
Psyché, où les plaintes qu'il prête au père regrettant
son enfant indiquent chez Molière une disposition d'esprit semblable. Il en est ainsi avec lui : si un fait de sa
vie échappe, on peut, en cherchant bien, le retrouver
dans ses œuvres. Par ses œuvres, on connaît son cœur ;
par son cœur, on connaît sa vie. Ce premier fils devait
avoir huit ans à peu près, quand il mourut ; c'est assez
pour qu'on ait eu le temps de mettre tout son espoir
dans un enfant, surtout lorsque, comme Molière, on est
contraint de ne demander au ménage d'autres joies que
celles de la paternité ; surtout, lorsque sachant trop bien
que la femme infidèle à son devoir d'épouse ne devra
pas bien remplir d'autres devoirs, le père se fait un
bonheur d'être, à lui seul, toute une famille pour son
enfant. Molière pleura donc bien ce premier né ; j'en ai
pour preuves les larmes qu'il fait répandre au père de
Psyché (2), dans une des trop rares scènes de cet ouvrage,
qui soient bien de lui. Son cœur se l'était gardé. *En lui*,
dit le père, parlant de son enfant perdu,

> En lui j'ai renfermé, par des soins assidus,
> Tous les plus beaux trésors que fournit la sagesse ;
> A lui, j'ai de mon âme attaché la tendresse ;

(1) *Corresp. entre Boileau et Brossette*, édit. Laverdet, p. 515.
(2) Acte II, sc. I.

J'en ai fait de ce cœur le charme et l'allégresse,
La consolation de mes sens abattus,
    Le doux espoir de ma vieillesse;
    Ils m'ôtent tout cela, ces dieux!
Et tu veux que je n'aie aucun sujet de plainte
Sur cet affreux arrêt, dont je souffre l'atteinte!
Ah! leur pouvoir se joue, avec trop de rigueur,
    Des tendresses de notre cœur!
Pour m'ôter leur présent, me fallait-il attendre
    Que j'en eusse fait tout mon bien?
Ou plutôt, s'ils avaient dessein de le reprendre,
N'eût-il pas été mieux de ne me donner rien?

Je doute qu'Armande partageât ces douleurs si délicates et si vives. Quand on n'aime pas sa maison, l'on n'a qu'une faible affection pour ses enfants; s'ils meurent, on ne sait pas les pleurer. La naissance d'un second fils, les soins qu'elle devait à sa fille, seule enfant qui survécut à Molière, ne l'attachèrent pas beaucoup plus à ses devoirs. En 1672, peu de temps avant la mort du grand homme, la discorde s'était de nouveau mise entre lui et sa femme. Il était remonté à son second étage, et il y serait mort dans l'isolement, sans aucun soin de celle qu'il avait tant aimée, si une nouvelle réconciliation ne les eût encore une fois rapprochés. Un simple détail de rôle, qui flatta chez Armande la coquetterie de la comédienne, avec la vanité de la chanteuse, et lui fit accepter de jouer dans *le Malade imaginaire*; quelques conseils de Chapelle et du marquis de Jonsac, autre ami de Molière, amenèrent ce dernier accord. Voici comment les choses se passèrent, d'après l'auteur de *la Fameuse comédienne*. Molière venait d'achever son *Malade*. Dans l'intention d'offrir à sa femme le rôle d'Angélique, et sachant combien la douceur de la voix ajouterait à l'expression des sentiments naturels, il avait

su rendre ce rôle assez aimable, pour faire applaudir
d'un bout à l'autre l'actrice qu'il en chargerait. Jonsac
fit sentir à la Molière le prix d'un pareil soin de la part
d'un mari maltraité. Peut-être ce motif la toucha-t-il
faiblement ; mais l'espérance de plaire au public dans
un rôle écrit pour elle, la décida. Le rapprochement
eut lieu dans la soirée même, et le succès d'Angélique
donna, pour un moment, un air de tendresse à la vanité satisfaite (1).

Peu de jours après, Molière mourut, ayant du moins,
grâce à ce rapprochement suprême, la consolation qu'aucune amertume ne se mêlerait à son dernier adieu.

Pour avoir tout entière l'histoire de son cœur, il ne
faut pas parler que de ce seul amour de Molière. Il en
eut d'autres, qui furent la comédie de sa vie, comme
celui-là en fut, pour ainsi dire, le drame. Ils le préparèrent, ils en égayèrent les péripéties ; ils complétèrent,
pour le poète, cette science du cœur, dont il ne voulait
rien ignorer, dût son bonheur en payer les frais. Il ne
faut donc pas les oublier ; c'est la petite pièce, avant et
pendant la grande ; c'est le chapitre moins sérieux d'un
livre, qui, sans cela, l'eût été trop ; c'est l'éveil constant
du comique, à côté de la passion qui se désespère ; enfin,
c'est, pour cet homme si triste et si gai à la fois, comme
un second visage, je ne dis pas un masque ; car, si la
comédie antique en avait un, celle qu'il créa n'en eut
point.

La fatalité du premier amour qu'on lui connaisse l'a-
vait jeté tout à la fois dans la carrière où il ramassa la
gloire, et dans cette autre passion où il rencontra le mal-

(1) *Mémoires* sur Molière, dans le tome II, p. 185-186, de la
Collection des mémoires sur l'art dramatique.

heur. Une troupe de jeunes gens s'était formée en compagnie dramatique, sous ce beau titre : l'*Illustre Théâtre,*
où je retrouve toute la modestie que la jeunesse n'eut
jamais. Les Béjard, famille de procureurs, et qu'on eût
cru, par conséquent, peu prédestinée au comique, s'y
distinguait presqu'au complet : on y voyait la mère, les
frères, les sœurs. Parmi celles-ci, Madeleine était la plus
jolie ou du moins la plus habile. Le petit Poquelin, tout
frais sorti des écoles, vrai Des Grieux de Sorbonne, vit
jouer ces amateurs sur leurs tréteaux nomades des fossés de Nesle et du fort Saint-Paul; il s'énamoura de la
Béjard. La vue de la comédienne décida du goût qu'il
avait pour la comédie (1). D'abord, son éducation faite en
bon lieu, au collège des Jésuites; la petite fortune, qu'il
tenait de l'héritage de sa mère (2) ; le titre de *Tapissier
du roi*, dont il devait avoir la survivance et qu'il portait
même déjà (3), l'empêchèrent de prendre part aux représentations de la troupe. Il ne s'y mêla que comme conseiller, au sujet des pièces à jouer, sans doute aussi
comme arrangeur de farces, ainsi que l'était ce poète
assez maltraité, dont parle Tristan dans son *Page disgracié;* mais enfin, trouvant qu'être acteur valait alors
mieux qu'être auteur, et qu'il fallait plutôt faire partie
d'une troupe que passer son temps à lui donner des avis,
il se décida : « il s'en mit, » comme dit Tallemant. C'est
en 1645 que nous l'y trouvons, d'une façon certaine,
avec Charles Beys, autre auteur-acteur, et se parant,
comme lui, des riches habits que M. le duc de Guise,

. (1) *Mémoires* sur Molière, dans le tome II, p. 185-186, de la
Collection des mémoires sur l'art dramatique.
(2) *Ibid.*
(3) *Ibid.*

prêt à partir pour ses grandes aventures d'Italie, a tirés de sa garde-robe pour en faire don aux comédiens des différentes troupes (1).

Molière (il est déjà désigné sous ce nom, dans les vers où il est parlé de ce présent du duc de Guise), Beys et la Béjard ont accepté, parce que de tels dons étaient d'usage en ce temps, où le métier de comédien n'était qu'une sorte de domesticité, et puis encore, parce que, lors même que leur métier leur eût permis la fierté, le besoin la leur eût interdite. La troupe alors n'était pas heureuse, et je jurerais que, si le talent de Molière était nécessaire dans les représentations, son petit avoir ne l'était pas moins, pour suppléer, dans les mauvais jours, aux défaillances de la recette. C'est ainsi qu'il devint intéressé dans la direction, comme on dirait aujourd'hui, et que dut commencer, entre la Béjard et lui, une association, qui semble avoir existé pendant toute la durée de leurs courses en province (2), et dont nous trouvons encore des traces, à l'époque de leur installation définitive à Paris, en 1659 (3). Les jours les plus mauvais pour la fortune ont souvent de bonnes heures pour l'amant, lorsque, s'oubliant lui-même, il transforme, en dévouement pour celle qu'il aime, tous les sentiments qu'il éprouve. Il me semble que Molière eut de ces heures-là, dans le temps dont nous parlons, et qu'il les dut à ses attentions dévouées, empressées, pour les infortunes de Madeleine Béjard. Elles étaient réelles et sérieuses. Parmi les nombreux amants qu'on lui avait connus et

(1) Voy., à ce sujet, deux strophes curieuses dans l'*Eslite des bons vers,* etc., 1653, in-12, 2e partie, p. 15.

(2) Voy. Emm. Raymond, *Molière dans le Midi,* passim.

(3) Beffara, *Dissertation sur Molière,* p. 21.

qui formèrent, autour d'elle, comme une confusion de
tendresses, partagées pour la plupart, on avait distingué
longtemps un gentilhomme du Comtat, le comte de Modène, « homme de mérite, assurément, dit l'abbé Arnauld,
s'il n'eût pas corrompu par ses débauches les belles qualités de son esprit (1). » Une fille, qu'il reconnut, naquit
en 1638, de ses relations avec Madeleine, et, sept ans
après, en 1645, c'est-à-dire à l'époque dont nous parlons, tout donne à penser qu'un nouvel enfant, une seconde fille, fut encore le fruit de cet amour. Cette fille
serait Armande, la future femme de Molière. Le comte
de Modène ne la reconnut pas; bien plus, Madeleine
elle-même n'avoua pas qu'elle en était la mère, et ce
furent ses propres parents, son père Joseph Béjard et
sa mère Marie Hervé, qui reconnurent cet enfant, non
comme leur petite-fille, mais comme leur fille. L'acte
de mariage de Molière avec Armande témoigne de ce
dernier fait; mais, d'un autre côté, le testament de Madeleine Béjard, par lequel Armande est faite sa légataire
universelle, à l'exclusion de ses autres parents (2), semble
prouver qu'elle voyait en elle plus qu'une sœur, une
fille, et qu'elle avait à cœur de lui rendre au moins, par
cette disposition suprême, le bénéfice du nom qu'elle
n'avait pu lui donner. Mais pourquoi tout ce mystère,
dont les complications, pour peu qu'il les connût, ne
préparèrent que trop bien Molière à ces intrigues de
naissances mystérieuses, d'enfants supposés, et dont il
fit l'ingénieux ressort de quelques-uns de ses dénoue-

(1) *Mém.* de l'abbé Arnauld, coll. Petitot, 2e série, t. XXXIV,
p. 259.
(2) Fortia d'Urban, *Dissertation sur la femme de Molière*, 1824,
in-8, p. 167.

ments ? Pourquoi ce problème d'état civil, près duquel
ressort la vraisemblance même de ces combinaisons
d'imbroglios scéniques des *Fourberies de Scapin*, de *l'A-
vare*, de l'*École des Femmes*, etc.? On n'a pu le découvrir encore ; mais une chose certaine, c'est que Madeleine Béjard, dont la conduite ici ne saurait se justifier
que par l'abandon dans lequel l'eût jetée le départ de
son amant, et par le désir qu'elle aurait eu, étant ainsi
délaissée, de faire donner par d'autres à sa fille une
légitimité qu'elle ne pourrait jamais lui donner elle-
même, Madeleine Béjard, à l'époque de la naissance
d'Armande, était, en effet, abandonnée par le comte
de Modène. Le duc de Guise préparait son voyage pour
l'Italie, et Modène devait le suivre. Quand reviendrait-
il? On ne pouvait le savoir. Le duc partait avec l'espoir
de conquérir la couronne de Naples ; Modène était son
conseiller le plus intime et le plus influent. « C'est lui,
dit l'abbé Arnauld, qui le gouvernait et qui avait tout
pouvoir sur sa maison. Si le duc était fait roi, Modène
serait son premier ministre, et alors que lui importerait
le sort de la pauvre comédienne laissée en France, et
l'avenir de l'enfant né de leurs amours ? La Béjard le
comprit, et ne s'obstinant plus dans l'espérance qu'elle
avait pu concevoir d'épouser le comte et de légitimer
ainsi sa fille, elle chercha pour celle-ci, nous l'avons
dit, une autre légitimité. Après le départ de M. de Modène, elle ne pouvait rester à Paris, où leurs amours
avaient eu tant d'éclat : en 1646, nous la trouvons
donc, qui court la province avec sa troupe. Elle est à
Bordeaux, où le gouverneur de Guyenne, M. le duc d'É-
pernon, qui connaît le roman de son infortune, lui accorde un bienveillant patronage, dont un poète, qui est

aussi de cette compagnie, Jean Magnon, le remercie par
ces quelques phrases de son *Séjanus*, tragédie toute
d'allusion à la louange du duc, et jouée alors pour la
première fois : « Cette protection, dit-il (1), et le secours
que vous avez donné à la plus malheureuse et à l'une
des mieux méritantes comédiennes de France..., tout le
Parnasse vous en est redevable, et vous en rend grâce
par ma bouche. Vous avez tiré cette infortunée du pré-
cipice où son mérite l'avait jetée... Elle n'est remontée
sur le théâtre, qu'avec cette belle assurance de jouer un
jour dignement un rôle dans cette illustre pièce, où, sous
des noms empruntés, l'on va représenter une partie de
votre vie. »

Molière, on le devine, était de ce voyage de la Béjard
à travers la province ; il consolait et avait les profits de
la consolation. Ses soins pour la petite Armande étaient
si paternels, que, plus tard, autorisé, d'ailleurs, par ce
qu'il y avait de mystère autour de cette naissance, on
put croire qu'il était le père d'Armande, on put dire
qu'il avait épousé sa fille ! Ces premières pérégrinations
provinciales durèrent quatre ou cinq ans, pendant lesquels Molière fit jouer à Bordeaux une tragédie, que
nous n'avons plus (2), et obtint de grands succès à Vienne
en Dauphiné ; mais, à Nantes, où il était en 1646, il eut
grand peine à tenir bon contre des marionnettes italiennes qui lui faisaient concurrence. Sa vie rappela
souvent les péripéties du *Roman comique*. Aussi, comme

---

(1) Cité dans le *Catalogue de la bibliothèque de M. de Soleinne*,
rédigé par Paul Lacroix, t. I, p. 271.

(2) *Mémoires manuscrits*, dans la collection de M. de Tralage,
à la bibliothèque de l'abbaye de Saint-Victor, in-4. Q. Q. 688,
art. 77. Cette tragédie n'était autre que *la Thébaïde*.

il alla dans les environs du Mans, où Scarron a placé
les scènes de son roman, écrit à cette époque même ;
comme, d'un autre côté, l'évêque du Mans, M. de La-
vardin, ami de Scarron et très proche parent de M. de
Modène, pouvait avoir intérêt à faire tourner en ridicule cette troupe de comédiens et de comédiennes, où le
comte s'était presque mésallié, on a pensé, non sans
quelque raison, que les héros et les héroïnes de la burlesque Odyssée étaient de la troupe de Molière.

En 1650, M. de Modène, après une foule de vicissitudes, dont les plus singulières sont connues de ceux
qui savent l'histoire de la révolution de Naples, au temps
de Masaniello, était de retour à Paris, avec son prince
sans couronne. La Béjard l'apprend et revient vite. Les
déconvenues d'ambition que vient de subir son amant,
lui ont rendu des espérances dont elle veut profiter. Il
lui semble qu'il n'existe plus d'obstacles pour qu'elle
devienne comtesse de Modène et pour que sa fille re-
prenne possession des droits de sa noble naissance.
Malheureusement, les années sont venues, et pour M. de
Modène, friand de jeunesse dans ses amours, Madeleine
n'a plus assez de séductions. Il ne se hâte pas de l'é-
pouser ; il l'amuse de promesses, et cependant, lorsque
le temps de marier Armande est arrivé, il lui persuade,
quoiqu'elle lui résiste, de la donner pour femme au comédien Molière, ce qui, bien considéré, donnait à croire
que lui-même n'épouserait jamais la mère d'une fille
ainsi mariée. En effet, en 1666, deux ans après qu'il a
ranimé l'espérance de Madeleine, en consentant à tenir
avec elle, sur les fonts, un enfant de Molière, et qu'il
semble avoir fait de ce baptême les fiançailles de leur
propre union, il se remarie, mais non avec la Béjard :

il épouse la fille du poète Tristan l'Hermite (1) ! Ce n'est
pas la richesse qui l'a séduit, car Tristan était mort plus
pauvre qu'aucun poète, et sa veuve avait dû se faire,
pour vivre, fabricante de verroterie ; ce n'est pas la
noblesse non plus, car cette famille, à force de pau-
vreté, avait singulièrement déchu : un de ses membres,
L'Hermite, de Vauselles, était comédien dans la troupe
de la Béjard ! Ce qui avait touché le comte, c'était la
grâce et la jeunesse de Madeleine L'Hermite, « très aimable personne, » suivant madame Du Noyer.

Molière avait suivi de l'œil toutes ces aventures, et il
en avait fait son profit pour ses comédies. L'*École des
Femmes* est composée tout entière avec les débris du
roman de M. de Modène, de la Béjard et d'Armande
leur fille. Ce n'est pas seulement par le caractère, qu'Armande est l'Agnès de cette pièce, c'est aussi par l'histoire de sa naissance. Comme Armande, Agnès est une
enfant abandonnée par son père, et dont un tuteur prend
soin. Ce tuteur, c'est Arnolphe pour Agnès, c'est Molière
pour Armande ; or, Arnolphe et Molière sont le même
homme : l'un et l'autre, en effet, veulent leur pupille
pour femme, et poussent, contre sa coquetterie qui s'é-
veille, la défiance et la jalousie jusqu'à la fureur. À un
moment de la comédie, le père revient et se fait connaître ; à un moment de l'histoire, le père revient de
même et se fait reconnaître aussi. Les œuvres de Molière
sont ainsi l'indiscrétion de sa vie ; elles en éclairent,
pour qui les étudie bien, toutes les parties les plus obs-
cures. L'histoire de M. de Modène et de son retour,
qui rendait un père à Armande, resta toujours si bien

_____

(1) *Lettres* de madame Du Noyer, t. III, p. 259.

dans l'esprit du poète, qu'en 1667, lorsqu'il fit l'*Avare,*
il en glissa un souvenir au dénouement. Là encore, un
père revient, des enfants sont reconnus, et cette fois,
pour qu'on ne s'y méprenne pas, c'est de Naples, comme
le comte de Modène, que Molière fait revenir le père.
Dans les *Fourberies de Scapin,* pareille aventure encore
au dénouement : retour d'un père, reconnaissance, em-
brassement. On vous dira que, cette fois, Molière imite
le *Phormion* de Térence; soit, mais croyez qu'il obéit
surtout à ses souvenirs.

Quand M. de Modène était revenu et que la Béjard,
pour ressaisir son amour, lui avait rendu tout le sien,
qu'avait fait Molière, alors nécessairement délaissé? Il
avait cherché pour lui-même les consolations dont il
s'était fait si longtemps le dispensateur. A Paris, où la
Béjard l'avait ramené, il en trouva plus qu'ailleurs, car
il y retrouvait des amis.

C'est lors de ce séjour, qui dura de 1650 à 1653, qu'il
dut, ce nous semble, se lier plus étroitement que jamais
avec son ancien camarade Chapelle et les libre-penseurs
de sa société ; avec Des Barreaux, le fils de Lamothe-
Levayer, Du Broussin, etc., tous gassendistes, tous épi-
curiens ; et que la secte, à laquelle son *Tartufe* devait si
bien répondre, commença de lui reprocher son penchant
vers la libre pensée, appelée alors du *libertinage* (1).
Le fameux dîner, à la *Croix de Lorraine,* où, suivant
Chapelle, Molière, cédant à la contagion de l'ivresse,

. . . . Buvoit assez,
Pour vers le soir être en goguettes,

doit être de ce temps-là. C'est un détail curieux dans sa

vie, en ce qu'il explique un des côtés joyeux de son talent et nous apprend comment cet homme, que la délicatesse de sa santé réduisit pendant longtemps au régime
du laitage, put toutefois mettre tant de verve dans le
rôle de Sganarelle, l'ivrogne fagottier, et surtout dans
la chanson qu'il lui fait chanter :

> Qu'ils sont doux !
> Bouteille ma mie,
> Qu'ils sont doux !
> Tes petits glougloux ;
> Mon sort ferait bien des jaloux,
> Si vous étiez encore remplie ;
> Ah ! bouteille, ma mie,
> Pourquoi vous videz-vous ?

L'air de cette chanson, qu'on ne chante plus au théâtre français tel qu'il est noté, bien qu'il soit facile à retrouver (1), avait été écrit par Charpentier, le même qui
fit la musique du *Malade imaginaire*, lorsque Molière,
trompé par Lulli dans une affaire qu'il n'est pas besoin
de raconter ici, dut renoncer à sa collaboration.

Molière avait écrit bien d'autres chansons, qui, pour
la plupart, sont perdues. Les unes avaient été mises en
musique par quelque musicien de l'époque ; les autres
avaient été faites sur quelques-uns de ces airs populaires, dont il aimait tant la franchise ; on le sait par ce
que dit Alceste de la chanson du *roi Henri*. Plusieurs
couplets faits par lui sur le vieil air *lon lan la landeri-
rette*, fort en vogue en ce temps-là, ont été retrouvés, il
y a six ans (2), dans un manuscrit appartenant au roi

---

(1) Voy. la *Clef des Chansonniers*, 1722, in-12, t. I, p. 74.
(2) Ceci a été écrit vers 1858. *(Note de l'éditeur.)*

Louis-Philippe, et n'ont pas encore été joints à ses
œuvres (1). Nous allons en citer trois ou quatre. Le
poëte se plaint d'une cruelle et lui dit :

> Au penchant qui nous engage,
> Pourquoi vouloir résister?
> Dans le printemps de son âge,
> Ne doit-on pas profiter
> De son lan la, landerirette?...
>
> De pitié votre âme atteinte,
> S'attendrit à mes discours,
> Mais que me sert votre plainte,
> Si vous refusez toujours...
>
> Pendant une nuit paisible,
> En vain je me crois heureux;
> Le songe le plus sensible
> Ne peut soulager les feux
> De mon lan la, etc.
>
> Qu'un bonheur plus véritable
> Comble enfin tous mes plaisirs;
> La nuit la plus favorable
> Laisse encor trop de désirs...

Un autre couplet de Molière, qui n'a pas, non plus, été
recueilli, se trouve dans les *Aventures* de Dassoucy, qui
se vante d'avoir achevé la chanson et d'avoir mis le tout
en fort belle musique. Ce couplet n'est pas un chef-
d'œuvre, car Molière, qui connaissait son collaborateur,
voulait rester à son niveau. Nous ne le citerons pas
moins :

> Loin de moy, loin de moy, tristesse,
> Sanglots, larmes, soupirs !
> Je revoy la princesse
> Qui fait tous mes désirs.

(1) Ils n'ont été publiés que dans le *Bulletin du bibliophile*,
1853-1854, p. 365-368.

O célestes plaisirs, doux transports d'allégresse !
    Viens, Mort, quand tu voudras,
    Me donner le trépas :
    J'ay reveu ma princesse ! (1)

Ce couplet, qui prouve que rien n'était impossible à
Molière, et qu'il pouvait, au besoin, anticiper sur les
platitudes de l'Opéra-Comique, fut écrit par lui, dans le
temps qu'il était à Béziers avec sa troupe, augmentée
de Dassoucy et de ses deux pages de musique. C'est alors
aussi, ce qui vaut mieux, qu'il faisait jouer pour la première fois sa comédie du *Dépit amoureux,* dont l'imbroglio lui avait été presque en entier fourni par de
vieilles comédies italiennes, mais dont l'état de son cœur
et les péripéties de sa vie, à ce moment même, lui avaient
seuls inspiré toute la partie amoureuse.

L'amitié, le vin et les chansons ne suffisaient pas
pour remplir le vide d'un cœur comme le sien ; il lui fallait
l'amour, pour le consoler de l'amour. Aussi, lorsque le
retour du comte de Modène lui eut enlevé les bonnes
grâces de la Béjard, ou l'eut au moins obligé au partage,
ne se fit-il pas faute de cette consolation. A Paris, en
1650, nous lui connaissons quatre amours à la fois : la
Béjard d'abord, avec laquelle il n'a pas rompu, leurs
intérêts étant trop mêlés pour qu'il ne subsistât pas toujours entre eux les apparences d'une liaison ; mademoiselle de Brie ensuite, puis mademoiselle du Parc,
et enfin une plus modeste et plus inconnue, mademoiselle Menou. C'est par une lettre de Chapelle, que nous
avons appris cette complication de tendresses, et, par
conséquent, de jalousies. Sans lui, nous connaîtrions

(1) *Aventures burlesques,* de Dassoucy, édit. Colombey, p. 240-
241.

même à peine l'existence de mademoiselle Menou ; nous
saurions seulement, grâce à un exemplaire de l'*Andromède*, possédé par M. de Soleinne (1), qu'elle faisait partie de la troupe de Molière quand il joua cette pièce à
machines, et qu'elle y était chargée du rôle presque
muet d'Ephyre la Néréïde. Ce n'était certes pas assez
pour que nous nous intéressions à elle ; mais la lettre
de Chapelle est venue éveiller cet intérêt et le rendre
fort vif. On y découvre ce que devait être mademoiselle
Menou : une toute jeune personne, un vrai fruit vert,
comme devait les aimer Molière, qui, plus tard, livra si
bien tout son cœur à l'adoration de la jeunesse d'Armande. Les hommes de cette trempe supérieure se plaisent dans les amours qui leur permettent de protéger
en aimant ; ils ont du bonheur à sentir la faiblesse qui
les recherche pour s'appuyer sur eux, et, d'un autre
côté, leur naturelle défiance semble ne trouver de repos
que dans ces passions précoces où l'âge du moins leur
garantit l'innocence. Si Molière donc aima la modeste
Ephyre de l'*Andromède,* la pauvre comparse, c'est à cause
de sa faiblesse et de son humilité même, qui le repo-
saient des grands airs de ses autres comédiennes, j'allais presque dire de ses autres sultanes. Chapelle, dans
sa lettre, donne à entendre tout cela. Il parle de la première verdure du printemps, qui, dit-il,

> Jeune et foible, rampe par bas,
> Dans le fond des prés, et n'a pas
> Encor la vigueur et la force
> De pénétrer la tendre écorce
> Du saule qui lui tend les bras ;
> La branche amoureuse et fleurie,
> Pleurant pour ses naissants appas,

(1) *Catal. de la biblioth. Soleinne,* t. I, p. 251.

Tout en sève et larmes, l'on prie,
Et, jalouse de la prairie,
Dans cinq ou six jours se promet
De l'attirer à son sommet.

« Vous montrerez, ajoute-t-il, ces beaux vers à mademoiselle Menou seulement. Aussi bien, sont-ils la figure d'elle et de vous. » Il lui recommande ensuite de ne pas faire lire cette lettre « à ses femmes, » à cause de certains vers qui la terminent et qui ne sont pas trop à leur louange. « Je les ai faits, ajoute-t-il, pour répondre à cet endroit de votre lettre, où vous particularisez le déplaisir que vous donnent les partialités de vos trois grandes actrices, pour la distribution de vos rôles. Il faut être à Paris, pour en résoudre ensemble, et, tâchant de faire réussir l'application de vos rôles à leur caractère, remédier à ce démêlé qui vous donne tant de peine. En vérité, grand homme, vous avez besoin de toute votre tête, en conduisant les leurs, et je vous compare à Jupiter pendant la guerre de Troie (1). »

On devine quel charme et quel repos il devait trouver au sortir de cet enfer, dans le doux entretien de la modeste mademoiselle Menou. Mais il dut la sacrifier, du moins tout le donne à croire, car on ne la trouve pas longtemps dans la troupe de Molière. En 1658, lorsque cette troupe, après une dernière tournée dans le Midi, revient à Paris, mademoiselle Menou n'en fait plus partie. Nous ne savons ce qui la fit renvoyer, mais nous pouvons, pour cela, nous en rapporter à l'altière jalousie de ses trois rivales. Molière resta seul entre elles. C'était du courage ; il tint bon pourtant, tout armé qu'il était de douceur et de philosophie, et grâce à ce sys-

(1) *OEuvres de La Chapelle,* édit. de la Bibl. elzévir., p. 202-203.

tème qui lui faisait tout prendre en patience, du moment
que dans ses ennuis même il y avait pour son art une
source d'études et d'observations. Ses premières pièces
sont remplies du contraste de ces trois caractères fémi-
nins qu'il fut si bien à même d'étudier, en plein tapage,
à ses risques et périls. Dans *Don Garcie,* dona Elvire,
à qui les jaloux déplaisent, c'est mademoiselle du Parc,
tandis que Madeleine Béjard joue le rôle d'Elise, à qui
la jalousie ne déplaît-pas. Par malheur, elle n'est plus
guère d'âge à espérer des amants jaloux. Dans les
Fâcheux, mademoiselle du Parc, qui joue Orante, tient
un rôle semblable à l'autre et non moins conforme à
son humeur, tandis que mademoiselle de Brie, d'un caractère différent, est chargée du rôle de Climène, dont
la nuance est aussi toute contraire. C'était une nature
de femme plus compatissante et plus douce, n'ayant
rien de la hauteur un peu façonnière (1), qui avait fait
donner à sa rivale, mademoiselle du Parc, le surnom
de *Marquise* (2). Celle-ci pouvait plaire à l'humeur un peu
guindée et apprêtée de Racine, qui fut plus tard son
amant; mais mademoiselle De Brie, avec ses manières
indulgentes, devait paraître bien plus aimable à Molière;
en effet, il l'aima longtemps. Sa passion pour la du Parc
ne fut qu'un caprice; celle qu'il eut pour la de Brie fut
plus qu'un amour, ce fut une amitié. Dans ses plus amers
ennuis, c'est toujours à elle qu'il revint. Lorsque les in-

---

(1) Dans l'*Impromptu de Versailles,* il dit *qu'elle est naturelle,*
mais c'est pure ironie.

(2) Ce fut seulement en 1865 que M. Brouchoud publia *les
Origines du théâtre de Lyon,* où sont imprimées des pièces d'archives, qui prouvent que Mlle du Parc s'appelait réellement
marquise de Gorla. *(Note de l'éditeur.)*

fidélités d'Armande l'affolèrent de douleur, sa confidente,
sa consolatrice fut cette ancienne maîtresse, qui voulut
bien oublier qu'on l'avait délaissée et ne voir que le
cœur au désespoir. Aussi, dans le *Misanthrope,* est-ce
pour elle que fut le beau rôle. Célimène, vous le savez
déjà, c'est Armande; Arsinoé, c'est mademoiselle du
Parc, qui, transfuge ingrate de la troupe de Molière,
qu'elle venait de quitter alors pour l'Hôtel de Bourgogne, ne méritait que trop de se voir mise ainsi en scène ;
mais la bonne et délicate Eliante, c'est mademoiselle de
Brie.

Nous finirons par ce dernier retour vers le chef-d'œuvre où Molière est tout lui-même. Puisque nous n'avions
à le montrer que dans ses amours; dans ses souffrances,
c'est à cette œuvre, où son cœur se résume, que nous
devions revenir.

IV

UN APOLOGUE DE MOLIÈRE

———

Molière avait dit : « *Je prends mon bien où je le trouve*, » et cette parole, il la répétait à qui voulait l'entendre, bien sûr que dans sa bouche on ne la prendrait jamais pour la devise d'un emprunteur vulgaire et d'un plagiaire éhonté; bien convaincu, surtout, que, le larcin une fois commis, personne ne saurait trouver la place où il l'aurait recélé. Et qui donc, reconnaissant le vol, aurait eu le courage de s'en plaindre? A peine mêlé aux autres richesses de l'habile enchanteur, la chose dérobée devenait plus précieuse, la pierre brute devenait perle fine; le vil métal, or pur; et si, dans tous ces fumiers littéraires dont il daignait remuer les fanges, il rencontrait d'aventure un diamant perdu, ne devait-on pas lui rendre grâce encore du soin qu'il prenait à le faire briller dans un jour plus digne? Sûr de l'impunité glorieuse qu'on devait à son génie, Molière faisait son métier de conquérant. Maraudeur sublime, il braconnait dans le domaine de toutes les littératures; prenant de toute main, volant le riche et

dépouillant le pauvre, il imposait à tous le tribut de
ses emprunts forcés. Les meilleurs poètes de l'antiquité furent ainsi soumis à sa dîme toute puissante. On
sait quelles moissons de prémices il leva sur les œuvres
de Plaute et de Térence, d'Horace et de Virgile, d'Ovide
et de Lucrèce. Ses larcins dans les ouvrages des modernes ne sont pas plus ignorés. On a maintes fois
marqué du doigt, dans ses comédies, les nombreux
emprunts qu'il fit à Rabelais; on sait comment les ra-
pides éclairs du génie de Cyrano, adroitement détour-
nés, passèrent dans ses œuvres, pour y faire étinceler
quelques scènes, et, de même que l'on connaît encore les
noms des poètes célèbres, qui, comme Rotrou, pour son
Amphytrion, durent permettre sur leurs domaines ses
incursions conquérantes, on n'a pas, non plus, oublié la
foule des auteurs obscurs qui furent honorés de ses
heureux plagiats.

Mais sa tâche n'était pas là tout entière; là n'étaient
pas sa plus riche proie, ses plus abondantes moissons.
L'esprit qu'il butinait dans le monde, au milieu du
tumulte des conversations, les mots heureux qu'il y
saisissait au vol, et toutes ces scènes vivantes dont son
génie gardait si profondément l'empreinte, profitaient
plus encore aux ouvrages du grand poète, que tout cet
esprit laborieusement ranimé sous la lettre morte des
vieux livres. Parmi tous les ridicules mis en scène dans
les comédies de Molière, aucun n'est imaginaire et
capricieusement rêvé : ils sont tous, au contraire,
solides, vivaces et vigoureusement constitués; ce sont,
comme il eût pu le dire lui-même, de vrais ridicules en
chair et en os; il ne fallait donc pas, pour les enfanter
et les faire vivre ainsi, qu'il s'en fiât à son seul génie,

aux seules forces de son esprit isolé. Il fallait qu'il vît
le monde et qu'il fît de ses travers une étude assidue.
Or, il en était réellement ainsi, et quand même plusieurs particularités de sa vie ne nous l'apprendraient
pas, il nous suffirait d'une lecture attentive de ses
comédies, d'un examen approfondi de ses caractères,
pour être convaincu que Molière crayonnait ses tableaux, en présence même des personnages qui s'y
meuvent, et que la plupart de ses portraits, crus imagi-
naires, sont de véritables figures reflétées à point dans
son miroir. Si l'on en juge sur le nombre des originaux
qu'il mit en scène, après les avoir soigneusement étudiés
dans le monde, et par les fréquentes saillies écoutées
dans les ruelles et répétées par l'écho railleur de ses
comédies, Molière devait se complaire à ces hantises
d'observateur ; il devait aimer ces utiles excursions
dans les cercles mondains, où jamais son esprit ne se
mit vainement aux écoutes. Chaque soir, soit qu'il
revînt de chez Ninon, où il avait lu quelques scènes de
ses comédies, soit qu'il eût passé quelques heures chez
mademoiselle de Bussy, ou, à l'hôtel d'Ormesson, chez
le cardinal de Retz, il ne manquait pas de rapporter
quelque fine observation, recueillie parmi les propos
bruissant autour de lui. Ainsi, un soir, il avait entendu
qu'on racontait une plaisante naïveté du vieux marquis
de Nesle, gouverneur de La Fère. Ce brave homme
disait-on, fort simple d'esprit et assez ignorant des
termes stratégiques, ayant un jour entendu proposer
de faire une demi-lune pour le siège d'Arras, s'était
vivement écrié : » Eh! messieurs, ne faisons rien à
demi pour le service du roi; fi d'une demi-lune! Fai-
sons-en plutôt une tout entière. « Molière rit tout bas de

l'anecdocte (1), et tandis que les autres en riaient bien fort, pour l'oublier bien vite, il se promit bien de se ressouvenir, à heure dite, de l'heureuse naïveté. Plus tard, en effet, on la retrouva dans *les Précieuses ridicules* (2).

Une autre fois, se trouvant avec plusieurs dames en je ne sais quelle compagnie, il vit entrer le poète Guillaume Colletet conduisant son grand dadais de fils, comme l'appelle Tallemant des Réaux (3) : « Jean Colletet, dit gravement le père, saluez ces dames! » Il les salua toutes, d'un air gauche et pudibond; puis, tout rouge et tout honteux, roulant entre ses doigts les larges bords de son chapeau, il se retourna disant : « Mon père, j'ai fait. » Molière laissa les dames rire à l'aise, derrière leur éventail, de l'air doctoral du père et de la mine niaise du fils; il se contenta de prendre acte de cette scène plaisante et de son succès d'hilarité. Plus tard, il s'en souvint à point, quand il composa le second acte de son *Malade imaginaire.* L'excellente scène de M. Diafoirus et de son fils Thomas était tout entière en germe dans les quelques mots de Colletet et dans la sotte réponse du fils.

Molière dut, de même, comme chacun le sait, l'idée des dernières scènes du *Tartufe,* au récit que lui fit Ninon d'une aventure survenue entre Gourville, son ancien amant, et certain dévot, dépositaire infidèle.

(1) Voy. Tallemant des Réaux, *Historiettes,* t. V, p. 203.

(2) MASCARILLE. — Te souvient-il, vicomte, de cette demi-lune que nous emportâmes sur les ennemis, au siège d'Arras?

JODELET. — Que veux-tu dire avec ta demi-lune? C'était bien une lune tout entière.   (*Les Précieuses ridicules,* sc. II.)

(3) *Historiettes,* t. IX, p. 178.

Quand on jouait *le Misanthrope*, à la cour, il n'était
personne qui ne nommât tout bas M. de Montausier,
l'honnête censeur des mœurs, mis en scène sous le nom
d'Alceste; et le ridicule d'Oronte, le métromane, faisait
rire en même temps tous les familiers du duc de Saint-
Aignan, tous ses bons amis, heureux de se venger des
ennuis du personnage, en s'amusant de son portrait.
Arrivait-on à la scène de médisance et à ces vers sur.
Timante le mystérieux :

C'est de la tête aux pieds un homme tout mystère,
Qui vous jette, en passant, un coup d'œil égaré,
Et sans aucune affaire est toujours affairé.
Tout ce qu'il vous débite en grimaces abonde;
A force de façon, il assomme le monde ;
Sans cesse, il a, tout bas, pour rompre l'entretien,
Un secret à vous dire, et ce secret n'est rien :
De la moindre vétille il fait une merveille,
Et jusques au bonjour il dit tout à l'oreille.

Tout le monde cherchait des yeux le poête mousque-
taire Saint-Gilles, afin de voir si on ne le surprendrait
pas, dans quelque loge, chuchotant à l'oreille de quelqu'un. M. de Soyecourt était, de même, montré au doigt,
quand on jouait les *Fâcheux*, et que la scène des chas-
seurs faisait épanouir le rire sur tous les visages. Enfin
il en était ainsi de toutes les comédies de Molière;
quelle que fût celle qu'on représentât, il y avait toujours, dans la salle, plus d'un spectateur saluant d'un
rire sincère quelque ridicule de sa connaissance.

Dans le temps qu'il composait *le Festin de Pierre*,
Molière voyait souvent le comte de Grignan, gendre de
madame de Sévigné ; et de là, on serait porté à croire
que plus d'un trait du caractère de don Juan fut dérobé
à celui du grand seigneur. Séducteur blasé et marié,

mais toujours en quête d'amours nouvelles; mari de
trois femmes en dix ans, ce qui, sans compter même
les unions clandestines et morganatiques, lui constitue-
rait les mêmes droits que don Juan au titre d'*épouseur
du genre humain*; prodigue, d'ailleurs, et, comme le
débiteur de M. Dimanche, débiteur insolvable et mysti-
ficateur, M. de Grignan était bien fait pour poser devant le grand peintre et prêter quelques-uns de ses
vices au type de toutes les dépravations (1). Molière,
d'ailleurs, avait pu le voir en œuvre et jouant quelques-
uns des rôles de son multiple personnage. Ainsi, plus
d'une fois, il avait rencontré M. de Grignan chez maître
Gigault, cet excellent notaire au Châtelet, qui les comptait l'un et l'autre parmi ses clients, et c'est là peut-être
que saisissant, en indiscret, dans les politesses du
grand seigneur pour l'homme de loi, le mystère de sa
pénurie financière, il esquissa sur sa tablette, et d'après
nature, la scène de don Juan et de M. Dimanche. Mais
c'est dans le monde, où il le rencontrait plus souvent
encore, que Molière avait pu surtout étudier M. de Grignan et l'épier dans toutes ses allures de beau diseur
et de fanfaron de vices.

Un soir, qu'il se trouvait chez le cardinal de Retz,
lisant devant un cercle choisi quelques scènes du *Mariage forcé*, on annonça M. de Grignan; et force fut
bien alors d'interrompre la lecture et de faire même
trêve à tout autre entretien; car le nouveau venu était
homme à se rendre tout d'abord maître de la conversation, et, la dirigeant à son gré, à ne plus la rendre

(1) Dans une spirituelle notice, insérée dans le *Bulletin de
l'Alliance des Arts*, M. Vallet de Viriville a le premier hasardé
cette hypothèse, qu'on nous permettra de continuer ici.

possible que sur le terrain où il lui plairait de la conduire. Molière n'eut plus qu'à s'esquiver en silence et à
se retirer lui-même dans la foule des spectateurs passifs
et des auditeurs muets. Or, comme nous l'avons vu, ce
rôle lui plaisait toujours dans le monde, et il applaudissait volontiers à qui voulait bien prendre la peine de
lui donner la comédie. Il accorda donc toute son attention à M. de Grignan, le suivit de tous ses regards, l'écouta
de toutes ses oreilles, soit qu'il le vît empressé près de
toutes les femmes, contant à voix basse quelque anecdocte grivoise aux duègnes, minaudant quelques fleu-
rettes à l'oreille des jeunes filles, caquetant même avec
les jolies servantes, enfin n'oubliant aucune femme, si
ce n'est la sienne pourtant, sa seconde épouse, pauvre
dona Elvire délaissée, que la mort devait surprendre,
avant que l'amitié et le repentir eussent ramené le
comte auprès d'elle.

Molière ne perdit aucun de ses gestes, aucun de ses
propos.

Boileau, qui se trouvait près de lui, remarqua le
premier cette préoccupation muette de Molière, cette
attention contemplative qu'il accordait à M. de Grignan.
Et, comme il lui en demandait la cause :

— Eh ! ne savez-vous pas, lui répondit le grand
poète, que ma place est toujours dans le monde, non
parmi les causeurs, mais parmi ceux qui écoutent? Je
laisse M. de Grignan dans son rôle et je reste dans le
mien. Il parle et s'agite, moi j'écoute et je contemple.
Faut-il donc toujours vous le dire, mon cher Despréaux, ici comme partout où je puis trouver quelque
chose à écouter et à apprendre, je mets en action
l'allégorie sculptée sur la vieille enseigne de la maison

de mon père; je suis le vieux singe, et je laisse les jeunes sapajous s'ébattre à mon profit.

M. de Grignan, qui s'était rapproché, avait entendu ces paroles, et les dernières, dont le sens restait caché pour lui, l'avaient surtout frappé. N'y pouvant soupçonner une satire directe, mais y devinant toutefois une malicieuse allusion, il chercha à surprendre, sur la figure de Molière, quelque sourire moqueur achevant de lui expliquer le mot de cette énigme. Le poète resta impassible et muet, et ce fut en vain que M. de Grignan, devenu lui-même plus silencieux, s'obstina à l'observer d'un regard scrutateur et à lui rendre attention pour attention.

Le lendemain, Molière reçut, dans la petite maison de la rue Saint-Honoré, où il demeurait alors, un visiteur nouveau et imprévu : c'était M. de Grignan. Après de longs saluts et d'interminables politesses, qui vinrent heureusement en aide au noble comte pour cacher sa contrainte, et qui, en même temps, permirent au poète de dissimuler sa surprise :

— Mon cher Molière, dit tout d'abord M. de Grignan, vous devez à ma curiosité ou à mon indiscrétion, si vous l'aimez mieux, cette visite qui vous étonne. J'ai surpris hier, dans votre entretien avec Despréaux, quelques paroles, dont le sens énigmatique m'a, je l'avoue, vivement préoccupé. Vous parliez, je pense, de moi d'abord, puis d'une allégorie, d'une fable, d'une vieille enseigne, que sais-je enfin? Mais vos paroles n'en ont pas moins éveillé mon attention, si bien même que c'est surtout le désir d'en savoir le sens, qui m'a conduit chez vous, ce matin.

Molière avait trop bien remarqué, la veille, les préoc-

cupations du comte, pour s'étonner de ses questions
curieuses ; il répondit donc, sans se troubler :

« Votre visite, Monseigneur, et l'intérêt qui la cause,
me font trop d'honneur, pour que je puisse y voir une
indiscrétion. Je vais donc, sans tarder davantage,
satisfaire la curiosité, dont vous avez daigné honorer
quelques paroles qui ne le méritaient guère. Mais, par-
donnez d'abord, Monseigneur, si le commencement de
mon récit ressemble à une digression. Il faut, de toute
nécessité, que je le prenne plus loin qu'il me souvienne,
ab ovo, comme dirait Horace, de ma naissance enfin,
comme je dirai moi-même plus simplement.

» La maison où je vins au monde était l'une des plus
anciennes de Paris : les savants du quartier, les gabeurs
de la Croix du Trahoir, qui en était proche, disaient
qu'elle datait bien du temps de la reine Blanche. Située
au coin de la rue Saint-Honoré et de la rue des Vieilles-
Etuves (1), elle avait gardé, sur sa façade vermoulue,
un souvenir irrécusable de ces temps anciens. C'était
un lourd poteau qui se dressait à l'angle des deux rues
et montait de la base de la maison jusqu'à son faîte.
Suivant un usage de cette époque, si curieuse de fables
et d'images, cette longue poutre était chargée de
sculpture, et voici ce qu'une main grossière avait
taillé au vif dans son bois dur et rugueux : Sur un
gros pommier chargé de nombreux fruits, des jeunes
singes grimpaient, et, maraudant de branches en

---

(1) Les savantes recherches de M. Beffara, et les dissertations
de M. J. Taschereau dans sa *Vie de Molière,* ont suffisamment
prouvé que c'est dans cette maison, portant le n° 96 de la rue
Saint-Honoré, et non sous les piliers des Halles, que naquit
Molière, le 15 janvier 1622.

branches, cherchaient à en cueillir les pommes. Mais
les fruits mûrs, détachés par leur secousses, tombaient
presque tous de l'arbre ébranlé, avant que leurs mains
eussent pu les saisir. Or, un vieux singe, le patriarche
de la bande, le seul qui fût resté au pied du pommier,
attrapait dans leur chute toutes les pommes qui en
tombaient, et le matois, en les croquant à belles dents,
raillait sous cape les étourdis, qui, sans qu'il prît la
moindre peine, faisaient pleuvoir en ses mains les prémices de leurs vendanges.

» Tout enfant encore, ajouta Molière quand il eut
achevé son apologue, je prenais plaisir à regarder
cette vieille sculpture, qui servait d'enseigne à la boutique de mon père, et qu'on appelait dans le voisinage
le *Pavillon des singes* (1). Je m'amusais beaucoup des
ébats des sapajous espiègles et du rire narquois du
vieux singe; mais le sens de cette scène m'échappait
encore, et c'est plus tard, seulement, que, m'en étant
souvenu, j'en compris toute la haute moralité. Et dès
lors je la mis à profit et j'en fis ma devise. Je voulus
être dans le monde ce que le vieux singe était au pied
de son pommier. Tandis que tous nos beaux diseurs
jasaient par les ruelles, et, non moins étourdis que les

---

(1) Voici, à propos de cette enseigne, du nom qu'on lui donnait, et du séjour du père de Molière dans cette maison, une
curieuse note extraite d'un manuscrit, contenant les noms des
propriétaires et principaux locataires de plusieurs maisons de
la rue Saint-Honoré : « Année 1637, maison où pend pour enseigne *le Pavillon des singes,* appartenant à M. Moreau et occupée par le sieur Jean Pocquelin, maître tapissier, et un autre
locataire, consistant en un corps d'hôtel, boutique et cour, faisant le coin de la rue des *Estuvées* (Vieilles-Étuves), taxée à
huit livres. »				(Taschereau, *Vie de Molière,* p. 206.)

jeunes singes de ma fable, gaspillaient à plaisir les
richesses de leur esprit, moi, j'écoutais, et, sans rien
dire, sans prendre plus de peine, je ramassais à loisir
tous les mots plaisants, toutes les piquantes saillies,
toutes les heureuses pensées, qu'ils laissaient tomber à
mes pieds et dont je faisais ma moisson. Je riais bien
un peu, quelquefois, comme le vieux singe; mais, plus
sage que lui, à mesure que tous ces prodigues d'esprit
se mettaient en dépense, moi, je thésaurisais toujours.
Voilà ma fable, Monseigneur. Elle vous révèle l'un des
premiers secrets de mon art, mais je vous le devais
bien; et maintenant, pardonnez-moi de vous avoir si
lónguement conté ce vieil apologue, dont le dicton
populaire : *Au vieux singe la pomme*, pourrait être le
titre, tandis qu'un autre antique adage serait la moralité : *Qui parle sème, qui écoute moissonne.* »

Le comte serra la main du poète et se retira content.
Molière acheva sa comédie commencée. Mais M. de
Grignan, que les soins de son gouvernement rappe-
lèrent bientôt en Provence, ne put assister à la première représentation du *Festin de Pierre.*

Quant à la maison natale de l'immortel poète, elle
n'existe plus; une ignoble masure de moellons et de
plâtre l'a remplacée, et rien ne rappelle plus, sur la
nouvelle façade, l'enseigne curieuse qui avait si ingénieusement inspiré Molière (1). Et s'il est encore quel-

(1) Quand on démolit cette maison, qui, selon Alexandre
Lenoir, devait remonter à l'an 1200, le *poteau des singes* fut
porté au Musée des Petits-Augustins, et M. Lenoir le trouva
assez curieux pour le dessiner au tome III, p. 26, n° 557, de sa
Description des monuments français; mais, depuis, ce poteau a
été perdu, par suite des changements qu'a subis l'administra-

que part un souvenir de l'apologue qu'on y avait
sculpté, c'est seulement dans les fables de La Motte
qu'il faut l'aller chercher. Celle qui a pour titre : *le
Pouvoir électif*, n'a pu être inspirée, selon nous, que
par la vue du poteau allégorique. Nous le prouverons,
en citant les derniers vers :

> On dit que le vieux singe, affaibli par son âge,
> Au pied de l'arbre se campa;
> Qu'il prévit, en animal sage,
> Que le fruit ébranlé tomberait du branchage,
> Et dans sa chute il l'attrapa.
> Le peuple, à son bon sens, décerna la puissance.
> On n'est roi, que par la prudence.

tion du Musée. On peut, d'ailleurs, juger de l'aspect de la maison
natale de Molière par la représentation que Vincent en a donnée
dans son tableau du président Molé. Le double de ce tableau
appartient à M. le comte Molé et se trouve au château de Cham-
plâtreux.

V

A PROPOS DU DON JUAN

I

POURQUOI LE FESTIN DE PIERRE?

« Il me souvient, Madame, écrit de Visé dans le *Mercure galant* de 1677 (1), que vous m'avez autrefois demandé pourquoi cette comédie est nommée *le Festin de Pierre,* n'y trouvant rien qui convînt parfaitement à ce titre. Vous aviez sujet de soutenir qu'il n'y avait pas d'apparence que ce fût à cause que le Commandeur, tué par don Juan, se nommait don Pèdre ou don Pierre. Un cavalier qui revient d'Espagne m'en apprit dernièrement la véritable raison. C'est là qu'il prétend que cette aventure soit arrivée; on y voit encore, dit-il, les restes de la statue du Commandeur. Mais cela ne conclut pas que cette statue ait remué la tête et soit venue se mettre à table chez le don Juan de la comédie, comme on l'assure en Espagne. Ce qu'il y a de certain, c'est que les Espagnols sont les premiers qui ont mis ce sujet au

(1) Tome I, p. 32.

théâtre. Tirso de Molina, qui l'a traité, lui donne ce titre : *el Combidado de piedra*, ce que l'on a très mal rendu par *le Festin de Pierre*. Ces paroles ne signifient rien autre chose que le *Convié de pierre*, c'est-à-dire *la statue de marbre conviée à souper.* »

A cela nous ne devrions avoir rien à ajouter ; le mot de l'énigme s'y trouve dit, en effet, et fort bien. L'envie nous prend, cependant, d'expliquer d'où vient l'erreur ; pourquoi Molière fut obligé de l'admettre et de la consacrer, enfin pourquoi de Visé se donna le soin de la rectifier, au commencement de 1677.

C'est en 1620 ou 1621 qu'avait paru la pièce prototype de toutes les autres : EL BURLADOR DE SEVILLA Y COMBIDADO DE PIEDRA, *comedia famosa del maestro* Tirso de Molina (1). Cette œuvre, grâce au merveilleux qui était son principal ressort, avait bientôt fait une belle fortune dans toute l'Espagne et dans les possessions qui relevaient de cette puissance. A Naples, dès 1652, elle passait triomphante, de la scène des comédiens espagnols, sur celle des acteurs indigènes ; Onofrio Giliberti, de Solofra, la traduisait en prose italienne et la faisait jouer avec un succès énorme ; puis, de là, elle partait pour faire son tour du monde dans le bagage des troupes comiques que l'Italie envoyait de tous côtés. Cinq ans plus tard, elle est déjà jouée à Paris, sous la forme que lui a donnée un nouveau traducteur, qui n'est autre, selon M. Ch. Magnin (2), que Giacindo-Andrea

_____

(1) *Le Moqueur de Séville et le Convié de pierre.* M. Ch. Magnin a vu d'anciennes éditions portant le titre tel que nous le donnons ici (voir son excellent article sur DON JUAN, *Revue des Deux-Mondes,* 1er février 1847).

(2) Page 564.

Cicogni. Elle y réussit, comme partout; et, de même que les imitations en italien n'avaient pas tardé à se faire jour auprès du drame espagnol, on voit bientôt des imitations françaises surgir et graviter autour de la pièce italienne. La première venue est la comédie que Dorimond fit jouer, à Lyon, en 1658, et qu'il donna, trois ans après, à Paris, comme chef de la troupe des comédiens de *Mademoiselle*, sur le théâtre éphémère de la rue des Quatre-Vents. Avant que Dorimond eût fait faire à sa pièce le voyage de Lyon à Paris, de Villiers en avait fait représenter une, d'après la même inspiration et sous le même titre, à l'Hôtel de Bourgogne, où il était comédien. Dans la préface de sa comédie, qui est en cinq actes et en vers, comme celle de Dorimond, et dont la première représentation eut lieu au commencement de 1653, de Villiers explique les raisons qui la lui ont fait entreprendre. Il n'a pu, dit-il, résister aux prières de ses camarades, jaloux du succès qu'obtenait, sur la scène des Italiens, « la figure de D. Pierre et de son cheval, » et désireux de voir sur leur affiche ce beau titre : *Le Festin de Pierre.*

Ce beau titre n'était pas, cependant, autre chose qu'un contresens. Les traducteurs italiens avaient bien su s'en garder, car ils avaient très intelligemment affiché, d'après l'étiquette espagnole : *il Convitato di pietra*, ce qui voulait toujours dire le *Convié de pierre*. Malheureusement, cédant à la manie des équivoques qui n'est que trop dans le génie de leur nation, ne s'étaient-ils pas avisés de donner au Commandeur, dont la statue s'anime, le nom de Pierre, ainsi que de Villiers vient déjà de vous le dire. De là l'erreur du spectateur parisien, qui alors, comme aujourd'hui, n'était pas très ferré sur les langues étrangères. Tout le monde s'y trompa, Boileau lui-même, et pour que vous n'en doutiez point, voici son aveu. Vous savez qu'il a écrit, dans sa III⁰ Satire, ces deux vers :

A tous ces beaux discours j'étais comme une pierre,
Ou comme la statue est au *Festin de Pierre*.

Le commentateur de l'édition de 1701 mit, à cet endroit : « Dans la comédie du *Festin de Pierre*, faite par Molière, on voit une figure d'un Commandeur ressuscité. » Boileau lut la glose et la trouva sotte. Il écrivit en marge cette notule, que la publication récente de M. Laverdet nous a fait connaître (1) : « J'avois faict ma Satire, longtemps avant que Molière eût faict le *Festin de Pierre*, et c'est à celle que jouoient les Comédiens Italiens que j'ay regardé, et qui estoit alors fort fameuse. » Ainsi donc, Boileau, comme tout le monde, comme Dorimond, comme de Villiers, ne comprenant pas bien ce que voulait dire *il Convitato di pietra*, appelait *le Festin de Pierre* la pièce que jouaient les Italiens. Avec de pareilles autorités, l'erreur ne pouvait que se répandre; c'est ce qui eut lieu, et si bien, que Molière lui-même ne put s'y soustraire, quand, tenté par le succès que les autres troupes s'étaient conquis avec cette pièce espagnole, il voulut, à son tour, la naturaliser sur son théâtre. S'il avait eu le malheur de donner le titre exact, le public routinier n'eût pas reconnu le sujet en vogue et ne fût pas venu voir la pièce; Molière fit le contresens, comme les autres, et, comme eux, il eut la foule.

(1) *Correspondance entre Boileau et Brossette*, etc., p. 478.

Ce qui put, entre autres choses, le presser de donner
sur son théâtre, à sa manière — et vous savez si ce fut
la bonne — une imitation du drame de Tirso de Molina, c'est le désir qu'il avait alors de plaire à la reine-
mère, que de pareils emprunts flattaient dans sa vanité
de Castillane. Les hardiesses de *l'Ecole des Femmes*
l'avaient un peu éloigné des bonnes grâces de cette dévote et prude Majesté ; la dédicace qu'il lui avait faite
de la *Critique*, et qu'elle avait daigné accepter, l'avait
depuis, il est vrai, remis un peu en faveur ; mais ce
n'était point assez : il lui sembla que rendre hommage
à la littérature dramatique espagnole, en faisant, lui
aussi, son *Festin de Pierre*, serait un adroit moyen de
rasseoir tout à fait son crédit et de se mettre à même
d'obtenir ce qui lui tenait tant au cœur et ce qu'Anne
d'Autriche n'était peut-être pas la dernière à empêcher : la représentation du *Tartufe*. L'occasion était
bonne, car justement alors la reine-mère, en faisant
venir en France une troupe de comédiens espagnols,
aux représentations desquels elle apportait une assiduité,
qu'elle désirait qu'on partageât (1), témoignait plus que
jamais de son goût pour la littérature de son pays et,
partant, n'invitait que mieux à tenter des entreprises du
genre de celle que méditait Molière. Celui-ci, malheureusement, n'était pas homme à s'imposer, pour longtemps et d'une manière absolue, le joug d'une pensée
de flatterie ; son génie s'échappait bientôt, et c'est encore ce qui eut lieu en cette occasion. La création de
son *Don Juan*, pour lequel il lui avait été impossible de
se dégager des préoccupations de juste rancune, dont

(1) Voir, pour preuve, un passage de la *Gazette* de Robinet,
30 novembre 1669.

les persécutions tentées contre *Tartufe* avaient, pour
ainsi dire, bourrelé son âme, fut de nature à détruire tout
à fait, bien plutôt qu'à le rasseoir, son crédit près de la
reine-mère. Ses ennemis le virent bien et ne manquèrent
pas de faire en sorte que les autres le vissent comme
eux, afin que tout retour en grâce devînt impossible à Molière. Déjà, dit le plus ardent de tous, le sieur Roche--
mont, déjà, dans la *Critique de l'École des Femmes*, il
avait, sous prétexte de s'amender, ajouté encore à sa
faute, car « cette *Critique*, s'écriait la bonne âme, est
un commentaire pire que le texte, et un supplément de
malïce à l'ingénuité de son Agnès (1). » Mais cela n'est
rien auprès de la comédie nouvelle; la mesure est
comblée : il ne se peut plus que le roi et sa mère
accordent désormais leur faveur à cet impénitent :
« Il ne doit pas, s'écrie encore Rochemont, abuser de
la bonté d'un grand prince, ny de la pitié d'une Reyne
si religieuse, à qui il est à charge, et dont il fait gloire
de choquer les sentiments. » Voyez-vous la haine ?
Sentez-vous la perfidie? Ce n'est pas tout, écoutez encore : « On sait qu'il se vante hautement qu'il fera
paroitre son *Tartufe* d'une façon ou d'une autre, et le
déplaisir que cette grande Reyne en a témoigné n'a pu
faire impression sur son esprit, ny mettre des bornes
à son insolence. Mais, s'il luy restoit encore quelque
ombre de pudeur, ne luy seroit-il pas fascheux d'estre
en butte à tous les gens de bien, de passer pour un
libertin dans l'esprit de tous les prédicateurs, et d'entendre toutes les langues que le Saint-Esprit anime
déclamer contre luy dans les chaises (*sic*) et condamner

(1) *Observations sur une comédie de Molière, intitulée* LE FESTIN
DE PIERRE, *par le sieur de* Rochemont. Paris, 1665, in-12, p. 16.

publiquement ses nouveaux blasphèmes? Et que peut-on
espérer d'un homme, qui ne peut être ramené à son devoir ny par la considération d'une princesse si vertueuse
et *si puissante*, ny par les intérêts de l'honneur, ny par
les motifs de son propre salut? » De telles paroles, qui
n'étaient que l'écho de ce qui s'était dit dans le monde
dévot, dès le soir de la première représentation, ne
devaient pas être perdues; elle portèrent coup. La
même censure qui barrait le passage à *Tartuffe* s'a-
charna en détail sur *Don Juan*, et le mutila, comme
nous verrons tout à l'heure.

Pauvre chef-d'œuvre! il était malmené de tous : les
dévôts le frappaient d'anathème, parce qu'ils le décla-
raient impie, et les comédiens ne voulaient pas l'apprendre, parce qu'il était en prose. Ce dernier point lui
fut le plus funeste; il avait, tant bien que mal, résisté aux
dévots, mais il ne put rien contre la mémoire pares-
seuse des gens de la Comédie. Quand Molière ne fut
plus là pour imposer la représentation de sa pièce, elle
disparut de l'affiche, à la grande joie de la cabale et
au grand déplaisir de la veuve du poète, qui, si elle ne
tenait pas beaucoup à la gloire de son mari, avait du
moins grand souci de l'argent que rapportaient ses
œuvres. Vous savez ce dont elle finit par s'aviser alors,
pour avoir raison du mauvais vouloir des comédiens et
de leur mémoire intraitable ; elle s'entendit avec Thomas Corneille, qui, moyennant un prix raisonnable, fit
passer la prose de Molière à travers le flot assez fluide
et transparent de sa versification. La teinture ne gâta
pas trop l'étoffe, et, grâce à cet expédient, je ne dirai
pas poétique, mais mnémotechnique, le chef-d'œuvre
reparut sur la scène. Il ne s'appelait plus que *le Fes-*

tin de Pierre. Dans toute cette bagarre, il avait encore perdu son premier titre : *Don Juan*. Les comédiens trouvaient qu'il était inutile, et qu'il ne servait tout au plus qu'à masquer l'autre : ce beau titre en contresens, *le Festin de Pierre*. Thomas Corneille fut de leur avis: seulement il éprouva le besoin de faire donner aux délicats du public, à ces gens qui ont la manie de vouloir tout savoir, l'explication de ce titre, si bien à la mode, mais si parfaitement incompris. C'est pour cela que de Visé, son ami, fit, dans le *Mercure galant*, à l'époque de la représentation de la pièce mise en vers, le petit article cité tout à l'heure, et qui est tout à la fois une explication du titre et une justification du contresens obligé.

II

LA SCÈNE DU PAUVRE

De toutes les choses hardies, dont Molière, emporté par son génie, s'était donné dans *Don Juan* l'intrépide licence, la plus remarquée avait été la scène du *Pauvre*. Jamais rien de plus *osé* n'avait encore été hasardé sur un théâtre; ce l'était même tellement, que, après deux siècles, et la distance amoindrissant l'effet, nous en sommes encore à nous demander si la chose fut bien possible, si Molière est bien réellement l'auteur de cette incroyable scène, et s'il est bien vrai, qu'elle fut jouée de son temps.

Ces jours-ci, lors de la reprise de *Don Juan* au Théâtre-Français, plusieurs bons esprits, et entre autres un des plus excellents et des mieux accrédités, se sont posé cette triple question; mais ni les uns ni les autres

ne sont allés au delà du doute ; personne n'affirma formellement, personne, non plus, ne se mit positivement
sur la négative, bien que l'opinion la plus caressée
semblât pourtant pencher de ce dernier côté. Je vais
tâcher ici de faire un pas de plus, et ce sera dans la
voie toute contraire. J'affirmerai, et à bon droit, je
pense : c'est-à-dire, preuves en main.

Oui, la scène est toute de Molière ; oui, elle fut jouée
de son temps.

Je commencerai par ce dernier point, parce qu'il est,
ce qui paraîtra singulier au premier abord, le plus
facile à éclaircir ; il ne me faudra, pour cela, que trois
lignes, que j'emprunterai au méchant petit pamphlet,
déjà cité tout à l'heure. Rochemont, s'étant fait l'éplu-
cheur juré de toutes les choses qui pouvaient, à son
point de vue, paraître condamnables dans le *Don Juan*
de Molière, ne devait pas, si la scène du *Pauvre* avait
été réellement jouée, lui épargner le blâme qu'il répand,
avec une si amère prodigalité, sur chaque détail de la
pièce : il ne l'oublia pas, en effet. Au milieu du défilé
que toutes les scènes sont obligées de faire sous son
fouet de couleuvres, pour que chacune reçoive à son tour
son coup et son injure, il arrête celle-ci au passage, et il
la cloue aussitôt, sur sa vilaine petite page, par ces mots,
qui — certes, il ne s'en doutait pas — sont devenus pour
elle des lettres d'authenticité. Ce qui devait la faire à
jamais disparaître sert à la rendre immortelle ! Que
voit-on dans cette pièce ? dit Rochemont, lorsqu'il en
est arrivé là. — « ..... UN PAUVRE, A QUI L'ON DONNE L'AU-
MÔNE, A CONDITION DE RENIER DIEU... (1). » Qu'en dites-

----

(1) *Observations sur une comédie de Molière, intitulée* LE FESTIN
DE PIERRE, *etc.*, p. 27.

vous? Peut-on douter maintenant? N'est-ce pas là toute
la scène, et fort bien saisie, même dans ce qu'elle a de
plus vif et de plus hardi? Ce n'est pas tout : Rochemont
sait qu'après la première représentation, le téméraire
épisode a été supprimé, et il veut se donner le plaisir de
l'apprendre à tout le monde ; aussi, ajoute-t-il, en marge,
cette petite note, qui, comme le reste, a bien son prix :
« *En la première représentation.* » De cette façon, il apprend indirectement à ceux qui pourraient l'ignorer,
que, dès la seconde soirée, la pièce qu'il condamne
avait été condamnée par la Censure, et mutilée. De cette
façon, aussi, il fait acte de conscience : à ceux qui,
n'ayant assisté qu'aux représentations qui suivirent,
s'étonneraient de ce qu'il dit, il prouve qu'il n'invente
rien.

Comment la scène présente a-t-elle pu survivre et
venir jusqu'à nous? C'est ce qui nous reste à prouver ;
c'est le second point du débat.

Du vivant de l'auteur, *Don Juan* ne fut pas imprimé.
Pourquoi? Parce qu'après qu'il eut obtenu la permission
de jouer *Tartufe,* Molière ne tenait sans doute pas beaucoup à ce chef-d'œuvre, qui n'avait été que le précurseur de l'autre, une sorte d'ouvrage de transition et
d'attente. Parce qu'aussi, peut-être, se laissant aller à
l'opinion des paresseux de la Comédie, il pensait que
cette pièce en prose n'était pas fort viable, et qu'elle
rencontrerait, dans les troupes de province, pour qui
déjà les pièces étaient surtout mises en brochure, des
mémoires aussi peu zélées qu'à Paris. C'eût été une
mauvaise spéculation ; et, tout calcul fait, Molière, qui
savait fort bien compter, ne crut pas devoir la risquer.
C'est en 1682 seulement, que Vinot et La Grange firent

imprimer *Don Juan*, dans l'édition qu'ils donnèrent des
Œuvres de Molière, chez les trois éditeurs associés Denys
Thierry, Claude Barbin et Pierre Trabouillet.

La scène du *Pauvre*, que les criailleries hostiles
avaient suffi à rendre fameuse, et qui devait être, par
conséquent, un des plus vifs attraits de cette publication,
n'avait pas été oubliée ; elle avait été quelque peu rac-
courcie et amendée. La précaution fut inutile : ordre
vint du lieutenant de police, M. de la Reynie, d'avoir à
la supprimer en entier, ainsi que celle qui la précédait,
bien que celle-ci eût jusqu'alors échappé à toute censure, et bien qu'on l'entendît, chaque jour, au théâtre,
à peine voilée par la versification de Thomas Corneille,
limpide comme tout ce qui est incolore (1). Le vers semblait moins inoffensif que la prose, et je le conçois : l'un
était du cadet des Corneille, l'autre de Molière. La censure eut un certain goût, ce jour-là.

Il fallut remanier l'édition, et l'on s'y prit avec beaucoup d'adresse, de l'aveu de M. Beuchot, fin connais-
seur en cette matière (2) : « S'il ne s'était agi, dit-il, que
de la suppression de quelques mots çà et là, il eut été
possible de se contenter de réimprimer les feuillets, sur
lesquels se seraient trouvés les mots qui pouvaient choquer ; mais il n'en était pas ainsi : c'était de longs passages qu'il fallait faire disparaître. Le libraire avait
deux partis à prendre : 1º sacrifier toutes les feuilles
du volume, postérieures aux passages supprimés ;
2º remplacer les passages, par d'autres insignifiants et

---

(1) M. Beuchot, dans son excellent article du *Journal de la
librairie*, 1817, p. 363, dont nous allons reparler, a déjà constaté
cette inconséquence de la police de 1682.

(2) *Idem, ibid.*

qu'il eût fait composer par qui bon lui eût semblé. Ce
n'est heureusement aucun de ces partis qu'il a pris.
C'était dans la feuille P, que se trouvait la suppression
la plus considérable ; le libraire a fait réimprimer cette
feuille, et, pour regagner ce qu'il ôtait, il a multiplié les
fleurons au commencement et à la fin des scènes qu'on
trouve dans cette feuille, et il a jeté des blancs entre les
noms des interlocuteurs. »

La police a beau faire bonne garde, toujours il
échappe aux mutilations de sa censuré quelque exemplaire intact, ne fût-ce que celui que s'est réservé le
chef suprème. Or, cette fois, en effet, c'est celui-là même
qui fut providentiellement sauvé. Tout à l'heure, vous
avez vu le plus acharné des ennemis de Molière intervenir, pour témoigner en sa faveur et prouver d'une
façon incontestable que la scène mise en doute avait été
réellement représentée; maintenant c'est la police elle-
même, qui s'est donné le soin d'en conserver le texte !

L'exemplaire de M. de la Reynie fit de lointains
voyages, avant d'être appelé à nous restituer quelque
chose de la scène de Molière, et bien lui en prit peut-
être : s'il fût resté en France, qui sait s'il aurait survécu? Quand M. de Soleinne l'acheta(1), il avait été tout
récemment rapporté de Constantinople, et il portait encore les traces de la lessive au vinaigre, par laquelle les
gens du lazaret l'avaient fait passer. Pauvre livre ! il
ne lui manquait plus que d'être traité comme un pesti-
féré (2) !

(1) Voir le *Catalogue de la Bibliothèque dramatique* de M. de
Soleinne, t. I, p. 302, n° 1305.
(2) Voir le *Catalogue de la Bibliothèque dramatique* de M. de
Soleinne.

M. de Soleinne reconnut bientôt quelle en était l'inappréciable valeur. Quand il l'eut comparé avec l'exemplaire que la Bibliothèque avait acquis de M. Regnauld-Bretel, et qui passait aussi pour n'être pas cartonné, bien qu'il le fût en partie, il fut assuré qu'il possédait un exemplaire unique (1). C'était certainement le plus rare, mais ce n'était pourtant pas le plus précieux qu'il eût, à ce point de vue même, dans son admirable bibliothèque. Il s'y trouvait, en effet, une édition du *Festin de Pierre* (*Amsterdam*, Henri Westein, 1683, petit in-12), devant laquelle pâlissait même cette trouvaille sans seconde. Que contenait donc cette merveilleuse plaquette? Comme tant de livres imprimés en Hollande, elle donnait ce qu'on n'avait osé répandre en France; elle renfermait le texte tout entier de la scène censurée du *Don Juan* de Molière. Oui, tout entier, je le répète, c'est-à-dire, non plus avec les suppressions que La Grange et Vinot s'étaient imposées pour leur édition et qui ne l'avaient pas empêché d'être impitoyablement mutilée par la Censure; mais le tout, sans une seule ligne, sans un seul mot de moins; le texte enfin tel qu'il existait dans le manuscrit de Molière, le soir de la première représentation, et sur cette copie que Voltaire disait avoir vue entre les mains du fils de Pierre Marcassus.

M. Simonnin avait, dès 1813, reconnu l'inestimable prix de la plaquette d'Amsterdam, et d'après elle, il avait donné, dans son édition de Molière, publiée la même année, les deux scènes depuis si longtemps perdues. M. de Soleinne fit mieux : il avait constaté qu'en outre de ces deux scènes, le texte de l'édition de Hol-

(1) M. de Loménie en possédait un autre, que virent M. Beuchot et A. Martin.

lande renfermait un grand nombre de variantes ; il les
fit relever toutes, et les mit sous presse, à dix exemplaires : c'est tout ce que peut faire la prodigalité d'un
bibliophile.

Maintenant, comment répondre de l'exactitude de
l'éditeur d'Amsterdam, qui, de même que tous ses pareils, dût être trop sujet à caution pour qu'on puisse le
croire sur parole? Qui nous dira que M. Paul Lacroix
n'a pas eu raison, quand il a écrit dans une note du
Catalogue Soleinne (1) au sujet de ces petites éditions
hollandaises du *Festin de Pierre :* « Resterait à savoir
si l'on n'a pas renchéri sur le texte de Molière? » La
réponse à cette judicieuse objection sera on ne peut plus
facile. C'est encore notre Rochemont qui s'en chargera,
sa haineuse petite brochure en main, comme s'il était
dit que ce méchant pamphlet, composé tout exprès
pour animer la Censure, ne devait, contrairement à sa
mission impitoyable, n'être qu'une arme contre-cette
Censure même, et, par conséquent, un témoignage sans
réplique pour garantir l'authenticité des parties de
l'œuvre qu'elles voulaient surtout anéantir.

Rochemont avait vu tous les côtés attaquables de la
pièce, et tous il les avait montrés au doigt; aussi, La
Grange et Vinot, qui certainement connaissaient sa brochure, et qui savaient de quelle critique puissante et
cachée elle devait être l'expression, s'étaient-ils principalement gardés de reproduire les passages incrimi-
nés par lui et mis, pour ainsi dire, à l'index, du moment
qu'il les avait signalés. Par exemple, toute la partie de
la scène où don Juan promet un louis au Pauvre, à la

(1) Tome I, p. 303, n° 1306.

condition qu'il jurera, n'existe pas dans leur édition,
même sur l'exemplaire, sans les cartons que possédait
M. de Soleinne. Pour ce passage, ils avaient infligé à
l'œuvre de Molière cette censure préventive et pru-
dente, qui malheureusement ne conjura pas les coups
de l'autre. Or, comme vous l'avez vu, ce passage était
aussi l'un de ceux qui avaient été marqués, dès 1665,
par la griffe du scribe de la cabale. Dans la scène qui
précède, ce même Rochemont avait encore trouvé à
mordre sur un autre endroit, celui où il est question du
Moine bourru. On voit, dit-il (1), « un extravagant, qui
raisonne grotesquement de Dieu, et qui, par une chute
affectée, *casse le nez à ses arguments* ; un valet infâme,
fait au badinage de son maître, dont toute la créance
aboutit au *Moine bourru* ; car, pourvu que l'on croie le
Moine bourru, tout va bien, le reste n'est qu'une bagatelle. »

Prévenus par cette critique, La Grange et Vinot sup-
primèrent encore cette partie de scène, d'eux-mêmes, et
sans attendre les ciseaux de la Police, qui n'en vinrent
pas moins pour cela. L'éditeur de Hollande, au contraire, qui avait ses presses à deux cents lieues de la
Bastille, imprima tout. Son texte servit à faire comprendre ce qu'avait écrit Rochemont, c'est-à-dire, ce
qui était resté inintelligible dans sa brochure, même
pour ceux qui pouvaient connaître les très rares exemplaires non cartonnés de l'édition de La Grange ; maintenant, en revanche, le pamphlet dévot sert à consacrer
l'authenticité du texte d'Amsterdam, puisqu'on n'y
trouve, en style digne de Molière, que ce qu'il avait

(1) Page 28,

indiqué dès 1665. Ainsi, sans le libelle, point de garantie d'exactitude pour le texte des scènes supprimées,
et, sans ce texte, point d'explication du libelle. Cela
dit, en présence de ces deux autorités qui se corrobo-
rent l'une l'autre, je crois que le doute ne peut plus
être permis.

On fera bien encore quelques chicanes de mots ; on
prétendra, par exemple, que, dans cette phrase qui termine la scène du *Pauvre :* « Va, va, je te le donne pour
l'amour de l'*humanité*, » le dernier mot n'est pas de la
langue de Molière. Et pourquoi non ? Il était, au moins,
du langage du temps, avec l'acception qu'on lui donne
ici ; j'en pourrais citer vingt exemples. D'où viendrait
alors que Molière ne l'aurait pas connu et n'aurait pas
pu l'employer ? La phrase est authentique, comme tout
le reste : elle se trouve dans l'édition de 1683, et elle se
trouvait aussi dans la copie de Pierre Marcassus,
puisque Voltaire dit l'y avoir lue, ce qu'il faut croire.
Comment, en effet, l'eût-il connue autrement, puisque
la plaquette d'Amsterdam ne semble pas lui être
jamais tombée sous la main ; et, d'un autre côté, comment supposer, avec quelques-uns, que ce passage est
de son invention, puisque, existant dans l'édition de
1683, il avait été imprimé, onze ans avant sa naissance?
Si l'on ne s'attache plus à la lettre, mais à l'esprit, l'on
trouvera que le mot mis en doute n'a pas moins sa raison d'être ; il termine admirablement la scène, et surtout il la lie à merveille avec celle qui suit. Que fait, en
effet, don Juan, aussitôt après qu'il a jeté son louis au
Pauvre, avec cette parole? Il se précipite dans la forêt,
au bruit des épées, pour défendre un homme que deux
autres attaquent. Est-ce par charité chrétienne que ce

pervers, cet athée fait ainsi acte de courage? Non, c'est
encore « pour l'amour de l'humanité. » A peine a-t-il
dit le mot, que sur-le-champ Molière le lui fait mettre
en action. S'il ne venait pas de parler ainsi, on ne com-
prendrait pas, de sa part, un pareil élan de générosité.
Ce « pour l'amour de l'humanité » est donc nécessaire :
il amène ce qui suit, et, d'avance, il en est la justification.

Un dernier mot au sujet de cette scène, et peut-être
pour expliquer comment l'idée en vint à Molière.

Un jour, il revenait d'Auteuil à Paris, dans son carrosse, avec le musicien Charpentier. Un pauvre tend
son chapeau à la portière; il y jette une pièce de monnaie et n'y pense plus. Cent pas plus loin, il retourne la
tête et voit le mendiant qui court à toutes jambes pour
rejoindre le carrosse. Il fait arrêter, et le pauvre diable,
à peine à portée, lui crie, en lui montrant une pièce
d'or : « Monsieur, vous vous êtes trompé, bien sûr.
Vous n'aviez pas dessein de me faire une si riche au-
mône, reprenez-la. » Molière tira un autre louis de sa
poche, et le lui jeta, en murmurant, tout pensif : « Où
diable la vertu va-t-elle se nicher ? » Qu'en dites-vous ?
Cette scène et celle du *Don Juan*, où l'on voit deux
pauvres si parfaitement honnêtes gens, ne vous sem-
blent-elles pas être de la même famille ? N'êtes-vous pas
d'avis que l'une put fort bien avoir donné l'idée de
l'autre à un homme comme Molière, dont son camarade
La Grange a dit : « Il observait la manière et les mœurs
de tout le monde; il trouvait le moyen ensuite d'en
faire des applications admirables dans ses comédies. »

III

M. DIMANCHE

Comme tous les caractères qui vivent si bien et sont
si complets dans les comédies de Molière, le caractère
de don Juan avait été le résultat d'une foule d'observations minutieuses, saisies, celle-ci sur telle personne,
celle-là sur telle autre, et groupées ensuite avec cet art
de composition si conséquente en toutes ses parties et
cette merveilleuse science d'assimilation que personne
n'eut jamais à un tel point. Sûreté de coup d'œil dans
l'analyse, sûreté de main dans la synthèse, Molière avait
tout, et ces facultés étaient si bien en lui, qu'il en parlait, sans fausse modestie, comme de choses toutes naturelles, s'étonnant presque de ne pas les retrouver dans
les autres. Despréaux, avec qui il avait souvent dû s'en
entretenir, dit, un jour, à ce sujet, à Brossette : « Molière
possédoit si bien l'art de caractériser les hommes, que
quand il savoit un trait de quelqu'un, sans le connoître,
il étoit assuré de composer un caractère tout suivi et
naturel de la même personne, et de lui faire dire et faire
plusieurs choses conformes à ce trait original et à son
caractère. »

Ces quelques lignes, extraites du fragment des *Mémoires*
de Brossette que M. Laverdet a récemment publié pour
la première fois (1), sont on ne peut plus précieuses. Il
me semble, pour moi, qu'elles peignent Molière tout
d'une pièce, tel qu'il se sentait lui-même, et tel aussi

(1) A la suite de la *Correspondance de Boileau et de Brossette*,
p. 517.

qu'il s'est montré, sans qu'on s'en fût douté encore, dans
ces vers des *Femmes savantes* où Clitandre dit, à propos
de Trissotin et de ses ouvrages qui lui ont révélé tout
l'auteur :

> C'est par eux qu'à mes yeux il a d'abord paru,
> Et je le connoissois, avant que l'avoir vu.
> Je vis, dans le fatras des écrits qu'il nous donne,
> Ce qu'étale en tous lieux sa pédante personne...
> Jusques à sa figure encor la chose alla,
> Et je vis, par les vers qu'à la tête il nous jette,
> De quel air il falloit que fût fait le poète;
> Et j'en avois si bien deviné tous les traits,
> Que, rencontrant un homme, un jour, dans le Palais,
> Je gageois que c'étoit Trissotin en personne,
> Et je vis qu'en effet la gageure étoit bonne.

Si Molière avait ainsi le don d'appliquer, à cette chose
si *ondoyante* et si *diverse* qu'on appelle les caractères des
hommes, le procédé de reconstruction auquel un grand
naturaliste de notre temps (Cuvier) soumettait l'immuable
Nature, lorsqu'il lui suffisait d'un débris de vertèbre
pour reconstruire tout entier un être d'une espèce perdue,
Molière ne possédait pas moins l'art aussi incomparable,
que je lui reconnaissais déjà tout à l'heure, de faire
pour les caractères ce que font les peintres et les sculp-
teurs pour les figures : c'est-à-dire de rassembler mille
linéaments épars, mille traits recueillis, l'un ici, l'autre
là, et de les fondre, de les pétrir dans un ensemble aussi
admirable d'unité et d'harmonie que s'ils n'étaient pas
une création humaine.

C'est surtout lorsqu'il était en présence d'un type
aussi complexe, aussi divers que l'est don Juan, que
Molière devait recourir à toutes les ressources qu'il
trouvait dans cette dernière faculté de son génie. Un

seul homme ne lui suffisait pas pour ce type de toutes
les perversités unies à toutes les élégances, en qui les
vices naturels se rencontrent mêlés avec ceux qui sont
le produit raffiné d'une Société déjà corrompue. Pour
qu'il vit pleinement sous chacune de ses faces ce multiple caractère, il lui fallait, pour ainsi dire, étudier autant
d'hommes que don Juan a de vices; et cela, afin de ne
lui donner que ce qu'il avait déjà vu dans quelqu'un,
résumé complètement et condensé à la suprême puissance; afin surtout de n'arriver à dessiner son personnage, qu'avec des traits sûrs et choisis; afin, pour ainsi
dire, de ne pétrir son type qu'avec des essences de per-
versité.

Les modèles ne lui manquèrent pas. Celui-ci — et
qui sait? c'est Bussy peut-être ! — posa pour l'amoureux
insatiable, *l'enleveur du genre humain;* celui-là, pour l'a-
théisme; cet autre enfin, pour les parties plus frivoles,
l'art de ne pas payer ses dettes, par exemple, dont la
scène de M. Dimanche est devenue le *manuel.* Je ne sais
au juste qui lui servit pour l'athée; mais, du moins, il
est un trait des plus saillants, et même, en ce point, le
mot du rôle, pour ainsi dire, dont on sait l'origine.
L'homme à qui il appartient aurait été digne de poser
pour toute cette partie du personnage, et Molière dut
regretter de n'en savoir que ce trait; mais vous avez
vu qu'il ne lui en fallait pas davantage : « On conte d'un
prince d'Allemagne, fort adonné aux mathématiques,
dit Tallemant des Réaux, dont aucun des commentateurs
de Molière n'a relevé ce passage, qu'interrogé, à l'article
de la mort, par un confesseur, s'il ne croyait pas, etc. —
Nous autres mathématiciens, lui répondit-il, croyons
que 2 et 2 font 4, et 4 et 4 font 8. » Don Juan n'aurait

pas dit mieux ; aussi, Molière, qui savait le mot, s'en
ressouvint juste au bon moment, pour le lui prêter.

Je ne sais pas d'une manière bien certaine de qui
Molière s'inspira pour la scène de don Juan et de M. Dimanche. Ici ce n'est pas le manque de modèles, c'est
plutôt, au contraire, la difficulté du choix qui fait mon
embarras. Molière n'avait qu'à regarder autour de lui,
pour trouver vingt seigneurs capables de payer leur
marchand d'étoffes des mêmes politesses que don Juan,
car il était alors de bon ton de n'avoir pas d'autre
monnaie avec ses fournisseurs, et c'eût été déroger que
d'agir autrement. Furetière, dans le *Roman bourgeois*,
parle d'un marquis qui s'était sur ce point donné un
ridicule : « Il payoit si bien, dit Furetière, que cela faisoit tort à sa noblesse. »

Dans cette confusion de modèles, une préférence
pouvait, toutefois, être permise, et Molière, en effet, se
la permit. Il se trouvait, parmi les plus marquants de
la cour, un duc et pair, qui dans sa jeunesse avait joué,
avec ses créanciers, des scènes du meilleur comique, et
qui, d'un autre côté, comme pour mieux attirer l'attention du poète, qui sans cela ne l'eût pas, il est vrai, manqué davantage, s'était avisé de prendre de l'humeur de
certaines attaques dirigées contre les marquis, et de
malmener, pour cela, Molière, jusqu'à la brutalité. Ce seigneur était M. de la Feuillade. La scène du marquis de
la *tarte à la crème*, dans la *Critique de l'École des femmes*,
où tout le monde l'avait reconnu, et où il s'était reconnu
lui-même, l'avait notamment fâché tout rouge. Un jour,
il rencontra Molière dans une des galeries de Versailles,
l'aborda avec l'apparence d'une chaude politesse, et,
l'étreignant dans une de ces rudes embrassades fort à la

mode, il se mit à lui meurtrir le visage contre les bou-
tons et les broderies d'or de son habit, en lui criant :
Tarte à la crème. C'était agir comme un vrai turlupin
de cour ; c'était grossier, brutal, et, qui pis est, fort
maladroit. On n'a pas facilement le dernier avec un
homme comme Molière, surtout lorsqu'on traîne après
soi des ridicules et un passé, qui prêtent volontiers le
flanc. Or, je vous l'ai dit, M. de la Feuillade était dans
ce cas. Il ne fit, par cette inconcevable boutade, que se
recommander pour de nouvelles attaques. Molière, au
moment où lui fut faite cette avanie étrange, devait
déjà travailler à son *Don Juan;* or, pour avoir sa revanche, il ménagea, tout au beau milieu de sa comédie,
le charmant hors-d'œuvre de la scène de M. Dimanche,
qui, si je ne me trompe, reproduit, à quelques détails
près, l'une de celles que M. de la Feuillade devait avoir
jouées fréquemment avec ses créanciers.

Je ne vous dirai pas que je connais positivement l'é-
pisode de cette existence de magnifique et insolent débiteur, qui put servir de modèle à Molière ; mais j'en connais un, qui donne une parfaite idée de ce que M. de la
Feuillade pouvait faire en ce genre et rend l'autre on ne
peut plus vraisemblable. C'est Boursault, qui raconte
l'anecdote, dans une lettre à l'évêque de Langres (1) :

« Du temps qu'il étoit garçon, dit-il, comme M. de la
Feuillade étoit de toutes les fêtes de la cour, où il faisoit une figure considérable, sa dépense excédoit de
beaucoup son revenu. On se piquoit alors d'être bien
monté, et M. de la Feuillade étoit un de ceux qui l'étoient
toujours le mieux, aux dépens de qui il appartiendroit.

(1) *Lettres nouvelles* de M. Boursault, 1703, in-12, t. II, p. 229-
231.

Gaveau, ce marchand de chevaux, dont Molière a im-
mortalisé le nom en le mettant dans la comédie des
Fâcheux, étant, un matin, au lever de M. de la Feuillade,
pour deux cents louis d'or qu'il lui devoit, M. de la
Feuillade commanda à un valet de chambre de lui aller
chercher six papillons morts, qui étoient dans un tiroir
de son cabinet. — Votre Grandeur se souvient, ajoute
Boursault, que, pendant un an ou deux, on fut, à la
cour et à Paris même, dans un engouement pour les
papillons, qui étoit une espèce de manie. On étoit, si
j'ose me servir de ce mot, enthousiasmé de la beauté de
leurs ailes, et ceux qui n'en avoient point de peint dans
leur cabinet ne passoient point pour gens de bon goût.

» M. de la Feuillade, qui enchérissoit toujours sur les
modes, ayant fait apporter ses papillons, demanda à
Gaveau ce qu'il en pensoit : — « Ah ! monsieur, s'écria
Gaveau, la belle chose ! L'arc-en-ciel n'a pas de si agréables couleurs, et j'aimerois mieux une aile de vos papillons que toutes les queues de paon qui sont en France.
— Eh ! que t'imagines-tu que cela vaille ? lui dit M. de
la Feuillade. — Ma foi ! monsieur, répondit Gaveau,
cela est trop beau, pour n'être pas cher. Je crois qu'ils
valent tout au moins mille écus. — Tu as raison de dire
tout au moins, repartit M. de la Feuillade, ils valent
davantage ; mais, comme je n'ai pas d'argent présentement, prends-les, je te les donne, pour les deux coureurs
que je te dois. — Oh ! parbleu ! monsieur, répliqua
Gaveau, je vous remercie ; mon négoce est de chevaux,
et non pas de papillons, et quand je vais en Espagne ou
en Danemark acheter les plus beaux chevaux de ces
pays-là, si je ne portois que des papillons, je ne ramè-
nerois guère de marchandise. »

» M. de la Feuillade, voyant que ceux-là ne l'accommodaient pas, en fit apporter six autres : — « Hé! de ceux-ci, mon ami Gaveau, qu'en dis-tu? De quel prix crois-tu qu'ils soient ? » Gaveau, qui les trouva incomparablement plus beaux que les premiers, en fut charmé, et dit que, si on les donnoit à deux mille écus, c'étoit pour rien. — « Eh bien ! reprit M. de la Feuillade, je te les donne, et rends-moi mon billet. Avec qui gagneras-tu, si ce n'est avec un grand seigneur comme moi ? »

» Le pauvre Gaveau, n'en pouvant tirer autre chose, fut s'en plaindre à M. le comte d'Aubusson, père de M. de la Feuillade : — « Je viens, monsieur, lui dit-il, de voir monsieur votre fils et de lui demander deux cents louis qu'il me doit pour deux chevaux, dont j'aurois eu mille écus d'un autre. — Eh bien! mon enfant, que t'a-t-il dit? lui demanda le bonhomme. — Lui, monsieur, répondit le maquignon, il s'est moqué de moi, et m'a voulu payer en papillons. — Tu devais les prendre, repartit le comte d'Aubusson, cela valoit mieux que rien. »

» De sorte que Gaveau a été contraint d'attendre jusqu'à cette haute fortune, où la valeur de M. de la Feuillade l'a élevé. »

Le duc, toujours selon Boursault, s'amusait volontiers à raconter cette aventure et à en voir rire ses amis. Je parierais, cependant, que, si c'eût été quelque autre qui l'eût contée, sans lui donner les avantages qu'on prend pour soi-même en pareil cas ; je parierais surtout que, s'il l'eût vue mise à la scène, elle ou toute autre du même genre, empruntée à sa vie de jeune homme, il eût cessé d'y trouver autant de plaisir et ne se fût guère amusé d'en voir rire la galerie. On n'aime guère les rieurs qu'on ne dirige pas ; mais ce qui plaît moins

7

encore, c'est de voir prêter, à un personnage qui, par
l'ensemble de son caractère, est odieux, quelques-uns
de ses propres actes, devenus, par le fait seul de cette
attribution, détestables, comme tout le reste de la vie à
laquelle on les vient mêler. M. de la Feuillade, s'il est
vrai, comme je persiste à le penser, que Molière l'eût ici
choisi pour modèle, dut être le seul des gens. de cour,
qui s'amusât peu de la scène de M. Dimanche, et le poète
ainsi ne manqua pas sa vengeance.

. Le nom de M. Dimanche fut bientôt populaire. Quelques années après, La Fontaine l'employait déjà dans
son conte de la *Coupe enchantée,* comme le nom géné-
rique de la race des créanciers d'humeur accommodante.
Le marchand qui le portait existait-il réellement? C'est
fort possible. Il y a tant de noms réels dans les comédies de Molière. Celui de Loyal était porté par un avocat
du même temps, tout aussi bien que par l'huissier à
verge du *Tartuffe.* Les Bonnefoy, auxquels Molière avait
emprunté son notaire du *Malade imaginaire,* étaient
dans la robe, de père en fils, depuis Henri III; il existait,
à Lyon, un apothicaire, du nom très caractéristique de
Fleurant; et les Dandin, pendant le dix-septième et le
dix-huitième siècle, avaient rang parmi les plus huppés
de l'industrie et du commerce de Paris. Il y a même, à
ce propos, une remarque très-curieuse à faire : l'un
d'eux s'appelait Georges, oui, Georges Dandin, comme
le pauvre mari de la comédie; il était sellier de son état,
et Monteil possédait un compte manuscrit, où ses deux
noms figuraient en toutes lettres (1). Ce n'est pas tout :
son extrait de naissance ne fut peut-être pas la seule

(1) *Traité de matériaux manuscrits,* t. II, p. 128.

chose que lui emprunta Molière; il se pourrait qu'après avoir fourni les noms du personnage, ce Dandin eût prêté quelque chose pour le sujet de la pièce. Ce qu'il y a de bien certain, c'est que, vers le même temps, un sellier de la rue Montorgueil, dont je n'ai pu savoir le nom, et qui, partant, pourrait fort bien être celui dont parle Monteil, avait pâti dans son ménage tout aussi cruellement et de la même manière que Georges Dandin, car sa déconvenue conjugale venait aussi d'un gentilhomme, le marquis d'Erva (1). Ainsi Molière aurait peut-être tout pris, l'homme, son nom et son infortune. Quand il s'agissait de petites gens, la personnalité pouvait alors s'émanciper jusqu'à ces extrèmes.

IV

PIERROT

Molière, comme tous ceux qui avaient traité en français le *Festin de Pierre*, devait beaucoup à la pièce italienne *Convitato di pietra ;* mais lui seul sut payer avec usure la dette qu'il avait ainsi contractée envers les Italiens; il leur rendit plus qu'il ne leur avait pris : il leur donna Pierrot. Ce que j'avance ici, ne tendant à rien moins qu'à préciser l'origine encore mal éclaircie du dernier-né de la Comédie italienne, mérite quelques explications ; je me hâte donc de vous les donner.

Jusqu'au milieu du dix-septième siècle, la Comédie italienne n'avait eu qu'un personnage niais : Arlequin. C'était à lui qu'on jouait les méchants tours ; c'était lui

(1) Voir le récit de cette curieuse affaire, dans le *Maucroix* de M. L. Paris, t. II, p. 88-92.

qui recevait les coups de bâton. Dominique vint, qui
changea tout cela. Vous savez qu'il jouait les Arlequins ;
mais, homme d'esprit comme il l'était, instruit, ami des
gens de lettres, il ne pouvait s'accommoder, même
sous le masque, d'un personnage à l'imperturbable
niaiserie. « Il connaissait, d'ailleurs, comme l'a fort
bien remarqué Léris dans son *Dictionnaire dramatique,*
le génie de notre nation, qui veut de l'esprit par tout. »
Que fit-il donc? Il en mit dans le rôle d'Arlequin, et dès
lors ce fut un rôle retourné, une métamorphose complète. Comme le succès justifia Dominique, on le laissa
faire. La Comédie avait à cela gagné un personnage ;
mais, en revanche, elle en avait aussi perdu un, et bien.
plus indispensable que cet intrus charmant. Comment,
sans le niais nécessaire, pourrait-elle tenir sur pied son
répertoire? A qui Lelio donnerait-il les bourrades, et
Cassandre les coups de canne obligés? Qui donc, enfin,
l'Arlequin déniaisé viendrait-il agacer de la pointe et du
plat de sa batte? Il fallait, de nécessité, un imbécile
pour les besoins du répertoire, pour les jeux de scène
des acteurs, pour les menus plaisirs du public. Un bon
hasard, inspiré par Molière, le mit au monde un beau
jour : ce fut Pierrot.

Voici dans quelle circonstance il arriva; voici comment, ainsi que l'a fort bien dit Des. Essarts (1), on vit
paraître ce singulier personnage, « né français sur la
scène italienne. »

Ce qui avait tenté Molière, quand il fit *Don Juan,*
c'était, je viens de le dire, le succès de la pièce des Italiens ; celui qu'obtint sa comédie vint les tenter à leur tour.

(1) *Les trois Théâtres de Paris,* 1777, in-8, p. 191.

Il s'était inspiré d'eux, ils s'inspirèrent de lui. Au commencement de février 1673, quinze jours à peine avant la mort du grand homme, ils représentèrent, sur leur théâtre, un nouvel imbroglio, composé des meilleures scènes de leur ancienne pièce, *il Convitato di pietra*, et surtout des parties les plus amusantes qu'ils avaient détachées de la comédie de Molière. Cette bigarrure comique, dans laquelle ils avaient procédé comme pour l'habit de leur Arlequin, était intitulée : *Aggiunta al Convitato di pietra*, c'est-à-dire *addition, augmentation,* et non pas *suite au Festin de Pierre,* comme on l'a répété partout, depuis Robinet (1) jusqu'au *Catalogue Soleinne.*

Parmi les personnages de la pièce de Molière, qui étaient passés, accommodés à l'italienne, dans cet étrange salmigondis scénique, se trouvait Pierrot, conservé de toutes pièces, avec sa niaiserie, ses naïfs amours, et, de plus, non débaptisé. On ne comptait guère sur ce nouveau venu ; aussi, l'avait-on, à tout hasard et comme par charité, confié à un pauvre gagiste de la troupe, nommé Giraton (2). Il fit merveille. Les autres eurent le bon esprit de ne pas être jaloux, et, du même coup, par le même succès, le personnage et le comédien se trouvèrent avoir conquis leur droit de bourgeoisie.

Pierrot, à partir de ce moment, ne quitta plus la Comédie italienne. En dépit de sa nouveauté, en dépit de son nom français, il devint type aussi bien que tous les autres, aussi bien que Mezzetin, Lelio, Cassandre, aussi bien qu'Arlequin lui-même, dont son arrivée justifiait l'émancipation, et qui l'accepta très volontiers, comme

(1) *Gazette* du 1er février 1673.
(2) *Histoire de l'ancien Théâtre-Italien,* 1753, in-12, p. 107.

héritier dé son ancienne bêtise, comme victime de sa
malice dé fraîche date. Rien ne prouva bientôt plus qu'il .
était un personnage d'importation récente, tant il fut
vite et utilement mêlé à toutes les pièces. Type acquis
désormais et pour toujours naturalisé, il eut ses succès,
il eut ses acteurs, qui s'approprièrent sa bêtise dès lors
traditionnelle et son masque enfariné. De ceux-là fut
Hamoche, qui faisait merveille vers 1712, et pour qui je
croirais fort que fut composé l'air *Au clair de la lune,*
toujours attribué, sans la moindre preuve, à Lulli. Selon
moi, ce furent et le gentil Pierrot de la Foire et son
compère Arlequin, qui chantèrent les premiers, dans la
pièce d'*Arlequin empereur dans la lune,* la fameuse chanson que Remy et Chaillot avaient mise en couplets, pour
la faire passer de là Comédie italienne sur les tréteaux
de la Foire Saint-Laurent.

Le costume de Pierrot était déjà ce que nous le connaissons. Molière, dans son *Don Juan,* lui avait donné
la blouse blanche du paysan français, telle que la porte
encore Colin, le garçon endormi des dernières scènes de
Georges Dandin. En se faisant personnage italien,
Pierrot dut changer cet habit; mais il en garda du
moins la couleur. Celui qu'il prit alors et qu'il n'a plus
quitté est emprunté au *Pulcinello* napolitain. Seulement,
chez Pierrot, le surtout est plus court, plus serré à la
taille, comme un justaucorps, et le pantalon a moins de
largeur. Pour compléter le costume par des accessoires
que n'a pas *Pulcinello,* le Docteur prêta son serre-tête à
Pierrot, et Mezzetin sa fraise (1). Enfin, et ceci n'appartient pas à la Comédie italienne, mais à la tradition des

(1) Le Gilles que nous a représenté Debureau se rapprochait
bien plus que ce *Pierrot* primitif, du *Pulcinello* napolitain.

anciens badins français (1), tel que ceux de l'époque romane, les *pistori* (2), dont le nom s'est perdu dans notre mot *pitre*; tel que Gros-Guillaume et Gautier-Garguille : Pierrot s'enfarina le visage.

L'uniforme blanc des Gardes françaises rappelait un peu le costume du naïf farceur ; aussi partout les appelait-on des *pierrots* (3). Le gamin ne s'en tenait pas là ; lorsqu'il voyait passer quelque soldat au blanc uniforme, il imitait le cri du moineau, qui s'appelle aussi un pierrot, il faisait *piou piou*; de là le sobriquet donné encore aux soldats d'infanterie.

Mais voilà des détails d'étymologie au moins triviale, qui m'entraînent bien loin de Molière ; je supplie humblement le lecteur de me les pardonner, en son nom.

(1) Montaigne, *Essais*, liv. III, ch. x, parle déjà de badins enfarinés.

(2) Roquefort, *Glossaire de la langue romane*, t. II, p. 358.

(3) Voir, à ce sujet, un couplet sur M. de Grammont, colonel au régiment des gardes, dans le *Journal* de Barbier, première édition, in-8, t. II, p. 40.

VI

UN CHAPITRE DE LA VIE DE MOLIÈRE.

COMMENT MOLIÈRE FIT TARTUFFE.

I

Les esprits d'un ordre tout à fait supérieur, les génies sans pair, comme on les appelait autrefois, viennent au monde avec la prédestination de ce qu'ils doivent accomplir. On pourrait dire qu'ils ne naissent que pour leur œuvre, et toute leur vie se consume dans son élaboration. Pour eux, ce qu'on est convenu de nommer *vocation* a quelque chose qui tient de la fatalité; leur but est marqué, il faut qu'ils y arrivent, et tout les y pousse, tout les y entraîne. Quand on résume leur vie, on voit qu'il n'y est rien, travaux, épreuves, malheur surtout, car ce sont là les grands foyers de l'expérience, qui n'ait tendu vers ce point longtemps obscur pour leurs propres regards, mais qu'ils laissent à jamais éclatant après eux, et, pour ainsi dire, tout lumineux de leur auréole. Aussi, lors même qu'ils semblent improviser, ne croyez pas à la soudaineté de l'œuvre, vous leur feriez injure. Ne font-ils pas trop grand cas de ceux à qui ils parlent et qu'ils se sont choisis pour auditeurs, du fond de leur esprit ? Ne se respectent-ils pas trop eux-mêmes pour se permettre ces facilités d'inspiration, ces sortes d'éruptions de verve trop soudaines ? Dites-vous seulement : « L'heure est arrivée ; ce beau fruit, qu'il ne nous a pas été permis de voir se nouer et se développer lentement, qui a parfumé de sa fleur la solitude féconde, mais silencieuse, de leur esprit, est mûr enfin ; un dernier coup de soleil, peut-être un dernier orage, l'a mis au point où ils le voulaient eux-mêmes ; ils ne le cachent plus : Cueillons-le !

Quand Boileau disait au grand homme, dont l'amitié compte tant dans sa gloire :

Enseigne-moi, Molière, où tu trouves la rime,

il lui faisait là une question singulière, et Molière, pour y répondre, dut sourire comme souriait Alceste. Qu'était-ce, en effet, pour lui, que la rime? Ce qu'est pour l'homme sérieux l'habit dont il se couvre et dont il subit la mode, parce que tout le monde la suit autour de lui. Plutôt que de l'interroger ainsi en versificateur à court de rimes, pourquoi Boileau ne lui disait-il pas en poëte et en vrai penseur : « Où trouves-tu tes comédies? Ces observations, où vas-tu les chercher? Ces caractères, qui sont si vrais, qui revivent si bien sous ta plume, où les as-tu connus ? » Alors Molière eût souri encore, non plus avec dédain, mais d'une façon amère; il eût compris qu'il pouvait répondre, et sa réponse eût été le récit de sa vie.

Pour les *Précieuses ridicules,* il eût raconté ce que lui

7.

avaient inspiré d'amusante pitié les sottises de toutes ces *pecques* de province, rencontrées par lui, dans ses courses, de Grenoble jusqu'à Nantes, et dont cette pauvre madame de Villedieu, qu'il avait retrouvée à Paris après l'avoir connue à Narbonne, lui avait rappelé au vif la pédantesque extravagance. Pour le *Dépit amoureux*, il n'eût eu qu'à choisir dans les péripéties des amours sans nombre, que son cœur de jeune homme, aussi nomade que l'était sa vie, avait trouvées à chaque pas, dans le temps de ses courses. Pour l'*École des femmes*, il se fût encore retrouvé tout lui-même ; c'est lui qu'il eût fait reconnaître dans Arnolphe, moins vieux peut-être, mais plus désenchanté; moins morose et moins fâcheux, mais, après son expérience des coquettes du monde et du théâtre, tout aussi désireux de rencontrer une Agnès innocente et même de se la créer au besoin, si le monde ne pouvait la lui donner. Or, il aurait bien fallu qu'il l'avouât; c'est ce qu'il avait fait; et cette innocente, élevée dans sa maison, façonnée de ses mains, cette pupille choyée, que, plus malheureux que M. de la Souche, il prit dans la fleur de ses dix-sept ans pour en faire sa femme, ce ne fut pas seulement l'Agnès du dénouement de cette première comédie, ce fut pis cent fois : ce fut Célimène. C'est vous dire (ce qu'il eût avoué encore) que lui-même revit dans Alceste, épuisant, sous l'imperturbable cruauté de ce jeune regard, tout ce que l'amour lui gardait d'amertume, après les folles parties que le jeu savant des coquetteries de mesdemoiselles Béjard, du Parc et de Brie lui avait fait perdre en riant, et où du moins il n'avait jamais engagé son cœur. Aussi, n'avait-il rappelé que pour s'en amuser, comme dans les *Femmes savantes,* où mademoiselle Béjard est

Bélise, où mademoiselle de Brie est Armande, ces épisodes et ces distractions d'amour. De l'autre passion,
au contraire, si profonde et si désespérée, jamais il n'a-
vait pu rire. Tout le monde en voyait le ridicule ; lui
seul, qui l'eût si bien découvert ailleurs, ne le trouvait
pas ; il n'en sentait que la douleur. Il a ri de tout ce qui
le touchait lui-même, excepté de cela. Le malade Argant, vous le savez, c'est encore lui, inquiet, toujours
en quête de remèdes, se cherchant partout des médecins
nouveaux, ainsi que le lui a reproché, dans sa méchante
comédie d'*Elomire hypocondre*, Le Boulanger de Chalussay, ce Limousin, dont, ce qu'on n'a jamais dit, *Pourceaugnac* l'a vengé. En riant du mal imaginaire, il croyait
se faire illusion sur la maladie véritable. Malheureusement pour les plaies de son âme, il ne pouvait recourir
à ce palliatif pyrrhonien, que lui aurait envié son Mé-
taphraste ; il se sentait souffrir et ne pouvait se dire :
« Je ne souffre pas. » Voilà pourquoi Argant rit toujours,
quand Alceste ne rit jamais. L'amour, pour ainsi dire,
lui faisait moins de grâce que la maladie même qui finit
par le tuer.

Ainsi, je le répète, on le retrouve partout, à chaque
scène de son œuvre, se jouant lui-même dans ce qu'il
souffrait, ou jouant les autres dans ce que leur sottise
ou leurs vices lui faisaient souffrir. Leurs ridicules, en
effet, n'étaient pas toujours bénins ; il en rencontra plus
d'un, intolérant et agressif. C'était, par exemple, le dédaigneux pédantisme de toute la séquelle médicale, qui
était de sa parenté, et dont la sottise greffée sur orgueil
ne lui avait jamais pardonné de s'être fait bouffon ; ou
bien c'était encore la morgue stupide et gonflée de ces
enrichis de la friperie, de la draperie, *haute nouveauté*

de ce temps-là, qui, mesurant à l'aune de leur gros mépris ce farceur, dont pourtant ils fournissaient très volontiers et à bon prix les oripeaux, ne daignaient pas le
regarder, passé le seuil de la boutique. Molière prit
celui qui se trouvait le plus près sous sa main. Celui-là
était riche, il était sot, et, de plus, son proche parent ;
à ce dernier titre, Molière lui donna la préférence : il en
fit le *Bourgeois gentilhomme*. De notre temps, si quelque
Chatterton incompris, après s'être dérangé de la vie
bourgeoise pour se jeter dans la littérature dramatique,
avait à subir ces arrogances boutiquières, dont l'ennui
viendrait ajouter pour lui aux autres épreuves du métier, soyez sûr qu'il ne verrait là matière qu'à quelque
gros drame vengeur, où sa colère déborderait en pathos.
Molière, plus philosophe, ne trouvait, en tout cela, que
des occasions de rire, et dans ce qu'il a dit ainsi en
riant, il n'est rien qui ne soit encore une sévère leçon.

Deux fois seulement, il se prit au sérieux : la première,
quand, je vous l'ai déjà dit, son cœur se trouva mis en
jeu avec toutes ses douleurs ; l'autre, quand, au lieu
d'un ridicule isolé ou d'un vice égoïste, il se trouva en
présence d'un mal terrible, source d'infamies, moyen
d'usurpation et de mensonges, s'attaquant au cœur des
familles, se glissant dans les consciences et partout en-
vahissant et dévorant. Cette fois, devant l'ennemi nouveau, sa raison d'honnête homme lui fit un devoir de
cette rigueur sérieuse, déguisée jusqu'alors dans ses enseignements. Ce n'était plus un masque rieur qu'il fallait
prendre soi-même, c'était, au contraire, un masque odieux
qu'il s'agissait d'arracher aux autres. Et n'allez pas dire
que cette mission n'était pas celle du faiseur de comédies : le mal était caché, souterrain, et, de là même,

venait son plus grand danger. Pour qu'il commençât
d'être moins redoutable, il fallait surtout le montrer du
doigt, le faire connaître. C'était un ennemi nocturne,
comme ces oiseaux qui ne trouvent leur proie que dans
l'ombre; le jour lui faisait peur. Eh bien! pourquoi ne
pas l'y traîner? Et puisque nulle part déjà cette lumière,
redoutée du monstre, n'était plus vive que sur le théâtre,
pourquoi ne pas le clouer sanglant, en plein soleil, à ce
pilori? Molière n'hésita pas, et il fit *Tartuffe*.

II

La tâche était d'autant plus rude, qu'il ne l'avait pas
acceptée à l'étourdie, et que, comme on le voit, il avait,
avant de la prendre, pesé avec réflexion tout ce qu'il y
avait là de sérieux et d'humain. Il connaissait, d'ailleurs,
ceux à qui il allait avoir affaire. Il n'ignorait pas que,
s'ils peuvent tout pour arriver, ils peuvent davantage
encore pour se venger. Il se le dit, se le répéta, mais
seulement pour assurer encore mieux son courage, et
ensuite, il n'en marcha que plus résolûment dans son entreprise. Telle que vous pouvez la juger d'après l'incomparable chef-d'œuvre qui en est résulté, vous la tenez
certes pour une des plus hardies qu'aucun poète ait
jamais tentée en aucun temps : eh bien! comme la suite
vous le fera voir, elle était dans l'origine d'une audace
bien plus grande encore, et peu s'en fallut même qu'elle
ne nous parvînt armée de toutes ses colères. C'est
Louis XIV, à qui Molière fit connaître son œuvre dans
tout l'éclat de cette redoutable virginité, qui manqua
seul de courage. Il ne put se résoudre, comme on le
verra, à laisser faire complète justice.

Ce que j'ai dit des comédies de Molière, dont la pensée naquit en lui, pour ainsi dire, avec lui-même, et se fit grande et mûre à mesure que l'esprit du poète se développait dans sa maturité, peut s'appliquer à *Tartuffe* aussi bien qu'aux autres œuvres. Molière, en effet, vous le savez sans doute, fut élevé chez les Jésuites du collège de Clermont. Ainsi, son inimitié fut d'enfance, comme celle de Voltaire, et, on le sait, rien n'est plus tenace que ces petites haines dont les premières racines vous rattachent à l'âge que La Fontaine dit être *sans pitié*. Celle de Molière, cependant, aurait pu ne pas aller jusqu'à la rancune, si l'on n'eût pris plaisir à l'entretenir en lui et à la prolonger bien au delà du temps de la férule. Mais la prédestination, dont je vous parlais tout à l'heure, cette sorte de fatalité qui voulait que les personnages de ses comédies à venir ne cessassent de poser devant lui, fit tout cela, encore que, sans qu'il en pût mais, il lui fallut continuellement se tenir en haleine dans son rôle d'observateur, et, par conséquent, dans le sentiment peu sympathique dont la profession qu'il s'était donnée avait d'ailleurs fait bientôt une sorte d'antagonisme exigé. Presque toujours, et c'est chose singulière surtout à partir du moment où il fut comédien, nous voyons autour de lui, dans les régions mitoyennes, et à portée du regard, rôder quelque robe noire.

D'abord, il faut vous dire qu'il faillit lui-même entrer dans les Ordres. Des études chez les Jésuites étaient, pour cela, un acheminement naturel; le tapissier Poquelin l'avait, à ce qu'il paraît, compris ainsi, et son fils dut passer, du Collège de Clermont, sur « les bancs de Sorbonne. » C'est Tallemant qui le dit, et rien n'y répugne. Cette intention du père, ce vif désir de voir un de ses

fils homme d'Église, trouve sa preuve dans sa persistance même. En effet, quand Jean-Baptiste eut, comme
on dit, jeté son froc aux orties, pour se faire commen-
sal assidu de Scaramouche, de l'Orviétan, et même
mangeur de vipères, aux gages de ce dernier, ainsi que
le dit encore l'auteur d'*Élomire hypocondre* (acte V,
scène IV), M. Poquelin père n'en voulut pas avoir le
démenti, et c'est à Robert, un autre de ses fils, qu'il fit
endosser la robe, dont l'aîné n'avait pas voulu. Robert
Poquelin la porta en conscience. Quand il mourut, plus
qu'octogénaire, au mois de janvier 1715, il était docteur en théologie de la société et maison de Navarre et
doyen de la Faculté de Paris.

De sa fréquentation aux Écoles sorbonniques, qu'était-
il resté à J.-B. Poquelin? Quelques traits nouveaux,
pris sur le vif, et que nous trouverons fondus dans la
grande figure qu'il dessinera plus tard ; puis, quelques
connaissances des subtilités casuistiques, qu'il fera débiter à don Juan converti ; quelques éléments aussi de
cette éloquence mystique, dont son Tartuffe distillera
plus tard le miel empoisonné. Voilà tout ; mais n'est-ce
donc point assez ?

Je ne sais pourquoi, mais il me semble que c'est peut-
être aussi de là qu'il rapporta pour lui-même le nom
qu'il a fait immortel. Ce que je vais dire à ce propos
est, bien entendu, moins qu'une conjecture, à peine une
hypothèse.

Il y avait alors, à Paris, un bon gentilhomme angevin,
se targuant de science universelle et notamment de
théologie. Il se nommait de Juigné-Boissinière, et, de
plus, ce qui nous importe, il était sieur de Molière. Or,
Poquelin fut toujours, ses comédies le prouvent, grand

lecteur, non pas de romans, comme le convive de Boileau, mais de livres pouvant instruire; il semble même avoir été, de tout temps, attiré vers l'utopie d'un savoir encyclopédique. Ne se pourrait-il pas qu'il eût connu ce Boissinière, et, qu'avide d'apprendre, il se fût fait quelque temps son élève? Magnon, du moins, autre poète de ce temps-là, qui fut l'un des plus anciens amis de Poquelin, et celui même qui lui fit ses premiers rôles, puisqu'il travailla pour la troupe de l'*Illustre théâtre*, était certainement de cette école d'Encyclopédie anticipée. Le grand poème de deux cent mille vers — le chiffre est exact — qu'il entreprit, sous le titre de *Science universelle*, et que les tirelaines du Pont-Neuf, qui l'assassinèrent, une nuit d'hiver, en 1662, l'empêchèrent de mener à bien, est un témoignage heureusement incomplet de ces ambitions prétentieuses suggérées par Boissinière. Je me figure Molière, s'en allant avec Magnon chez ce docteur universel, et le priant de lui tout apprendre, hormis ce que son père désirait qu'il connût, la théologie; puis, un beau jour, faussant compagnie à ce savoir dont il aurait reconnu la vanité, et ne voulant plus être docteur qu'en une seule science, celle du rire et de la gaieté, venant s'adresser à l'Orviétan pour parader sur ses tréteaux, et ensuite aux Béjard pour être de leur Troupe. Mais il fallait un nom de guerre à tout nouvel enrôlé. Mondory, en pareille affaire, avait pris le nom de son parrain (1); pourquoi Poquelin n'aurait-il pas de même choisi celui de l'homme dont il avait tâché de se faire un patron, un parrain, dans le monde de la science? Il

(1) Voyez la *Vie de Pascal*, par Gilberte, sa sœur, dans la première édition du livre de M. Cousin, *Jacqueline Pascal*, p. 59.

y avait là, d'ailleurs, comme opposition, de quoi plaire
à sa malice toujours si bien en éveil. Faire de ce nom
pédant et doctoral un nom joyeux, un nom gaillard,
c'était charmant! Quoi qu'il en soit, et, s'il se peut que
j'aie rencontré juste, cela dut encore exciter Poquelin
dans sa velléité de contraste. On vit paraître, en 1644, un
vaste in-4° portant ce titre : *Dictionnaire théologique,
historique, poétique, cosmographique et chronologique,*
par D. JUIGNÉ-BOISSINIÈRE, SIEUR DE MOLIÈRE, *gentilhomme angevin et avocat au Parlement.* A très peu de
temps de là, le nom de Molière était aussi salué par les
éclats de rire, consacré par les applaudissements des
bateliers du port Saint-Paul (1). Poquelin venait enfin
de s'adjuger ce baptême (2), et les spectateurs à cinq
sous, recrutés sur cette plage lointaine, avaient payé le
parrainage (3).

Des deux côtés le nom fit fortune ; le *Dictionnaire* eut
douze éditions consécutives ; quant au comédien, vous
savez ce qu'il est devenu.

III

Je vous ai dit qu'à chaque pas je trouve des prêtres
sur son passage, et presque toujours le recherchant, le

(1) M. Bazin et M. Walckenaer sont d'accord au sujet de la
date de ce premier engagement. C'est dans les premiers mois
de 1645 qu'il dut avoir lieu.

(2) Il est certain que, dès les premiers temps de sa vie de
comédien, Poquelin prit le nom de Molière. On le voit par des
vers qui doivent être de 1646, et qu'on trouve dans l'*Élite des
bons vers choisis,* etc. Paris, Cardin Besongne, 1653, IIᵉ part., p. 12.

(3) Le séjour de Molière sur l'infime théâtre du port Saint-
Paul est constaté par Le Boulanger de Chalussay dans *Élomire
hypocondre.*

choyant, tant il semble qu'il y ait en lui, sous son
enveloppe de bohème, quelque chose qui séduit et qui
attire; je ne sais quel charme profond qui laisse deviner
une âme supérieure et, par conséquent, désirable,
comme une proie d'élite, pour ces quêteurs d'âmes et
ces chercheurs de conversions.

A Lyon, par exemple, où il est à quelques années de
là, avec qui le trouvons-nous en commerce de familiarité? Avec le secrétaire de l'archevêché, le savant et
spirituel Claude Busset, l'un des prêtres les plus éclairés du diocèse. Celui-là, toutefois, n'en veut point à son
âme. Il est poète aussi, la tragédie est sa chimère : or,
comme déjà la seule vanité de notre grand comique
est d'être lui-même un auteur et un acteur de tragédie,
ils s'entendent à merveille. Claude Busset fait lecture, à
Molière, d'une *Irène* qu'il vient d'achever, et qui a fait
crier miracle à tous les lettrés de la ville. Molière leur
donne raison par ses propres applaudissements. Il accorde, à l'*Irène* de l'aimable prêtre, le suffrage flatteur
qu'obtiendra de lui plus tard la *Thébaïde* de Racine à
ses commencements ; bien mieux, comme pour Racine
encore, il se décide avec une bonne grâce parfaite
à monter cette tragédie; il la fait jouer sur le théâtre
de Lyon, et lui-même consent à y représenter le personnage principal, celui de Mahomet.

Cela ne vous donne-t-il pas envie de connaître cette
pièce si bien accueillie et caressée par Molière? Malheureusement, on ne sait ce qu'elle est devenue; il n'en
reste que l'analyse très sommaire, et en latin, donnée
par Chorier dans sa *Vie de Boissat* (1). Jusqu'ici même,

(1) *De Petri Boessatii... Vita.* Grenoble, 1690, in-12, p. 133, 234.

le passage qu'il lui consacre, et dans lequel se trouve enchâssée la précieuse anecdocte relative à Molière, avait échappé à tout le monde (1).

L'année d'après, la Troupe vagabonde était, avec son chef, aux environs de Pézenas, dans un des domaines du prince de Conti, ancien condisciple de Molière. Lorsqu'ils étaient ensemble au Collège de Clermont, l'inégalité était déjà bien grande; mais, ce qui semblait devoir être impossible, la destinée, en faisant de Molière un bouffon, un coureur de pays, avait encore élargi la distance; si bien que le prince avait dédaigné de regarder aussi loin ou plutôt aussi bas, pour retrouver un ancien camarade. Le pauvre comédien s'en aperçut bientôt. Ce fut dans une circonstance que je n'aurais pas racontée, — car, bien qu'assez récemment retrouvé, le récit n'en est déjà plus nouveau, — si je n'y avais trouvé une occasion de vous montrer, une fois de plus, Molière, à ses commencements, en relation avec un homme d'Église tout empressé de lui rendre service, et si je n'avais, d'ailleurs, moi-même un petit fait nouveau pour relever encore le piquant de l'anecdote. C'est l'abbé de Cosnac lui-même qui raconte celle-ci (2).

« J'appris, dit-il, que la Troupe de Molière et de la Béjard était en Languedoc; je leur mandai qu'ils vinssent à la Grange. Pendant que cette Troupe se disposait à venir sur mes ordres, il en arriva une autre à Pézenas, qui était celle de Cormier. L'impatience naturelle de M. le prince de Conti et les présents que fit cette dernière Troupe à madame de Calvimont engagèrent à les retenir. Lorsque je voulus représenter à M. le prince

(1) Nous devons de la connaître, à notre ami Ch. Livet.
(2) *Mémoires*, t. I, p. 127, 128.

de Conti, que je m'étais engagé à Molière sur ses ordres,
il me répondit qu'il s'était depuis lui-même engagé à
la Troupe de Cormier, et qu'il était plus juste que je
manquasse à ma parole que lui à la sienne. Cependant
Molière arriva, et, ayant demandé qu'on lui payât au
moins les frais qu'on lui avait fait faire pour venir, je
ne pus jamais l'obtenir, quoiqu'il y eût beaucoup de
justice; mais M. le prince de Conti avait trouvé bon de
s'opiniâtrer à cette bagatelle. Ce mauvais procédé me
touchant de dépit, je résolus de les faire monter sur
le théâtre à Pézenas, et de leur donner mille écus de
mon argent, plutôt que de leur manquer de parole.

« Comme ils étaient prêts à jouer à la ville, M. le
prince de Conti, un peu piqué d'honneur par ma
manière d'agir et pressé par Sarrasin, que j'avais intéressé à me servir, accorda qu'ils viendraient jouer une
fois sur le théâtre de la Grange. Cette Troupe ne réussit
pas, dans sa première représentation, au gré de madame
de Calvimont, ni, par conséquent, au gré de M. le prince
de Conti, quoique, au jugement de tout le reste des auditeurs, elle surpassât infiniment la Troupe de Cormier,
soit par la bonté des acteurs, soit par la magnificence
des habits. Peu de jours après, ils représentèrent encore, et Sarrasin, à force de prôner leurs louanges, fit
avouer à M. le prince de Conti, qu'il fallait retenir la
Troupe de Molière, à l'exclusion de celle de Cormier.
Il (Sarrasin) les avait suivis et soutenus, dans le commencement, à cause de moi; mais alors, étant devenu
amoureux de la du Parc, il songea à se servir lui-
même. Il gagna madame de Calvimont, et non seulement il fit congédier la Troupe de Cormier, mais il fit
donner pension à celle de Molière. On ne songeait alors

qu'à ce divertissement, auquel, moi seul, je prenais peu
de part. »

Il y a là, ainsi que l'a dit M. Sainte-Beuve, de quoi
nous pénétrer d'une amère pitié. Que serait-ce donc, si,
comme je crois l'avoir prouvé ailleurs (1), ce Cormier,
qu'on va presque jusqu'à préférer ici à Molière, n'était
autre qu'un de ces arracheurs de dents, qu'un de ces
opérateurs du Pont-Neuf qui, suivis d'une troupe de
tabarins, s'en allaient, en certaines saisons, faire leurs
opérations, vendre leurs remèdes et donner la comédie
dans les provinces?

« L'abbé de Cosnac, ajoute M. Sainte-Beuve, a fait
quelque chose d'essentiel pour Molière, cela lui doit
être compté. » Soit; mais il est un autre service dont il
ne faut pas lui savoir moins de gré : dans le même
voyage, il lui fit connaître l'original de Tartuffe.

IV

Depuis cinq ou six ans, un prêtre jeune encore, « à
petite mine douce et dévote, » comme dit Lenet (2), qui le
connut bien, était entré fort avant dans la confiance du
prince de Conti, et peu à peu était arrivé à le gouverner;
il se nommait l'abbé Roquette. C'est de Toulouse qu'il
venait; il y était né, en 1626, et n'avait, par conséquent,
que trente-huit ans, l'âge de la force, surtout pour les
gens d'intrigue, parce qu'ils ont déjà l'expérience et
n'ont point perdu l'activité. C'était « un homme de fort

(1) *Variétés historiques et littéraires*, t. VII.
(2) *Mémoires*, collect. Petitot, 2ᵉ série, t. LIII, p, 111.

peu, » selon Saint-Simon (1) ; on ne lui connaissait qu'une
parente, la mère Marguerite, sa tante (2), qui était religieuse, comme il était prêtre, c'est-à-dire toute aux con-
voitises de l'ambition, fort peu aux devoirs et à l'humilité de l'Église. Cette tante l'avait mis dans les bonnes
grâces de la comtesse de Brienne, qui elle-même l'avait
attaché au prince de Conti, dont elle avait intérêt à gouverner la conscience. Le pouvoir de l'abbé ne s'établit
pas sur l'esprit du fils, sans s'étendre en même temps
sur celui de la mère. De même que Tartuffe, une fois
maître d'Orgon, n'eut pas grand'peine à s'emparer de
madame Pernelle, l'abbé Roquette fut bientôt aussi
puissant près de la princesse douairière de Condé, qu'il
l'était près du prince de Conti.

Vous avez vu qu'il sortait d'assez bas ; mais, comme
cette petite naissance pouvait lui nuire dans les deux
cours où il s'était si adroitement faufilé, il en eut bientôt secoué le ridicule. Il se prétendit noble, cria bien
haut qu'à Toulouse sa famille tenait au Capitoulat, et
on finit par le croire, d'autant mieux que bientôt des
titres véritables, des dignités d'importance servirent de
vernis à cette noblesse de fraîche invention. Quand
l'abbé Roquette fut devenu confident intime de la princesse douairière, et grand-vicaire du prince de Conti
pour ses riches abbayes (3), on le laissa dire tout ce qu'il
voulut. En voyant ce qu'il était, on ne chercha plus ce
qu'il avait été. On l'appela bel et bien M. de Roquette,
comme il le désirait tant.

Cette prétention de noblesse est aussi une des vanités

(1) Edit. in-8°, t. V, p. 267.
(2) Lenet, *ibid.*
(3) *Mémoires de Cosnac*, t. I, p. 142, 143.

de Tartuffe. Pour mieux s'établir dans l'esprit d'Orgon,
et pour arriver plus vite à paraître digne d'être son
gendre, il fait, comme a fait l'abbé Roquette, cherchant
à se recommander auprès du prince ; il se dit *bon gentilhomme*, et Orgon le croit aussitôt, Orgon le répète, ce
qui nous vaut cette réplique de Dorine, qui va si directement à l'original, tout en paraissant ne s'adresser
qu'à la copie :

> ..... Cette vanité,
> Monsieur, ne sied pas bien avec la piété.
> Qui d'une sainte vie embrasse l'innocence,
> Ne doit pas tant prôner son nom et sa naissance ;
> Et l'humble procédé de la dévotion
> Souffre mal les éclats de cette ambition.

C'est pendant la Fronde que l'abbé Roquette commença de s'introduire dans la maison des Condé, et
Molière, pour serrer toujours de près son modèle, place
aussi, vers le même temps, l'arrivée de Tartuffe dans la
famille d'Orgon. En effet, écoutez encore Dorine vous
parlant de son maître et de la conduite qu'il tint à cette
époque de désordre public, où il avait, au moins, eu le
bon sens de rester fidèle à la cause royale :

> Nos troubles l'avaient mis sur le pied d'homme sage,
> Et, pour servir son prince, il montra du courage ;
> Mais il est devenu comme un homme hébété,
> Depuis que de Tartuffe on le voit entêté.

Le rôle de l'intrigant de la comédie ne commence
donc qu'après la paix, mais assez à temps, toutefois, pour
qu'il puisse encore abuser des secrets qu'il trouve dans
le passé de son bienfaiteur, et le trahir, lui et l'ami,
dont il tient la précieuse cassette. Jugez ce qu'il eût

fait pendant les troubles mêmes, nombrez ses trahisons, calculez combien de fois Orgon aurait été vendu par lui ; appréciez, s'il se peut, la marche de ses intrigues et l'infatigable va-et-vient de son dévouement promené d'un parti à l'autre ! Vous aurez alors Tartuffe homme politique, et ce sera toujours l'abbé Roquette.

Tant que dura la Fronde, son jeu fut double ; vous avez vu, tout à l'heure, qu'il était aux Condé. Maintenant, pour que vous le connaissiez sous son autre face, Saint-Simon va vous dire, dans une de ses pénétrantes annotations du *Journal* de Dangeau (1), comment il appartenait bien mieux encore au parti opposé : « Il avait été valet à tout faire du cardinal Mazarin. » Vous en faut-il davantage pour savoir comment il put se faire que le prince de Conti opéra une si brusque volte-face d'opinion et fut amené à devenir, d'ennemi juré qu'il était, le gendre même du cardinal ? On n'a jamais bien su qui avait mené l'affaire, mais soyez certain que c'est l'abbé Roquette. J'en jurerais, rien qu'à voir le mystère dont elle fut entourée et dans lequel je retrouve ces ombres que les hypocrites se plaisent à entasser partout. Personne dans la maison du prince ne savait rien de ce mariage ; tout se passait entre M. de Conti et celui qui négociait pour le cardinal. La curiosité des confidents ordinaires, que fâchait cette discrétion inattendue, était singulièrement éveillée. Sarrasin, qui était le plus ordinairement consulté, se trouvait, plus qu'aucun, blessé et curieux ; un soir qu'il avait appris l'arrivée d'importantes dépêches, il se glissa dans la chambre à coucher du prince, et plongea hardiment la main

(1) Lémontey, *Monarchie de Louis XIV, Nouveaux mémoires de Dangeau*, p. 182.

dans les poches de son habit; les dépêches n'y étaient
pas, M. de Conti les avaient mises sous son chevet.
Sarrasin s'en approcha : il y touchait quand le prince
se réveilla en sursaut et se leva vivement. Les pincettes
se trouvèrent sous sa main; il en donna force coups à
Sarrasin, qui, pour comble, fut disgracié et ne survécut pas longtemps à sa disgrâce (1).

Quoique ce mariage, dont le secret avait été si bien
gardé et défendu, fût un grand honneur et un grand
avantage pour le Mazarin, ce n'était pas encore satisfaction complète pour le cardinal. Il désirait mieux de
ce côté; il lui fallait, par exemple, l'assurance que le
prince de Conti, s'il n'était tout à sa nièce, ne se livre-
rait plus, du moins, comme par le passé, à d'autres maî-
tresses, capables de les gouverner ; et aussi, la certitude
qu'il abandonnerait toute pensée hostile à son ministère
et ne l'inquiéterait plus par sa turbulence, du fond de
son gouvernement de Languedoc. L'abbé Roquette se
chargea de cette nouvelle affaire. Il ne s'agissait, pour
réduire le prince et l'amener à ce que souhaitait le cardinal, que de le dompter, le mâter, pour ainsi dire, par
la dévotion : or, l'abbé était fort expert en ces sortes
d'exercices ; c'était même ce qu'il entendait le mieux.
Bientôt on vit les effets du nouveau régime auquel il
soumit cette conscience, dont la conversion lui était
commandée et payée. Je ne sais si Orgon, avant que

---

(1) Le président Bouhier tenait le récit de cette affaire, du
baron de Colombier, qui en avait, pour ainsi dire, été témoin.
M. Barrière l'a racontée d'après ce que ce baron en avait écrit
dans ses papiers. Voir la *Cour et la Ville,* p. 31. Sandras de
Courtilz savait quelques mots de la vérité, mais, comme toujours, il l'a altérée. *Mémoires du comte de Rochefort,* p. 144, 145.

Tartuffe eût entrepris son âme, était quelque peu enclin à ce libertinage, dont il est ensuite si prompt à
faire reproche aux autres ; j'ignore combien il fallut de
temps au faux dévot, pour le réduire à l'état de soumission béate où nous le voyons dans la pièce ; mais je
doute que la volte-face ait pu être aussi rapide et tout
d'abord aussi complète que celle du prince de Conti
manié par l'abbé Roquette.

Auparavant ce n'étaient que plaisirs, maintenant ce
ne sont que retraites et pénitences. Le prince faisait de
gais voyages, en compagnie assez peu édifiante, car
Bussy était parfois de la partie (1), et l'abbé, dont la
politique n'était pas encore de combattre, même pour
lui-même, toutes ces choses mondaines, se mêlait volontiers à ces bons compagnons. On faisait des parties de
masques ; l'abbé n'allait pas jusqu'à y prendre part,
mais, du moins, applaudissait-il, et même avec une assez
plate courtisannerie, à Son Altesse en habit de bal (2).
Enfin vous l'avez vu pour ce qui est arrivé avec la
Troupe de Molière et celle de Cormier ; on aimait tant le
spectacle dans cette petite cour, qu'on ne dédaignait
même pas de prendre du plaisir aux représentations de
comédiens de campagne, et qu'au lieu d'une compagnie
d'acteurs, il se trouvait qu'on en avait engagé deux.
Maintenant tout va changer. L'abbé commence la
réforme par lui-même. Avec la dextérité qui lui est particulière, il se façonne un masque auquel tout le monde
se laisse prendre, bien que derrière on eût pu le voir ·

(1) *Mémoires de Bussy-Rabutin,* t. II, p. 275.
(2) Voyez les *Mémoires de Choisy,* collection Petitot, 2ᵉ série,
t. LXIII, p. 71, et l'*Histoire de Daniel de Cosnac,* par M. le marquis de T..., Recueil A-Z, volume A, p. 183.

qui continue de mener sa douce et béate existence. Le
prince, cependant, qu'il ne cesse de styler par ses
paroles, et qui, d'ailleurs, se croit prêché d'exemple, se
jette dans la dévotion avec la sincérité d'ardeur qu'il
croit voir dans celui qui le dirige. Comme Orgon, il se
fait dévot sérieusement et de bonne foi, tandis que Tartuffe triomphe en se moquant de lui, et l'appelle tout
bas *un homme à mener par le nez.*

Les comédiens furent des premiers les victimes de
cette conversion impétueuse. Le prince n'en voulut plus
souffrir dans son gouvernement. Au mois de juillet
1662, une Troupe, qui pouvait se croire là sur une terre
amie, s'étant aventurée du côté d'Uzez, reçut l'ordre
de déguerpir au plus tôt. Racine, qui était à Uzez, écrivit, le 5 juillet, à l'un de ses amis : « Une troupe de comédiens s'était venue établir dans une petite ville proche
d'ici ; il les a chassés, et ils ont repassé le Rhône. » Ce
n'est pas tout : pour que la palinodie fût complète, et
pour qu'il fût bien prouvé à tous que le prince brûlait
ce qu'il avait adoré, il composa, contre ces maudits du
théâtre, un opuscule dévot, qui ne fut toutefois publié
qu'un an après sa mort. En voici le titre : *Traité de la
Comédie et des spectacles, selon la tradition de l'Église,*
Paris, 1667, in-8.

Il n'avait pas renoncé à la comédie pour rester dans
la politique. L'une, puisqu'il était sincère, devait répu-
gner à sa piété tout autant que l'autre. D'ailleurs, l'abbé
Roquette, d'après ses instructions, devait les écarter
toutes deux. Nous ne sommes donc pas surpris de le
voir, dès 1664, non plus ce qu'il avait été, assez ardent
aux affaires et avide de pouvoir, mais, au contraire,
dégoûté de toute ambition mondaine et déjà tellement

détaché de la satisfaction de gouverner, que, moitié par
dégoût, moitié par charité chrétienne, il fit savoir au
roi, qu'il ne tiendrait pas les États du Languedoc, cette
année-là, et qu'il renoncerait, par conséquent, à son gouvernement, s'il lui fallait encore demander, aux députés
de cette province, des impôts qu'il lui serait impossible
de supporter. La lettre qu'il écrivit pour que le roi, à
qui il n'osait pas s'adresser directement, pût connaître
ses intentions et leur motif, est fort belle ; on y sent les
ardeurs de charité d'une âme vraiment chrétienne. Le
roi lui demande de réclamer l'impôt, mais Dieu lui
parle pour le peuple ; or, « le roi, dit-il, voudra bien
que Dieu aille le premier, et que je ne serve pas, contre
ma connaissance manifeste et évidente, à la ruine d'une
infinité de personnes (1). » C'est à l'abbé Roquette, bien
étonné sans doute de voir qu'une foi si pure et si désintéressée avait germé sous ses enseignements, que cette
lettre était adressée ; c'est lui que le prince faisait son
intermédiaire auprès du roi. Je le regrette, car cette
parole si sincère ne dut que se frelater, en passant par
la bouche emmiellée de l'hypocrite.

L'abbé était à Paris, fort en crédit, fort bien alors en
cour. Il avait quitté le prince de Conti, lorsqu'il avait vu
que sa conversion marchait à souhait. D'ailleurs, depuis
la mort de Mazarin, il n'avait plus personne à qui répondre de cette âme, et il pouvait vaquer à d'autres
affaires. Il ne s'était même pas trop inquiété si l'œuvre,
ébauchée par lui, avait été reprise et continuée par des
personnes d'une opinion religieuse conforme à la

(1) M. de la Rochefoucauld-Liancourt a donné cette lettre en
entier dans son livre *Études littéraires et morales de Racine*,
2e partie, p. 146.

sienne. Lui-même, selon Saint-Simon, « était surtout abandonné aux Jésuites ; » et M. de Ciron, ainsi que l'évêque d'Aleth, qui achevèrent la conversion du prince de Conti (1), étaient, au contraire, comme on sait, de très fervents jansénistes. Peu importa, je le répète, à notre abbé, sitôt qu'il eut à s'occuper ailleurs, où nous le retrouverons. Il lui suffit que ce qu'il avait commencé n'eût point été défait, et que son influence pût encore, ainsi qu'on vient de le voir, s'exercer de loin sur le prince de Conti et le diriger. Du reste, en ces matières religieuses, il était, au fond, d'opinion assez indépendante. Jésuite par nature plus que par conviction de secte, il louvoyait volontiers, sans se préoccuper des nuances entre le molinisme et le jansénisme. Tout lui était bon comme moyen et véhicule, pourvu que, de l'un et de l'autre côté, il pût trouver des âmes à diriger. Ici l'on pensait qu'il tenait pour Loyola ; là, au contraire, on croyait qu'il était attaché aux Arnauld, tant son doux visage semblait dire à tous : Je suis des vôtres. Or, comme nous le ferons voir, c'est un trait de ressemblance de plus qu'il eut avec Tartuffe, jésuite pour ceux-ci, janséniste pour ceux-là.

V

C'est par l'abbé de Cosnac, je l'ai déjà dit, que Molière, étant au château de la Grange, puis à Pézenas, avait commencé de connaître l'abbé Roquette. Tous deux étaient en jalousie l'un de l'autre ; Cosnac va même jusqu'à l'avouer : tous deux, en pleine charité-

(1) *Mémoires de Cosnac*, t. I, p. 146.

8.

d'âme, cherchaient à se nuire ; mais celui qui eut la
bonne fortune d'être utile à Molière, et qui put, à
l'ombre de ce petit service, lui dire beaucoup de mal de
son ennemi et le lui recommander comme il faut, fut
certes le mieux vengé. Ce qu'il ne put apprendre par
M. de Cosnac, Molière le sut plus tard par Guilleragues,
qui fut, après Sarrasin, secrétaire du prince de Conti, et
qu'il put connaître assez familièrement dans la société
de Boileau. On sait que c'est à lui qu'est adressée la
cinquième épître du Satirique. Guilleragues, comme
tous ceux qui avaient appartenu à M. de Conti, parlait
volontiers des façons de l'abbé Roquette, et il en médi-
sait du meilleur de son cœur. Il paraît même qu'il ne
s'en tint pas à ces confidences de conversation, où Molière pouvait trouver, tout au plus, à saisir quelques notes
crayonnées au vol sur des cartes à jouer (1). Il poussa
sa bonne volonté de médisance, jusqu'à rédiger par
écrit, pour les besoins de la comédie espérée, tout ce
qu'il savait sur le béat personnage. L'abbé de Choisy
dit positivement que Guilleragues écrivit pour Molière
« des mémoires sur les pratiques et le langage de l'abbé
Roquette, pour l'aider dans la composition de sa comédie du *Faux dévot* (2). »

(1) Cette particularité qu'on n'avait jamais remarquée, quoiqu'elle le méritât bien, se trouve indiquée dans la *Description
du Parnasse français,* par Titon du Tillet, 1727, in-8°, p. 256.
« Il (Molière) parlait peu, mais toujours avec justesse. Il écou-
tait attentivement les pensées ingénieuses et les saillies d'esprit
des personnes agréables qui étaient en liaison avec lui, et il les
écrivait souvent, avec un crayon, sur des cartes à jouer, qu'il
mettait dans sa poche pour cet effet. »
(2) *Mémoires de Choisy,* collection Petitot, 2e série, t. LXIII
p. 71.

Molière ne put tout prendre. La partie politique, par
exemple, échappait à son cadre ; il ne lui fut pas, non
plus, possible de maintenir le type dans les régions où
s'étaient faufilées et agitées ses intrigues. Il fallut qu'il
le fît descendre dans le milieu bourgois, seul espace
où ce genre de comédie pouvait lui être permis. En
cela, le mal n'était pas grand. Pour de tels sujets on
ne perd rien à rabaisser un peu le niveau ; on y trouve
même cet avantage, que le personnage odieux, qu'on
veut peindre, se montre là plus à nu, c'est-à-dire sans
le prestige de titres et de dignités, qui l'entoure ailleurs,
et qu'il est aussi plus rapproché de l'élément fangeux
où sa vie de reptile s'agite plus à l'aise.

L'homme politique lui était interdit, mais l'homme
lui-même restait, avec le menu de ses vices et de ses
bassesses ; c'était assez. Le reste même ne pouvait lui
importer, n'étant pas du domaine de la comédie telle
que son génie la comprenait, et qui, faisant bon marché,
dans un caractère, de tout ce qui pouvait être détail de
société, particularité d'époque, s'en prenait seulement
aux choses immuablement vraies et éternellement hu-
maines.

. A ne les considérer que sous ce point de vue de type,
ou plutôt de *caractère*, pour employer le mot du temps,
l'abbé Roquette était encore on ne peut plus complet.
Je ne sais quelles étaient les notes que Guilleragues
transmit à Molière ; mais, sans beaucoup de peine, on
pourrait, je crois, les recomposer. Guilleragues les
donna réunies en faisceau ; maintenant, elles sont éparses
de tous côtés, dans les lettres, dans les *Mémoires* de
l'époque ; elles existent, du moins, et nous allons les
chercher. Je ne sais si je me trompe, mais il me semble

que l'abbé Roquette et, du même coup, Tartuffe vont
reparaître, et qu'à un vice et à une infamie près, je vais
les retrouver tout entiers.

Vous savez comment le faux dévot de Molière sup-
·porte les dénonciations de Damis ; avec quelle componc-
tion sereine et quelle humilité il courbe le front, sous
les révélations qui devraient l'accabler ; l'abbé Roquette
était aussi de cette nature imperturbable et pliante.
Personne ne savait mieux tourner en bassesse ce précepte d'admirable abnégation, qui commande de présenter la joue gauche, quand la droite est chaude d'un
premier soufflet. « Il emboursait accortement toutes
sortes de bourrades, écrit Saint-Simon ; il n'en sourcil-
lait pas, il n'en était que plus obséquieux envers ceux
qui les lui avaient données ; mais il allait toujours à ses
fins, sans se détourner d'un pas. »

Rien n'égalait la souplesse de ses manières, si ce
n'est la caresse doucereuse de sa parole. « Tout sucre
et tout miel, dit encore Saint-Simon, et entrant dans
toutes les intrigues, surtout grand béat. » Pour la sen-
sualité, nul ne lui en eût remontré. Quand il fut assez
élevé pour n'avoir plus besoin de paraître humble, il
étala un luxe à faire envie aux plus magnifiques prélats.
A peine à l'évéché d'Autun, où il parvint en 1666, il fit,
comme ostentation et dépense, ce qu'aurait dû sans
doute faire Tartuffe, une fois qu'il eût été maître de la
fortune d'Orgon. C'est à lui que fut dit, au sujet de ce
faste peu chrétien, certain mot, bien des fois rajeuni
pour d'autres prélats, mais toujours juste : « L'archevêque de Reims, dit Saint-Simon, passant à Autun avec
la cour et admirant son magnifique buffet : « Vous
» voyez, lui dit l'évêque, l'argent des pauvres. — Il me

» semble, lui répondit brutalement l'archevêque, que
» vous auriez pu leur en épargner la façon. »

Comme Tartuffe et tous les dévots, l'abbé Roquette
était porté à la gourmandise. Il simulait l'austérité,
mais savourait en chatemite les plus délicats morceaux.
Je ne sais si, comme Tartuffe, il avait l'oreille rouge
et le teint fleuri ; mais, cela étant, il devait maudire cet
air de santé qui trahissait les bons repas. dégustés
sous cape. Ces festins n'étaient bons que pour lui seul.
Son air faux, ses manières gênées et gênantes les gâ-
taient pour les autres. « Ces manières-là sont incom-
modes, écrivait Bussy au sortir d'un de ses dîners (1)... Il
fait bonne chère ; mais il n'est pas naturel, il est faux
presque partout, il n'a nulle conversation, nulle aisance
dans le commerce, il contraint les autres, parce qu'il est
contraint. » Ce n'est pas pour lui que fut poussée la fameuse exclamation *Le pauvre homme* (2) ! Mais, quand
Molière l'eut reprise pour Tartuffe, et en eut fait une
immortelle formule pour qualifier la gourmandise
égoïste de ce béat, on ne sut l'appliquer à personne
mieux qu'à l'abbé Roquette. « Il a fallu, dit madame
de Sévigné (3), aller dîner chez l'évêque d'Autun : *le
pauvre homme!* » Il savait bien que c'était là le refrain
de tout ce qu'on pouvait dire sur lui ; aussi, voyait-il
une allusion partout où se rencontraient les deux
traîtres mots. Il rompit, assure-t-on, avec le financier
du Guet, l'un de ses plus riches diocésains et celui chez
lequel il dînait le mieux, parce qu'un jour, ayant
demandé quelle était. la sauce d'un certain plat qui

(1) *Lettres*, t. VII, 436.
(2) *V.* notre petit livre *L'Esprit dans l'Histoire.*
(3) *Lettre* du 9 septembre 1677.

l'avait ravi, madame du Guet lui avait répondu : « C'est
de la sauce au *pauvre homme* (1). »

Si l'abbé Roquette n'eût été porté à la galanterie, ce
qui précède n'eût rien été, et Molière, après l'avoir
étudié pour quelques détails, l'eût dédaigné pour l'ensemble, comme un type incomplet; mais, Dieu merci,
sous ce rapport, il était à souhait, comme pour le reste.
Sournois et concupiscent, timide, discret d'abord, puis
audacieux jusqu'à la témérité, rien ne lui manquait.
Lenet, dont le regard avait pu le suivre dans ses manœuvres de toute espèce, nous le donne comme tel, à
l'époque de la Fronde, c'est-à-dire au temps où la jeunesse donnait encore à ses passions une fougue parfois
imprudente. Lenet vient de parler de la dévotion affectée, dont l'abbé Roquette étalait le dehors, à la cour de
la princesse de Condé, et avec laquelle « il masquoit les
desseins que son ambition lui faisoit naître; » et il
ajoute : « Il couvroit du même masque les intentions
que la tendresse qu'il avait pour quelques-unes de cette
cour lui faisoit concevoir, et qu'on a vue depuis éclater
avec scandale. »

Quelles étaient ces personnes et quel fut ce scandale ?
C'est-ce que je n'ai pu apprendre. Il est hors de doute,
toutefois, que l'aventure dut se passer en haut lieu.
L'abbé Roquette, en effet, avait surtout, dans sa clientèle, des âmes du plus grand monde. Il était, dit Saint-
Simon, « lié avec toutes les femmes importantes de ce
temps-là. » Il avait été notamment admis dans l'intimité de madame de Longueville. Ne serait-ce pas de ce
côté, par exemple, qu'il faudrait chercher le mot de

(1) *Mémoires de Maurepas*, t. II, p. 123, et *Mélanges* de Bois-
jourdain, t. II, p. 435.

l'énigme que Lenet nous a posée? Une autre indiscrétion m'engagerait fort à le croire. J.-B. Rousseau, qui
savait tant de choses sur ce monde-là, écrivit, un jour, à
Brossette, qui lui demandait quelques notes pour l'édition de Molière, qu'il préparait alors et qui n'a jamais
paru : « L'aventure du Tartuffe se passa chez la duchesse de Longueville. » Voilà qui est positif. Mais qui
donc alors aurait-il choisi pour Elmire? Serait-ce la
dame même du lieu, toute princesse qu'elle fût? Pourquoi non? Il ne fallait pas moins à l'abbé Roquette.
Puisque le frère, M. de Conti, avait été l'Orgon de ce
Tartuffe, pourquoi la sœur n'en aurait-elle pas été
l'Elmire?

Je serais tenté de croire que si Lenet n'a pas voulu
parler tout à l'heure, c'est que le secret qu'il avait à
dire touchait à une aussi haute personne. Ce que dit la
Bruyère à propos de son Théophile, qui, on le sait, n'est
autre que l'abbé Roquette, pourrait, au besoin, me servir
de nouvelle preuve. Il s'étonne, comme nous, de voir que
l'abbé, bien qu'il n'ait pas charge d'âmes dans cette
maison de jansénistes, puisqu'il est du parti opposé, y
vienne pourtant avec une assiduité persistante ; mais
bientôt il se renseigne, ou bien il devine, et il ne s'étonne
plus. Il comprend pourquoi « ces dix mille âmes, dont
il répond à Dieu comme de la sienne propre, » ne sont
pas complète satisfaction pour le saint homme, et il
écrit ce qu'il en pense, mais avec les réticences que le
respect lui impose, à lui surtout, domestique de la maison de Condé. « Il y en a d'un plus haut rang, dit-il, et
d'une plus grande distinction, dont il ne doit aucun
compte, et dont il se charge plus volontiers. » Il y a
certainement ici une malice, et je crois qu'on ne

peut mieux l'expliquer, qu'avec l'hypothèse qui précède.

Puisqu'il y eut aventure, ainsi que le dit J.-B. Rousseau, puisqu'il y eut scandale, comme Lenet l'affirme,
l'abbé dut être renvoyé de la maison. Mais, aux gens de
cette espèce, la mémoire ne sert que pour la rancune, et
jamais elle n'entretient en eux la honte d'un affront
reçu. L'abbé Roquette, jeté par la fenêtre de la chambre, était homme à rentrer par la porte de la chapelle,
et c'est ce qui semble être arrivé. Lorsqu'en 1664 madame
de Longueville se trouva privée de son directeur, par la
mort de M. de Singlin, auquel elle était si fortement
attachée, et dont les conseils étaient si nécessaires à sa
conscience, elle chercha partout où placer son âme in-
quiète. Qui se présenta, qui rencontrons-nous près d'elle,
au milieu de ces troubles où toute parole lui semblait
bonne à entendre ? L'abbé Roquette. Il y avait bien longtemps que nous ne l'avions surpris de ce côté. M. Cousin,
qui est si bien sur la piste de tous les amis de madame
de Longueville en ses dernières années, ne trouve qu'une
seule fois l'abbé auprès d'elle, et c'est à ce moment. Il
avait compris que le moment était des plus favorables,
et il était revenu, et madame de Longueville, oublieuse
par indulgence et par besoin de conseils, l'avait accepté
en attendant mieux. Dans une visite qu'elle fit à M. de
Sacy, elle le lui mena. Il lui fallait bien une compagnie,
et cette mort de M. de Singlin la laissait, d'ailleurs, si
triste et si *esseulée,* comme on disait encore en ce temps-
là ! A ce sujet, elle écrit au saint homme de Port-Royal :
« Me revoilà (*sic*) tombée dans l'embarras où j'étais,
avant de l'avoir trouvé, c'est-à-dire d'avoir besoin de
quelqu'un et de ne savoir qui prendre... » Puis, elle dit

en finissant : « Je vous irai voir, un de ces jours, et vous mènerai l'abbé Roquette (1). »

Ai-je deviné juste, dans cette nouvelle hypothèse ? Je voudrais le croire, car il me semble que ce retour rampant de Tartuffe près d'Elmire, et cette facilité d'oubli pour sa propre honte, le complèteraient bien.

Si, pour créer son personnage, Molière n'avait eu besoin que d'un prêtre galant, les modèles ne lui eussent pas manqué ; il en était plus de vingt, qu'on n'aurait eu qu'à lui montrer du doigt. Ninon, par exemple, aurait pu, à défaut de l'abbé Roquette, lui en indiquer un, qui, pour ces détails de galanterie sournoise et pour quelques autres encore, le valait bien, je vous assure, à ce point même qu'au dire de quelques-uns, c'est celui-là, et non Roquette, qui fut l'original. Tallemant, en particulier, est de cet avis, et voici ce qu'il dit : « Un abbé, qui se faisoit appeler l'abbé Pons, grand hypocrite, qui faisoit l'homme de qualité et étoit fils d'un chapelier de province, la servoit assez bien (Ninon) ; c'étoit un drôle, qui, de rien, s'étoit fait cinq à six mille livres de rentes. C'étoit l'original de Tartuffe, car, un jour, il lui déclara sa passion ; il étoit devenu amoureux d'elle, en traitant son affaire ; il lui dit qu'il ne falloit pas qu'elle s'en étonnât, que les plus grands saints avoient été susceptibles de passion, que saint Paul étoit *affectueux*, et que le bienheureux François de Sales n'avoit pu s'en exempter (2).

(1) Cousin, *Madame de Sablé,* p. 439-440.
(2) Tallemant, édit. Paulin Paris, t. III, p. 237.

VI

Dans ce que La Bruyère a dit tout à l'heure, on a pu
pressentir un dernier trait du caractère de l'abbé Roquette, trait capital, et sur lequel il nous faut insister,
car ce fut un de ceux que Molière se garda bien de négliger, pour la première conception, si ce n'est pour la
composition définitive de son *Tartuffe*. Une des manies
de l'abbé Roquette était de vouloir toujours diriger quelqu'un. C'était pour lui une incurable maladie, selon
l'expression de la Bruyère : « Elle lui dure depuis trente
ans ; il ne guérit point : il veut, il a voulu et il voudra
gouverner les Grands. » La direction des âmes moins
qualifiées ne lui déplaisait pas, non plus ; de là ces dix
milliers de consciences, que l'auteur des *Caractères* nous
montrait tout à l'heure dans sa clientèle. « Tout, dit
aussi Saint-Simon, tout lui était bon à espérer, à se
fourrer, à tortiller. » Et cela, pour le seul plaisir de
gouverner encore une fois ; les âmes qu'il tient en ser-
vage feront, s'il se peut, leur salut : ce n'est qu'un détail. Personne plus que lui n'a pris à cœur ce précepte
de la Société de Jésus, formulé, dès 1613, par l'évêque
d'Utrecht, Sasbold : « *Faciunt religionem politicam...
reddent nobis Ecclesiam magis politicam quam piam...* (1)»
Aussi, est-il partout et toujours agissant et remuant. Dès
qu'il est fait évêque, c'est dans son diocèse qu'on le
trouve le moins. Quoiqu'il n'y regarde pas de près, ces
consciences bourguignonnes du Mâconnais et de l'Autu-

---

(1) *Histoire de l'Église métropolitaine d'Utrecht,* p. 94.

nois ne sont pas dignes de son prosélytisme impatient.
Il lui faut Paris et la cour. L'historien de l'Église
d'Autun dit ingénument : « Une multitude d'affaires l'ap-
pelaient à Paris, où il ne pouvait se passer de faire de
longs séjours… (1) » Là, tout lui est bon, parce qu'il est en
évidence et qu'on le voit agir. Il prend de toutes mains ;
il va chez les petites gens, chez les Grands, voire chez
les Majestés. Dans les derniers temps, il ne quittait plus
la Cour de Saint-Germain. Pour s'y faire bien venir, il
s'ingénia d'un singulier moyen : « Il se vanta, dit Saint-
Simon, d'avoir été miraculeusement guéri d'une fistule
lacrymale, par l'intercession du roi d'Angleterre. Il en fit
part à la reine, sa veuve, à madame de Maintenon. Mais
la fistule reparut, peu de jours après, et il fut si honteux
du mauvais succès de son intrigue, qu'il s'enfuit dans
son diocèse (2). » Madame de Sévigné a dit, quelque part,
qu'il était tour à tour *Tartuffe* ou *Pantalon.* Ce qu'on
vient de lire rentre dans ce dernier rôle.

Voilà ce qu'il était dans les plus hautes régions de la
Cour ; voyons-le maintenant, un peu au-dessous, sur ce
terrain préféré où Bussy l'avait rencontré, quand il a dit
de lui : « M. d'Autun a bien conduit sa fortune, et sa
fortune l'a bien conduit aussi. » Là, c'est avec La Bruyère
que nous allons le suivre : « Il écoute, il veille sur tout
ce qui peut servir de pâture à son esprit d'intrigue, de
méditation et de manège. A peine un grand est-il débarqué, qu'il l'empoigne et s'en saisit. On entend plutôt
dire à Théophile qu'il le gouverne, qu'on n'a pu soupçonner qu'il pensait à le gouverner. » A présent, le voici
un peu plus bas, et c'est toujours La Bruyère qui parle :

(1) *Histoire de l'Église d'Autun,* 1774, in-8, p. 246.
(2) Notes sur le *Journal* de Dangeau, 4 mars 1707.

« Il entre dans le secret des familles, il est de quelque chose dans tout ce qui leur arrive de triste ou d'avantageux. Il prévient, il s'offre, il se fait fête, il faut l'admettre. »

Avez-vous entendu ? « Il entre dans le secret des familles. » Or, c'est là que le guette Molière, car ç'est là qu'il redevient le Tartuffe dont il a besoin, ce directeur intime, qui règle tout dans les maisons, et dont l'autorité y surpasse celle du père de famille.

On ne sait plus maintenant ce qu'étaient au dix-septième siècle ces directeurs de consciences ; mais, alors, il n'était personne qui l'ignorât, et tous les bons esprits en gémissaient. Ils se donnaient droit d'inspection sur toutes choses, même les plus futiles et les plus mondaines, comme celui dont parle Boileau dans sa dixième satire ; comme M. de Sainte-Beuve, que madame de Sévigné nous montre décidant en dernier ressort si la princesse d'Harcourt mettra du rouge ou n'en mettra pas (1) ; comme Tartuffe enfin, qui foule au pied le rouge et les mouches d'Elmire. Encore s'ils s'en fussent tenus là, si leur omnipotence se fût bornée à ces sortes de petits édits somptuaires rendus en famille pour rabattre la coquetterie et faire fleurir l'économie dans le ménage ! Mais ce n'était-là que le menu de ce despotisme bien en règle, à qui rien ne manquait, même les dîmes et les impôts de toutes sortes, ceux que prélèvent les désirs effrontés, et ceux dont la cupidité fait rafle.

> Tout prestre, dit saint Paul, doit vivre de l'autel.
> Oui, vivre, c'est bien dit, c'est le droit naturel ;
> Mais vivre, est-ce voler tant de riches bigottes,
> Et plus que l'héritier hériter des plus sottes ?

(1) *Lettre* du 19 janvier 1674.

Est-ce monopoler sur tous les cas verreux,
Et vendre au poids de l'or le droit d'être amoureux ?
Est-ce adoucir sa voix, au son des grosses pièces ?
Est-ce de legs pieux doter toutes ses nièces ?
Est-ce garder pour soi l'argent des hôpitaux ?
Est-ce enfin recevoir et nier des dépôts ?
Non, non, ce n'est pas là ce qu'on appelle vivre.

Ces vers sont du père Sanlecque, dans sa satire de la
Fausse direction, où il n'oublie rien de ce qui peut montrer au vif l'odieux de ces pratiques détestables. Molière
avait compris, avant lui, qu'il fallait en faire justice.
Aussi, afin de frapper un coup plus fort, et pour serrer
aussi de plus près son modèle, puisque, en effet, c'est
dans le jeu de ces honteuses manœuvres qu'il retrouvait surtout l'abbé Roquette, avait-il fait d'abord de son
Tartuffe, non pas un *faux dévot*, mais, comme nous le
ferons voir, un *faux directeur*.

VI

Molière et les charlatans de dévotion étaient, depuis
longtemps, assez mal ensemble ; ils s'observaient, se guet-
taient, comme des gens qui, bien avant l'attaque, sentent
déjà qu'ils sont ennemis. L'antagonisme des deux métiers — car, Molière l'a dit, pour les hypocrites de cette
espèce, la religion en est un — avait ajouté encore à
ces dispositions antipathiques et laissé prévoir à l'a-
vance de violentes hostilités. L'abbé Roquette, plus que
personne, avait les comédiens en haine. Nous avons vu,
par exemple, de quelle proscription il les avait fait frapper en Languedoc, par le prince de Conti, leur ancien
protecteur. Les méchants disaient qu'en les persécutant

ainsi, notre abbé Pantalon, notre prêtre Scaramouche, toujours en scène, toujours jouant un rôle, même en chaire, car il n'y prêchait que les sermons d'autrui (1), se garait prudemment d'une redoutable concurrence. Le mot lui fut dit, sans ambages et assez plaisamment, par M. de Harlay. C'est à l'époque où il était déjà évêque d'Autun ; il se plaignait, devant ce magistrat, de ce que les officiers en garnison dans sa ville épiscopale avaient quitté son sermon pour aller à la Comédie : « Oh ! dit M. de Harlay, ces gens-là, certes, étaient de bien mauvais goût de vous quitter pour des comédiens de campagne ! »

Aux dévots de cette espèce, intolérants d'instinct contre la Comédie, il ne fallait qu'une occasion pour éclater contre Molière ; l'*Ecole des femmes* la leur offrit. C'est même de là que data la brouille. Il y eut grande colère dans le camp des dévots, quand on y connut la pièce, soit par la lecture, soit même par la représentation ; car les loges grillées existaient déjà, et plus d'un directeur y avait été vu blotti et écoutant en cachette (2). La scène où Arnolphe commande à Agnès de lui lire les *Maximes du mariage, ou Devoirs de la femme mariée, avec son exercice journalier*, fit crier au scandale, comme s'il s'a-

---

(1) On connaît, à ce sujet, la fameuse épigramme faussement attribuée à Boileau : *On dit que l'abbé Roquette*, etc. Ces emprunts d'éloquence étaient un fait avéré ; voyez Tallemant, in-12, t. X, p. 240. On savait que son oraison funèbre de M. de Candale avait été faite par le P. Hercule, ce qui faisait dire : « C'est un des travaux d'Hercule. » *Idem*, édit. in-8, t. VI, p. 259 ; mais on ne dit pas de qui était l'oraison funèbre de madame de Longueville, qu'il prêcha aux Carmélites.

(2). Voyez encore la satire sur la *Fausse direction*, par le P. Sanlecque.

gissait du plus grave outrage fait aux saints mystères.
Les *enfants par l'oreille* excitèrent une violente indignation, non seulement dans la cabale des petits marquis,
si bien moqués par la *Critique de l'Ecole des Femmes*,
mais dans une autre, que Molière n'osa même pas désigner. C'était, disait-on, renouveler les scandaleuses impiétés de Rabelais, aux premiers chapitres de *Gargantua*,
lorsqu'il décrit le burlesque accouchement de l'épouse
de Grangousier. Une phrase de saint Augustin, « *Virgo
per aurem imprægnebatur* (1), » et plusieurs versets
d'hymnes inspirées par cette sainte parole (2), se trouvaient là impudemment parodiés : ce n'était point assez
de toutes les foudres de l'Eglise, pour punir une impiété
si flagrante et si publique.

Le prince de Conti mêla sa voix à ce concert de ma-
lédictions : « Il faut, dit-il, mais avec certaines précautions exigées par le souvenir de son ancienne faveur
pour ceux qu'il maudit maintenant, il faut avouer, de
bonne foi, que la comédie moderne est exempte d'idolâ-
trie et de superstitions; mais il faut qu'on convienne
aussi qu'elle n'est pas exempte d'impuretés; qu'au contraire, cette honnêteté apparente, qui avait été le prétexte des approbations mal fondées qu'on lui donnait,
commence présentement à céder à une immodestie ouverte et sans ménagement, et qu'il n'y a rien, par exemple, de plus scandaleux que la cinquième scène du second acte de l'*Ecole des Femmes*, qui est une des plus

(1) *Serm. de Temp.*, xxii.
(2) Voyez La Monnoye, *Glossaire* à la suite des *Noëls bourgui-
gnons*, édit. Fertiault, p. 142, 143, et Edel. Duméril, *Poésies populaires latines antérieures au douzième siècle*, p. 143, note 3.

nouvelles comédies (1). » Qu'en dites-vous? C'est le
prince qui parle; mais ne vous semble-t-il pas que c'est
encore l'abbé Roquette, qui, de loin, conseille la haine
et souffle l'anathème?

Molière ne s'émut que très médiocrement. A peine
consacra-t-il une phrase de sa *Critique,* pour répondre
aux anathèmes qui pourtant tonnaient fort et tombaient
de haut sur lui. A quoi bon prendre souci de cette
attaque? Elle venait des faux dévots, et les bons n'y
étaient pour rien. C'est ce qu'il vit et ce qu'il osa dire.
Après que Lycidas, qui est, comme vous savez, dans
cette pièce, l'avocat de la malveillance, s'est écrié : « Le
sermon et les Maximes ne sont-elles pas des choses ridicules et qui choquent le respect que l'on doit à nos mystères ?... » Dorante, que Molière fait parler pour lui,
réplique aussitôt : « Pour le discours moral, que vous
appelez un sermon, il est certain que de vrais dévots
qui l'ont ouï n'ont pas trouvé qu'il choquât ce que vous
dites, et sans doute que ces paroles d'enfer et de chaudières bouillantes sont assez justifiées, par l'extravagance
d'Arnolphe et l'innocence de celle à qui il parle. »

Cela dit, et, afin de couper court à tout soupçon de
pensée irréligieuse de sa part, Molière s'empressa de
placer sa comédie sous un patronage bien fait pour répondre de la pureté de ses intentions : c'est à la reine-
mère qu'il la dédia. Comme la reine-mère représentait à
la cour le parti de la religion, la pièce, placée sous cette
pieuse garantie, échappait à toute interprétation malveillante. La manœuvre était d'autant plus adroite, que Molière, étant ostensiblement appuyé par Anne d'Autriche,

---

(1) *Traité de la Comédie et des spectacles,* etc.

se trouvait avoir pour lui tout le monde à la cour. Le roi l'aimait beaucoup. L'année qui avait précédé l'*Ecole des Femmes*, il lui avait permis de le suivre en Lorraine, et, l'année qui suivit, c'est-à-dire en 1664, il lui fit l'insigne honneur d'être le parrain de son premier enfant. La duchesse d'Orléans était la marraine. Molière, de ce côté, n'était pas en moins grand crédit. Peu de temps après son arrivée à Paris, il avait obtenu pour sa troupe le titre de *Comédiens de Monsieur*, et depuis lors il n'était pas déchu de cette faveur. La petite cour du duc d'Orléans avait, cependant, un abbé pour conseiller favori, c'était l'abbé Le Vayer, qui, après avoir été le précepteur du prince, était demeuré l'âme de sa maison. La faveur accordée et longtemps conservée à Molière suffirait pour prouver que cet abbé était tout autre que l'abbé Roquette. Non seulement il ne dut pas nuire au crédit du poëte, mais encore il aida certainement à le maintenir, si même il n'en fut pas le premier artisan. Il était, en effet, lié d'amitié avec les plus anciens camarades de Molière, notamment avec le voyageur Bernier. Il appartenait aussi au parti des esprits indépendants de la littérature. Boileau, qui l'avait en grande considération, lui a dédié sa quatrième satire. L'abbé répondait à cette amitié par une vive admiration pour ses œuvres ; mais c'est surtout à notre poëte qu'il avait voué son estime. « Il avait, dit Brossette, un attachement singulier pour Molière, dont il était le partisan et l'admirateur. »

Ce n'est certes pas de ce côté, que l'auteur de *Tartuffe* avait dû regarder pour compléter son modèle ; mais, quand il eut à s'affermir dans le dessein de son œuvre, peut-être est-ce par ici qu'il vint chercher de courageux

9.

conseils ; les prêtres éclairés , comme l'était l'abbé Le
Vayer, ayant toujours, plus qu'aucun, de vigoureuses
haines contre ces dévots qui, en exploitant la foi comme
métier, la gâtent comme croyance. Il n'est pas douteux,
du moins, que Molière s'ouvrit à lui de son idée, et que
même il lui fit connaître les premiers actes de sa comédie. On sait, en effet, que non seulement il lui lisait
toutes ses pièces, mais que, bien plus, il allait en faire
des lectures dans le cercle, alors célèbre, de mademoiselle Bussy (1), dont l'abbé était le cousin par sa mère (2).
Or, le *Tartuffe* dut être au nombre des pièces, dont Le
Vayer eut ainsi l'avant-goût, puisqu'il ne mourut
qu'en 1664 (3), lorsque les trois premiers actes du chef-
d'œuvre étaient achevés et avaient même été déjà représentés à la cour.

VII

Fort des encouragements qui lui venaient de tous
côtés, et même, comme vous le voyez, de la partie la
plus intelligente du clergé; se sentant assuré dans son
courage, par cet assentiment des bons esprits, Molière
n'avait donc pas reculé devant l'œuvre hardie et périlleuse. Les dévots, en 1663, l'avaient attaqué à propos
de l'*École des Femmes*. C'était son tour; et il ne se fai-

(1) C'est elle qui lui garantit, la première, le mérite de sa comédie de l'*Avare*, dont il doutait, après l'insuccès du premier
soir. La suite donna raison à Mlle Bussy. Voyez Tallemant,
in-12, t. III, p. 33, note. Molière lui lut aussi son poème du
Val-de-Grâce, Voy. *Gazette* de Robinet, 22 décembre 1668.

(2) Tallemant, *idem*, p. 38.

(3) Auger a publié, d'après les manuscrits de Conrart, le *sonnet* et la lettre que cette mort inspira à Molière.

sait pas attendre, puisqu'en 1664 il ripostait, lui aussi, par une attaque, mais d'une toute autre vigueur.

Le roi savait que, depuis quelque temps, Molière travaillait à sa comédie. Il fut impatient de la connaître, au point de ne vouloir pas attendre qu'elle fût achevée. Seulement, comme elle traitait de choses on ne peut plus délicates, et que, en raison des malveillances déjà prévenues et toutes aux aguets, il n'eût pas été prudent de paraître accorder trop d'importance à cette première épreuve, il fut convenu qu'elle serait faite sans préméditation apparente, et qu'enfin les trois premiers actes, les seuls terminés, seraient joués, non point comme un spectacle préparé de longue main, mais comme par hasard, en façon de hors-d'œuvre. C'est ce qui eut lieu. On était au commencement de mai ; le roi inaugurait par des merveilles et des féeries de toutes sortes son nouveau palais de Versailles. Molière et sa troupe étaient de ces fêtes, pour lesquelles il avait dû composer sa comédie-ballet de la *Princesse d'Elide* et des milliers de petits vers galants, devises de paladins, etc. A la fin de cette brillante semaine, le soir du sixième jour, sans qu'il semblât que personne s'y attendît, voici qu'on annonce un nouveau spectacle : ce sont les trois premiers actes de la comédie de l'*Hypocrite*, divertissement bien grave sans doute, mais d'autant mieux de mise, comme contraste, après les éclatantes folies des journées précédentes. Quelle fut l'impression ? Personne ne l'a dit. Celui qui a raconté les fêtes n'a écrit, à ce propos, qu'une pauvre phrase, plate et banale à dessein : « La pièce, dit-il, fut trouvée fort divertissante. » Loret, trop pauvre diable pour être de ces fêtes royales, ne figurait point parmi les invités ; c'est dommage : il nous eût certaine-

ment bien renseignés. Les quelques détails qui lui parvinrent par les personnes de la cour, ou même par
celles du théâtre, car il était au mieux avec Molière,
lui permirent seulement de dire que la comédie parut
être

> . . . . De grand mérite,
> Et très fort au gré de la Cour.

Tout vague et laconique qu'il est, ce témoignage a son
prix. Ainsi la cour a battu des mains ; c'est dire que le
roi avait applaudi. Molière triomphait à Versailles ; il
n'en était pas de même à Paris. Quand il y revint avec
sa troupe, il y trouva les esprits en rumeur. Ce qui
s'était passé, le soir de la sixième journée, avait trans-
piré, grâce aux confidences de quelque spectateur à
double conscience, heureux de faire proscrire à la ville
ce qu'il avait approuvé à la cour. Toute la cabale des
dévots était en émoi ; comme pour l'*Ecole des Femmes*,
mais avec bien plus de violence et d'unanimité, on
l'entendait crier à l'impiété, au scandale. Le poëte, qui
ne s'était jamais vu en face de pareilles colères, mais qui
connaissait assez les gens qu'elles animaient, pour croire
qu'il y avait tout à craindre, revint en hâte à Versailles,
afin de demander au roi sa protection pour l'œuvre qui
avait déjà son agrément. Le 23 mai, Loret écrit encore :

> Il a fait coup sur coup voyage,
> Et le bon droit représenté
> De son travail persécuté...

Cette fois, Louis XIV, qui avait été presque hardi tout à
l'heure, se trouva fort embarrassé. Sans doute, il devait
à lui-même de ne pas se démentir ; mais la position

devenait grave : il allait avoir contre lui toute une cabale, que l'éclat de ses amours, plus que jamais en évidence, n'animait que trop déjà ; de ces foudres toutes prêtes pour écraser l'œuvre maudite, quelques-unes viendraient jusqu'à lui, et comment pourrait-il les braver, lui, qui, tout roi qu'il était, se sentait vulnérable? Au lieu de s'attirer, par cette sorte de complicité avec le poète, les sévérités de l'opinion publique, mieux valait la calmer par une concession et se gagner ainsi son indulgence pour des fautes réelles. C'est ce qui fut fait. Après quelques hésitations, que le roi devait bien à sa propre dignité, Molière et *Tartuffe* furent sacrifiés. Les intérêts de la vraie piété, trop facile à confondre avec l'hypocrisie, les outrages qui, après être tombés sur celle-ci en toute justice, ne manqueraient pas de rejaillir ensuite sur celle-là, furent les raisons mises en avant et données pour prétexte : « Le roi, dit l'auteur de la Relation citée tout à l'heure, reconnut tant de conformité entre ceux qu'une véritable dévotion met dans le chemin du ciel et ceux qu'une vaine ostentation de bonnes œuvres n'empêche pas d'en commettre de mauvaises, que son extrême délicatesse pour les choses de la religion ne put souffrir cette ressemblance du vice avec la vertu, qui pouvaient être pris l'un pour l'autre, et, quoiqu'on ne doutât point des bonnes intentions de l'auteur, il la défendit pourtant en public, et se priva soi-même de ce plaisir, pour n'en pas laisser abuser à d'autres, moins capables d'en faire un juste discernement. »

IX

Ce qui animait surtout la cabale dévote contre Molière, c'est que les récits partout répandus sur la représentation de Versailles et sur les lectures qu'il avait faites de sa comédie, donnaient à entendre que le principal personnage était un prêtre, un *directeur*. Un libelle, récemment découvert par l'infatigable sagacité de M. J. Taschereau, et qui est, sans contredit, le plus violent des anathèmes par prévention, qui tombèrent alors sur le pauvre chef-d'œuvre, ne laisse pas de doute à ce sujet. L'auteur, Pierre Roullès, curé de Saint-Barthélemy, s'indigne surtout, en qualité de prêtre, de l'outrage fait ainsi à la plus respectable mission du sacerdoce, *la direction des âmes*. Voici quelques fragments de son factum, publié sans date, sous le titre étrange de : *Le Roy glorieux au monde ou Louis XIV le plus glorieux de tous les rois du monde* (1).

« Un homme, y est-il dit (2), ou plutôt un démon, vêtu de chair et habillé en homme, et le plus signalé impie et libertin qui fût jamais dans les siècles passés, avait eu assez d'impiété et d'abomination, pour faire sortir de son esprit diabolique une pièce toute prête d'être rendue publique, en la faisant monter sur le théâtre, à la dérision de toute l'Eglise, et *au mépris du caractère le plus sacré et de la fonction la plus divine*, et

(1) M. Taschereau en a publié, d'après le seul exemplaire connu, la partie la plus intéressante, dans l'*Athenæum français* de 1856, p. 46.
(2) Page 47.

au mépris de ce qu'il y a de plus saint dans l'Eglise, ordonné du Sauveur pour la sanctification des âmes, à dessein d'en rendre l'usage ridicule, contemptible, odieux. Il méritait, par cet attentat sacrilège et impie, un dernier supplice exemplaire et public, et le feu même, avant-coureur de celui de l'enfer, pour expier un crime si grief de lèse-majesté divine, qui va à miner la religion catholique, en blâmant et jouant sa plus religieuse et sainte pratique, qui est *la conduite et direction* des âmes et des familles, par de sages guides et conducteurs pieux. »

Plus loin, revenant sur la défense faite par le roi et qu'il regarde comme un acte si glorieux pour lui, Pierre Roullès ajoute :

« Sa Majesté, afin d'arrêter avec succès la vue et le débit de sa production impie et irréligieuse et de sa poésie licencieuse et libertine, elle lui a ordonné, sur peine de la vie, d'en supprimer et déchirer, étouffer et brûler tout ce qui en était fait, et de ne plus rien faire à l'avenir de si indigne et infamant, ni rien produire au jour de si injurieux à Dieu et outrageant à l'Eglise, la religion, les sacrements et *les officiers les plus nécessaires au salut*. »

Certes, il n'y a plus à s'y tromper : les bruits qui couraient au sujet du personnage de Tartuffe le représentaient comme revêtu « du caractère le plus sacré » et chargé « de la fonction la plus divine... la direction des âmes... comme un des officiers les plus nécessaires au salut; » enfin, comme un prêtre, comme un directeur, mais bafoué, ridiculisé, rendu odieux à plaisir, en dépit de tout ce vénérable prestige ; de là les invectives, de là les fureurs du curé de Saint-Barthélemy.

Se trouvait-il, dans ces bruits, dont il se faisait l'écho,

quelque chose de vraiment fondé? ou se plaisait-on,
en les répandant, à dénaturer la pensée de Molière
pour en exagérer l'audace? Je n'affirmerai rien, mais je
crois fort que ceux qui faisaient courir ces propos
étaient bien renseignés. Je vous ai déjà dit que Molière,
en abordant son sujet, n'avait voulu marchander avec
aucune des difficultés, aucun des dangers qu'il présen-
tait ; je vous ai fait voir aussi que ce qu'il s'agissait surtout de montrer du doigt dans toute sa sinistre vérité,
c'était le fléau de la *fausse direction*. Il n'y avait donc
pas à hésiter, pour lui : c'est un *directeur* qu'il devait
mettre en scène, et c'est ce qu'il avait fait.

Un petit ouvrage, trop peu connu (1), parce que le
titre ne laisse pas assez deviner ce qu'on peut y trouver
de curieux, m'a donné, pour ce que j'avance ici, une
preuve imprévue et à peu près concluante. Non seulement Tartuffe y apparaît avec le caractère indiqué tout
à l'heure, mais il y est dit, comme on va le voir, que
Molière avait pensé d'abord à tirer parti de cette particularité, pour faire son dénouement :

« Que ne dénouait-il sa pièce, dit Oronte, par quelque
nullité de donation? Cela aurait-été plus naturel, et du
moins les gens de robe l'auraient trouvé bon. »

« Ne pensez pas railler, dit Cléante ; c'était son premier dessein : et, considérant Tartuffe comme un *directeur*, il tirait de cette qualité la nullité de la donation.
Mais ce dénouement était un procès , et je lui ai ouï dire
que les *Plaideurs* ne valaient rien. »

Si, comme je pense, Molière eut l'idée qu'on lui attribue ici, est-ce vraiment à cause de son dédain pour la

(1) La *Promenade de Saint-Cloud*, par G. Guéret, dans les *Mémoires de Bruys*, t. II, p. 211.

chicane, qu'il y renonça? ou plutôt n'est-ce point que,
forcé de remanier sa pièce et de modifier son principal
personnage, devenu impossible au milieu des clameurs
soulevées à l'entour, il dut, en transformant le caractère,
clef de voûte de l'œuvre, la changer aussi dans toutes
les parties de son économie, et surtout dans son dénouement? Celui qu'on vient d'indiquer pouvait être bon,
dans un temps ordinaire, pour une comédie n'ayant
besoin de l'aide de personne, et pouvant cheminer avec
le secours de son seul mérite. Il n'en était pas ainsi
pour le *Tartuffe*, les protections lui étaient indispensables; force était donc de les lui gagner à tout prix.
Celle du roi, qu'il semblait s'être tout d'abord conquise,
lui échappait; il fallait la ressaisir, et pour cela, ayant
affaire à un prince comme Louis XIV, quoi de mieux
qu'un acte de courtisan, non point banal et vulgaire,
mais ingénieux, inusité? Quoi de mieux qu'une flatterie
de génie, venant substituer à la loi, dont le secours ne
pouvait plus être invoqué, l'autorité du roi lui-même,
devenu ainsi tout à coup le *deus ex machina* de l'œuvre?
C'est ce qui dut, à mon avis, décider Molière, pour le
choix du dernier dénouement, celui qui est resté.
J.-B. Rousseau, qui, par les souvenirs du monde qu'il
fréquentait, avait été à même de connaître les diverses
vicissitudes de cette comédie et ses transformations, ne
trouvait rien à redire à ce dénouement : « Il ne pouvait,
écrivait-il à M. de Chauvelin, être autrement, sans être
mal, » et il a certes bien raison.

L'épisode de la cassette confiée par Orgon à Tartuffe,
qui, sachant l'importance et le danger de ce secret,
s'empresse d'aller la vendre au roi, pour perdre son
bienfaiteur, ne dut être ajouté à la pièce, qu'après que

Molière eut décidé que, pour la dénouer, il ferait intervenir Louis XIV. Ninon lui avait conté l'histoire d'un
dépôt précieux remis aux mains d'un faux dévot, qui,
lui aussi, s'était empressé d'en abuser (1) : il se pourrait
qu'avec sa merveilleuse faculté d'assimilation et de
perfectionnement, Molière fût parti de cette idée, pour
arriver à celle qui est l'un des plus ingénieux ressorts
de cette fin du *Tartuffe*. Gourville, ennemi intime de
l'abbé Roquette et l'une de ses victimes dans la maison
de Condé (2), était justement la personne lésée par l'infidélité du dépositaire, dont parlait Ninon : il n'en fallait
pas davantage, pour que Molière trouvât le moyen
excellent et s'en servît.

Pendant que sa comédie subissait ces transformations
exigées par la tyrannie des circonstances, il faisait
tout, pour qu'elle ne fût pas oubliée ; il tenait adroitement en haleine l'attention, non pas de tout le public,
mais de cette partie éclairée du monde, qu'il lui importait de se garder favorable. Ne pouvant jouer *Tartuffe*,
il allait le lire partout où il croyait pouvoir se concilier quelques suffrages nouveaux et s'assurer quelques
appuis. C'était une mode de l'avoir ainsi, lisant ou plutôt jouant déjà son chef-d'œuvre, à lui tout seul. L'amphitryon du *Repas ridicule* de Boileau ne manque pas
de se donner ce ton, quand il dit pour allécher ses con-
vives :

Molière, avec *Tartuffe*, y doit jouer son rôle.

(1) Voyez l'abbé de Châteauneuf, *Dialogue sur la musique*,
1725, in-12, p. 104. C'est avec cette même idée, que Voltaire fit
sa comédie du *Dépositaire*.
(2) Voyez ses *Mémoires* (collect. Petitot), p. 296, 444.

Ménage nous apprend que Molière alla faire une de ces lectures chez l'académicien Habert de Monmort.

Comme les dévots affiliés à la Compagnie de Jésus étaient les plus impopulaires ; comme, d'ailleurs, Molière, obligé de dépouiller son Tartuffe de la robe ecclésiastique, avait au moins eù la ressource de laisser croire qu'il en avait fait un jésuite séculier et de robe courte, on supposait généralement que sa comédie était particulièrement dirigée contre les faux dévots de cette Société.

Il était donc bienvenu des jansénistes, d'autant mieux que, la persécution qui frappait son œuvre coïncidant avec celle dont ils étaient victimes, il semblait au moins faire avec eux cause commune de malheur. Un quatrain de ce temps-là, qu'on n'a pas remarqué jusqu'à présent, témoigne de cette confraternité d'infortune si singulière de l'auteur du *Tartuffe* avec le jansénisme :

> Molière est consolé de la rigueur extrême
> Qu'on avoit exercé contre son bel escrit :
> Qui censura *Tartuffe* a censuré de même
> La parole de Jésus-Christ (1).

Cependant, les rigoristes du parti, les plus graves parmi ces *importants spirituels*, ainsi que madame Cornuel appelait les jansénistes, ne pouvaient consentir à cette sorte d'association d'une œuvre comique avec leur soumission grave. La pureté des intentions de Molière ne leur paraissait rien moins qu'avérée ; d'après ce qu'ils connaissaient de son ouvrage, il leur semblait que Port-Royal, s'il n'avait pas à s'en inquiéter autant que

(1) Nous ne trouvons cette épigramme, que dans un petit recueil du dernier siècle, *les Flèches d'Apollon*, t. II, p. 73.

la Compagnie de Jésus, ne devait pas, du moins, lui accorder une trop sympathique approbation.

La communauté d'infortune, dont nous parlions tout à l'heure, était ce qui leur répugnait le plus. Par une petite anecdote que raconte Racine dans le plus inconnu de ses écrits (1), on va voir à quel point ils la considéraient comme une sorte de profanation. La chose se passe, peu de mois après que *Tartuffe* a été frappé d'interdit, le jour même, 26 août 1664, où M. Bail et M. Descontes firent sortir douze religieuses de Port-Royal (2). Vous voyez que la circonstance était belle pour crier bien haut à la confraternité de persécution entre les jansénistes et Molière. Ceux du parti, qui étaient d'esprit indulgent et commode, en jugeaient ainsi, mais l'opinion de nos rigoristes était tout autre.

« C'étoit, dit Racine, chez une personne, qui en ce temps-là étoit fort de vos amies ; elle avoit eu beaucoup d'envie d'entendre lire le *Tartuffe* de Molière, et l'on ne s'opposa point à sa curiosité : on nous avoit dit que les jésuites étaient joués dans cette comédie ; les jésuites, au contraire, se flattoient qu'on en vouloit aux jansénistes. Mais il n'importe, la Compagnie étoit assemblée, Molière alloit commencer, lorsqu'on vit arriver un homme, fort échauffé, qui dit tout bas à cette personne : « Quoi ! » madame, vous entendrez une comédie, le jour que le » mystère de l'iniquité s'accomplit, ce jour qu'on nous

---

(1) *Seconde lettre de M. Racine, en réponse à celles de MM. Dubois et Barbier d'Aucour.* Œuvres, édit. stéréot., t. IV, p. 66. — Bazin. *Les dernières années de Molière (Revue des Deux-Mondes,* 15 janvier 1848, p. 200, 201).

(2) Racine, *Histoire de Port-Royal,* édit. stéréot., t. IV, p. 214, 215.

» ôte nos mères ? » Cette raison fut convaincante : la
société fut congédiée ; Molière s'en retourna, bien étonné
de l'empressement qu'on avoit eu pour le faire venir et
de celui qu'on avoit eu pour le renvoyer. »

Quelle était cette personne ? Une bien grande dame
sans doute, car aucune autre ne se fût permis de traiter
le poëte avec ce sans gêne et ce laisser-aller. « Pures
comme des anges, orgueilleuses comme des démons, »
disait M. de Péréfixe, des religieuses de Port-Royal ; et
je reconnais bien ici leur morgue sans indulgence, leur
rigorisme sans humilité.

Si Molière fût arrivé à faire sa lecture, je croirais
presque qu'il s'agit de madame de Sablé. Il est, en effet,
certain qu'il lut chez elle au moins une partie de *Tartuffe*.
Chaque fois qu'on faisait dans ce salon une lecture de
ce genre, il y était pris copie des morceaux qui avaient
été le plus remarqués. Ces extraits formèrent un recueil,
qui se trouve aujourd'hui parmi les manuscrits de la
Bibliothèque nationale (1). Un fragment du *Tartuffe* est
du nombre : c'est la fameuse tirade de Cléante sur la
différence des vrais et des faux dévots. On croyait que
Molière ne l'avait faite, que lors de l'impression de sa
pièce, en 1669 ; mais ceci tendrait, ce me semble, à prouver qu'il l'écrivit beaucoup plus tôt.

Madame de Sablé, amie de madame de Longueville,
devait tenir plus que personne à se faire lire cette comédie, où revivaient, sous d'autres noms, des personnages de sa connaissance. Pour la même raison, le
prince de Condé devait désirer aussi qu'elle fût jouée
devant lui. Comme rien n'était fait pour résister à un

(1) *Résidu de Saint-Germain*, paquet 4, nº 6. Les variantes qui
s'y trouvent seraient bonnes à relever.

pareil vœu, la pièce fut, en effet, donnée au Raincy devant
Son Altesse Royale, en septembre 1664, deux mois après
que Molière l'eut représentée, à Villers-Cotterets, devant
Monsieur, son protecteur.

Mais toutes ces représentations d'essai ne devaient
aboutir, comme résultat, qu'à de nouveaux éloges pour
Molière ; or, rien ne lui importait moins. Une seule eut
un effet plus décisif, c'est celle qui fut donnée pour le cardi-
nal-légat, envoyé en France par le pape, afin de renouer
entre Versailles et Rome les relations rompues depuis 1662
par l'insulte faite à M. de Créqui, notre ambassadeur. Le
prélat romain fut plus indulgent que la cabale dévote ;
il donna son approbation à la comédie de Molière, et
cette parole, qui valait bien une bulle, servit de justification à Louis XIV, lorsque, trois ans après, il permit
enfin de représenter le *Tartuffe* à Paris.

C'est cette phase suprème, ainsi que les dernières et
définitives transformations de la pièce, qu'il nous reste
à vous raconter.

X

Le caractère de Molière était de ceux que la lutte n'ef-
fraie jamais. Ce qu'ils ont d'irritable les y pousse facilement, ce qu'ils ont de courageux et de ferme les y
maintient. Où d'autres se briseraient, ils s'affermissent
et se retrempent. Toute idée dans ces âmes franches et
loyales est une conviction, une volonté, enfin une pensée
d'action. Dès qu'ils en sont possédés, ils en deviennent
esclaves, et vont, sans faiblir, partout où elle doit les
conduire : ils s'agitent, elle les mène.

Combien d'autres, après la défense du *Tartuffe*, eussent

lâché pied, et cela d'autant mieux, qu'il n'y aurait pas eu de honte à reculer, puisqu'on n'aurait point paru céder devant le péril de la lutte engagée, mais bien devant un ordre du roi ! Jamais plus belle occasion ne s'était présentée d'abandonner le combat, sans s'avouer vaincu, et même de tirer une sorte de gloire de cette retraite, en la faisant passer pour un acte d'obéissance. Mais ce n'est pas de Molière qu'il fallait attendre ces mesquines combinaisons de prudence et de flatterie. Il a commencé la guerre à bon escient, et non point à l'étourdie ; il la continuera. L'obstacle de l'interdiction s'ajoute aux obstacles de la lutte ; soit : en sujet soumis, il tiendra compte de l'un ; mais, en adversaire acharné, il ne s'attachera pas moins à renverser les autres. Vous l'avez vu éludant de biais la défense, et donnant en détail, à son *Tartuffe*, qu'il va lire par la ville, la publicité qu'il ne peut lui conquérir ouvertement sur le théâtre. Ce n'est point assez, ces petites revanches sournoises ne peuvent lui suffire. Il n'acceptera, comme décisive et digne de lui, que celle qu'il prendra sur sa propre scène ; or, tout en continuant sa petite guerre de lecture, il avise bientôt à se donner cette vengeance publique sur les faux dévots : il fait le cinquième acte du *Festin de Pierre*.

La pièce, telle que la lui livrait le théâtre espagnol, ne comportait pas le développement imprévu qu'il greffa sur son imitation, afin de satisfaire aux exigences de sa nouvelle haine, et dans lequel il trouva pour son dénouement une raison, une moralité de plus.

Le don Juan de Tirso de Molina est un athée, et c'est comme tel, qu'il est foudroyé à la fin du drame ; mais Molière, qui en était venu à considérer l'athéisme comme quelque chose de moins odieux que l'hypocrisie, pensa

qu'en donnant ce dernier vice à don Juan pour comble
de dépravation morale, il le ferait plus digne encore du
céleste châtiment ; et c'est donc après ses momeries de
fausse dévotion, qu'il lança sur lui la foudre. Tout lui a
été pardonné, même ses fanfaronnades d'irréligion ;
mais, lorsque, las de braver le Ciel, il se met à le jouer,
lorsque, sur tous ses vices, qui avaient au moins le prestige d'une sorte de fierté et de franchise, il veut jeter
un voile imposteur ; lorsque, sentant son impuissance à
pouvoir continuer, le front découvert, sa vie de débauche
et d'infamie, il songe à se donner un masque sous lequel
il espère toute liberté et toute impunité pour ses désor-
dres ; lorsqu'enfin, ce masque, il l'emprunte à la
religion même, et met ainsi le Ciel de complicité
avec ses vices, la mesure est comblée et la foudre
tombe.

N'est-ce point là un coup de génie ? et Molière pouvait-
il mieux répondre à la cabale vicieuse et masquée, dont
il entendait le grondement autour de lui et dont sous
chacun de ses pas il retrouvait les pièges ? Elle a fait
interdire le *Tartuffe ;* eh bien ! voici un Tartuffe nouveau,
un Tartuffe inattendu et plus terrible. Ce n'est pas celui
de la comédie défendue ; mais qui sait ? c'est peut-être
celui d'un prologue et d'un épilogue oubliés par lui, et
qu'il n'eût pas fait sans ces imprudentes persécutions.
Le don Juan des premiers actes, c'est Tartuffe, effronté-
ment vicieux et ruiné par ses débauches, avant son entrée chez Orgon ; et le don Juan du dénouement, c'est
Tartuffe encore, non plus puni par la main d'un roi,
mais frappé par l'infaillible justice de Dieu. Qu'ont donc
gagné les faux dévots, dans leur croisade impie contre
le chef-d'œuvre ? Rien, si ce n'est de s'entendre dire

que le Ciel, clément pour tout le reste, n'est impitoyable que pour leur comédie de religion.

La pièce de Tirso de Molina n'était pour rien, encore une fois, dans ce dénoûment du nouveau *Don Juan ;* mais peut-être Molière en avait-il emprunté l'idée à une légende, déjà bien vieille de son temps, aux environs de son quartier natal et qui s'y chante encore aujourd'hui. Son don Juan étant, on pourrait le dire, un personnage, né Français au beau milieu d'une comédie espagnole, il serait assez intéressant de trouver qu'il tient, au moins, par un point, à une tradition française. La légende dont je parle n'est pas exclusivement parisienne ; elle se retrouve en Bretagne, dans la ballade intitulée le *Carnaval de Rosporden,* que M. de Villemarqué n'a eu garde d'oublier en son *Recueil de Chants bretons* (1). C'est tout à fait l'histoire de don Juan et de l'apparition du Commandeur, ainsi que vous allez en juger, d'après quelques fragments que j'emprunterai au texte encore aujourd'hui en cours, et qui, moins vieux de forme que celui dont Roquefort a cité une partie dans son *Glossaire,* peut être à peu près contemporain de Molière : c'est ce qu'il nous faut. La complainte commence ainsi :

> Un jeune homme de famille,
> Dont on ne dit pas le nom,
> De bonne condition,
> Bien connu dans Paris-l'Ile,
> S'avisa, pour les jours gras,
> De faire un grand crime, hélas !
>
> Un jour, à ses camarades
> Aussi libertins que lui,
> Il dit qu'il voulait courir

(1) Première édition, t. I, p. 251.

> Bravement la mascarade ;
> Qu'il fallait aller chercher
> La tête d'un trépassé.

Ses amis veulent l'en empêcher, il n'en tient compte : il court au charnier des Innocents, et y décapite un squelette, qu'il prie, en riant, de venir reprendre sa tête le lendemain et de souper avec lui. Le soir, il mène gaiement la funèbre mascarade dont il a parlé : déguisé en fantôme, portant la tête du mort où brillent deux chandelles à la place des yeux, il jette l'épouvante dans tout son quartier. Le lendemain, le squelette est exact :

> Cette carcasse effroyable,
> Faisant craquer tous ses os,
> Lui dit : « Marchons au plus tôt,
> Compère, allons vite à table :
> Je viens avec toi souper,
> Comme tu m'as invité. »

L'étudiant n'a pas d'appétit, et le trépassé le raille ; il grelotte de fièvre, il se couche, et l'impitoyable squelette se glisse dans le lit à ses côtés. La famille accourt ; on fait des oraisons, des exorcismes, et le charme cesse :

> Dieu exauça leur prière,
> Et quand vint le point du jour,
> Le mort s'éloigna tout court,
> En disant : « Adieu, compère ;
> Dans huit jours, moi, je t'attends
> A souper pareillement. »

Il n'y avait pas là de quoi rassurer le pauvre diable ; sa fièvre redouble, les médecins désespèrent de lui, et il n'a plus qu'à songer à la religion :

> Une piété sans seconde
> S'empara de ce garçon.....

C'est ici que Molière, abandonnant tout à fait la pièce de Tirso de Molina, se met à suivre l'idée que lui offre la vieille ballade. Seulement, comme son don Juan est un vicieux trop renforcé pour devenir tout à coup un dévot sincère, il en fait un hypocrite, et de cette manière, en même temps qu'il le maintient dans la vraisemblance de son caractère, il se donne à lui-même une arme redoutable pour la lutte qu'il soutient contre ces débauchés à volte-face de religion, dont le dernier refuge est l'imposture dans la piété.

Par là, vous pouvez voir à quel point il était ingénieux à se créer des ressources pour l'attaque, et combien, sachant ses adversaires fertiles en ressorts de toute espèce, il tenait à ne pas être pris lui-même au dépourvu. Il avait accepté le combat sur tous les points, avec toutes ses conséquences. On répétait, par exemple, comme je vous l'ai déjà dit, que son *Tartuffe* était une machine de guerre en faveur des jansénistes, et il ne faisait rien pour démentir ce bruit; il tendait même à le confirmer, par son empressement à faire des lectures chez les curieux de ce parti. On disait, écrit M. Bazin, « que le *Tartuffe* continuait les *Provinciales* (1). » C'était un héritage de courage et d'esprit, beaucoup trop honorable pour que Molière le récusât. Peut-être n'avait-il point pensé à le prendre; mais, puisqu'on le lui prêtait, il n'avait garde de ne pas l'accepter. Pour se dédommager même de n'avoir pas manifesté dans le *Tartuffe* la vaillante intention dont on lui faisait honneur, il voulut, au moins, que pour le *Festin de Pierre* on n'eût point à s'y méprendre. Un passage qu'il prit presque textuellement

(1) *Les dernières années de Molière (Revue des Deux-Mondes),* 15 janvier 1848, p. 200.

dans la septième des *Petites lettres*, pour l'enchâsser dans son cinquième acte, ne laissa plus de doute à ceux qui cherchaient encore la devise de son drapeau et demandaient contre qui tendaient ses attaques.

Ecoutez ce que répond don Juan appelé en duel par don Carlos, frère d'Elvire (1) : « Vous ferez ce que vous voudrez. Vous savez que je ne manque point de cœur et que je sais me servir de mon épée, quand il le faut. Je m'en vais passer, tout à l'heure, dans cette petite rue écartée qui mène au grand couvent ; mais je vous déclare, pour moi, que ce n'est point moi qui me veux battre, le Ciel m'en défend la pensée ; et, si vous m'attaquez, nous verrons ce qui en arrivera. » Relisez maintenant ce fragment du grand Hurtado de Mendoza, traduit par Pascal (2) : « Si un gentilhomme est appelé en duel... il peut, pour conserver son honneur, se trouver au lieu assigné, non pas véritablement avec l'intention expresse de se battre en duel, mais seulement avec celle de se défendre, si celui qui l'a appelé vient l'y attaquer injustement. Et son action sera toute différente d'elle-même. Car, quel mal y a-t-il d'aller dans un champ, de s'y promener, en attendant un homme, et de se défendre si on vient l'y attaquer ? Et ainsi il ne pèche en aucune manière, puisque ce n'est point du tout accepter un duel, ayant l'intention dirigée à d'autres circonstances (3). » Il est évident désormais que Molière ne

---

(1) Acte V, scène III.

(2) *Les Provinciales*, Paris, 1827, in-32, p. 92.

(3) La Harpe et Bret avaient remarqué les restrictions de conscience de don Juan, « semblables, disaient-ils, à celles dont Pascal avait fait justice ; » mais ils n'avaient pas rapproché les deux passages presque identiques.

cache plus à qui il en veut. Avec le *Tartuffe*, il avait gé-
néralisé l'attaque, et, sans acception de secte, il avait
frappé dans la masse des dévots. Les jésuites seuls se
sont crus insultés et ont relevé le défi ; soit : il sait donc
désormais à qui s'adresser plus particulièrement, il a
un point de mire ; et, pour que tout le monde sache
bien à qui vont ses traits, il les emprunte à leur plus
célèbre adversaire.

XI

De leur côté, la haine n'était pas restée oisive. Pierre
Roullès, curé de Saint-Barthélemy, « bien digne, comme
l'a dit F. Génin (1), de desservir l'autel placé sous cette
invocation sinistre, » avait lancé contre le *Tartuffe* le libelle étrange dont nous avons parlé, et qui était tout à
la fois pour Louis XIV un panégyrique insensé d'éloges,
contre Molière le plus virulent des pamphlets, et pour
tous la plus sotte des homélies. Cette bizarre satire étant
dédiée au roi, et mettant ses méchancetés à couvert sous
une louange qui, toute grossière qu'elle était, pouvait
bien être acceptée, Molière comprit qu'il y aurait danger
à la laisser passer sans réponse. Il adressa donc à
Louis XIV son *premier placet sur la comédie de Tartuffe*,
et cela, bien moins pour demander la levée de l'interdit
dont son œuvre était frappée, que pour opposer une réplique ferme et sensée aux invectives qui, une fois écoutées, pourraient faire ajourner à tout jamais la permission de jouer la pièce. Il le prit comme il lui convenait

(1) Art. *Molière*, dans le *Plutarque français* (dix-septième siècle),
p. 130.

si bien, c'est-à-dire sur un ton moitié sérieux, moitié comique, avec les burlesques fureurs de cet énergumène ; se mit à rire le plus plaisamment du monde de se voir transformé par l'intolérant docteur « en démon de chair et habillé en homme (1), et finit presque par l'envoyer, lui et ses pareils, vers celui auquel il l'avait comparé. Cependant, tout en riant ainsi, il n'oublia pas le plus important de l'affaire ; il eut soin de glisser quelques mots de souvenir sur l'approbation que Louis XIV lui avait d'abord accordée, « glorieuse déclaration », que d'autres suffrages avaient d'ailleurs appuyée. Ils viennent, en effet, disait-il, « et de M. le légat et de la plus grande partie de nos prélats, qui tous, dans les lectures parti- culières que je leur ai faites de mon ouvrage, se sont trouvés d'accord avec le sentiment de Votre Majesté. » De cette manière, s'il ne décide pas encore la volonté royale pour cette permission qui lui tient au cœur, il aide, au moins, à la préparer pour un temps plus ou moins rapproché.

On ne connaît pas la date de ce *premier placet*, mais il est certain qu'il devança la représentation du *Festin de Pierre*. Il est, en effet, cité dans le libelle que le sieur de Rochemont, reprenant la partie où le curé Roullès l'avait laissée, lança contre les prétendues impiétés de cette dernière comédie (2). Ce nouveau pamphlet n'eut

(1) Voyez ce *placet* dans les *Œuvres de Molière*, édit. A. Mar- tin, 1845, gr. in-8, t. IV, p. 103.

(2) *Observations sur une comédie de Molière intitulée le* Festin de Pierre, Paris, 1665. — Taschereau, *Vie de Molière*, 3e édit., p. 118, 251. — P. Roullès, que nous ne verrons plus reparaître, mourut le 9 juillet 1666, et, par conséquent, avec l'espoir que le *Tartuffe* était pour toujours écrasé sous ses foudres. On a de lui un *Traité du baptême*, 1664, in-12. Il existait, à Saint-Barthélemy,

quelque retentissement, que dans le monde dont il flattait les rancunes. Il n'alla pas jusqu'au roi, ou, s'il y
párvint, ce ne fut que pour déterminer un résultat bien
différent. de celui que l'auteur avait pu en espérer.
Louis XIV, en effet, ne s'était ému de toutes ces criailleries, que pour en reconnaître la sottise et l'injustice.
Il en craignait le tapage, et il ne voulut rien faire qui
pût leur donner occasion d'éclater plus fort; mais il
avait hâte aussi de protester contre ce qu'elles avaient
d'insupportable. Peu de mois après la représentation de
Don Juan, ce nouveau prétexte d'intolérance pour les
faux dévots, au mois d'août 1665, c'est-à-dire lorsque
le succès de la pièce durait encore, Louis XIV fit savoir
à Molière, qu'il l'attachait à sa personne, et que sa troupe,
cessant d'appartenir à Monsieur, devenait *troupe du roi*,
avec 7,000 livres de pension. N'était-ce pas prouver à
tous, de la plus éclatante manière, que les services de
ce comédien maudit ne lui avaient jamais été plus agréables et que ses pièces avaient toujours son approbation?
Il est dommage, malgré cela, que Louis XIV, bien qu'absolu, n'ait point pensé qu'il pouvait faire plus encore.

Cette nouvelle faveur du roi n'était pas seulement une
réponse indirecte aux invectives dirigées contre les
pièces de Molière, mais aussi une sorte de protestation
contre les attaques dont ses mœurs étaient alors l'objet.
Montfleury, comédien en concurrence avec Molière, et qui
se passait la vanité de se dire aussi son rival comme
auteur, était de ceux qui, ne pouvant avec convenance
s'en prendre à lui du côté de la religion, ne le ména-

---

un tableau fait en son honneur; c'était une Résurrection ; au
bas, se lisait, en forme de rébus pour rappeler son nom : « *Vide-
runt lapidem revolutum.* — Ils virent une *pierre roulée.* »

geaient pas sous l'autre rapport. Il n'était point d'infamies, par exemple, qu'il ne dît sur son mariage ; il avait
même tenté de faire parvenir jusqu'à la cour ses médisances à ce sujet. « Montfleury, écrit Racine en 1663, a
fait une enquête contre Molière et l'a donnée au roi ; il
l'accuse d'avoir épousé la fille et d'avoir aussi vécu
avec la mère (1). » Si Louis XIV connut cette requête,
il en tint compte, comme des pamphlets du curé Roullès
et du sieur de Rochemont, c'est-à-dire seulement de
manière à faire voir qu'il n'avait point de complaisances
pour de pareilles méchancetés. Quand Molière avait été
père une première fois, Louis XIV, nous l'avons dit,
avait voulu être le parrain de son enfant; or, une fille
vient encore de naître de ce mariage calomnié, et c'est
peu de jours après cette naissance, comme pour y ajouter
une joie de plus, que le roi accorde à Molière la faveur
dont nous venons de parler. Racine avait donc bien
raison de dire, à la suite du commérage dont il s'est fait
l'écho : « Montfleury n'est pas écouté à la cour. »

Il ne fallait pas moins que ces encouragements de
Louis XIV, pour aider Molière à tenir bon contre les persécutions auxquelles il était en butte, et surtout pour lui
donner un peu de la force dont il aurait besoin au milieu
des épreuves nouvelles et de toutes sortes qu'il allait
avoir à traverser. La fin de l'année même, où le succès
de *Don Juan* et les faveurs royales lui avaient assuré

(1) *OEuvres de Racine*, 1844, in-8, t. VI, p. 125. Nous donnons
cette citation, d'après la lettre même de Racine, et non, comme
tout le monde, d'après le texte altéré par son fils, qui, sous
prétexte d'épurer la correspondance de son père, résume ainsi
ce qu'on vient de lire : « Montfleury..... accuse Molière d'avoir
épousé sa propre fille. »

une si belle revanche contre les dévots, fut, avec les premiers mois de l'année suivante, 1666, l'époque la plus
douloureuse de sa vie, le temps de son plus cruel martyre. Alors tout l'accable à la fois. La cabale, excitée encore par les bontés que Louis XIV vient d'avoir pour
Molière, et qui sont autant de démentis pour elle, n'a
jamais crié plus fort. On fait de tout un crime au malheureux poëte. Ses plaisanteries même à l'adresse de la
Faculté, contre laquelle il a commencé le feu dans sa
comédie de l'*Amour médecin*, lui sont comptées comme
autant d'hérésies. Boileau offensait Dieu, en attaquant
Cotin; Molière commet une impiété pareille, en ne res-
pectant pas le docte corps : « Il ne devait pas, dit sérieusement Perrault, tourner en ridicule les bons médecins, que l'Ecriture nous enjoint d'honorer. »

On scrute sa vie jusque dans ses origines, et de ce
qu'il est né dans le quartier des fripiers juifs, on va jusqu'à donner à croire qu'il est juif lui-même. L'auteur
d'*Elomire hypocondre* voudrait bien, par exemple, faire
accorder quelque créance à ce soupçon. Il fait dire par
Epistenez à Elomire (*Molière*) (1) :

> Je vois bien que tu viens de ce riche pays,
> Où les *juifs* ramassez demeurèrent jadis.

Et Elomire répond :

> Il est vrai, je suis né dedans la Friperie,
> Qu'autrement à Paris on nomme *Juiverie*.

Molière est souffrant; la terrible maladie, qui doit le
tuer, commence déjà ses ravages; il est contraint, pen-

(1) Acte II, scène VI.

dant des semaines entières, de ne point paraître à son théâtre. « C'est une punition de Dieu, » crient les dé-vots. Abandonné des médecins, comme il doit l'être, le Ciel pourrait seul le guérir; mais le Ciel l'abandonne aussi (1). « S'il est triste, répètent aussi ces charitables personnes, si, pendant de longues journées, on le voit mélancolique et silencieux errer dans les allées de son jardin d'Auteuil, c'est que les remords le rongent. La main de Dieu est dans cette tristesse. » Si, dit Oronte dans la même comédie (2),

Si vous aviez toujours eu la raison pour guide.
Ou si vous n'aviez pas si fort lasché la bride
Aux désirs enragez de mordre *Dieux* et gens,
Vous ne vous verriez pas, au plus beau de vos ans,
Avec enfants et femme et comblé de richesses,
Dévoré nuit et jour par de mornes tristesses ;
Car ces noires vapeurs qui vous troublent fort
N'ont contre un innocent qu'un impuissant effort.

Il n'était pas besoin de chercher méchamment des causes surnaturelles à la mélancolie de Molière. Dès le temps dont nous parlons, on en aurait trouvé de bien plus raisonnables, à ne regarder que dans son ménage. Sa femme le trompait ; le pauvre grand homme subissait toutes les amertumes du ridicule qu'il avait tant joué. Une séparation avait eu lieu. Molière avait quitté le bel appartement qu'il laissait à madame, et lui-même était monté au second étage ; ils ne se voyaient plus qu'au théâtre. Pendant que, triste et seul dans cette chambre qu'on lui laisse, il travaille pour faire rire le public et donner du pain à tous les pauvres gens de sa troupe ;

(1) Acte II, scène VI.
(2) Acte III, scène I.

ou bien, tandis que, retiré à sa petite maison d'Auteuil, il s'isole dans ce désespoir que la poignante conversation qu'il eut un jour avec Chapelle nous a révélé avec toutes ses douleurs, sa femme mène grand train et fait bonne chère ; elle donne à souper aux aimables esprits de la cour et du *Mercure galant*.

Ce n'est pas tout : Molière avait un ami, Racine, qu'il avait accueilli tout jeune encore, et dont il avait joué la première pièce (1), lui pardonnant sans peine de ne la lui avoir pas apportée d'abord et d'avoir même songé, pour la faire représenter, à la troupe de l'Hôtel de Bourgogne (2). Il l'avait traité comme un fils, l'avait encouragé à composer une seconde tragédie, et, une fois cette nouvelle œuvre achevée, il s'était hâté de la faire jouer par ceux de sa troupe, à qui ce genre convenait le mieux, et cela, au mois de décembre, à l'époque la plus favorable de l'année. Eh bien, que fait Racine pour répondre à ces bontés du grand homme ? Soit, comme il le prétendit, qu'il trouvât sa tragédie mal interprétée par les acteurs de Molière, soit qu'il répugnât à son esprit dévot de rester dans un théâtre si mal vu des gens d'Église, et dont le directeur ameutait contre lui tant de commérages et d'anathèmes, il émigra, sans bruit, vers une scène, qui avait pour son âme timorée l'avantage de n'être que profane, mais point irréligieuse ; où l'on péchait sans doute tout aussi galamment qu'ailleurs, mais où le péché faisait moins parler de lui. Pendant qu'on jouait

(1) C'est la *Thébaïde*. On a dit que Molière lui en avait donné le sujet, mais le fait ne doit pas être exact. Racine, en effet, quand il vint à Paris, n'avait plus qu'à terminer sa pièce. Voir les *Mémoires de L. Racine*, 1747, in-12, p. 40.

(2) Voir une de ses lettres de décembre 1663.

encore sa pièce chez Molière, il la fit répéter en cachette
à l'Hôtel de Bourgogne, si bien qu'un matin on la vit
affichée à la porte des deux théâtres. La Grang eavait
mis sur son Registre : « Vendredi 4 décembre 1665.
Première représentation du *Grand Alexandre et de Porus*,
pièce nouvelle de M. Racine; » et, quatorze jours après,
voici la note indignée qu'il écrivit, en apprenant ce qu'a-
vait fait le poëte transfuge : « Vendredi 18 décembre.
Ce jour, la troupe fut surprise que la même pièce d'*A-
lexandre* fût jouée sur le théâtre de l'Hôtel de Bourgogne.
Comme la chose s'étoit faite de complot avec M. Racine,
la troupe ne crut pas devoir les parts d'auteur audit
M. Racine, qui en usoit si mal, que d'avoir donné et fait
apprendre la pièce aux autres comédiens (1)... »

Je ne vous ai raconté ce fait, que pour ne vous laisser
ignorer aucune des préoccupations pénibles qui assié-
geaient alors l'âme de Molière et qui semblaient s'être
conjurées pour accabler son courage. En effet, il céda;
les chagrins, de concert avec la souffrance, lui firent
lâcher prise. Peu de jours après cette preuve de l'ingratitude de Racine, qui avait comblé la mesure, le
27 décembre, il ferma son théâtre. Ce qu'on savait de
la maladie de la reine-mère, ce qu'on disait de sa mort
prochaine, pouvait être donné pour cause à cette clôture; mais, selon moi, le véritable motif était que
Molière, n'ayant plus l'*Alexandre* de Racine, se trouvait
sans pièce nouvelle à offrir au public, et que, malade
lui-même, il était hors d'état, non seulement d'improviser quelque farce pour renouveler son répertoire, mais
même de monter sur la scène. Anne d'Autriche ne

(1) Le *Manuscrit de Lagrange*, art. de M. Édouard Charton,
dans le *Cabinet de Lecture*, 8e année, no 237.

mourut que le 20 janvier 1666. Il y avait donc déjà près
d'un mois que durait la vacance du théâtre de Molière,
et, puisqu'il ne rouvrit que le 21 février, elle se prolon-
gea plus d'un mois encore (1). C'était trop, même
pour un deuil de reine; aussi, faut-il croire, encore une
fois, que ce n'était pas là l'unique raison de cette clôture obstinée, et que la maladie de Molière y était pour
beaucoup. Elle fut si grave, que, lorsqu'il remonta sur
le théâtre, sa réapparition passa pour une résurrection
véritable (2).

C'est dans cette pénible disposition d'esprit, qu'il
écrivit la plus grande partie de son *Misanthrope*, commencé dès 1664 (3), et qu'il lui fallait à toute force
achever, sous peine de rester longtemps sans pièce importante, puisque le *Tartuffe* était toujours captif de la
Censure royale. Que ce fût par choix ou par nécessité,
lorsqu'il reprit sa pièce, à ce moment, il n'était que
trop en état de l'écrire et de la tirer, pour ainsi dire, par
lambeaux, de son âme saturée d'amertume. Aussi, ne
demandez plus où il la prit, ne cherchez plus qui il
voulut peindre : c'est lui, seul et tout entier, avec son
désespoir et ses colères. Jamais, même pour Juvénal
qui l'a dit le premier, le *facit indignatio versus* ne se
trouva plus juste. Il prend un à un tous les chagrins
accumulés au fond de son cœur, et dont la somme
accablante pèse d'un si grand poids sur sa pensée. Au
feu de cette verve, qui était si facilement rieuse, et qui,
pour la première fois peut-être, se sent âcre et amère,
il les éclaire et les colore, mais sans pouvoir les enve-

(1) La Grange, cité par Taschereau, 3e édit., p. 101.
(2) Voir la *Gazette de Robinet*, 21 février 1666.
(3) Taschereau, p. 66.

nimer, tant est généreuse la source où il puise, tant se trouve intarissable en bonté le cœur, dont il cherche à venger les blessures. Célimène, je n'ai pas besoin de vous le répéter, c'est sa femme, et vous savez comme il l'aime encore, tout en la maudissant! Oronte, le poète bel-esprit, qui, pour une raison de sotte vanité, passe du côté des ennemis d'Alceste ; l'Oronte du cinquième acte enfin, c'est Racine, qui vient de le trahir et de se jeter, l'ingrat, dans le camp de ses ennemis et des calomniateurs de l'Hôtel de Bourgogne. Eh bien! Molière s'indigne de sa conduite moins qu'il ne s'en étonne. Sa surprise de le voir agir ainsi, lui, *qui tenait le rang d'honnête homme,* est toute sa vengeance.

Ici encore, il n'a vraiment qu'une haine, mais profonde, irréconciliable : c'est pour l'hypocrisie. Il la poursuit sous toutes les formes qu'elle sait prendre. Il la trouve et il la montre dans les faux semblants des amitiés du monde, dans ces faciles concessions, faux-fuyants des cœurs faibles, qui, par crainte d'entrer en lutte avec le vice, transigent tacitement avec lui et se font ses complices, à force de lui être complaisants. Il gourmande la froideur de ces âmes mollement honnêtes, qui, faute de donner quelque ressort à leur honnêteté, l'annihilent, pour ainsi dire, et en perdent le mérite, parce qu'il ne savent pas en montrer la force. Dans le *Don Juan,* il s'était élevé déjà contre la race moutonnière de ces faibles honnêtes gens, contre ces bons dévots, si facilement menés par les mauvais et leur faisant un parti, au lieu d'aider à les démasquer ou de les laisser au moins isolés dans leur mensonge. « Ceux, avait-il dit, que l'on sait même agir de bonne foi, et que chacun connaît pour être véritablement tou-

chés, ceux-là sont toujours dupes des autres; ils donnent
bonnement dans le panneau des grimaciers et appuient
aveuglément les singes de leurs actions. » Avec le personnage de Philinte, l'homme aux transactions de conscience, à l'indulgence toujours prête, il reprend cette
thèse dans le *Misanthrope*, et il sait l'étendre, au profit
des sentiments vengeurs qui le dominent toujours.
Enfin, — et c'est ce qui nous a fait insister sur ce chef-
d'œuvre, dont l'histoire tient à celle de l'auteur, par des
points trop inaperçus jusqu'à présent, — il montre, à
chaque vers, que sa haine contre ceux qu'il a pris à
parti dans le *Tartuffe* ne s'est point refroidie et n'a rien
oublié. C'est par l'allusion qu'elle se fait jour; mais,
pour quiconque alors savait écouter et voir, rien n'était
plus transparent et plus palpable. Cet écrit, dont parle
Alceste, au cinquième acte,

> Ce livre, à mériter la dernière rigueur,
> Dont le fourbe a le front de me faire l'auteur,

c'est un libelle infâme, que les dévots ont lancé dans
Paris sous le nom de Molière, afin de le discréditer
près des honnêtes gens et de rendre encore plus impossible la représentation du *Tartuffe;* et cet homme, qui,
sans paraître une fois dans la pièce, et sans même y
être nommé, vit pourtant si réellement dans chacune
des scènes, tant la haine d'Alceste, qui le dit hautement
son ennemi, l'anime et le fait vivre; cet homme, qu'un
seul vers peint tout entier dans l'audace et l'impunité
de ses manœuvres :

> Il a permission d'être franc scélérat ;

ne l'avez-vous pas reconnu? C'est celui que le *Tartuffe* a

le plus visiblement attaqué et qui, par conséquent, a le plus d'intérêt à poursuivre l'auteur et la pièce, par tous les moyens que lui donne son crédit; c'est l'abbé Roquette. Déjà je l'avais pressenti, dans le *Don Juan,* à cette phrase sur lui et ses pareils : « On a beau savoir leurs intrigues et les connaître pour ce qu'ils sont, ils ne laissent pas, pour cela, d'être en crédit parmi les gens, et quelque baissement de tête, un soupir mortifié et deux roulements d'yeux rajustent, dans le monde, tout ce qu'ils peuvent faire. » A la scène première du *Misanthrope,* je le retrouve avec les mêmes traits :

> Au travers de son masque, on voit à plein le traître ;
> Partout il est connu pour tout ce qu'il peut être,
> Et ses roulements d'yeux et son ton radouci
> N'imposent qu'à des gens qui ne sont pas d'ici...

Ce n'est pas tout, Molière tient à ce qu'on ne s'y méprenne pas; il continue, en le traitant de *pied-plat* poussé dans le monde par de *sales emplois;* or, vous savez d'où l'abbé était sorti, et vous n'avez qu'à lire les chansons du temps, pour bien connaître tout ce dont sa complaisance était capable (1). Molière poursuit encore, et peu à peu déchire davantage le voile. Il est *fourbe,* dit-il de son homme, il est *infâme* et *scélérat maudit.*

> Tout le monde le sait, et nul n'y contredit.
> Cependant sa grimace est partout bien venue ;
> On l'accueille, on lui rit, partout il s'insinue...

N'est-ce pas là tout notre abbé Roquette ? Mais encore quelques vers, et vous n'en douterez plus. Alceste a

---

(1) Voir, notamment dans le *Recueil de Maurepas,* t. XXIV, p. 203, des couplets, dont je n'oserais pas citer un seul.

parlé tout à l'heure de la fortune, que son scélérat a su
faire :

> ... Son sort, de *splendeur revêtu*,
> Fait gronder le mérite et rougir la vertu ;

il ajoute :

> Et, s'il est par la brigue un rang à disputer,
> Sur le plus honnête homme on le voit l'emporter.

C'est le 4 juin 1666 que ces vers furent dits pour la
première fois sur le théâtre, et, juste un mois auparavant, l'abbé Roquette avait été nommé évêque d'Autun (1).

XII

Ce qu'Alceste nous dit de l'acharnement de son
adversaire contre lui, peut facilement nous faire supposer ce qu'étaient les fureurs de l'abbé Roquette contre
l'auteur du *Tartuffe*. Depuis la représentation de la
pièce à Versailles, à Villers-Cotterets, au Raincy, et à
mesure que les lectures qu'en faisait Molière avaient
achevé de la rendre publique, l'abbé était devenu la
fable de tous ceux qui l'avaient reconnu ; et ceux-là,
c'était tout le monde. La copie avait fait violemment
retour sur le modèle, si bien qu'on avait pris l'habitude
de ne le désigner que par le nom du type créé à
son image ; partout on l'appelait Tartuffe (2). Dans

(1) Voir la *Gazette de France*, à la date du 8 mai 1666.
(2) « C'est sur lui que Molière fit son *Tartuffe*, dit positivement
Saint-Simon, et personne ne s'y méprit. » Première édition,
t. V, p. 267.

les chansons, par exemple, ce n'est plus que sous ce
nom qu'il parade désormais et est vertement flagellé.

Vers l'époque où nous nous trouvons, il s'était fort
avancé dans l'amitié de mademoiselle de Guise. Comme
on le connaissait fort enclin à galantiser en haut lieu,
chaque fois que la disette d'intrigues de haut parage ne
le contraignait point à se rabattre sur les plus infimes
amours (1), on ne manqua pas de médire des hantises
trop assidues de l'abbé à l'hôtel de Guise (2). On parla
d'une passion, à laquelle Son Altesse ne dédaignait pas
de répondre ; et partout ce fut pour faire payer chère-
ment à Tartuffe le bonheur de ce nouvel amour. Les
moins méchants répétaient ce que nous lisons dans un
couplet alors chanté partout :

> . . . .
> Et tout ce qu'on dit
> De Tartuffe et de son Altesse,
> N'est rien qu'un faux bruit (3).

Au cinquième acte du *Misanthrope,* dans cette première scène, trop peu remarquée, mais qui nous est, à
nous, si précieuse, il est question des efforts tentés par
l'adversaire d'Alceste, pour le faire arrêter. Ne serait-ce
pas un souvenir de ce que l'abbé Roquette aurait essayé
lui-même contre Molière ? Il avait assez de fureur, pour
que l'idée lui en vînt, et assez de puissance pour croire
qu'il pourrait réussir. Son crédit pourtant n'alla pas
jusque là, et l'on voit, à ce que disent Alceste et Philinte,

---

(1) Voyez la chanson déjà citée plus haut à la note.
(2) Madame de Sévigné en parle, édition Monmerqué, t. VII,
p. 438.
(3) *Recueil de Maurepas*, t. III, p. 285.

le secret triomphe que dut en ressentir Molière. Ne pouvant ainsi s'en prendre à l'auteur, la rage de l'abbé s'a-
charna du moins sur la pièce. Je suis sûr que, par ses
instances et par celle des puissants amis qu'il avait à la
cour, il contribua plus que personne à faire maintenir
l'interdiction, dont elle était frappée.

Une fois parvenu aux fins de son ambition, lorsqu'il
eut, c'est le mot de Saint-Simon, « attrapé l'évêché
d'Autun, » il se fit, sans nul doute, une arme de sa dignité
nouvelle, en présentant comme un outrage direct à l'E-
glise de France l'injure qui lui était faite à lui-même
dans la comédie. Il n'en fut donc que plus redoutable.
Si du moins il fût aussitôt parti pour son diocèse, la persécution dont il était l'âme aurait pu se ralentir ; ses par-
tisans, restés sans chef en présence de ceux de Molière,
auraient pu être forcés de lâcher prise ; mais il n'était
pas homme à quitter une partie ainsi engagée. Nous avons
dit qu'il n'y eut pas de prélat moins résidant que lui,
et c'est à partir même de sa nomination, qu'il prit cette
commode habitude. Comme s'il n'eût été qu'un évêque
in partibus, il continua de vivre et d'intriguer à Paris et
à Versailles.

. Il ne partit pour son évêché que quatorze mois après
avoir été nommé évêque (1), c'est-à-dire, par conséquent,
en juillet 1667, Or, c'est un mois après que le *Tartuffe*
eut permission de paraître. Vous voyez que jusqu'au
bout l'influence du prêtre avait pesé sur la comédie.

(1) Voir sa notice dans la *Biographie Univers.*, t. LXXIX, p. 420.

XIII

Louis XIV, nous l'avons dit, avait donné à la Troupe
de Molière le titre de Troupe royale; mais cette grâce
était, en quelque façon, négative. Le roi, en effet, ne l'a-
vait faite au comédien, que pour se dispenser d'en accorder une à l'auteur, la permission de jouer enfin le *Tartuffe.* Il craignait même tellement ses instances à ce sujet,
que, pour ne pas se les entendre adresser, il se priva
pendant longtemps du plaisir de le faire venir à la cour.
Il se sentait embarrassé vis-à-vis de Molière, et, comme
il est naturel en pareil cas, il lui faisait porter la peine
de sa propre gêne. Enfin la glace se rompit. Henriette
d'Angleterre, toujours bonne et conciliante, manda Molière et sa Troupe, le 26 novembre 1666, et leur fit jouer
le *Misanthrope*, encore dans sa nouveauté (1). Le succès
fut grand, je vous l'ai dit déjà. Madame mêla pourtant
une critique à ses applaudissements : l'endroit où il est
parlé de ce *grand flandrin de vicomte, qui crache dans
un puits pour faire des ronds*, lui semblait un détail peu
digne d'un si bel ouvrage, et elle le pria de le supprimer.
Molière tint bon. « Il avait son original, » dit Grimarest (2); et, faute de ce trait, on aurait pu ne pas le
reconnaître. Malgré ce conseil qui valait un ordre, la

(1) Bazin, *Les dernières années de Molière (Revue des Deux
Mondes,* 15 janvier 1848, p. 205).

(2) Il dit que Madame fit cette observation à Molière lors
d'une lecture du *Misanthrope.* Je pense plutôt que ce dut être à
cette représentation, donnée pour elle et dont Grimarest ne
semble pas avoir eu connaissance.

phrase ne fut donc pas effacée. Il montrait par là jusqu'où allait l'indépendance de son esprit et combien il
serait peu disposé à faire au *Tartuffe* les corrections
qui pourraient trop en altérer le caractère : là, aussi, il
avait son original.

Une fois rentré à la cour, dont cette main aimable
lui rouvrait la porte, Molière n'en sortit plus. Le roi
préparait de grandes fêtes pour le carnaval de 1667, et
il avait besoin de lui. Quoique toujours malade, Molière
obéit : il mit au service de ces impérieux plaisirs le peu
qui lui restait de force, et cela avec d'autant plus d'ardeur, qu'il proportionnait ses efforts à la récompense
qu'il comptait demander et que vous devinez sans peine.
Quoi qu'il pût faire, cependant, il semble que la maladie
eut quelquefois le dessus et le força de faiblir par instants.
tants. Ainsi, *Mélicerte*, qui faisait partie du *Ballet des
Muses*, fut donné le 2 décembre 1666, sans être achevé ;
c'était une faute qu'on ne lui fit sans doute pas sentir,
mais qu'il songea de lui-même à réparer pour la seconde
représentation du *Ballet*, renvoyée au mois de janvier
suivant. Il avait devant lui plus de temps qu'il ne lui en
avait fallu pour faire les *Fâcheux ;* mais alors il avait
encore la jeunesse et la santé.

La petite comédie du *Sicilien* est la pièce qu'il voulut
mettre à la place de *Mélicerte*. Après avoir essayé de
l'écrire en vers, comme peut le faire croire le grand
nombre de vers blancs qui y sont restés, il trouva cette
tentative au-dessus de ses forces épuisées, et la pièce
fut donnée en prose. Là encore, il ne put s'empêcher de
faire sentir, par quelque endroit, l'impression sous laquelle il se trouvait quand elle fut écrite, et l'espèce de
violence qu'il avait dû s'imposer pour composer cette

11.

suite de scènes si faciles pourtant et si riantes. Prêtez
l'oreille aux plaintes de l'esclave Hali, dès la seconde
scène, et dites-vous que c'est Molière qui parle à
Louis XIV, qui l'écoute, mais qui peut-être ne le comprend pas : « Sotte condition que celle d'un esclave, de
ne vivre jamais pour soi, et d'être toujours tout entier
aux passions d'un maître; de n'être réglé que par ses
humeurs, et de se voir réduit à faire ses propres affaires,
de tous les soucis qu'il peut prendre ! Le mien me fait
ici épouser ses inquiétudes; et parce qu'il est amoureux, il faut que, nuit et jour, je n'aie aucun repos. »

Louis XIV fut content, et Molière put espérer. Mais il
était à bout d'efforts; ces fêtes, où il avait tant payé de
sa personne, venaient à peine de finir, qu'il se mit au lit
et n'en sortit presque plus pendant près de cinq mois.
Vers le milieu d'avril, le bruit courut même qu'il était
mort, et s'accrédita tellement, que le *gazetier* Robinet se
crut obligé d'écrire quelques vers pour déclarer que ce
bruit était faux. Molière le démentit bien mieux encore,
en reparaissant, le 10 juin, sur son théâtre. Le régime auquel il s'était mis, et qui l'obligea de ne plus boire que du
lait pendant le reste de sa vie, avait rendu quelque force
à son corps, brûlé de fatigues; mais une bonne nouvelle
avait bien mieux encore redonné à son esprit le courage et la sérénité : le roi venait de permettre la représentation du *Tartuffe*.

XIV.

Si les délais sont nécessaires à la prudence, la résolution que prenait enfin Louis XIV ne devait certes pas
pécher de ce côté. Le temps, il faut en convenir, ne lui

avait pas manqué. Il l'avait mis à profit pour n'oublier aucune des précautions dont il serait bon d'entourer la pièce, quand une nouvelle épreuve lui serait enfin permise. D'abord, il faudrait la déguiser autant que possible : par exemple, lui trouver un autre titre, ce que Molière fit de bonne grâce, en lui donnant celui de l'*Imposteur*. Il faudrait aussi changer le nom du principal personnage, car celui de Tartuffe était devenu tellement populaire, qu'à peine eût-il été prononcé, tous les échos eussent répondu Roquette (1), l'un n'étant plus que le synonyme de l'autre. Molière comprit cette seconde exigence, et il fut convenu que le faux dévot s'appellerait *Panulfe*. Il faudrait encore écarter tout ce qui pourrait conserver, à ce hideux coquin, quelque chose du caractère ecclésiastique. Bien qu'il aimât à compléter ses personnifications par des détails de costume, comme le prouve ce qu'il fit dans le *Malade imaginaire*, où il s'affubla, pour le rôle d'Argant, d'une robe de chambre et d'un bonnet de nuit bien connus (2), il se soumit encore.

(1) On a bien disserté sur l'étymologie du mot *Tartuffe*. Celle qu'a donnée l'abbé de Longuerue est la moins connue et peut-être la meilleure. « *Tartuffe*, dit-il, est un nom que le poëte a emprunté des Allemands, chez qui il signifie LE DIABLE. » *Longueruana*, p. 155. Le mot est *Teufel*, ou *der Teufel* avec son article. Il semblerait, d'après les allusions du curé Roullès, qui renvoie à Molière ses accusations *diaboliques*, et d'après certain passage de la *Muse Dauphine*, à propos du *Misanthrope*, p. 35, qu'on l'avait ainsi compris dès l'origine, et que c'était l'étymologie admise. L'abbé de Longuerue, d'ailleurs, qui en paraît si persuadé, était un contemporain. La chose a d'autant plus de vraisemblance, que Molière, voulant opposer la fausse dévotion à la véritable, inspirée par Dieu, ne pouvait la mettre que sous l'invocation de son ennemi, le *Diable*.

(2) Voir, pour ce fait qu'on n'a pas remarqué jusqu'ici, les *Mémoires du président Hénault*. Paris, Dentu, 1855, in-8, p. 4, 5.

Il convint d'habiller Tartuffe, non plus comme un
échappé de séminaire, mais comme un homme du
monde, comme un damoiseau, disait Dorine. Il lui
donna, ainsi qu'il l'écrit lui-même dans son *second Placet,* « un petit chapeau, de grands cheveux, un grand
collet, une épée, des dentelles sur tout l'habit; » et il
n'y avait rien là qui ne fût convenable et tout à fait
d'accord avec certains traits du rôle, puisque Tartuffe,
en effet, se targue d'être gentilhomme, se présente
comme prétendant à la main de Marianne et veut plaire
à Elmire. Quant à la prétendue confusion à laquelle la
pièce pouvait donner lieu entre les bons et les faux dévots, qu'elle attaquait indistinctement, — criaient partout ceux-ci, qui avaient leurs raisons pour le faire croire,
— il était inutile de prier Molière de la faire disparaître..
De lui-même, il y avait pourvu, dès les premiers temps.
Dans son *premier Placet,* il disait déjà : « Pour mieux
conserver l'estime et le respect qu'on doit aux vrais dévots, j'en ai distingué le plus que j'ai pu le caractère
que j'avais à toucher. Je n'ai point laissé d'équivoque :
j'ai ôté ce qui pouvait confondre le bien avec le mal. »

En outre de ces précautions, Louis XIV en prit d'autres : il eut soin, comme nous l'avons vu, d'éloigner de
Paris l'évêque d'Autun, d'abord par crainte de nouvelles cabales de sa part, puis par convenance pour le
caractère dont il était revêtu et que l'attaque, bien qu'at-
ténuée, ne manquerait pas d'effleurer un peu. Par un
excès de prudence toute personnelle, et qui prouve à
quel point il redoutait les criailleries dévotes, il s'arrangea aussi de sorte que les représentations de la comédie n'eussent lieu que pendant son absence. Il partait
pour sa grande campagne des Pays-Bas, et c'est seule-

ment au moment du départ, qu'il dut donner la permission vivement attendue. Elle n'était que verbale, et c'est
une preuve encore qu'il avait tout prévu. Il voulait bien,
par amitié pour Molière, lui permettre une seconde
épreuve ; mais il ne voulait pas, en l'autorisant d'une
façon trop formelle, empêcher une nouvelle interdiction,
que le scandale du premier jour pourrait rendre nécessaire. Il ne s'était pas trompé.

Le 5 août, quand l'*Imposteur* parut sur l'affiche, il
n'y avait pas foule à Paris. La plus grande partie de
ceux que le départ du roi avait pu y laisser, s'en était
allée aux champs. Le 20 mai, madame de Sévigné
disait déjà : « Paris est un désert. » C'était bien pis,
trois mois après, au fort dés chaleurs ; aussi, ne se-
rai-je pas surpris que le roi, par surcroît de précaution,
eût assigné cette époque même à l'apparition du *Tartuffe* corrigé. Mais, en pareille circonstance, il se trouve
toujours un public à Paris. D'où sort-il? On ne sait ;
mais, à l'heure dite, il paraît, Comme toujours, il fut
très nombreux le 5 août 1667, trop nombreux même et
trop intelligent : tous les coups portèrent, malgré le
soin qu'on avait pris, pour en détourner ou du moins
pour en amortir la violence. Tartuffe, malgré son nouveau masque, fut reconnu et bafoué (1).

Le jour suivant, qui était un samedi, jour de clôture
pour le théâtre, lorsque l'affiche en lettres rouges, qui
annonçait la veille le spectacle du lendemain, était déjà

(1) On s'obstina surtout à voir un prêtre dans Tartuffe. L'avocat Mascré semble le dire, dans la préface de sa *Prosarite*, pièce
du même genre, imprimée, mais non jouée, en 1676 ; on y voit
en scène un docteur de Sorbonne essayant de séduire une jeune
personne dont il dirige la conscience.

. placée ; pendant que Molière, heureux du succès de sa
pièce, voyait sans doute en espérance de nombreuses
recettes, pour sa caisse, que l'*Attila* de Corneille et la
Veuve à la mode de de Visé, seuls ouvrages joués cette
année-là, n'avaient pas fort enrichie, on vit arriver un
huissier du Parlement, qui venait, de la part de M. le
président de Lamoignon, défendre la représentation
affichée. Il n'y avait qu'à se soumettre ; Molière le fit,
ainsi qu'il convenait à un homme comme lui, c'est-à-
dire sans aucune des sottes et insolentes protestations
qu'on lui prête et dont nous avons ailleurs prouvé la
·fausseté. Il vit combien il avait eu raison de dire, dans
Don Juan, à propos des dévots : « Qui en choque un
s'attire tous les autres sur les bras, » et que les damna-
tions qu'ils formulent « de leur autorité privée, » peuvent,
en attendant la ratification du ciel, devenir des pros-
criptions sur la terre (1). Une seule chose dut l'indi-
gner, c'est qu'il semblait qu'on voulût mettre en doute
sa bonne foi, en prétendant qu'il avait joué, sans en avoir
le droit. La permission ayant été verbale, il ne pouvait
la reproduire, ni confondre ainsi ceux qui l'accusaient ;
mais un autre moyen lui restait. Dès le surlendemain,
il fit partir en poste, pour le camp devant Lille, où se
trouvait le roi, deux de ses meilleurs comédiens, La
Grange et La Thorillière. S'il n'y alla pas lui-même, c'est

(1) Voici la phrase de Molière, acte VI, scène II : « Les zélés
indiscrets les accableront d'injures et les damneront hautement,
de leur autorité privée. » On a dit que c'était une imitation du
22e vers de la IVe satire de Boileau ; mais comme cette satire
avait été faite sous l'impression d'un entretien de Boileau avec
l'abbé Le Vayer et Molière, dans l'un des mois qui suivirent le
premier interdit lancé contre *Tartuffe,* chacun des trois causeurs
avait son droit de propriété sur l'idée.

que peut-être, à cause du soupçon dont je viens de
parler, M. le président voulut le garder en otage. Son séjour n'étant pas indispensable à Paris, puisque le théâtre
resta fermé jusqu'au retour de ses deux envoyés (1),
je ne trouve pas d'autre moyen de m'expliquer pourquoi il ne fit pas lui-même ce voyage, où personne
n'aurait mieux réussi que lui.

La Grange et La Thorillière virent le roi, présentèrent
un placet de Molière, qui fut bien accueilli ; mais, après
une absence d'environ quinze jours, les seules paroles
qu'ils rapportèrent, de la part de Louis XIV, si elles
justifiaient Molière d'avoir donné une représentation,
ne lui permettaient pas d'en donner de nouvelles. « Sa
Majesté, écrit La Grange dans son Registre, nous fit
dire qu'à son retour à Paris il ferait examiner la pièce
de *Tartuffe* et que nous la jouerions. » Molière comprit
quelle vaste carrière cette parole vague ouvrait à de
nouveaux délais ; il lui sembla que le dernier mot était
dit sur sa pièce, et n'y songea plus. D'un autre côté,
comme, sans perdre de temps, il avait publié, pendant
la quinzaine qu'avait durée la clôture de son théâtre,
cette fameuse Lettre sur l'*Imposteur*, écrite sinon par lui,
du moins sous son inspiration directe (2) ; comme, dans
cet écrit, sur lequel nous regrettons de ne pouvoir nous
étendre, il pensait avoir suffisamment expliqué au
public l'esprit de sa comédie, ses motifs et son but, il
crut avoir satisfait à ce que pouvait réclamer de lui ce

(1) Voir le *Manuscrit de La Grange.*
(2) Il suffit de la lire, pour être convaincu de ce que je dis ici.
On lit d'ailleurs cette note, très explicite à ce sujet, dans le *Catalogue de Pont de Vesle* (1774, in-8. p. 58) : « Cette lettre est de
Molière, qui l'avait donnée pour faire connaître sa comédie, lorsqu'il y avait des obstacles à sa représentation. »

juge qu'il ne fuyait pas, mais qu'on lui refusait toujours ;
et dès lors, quitte envers tout le monde, sinon envers son
théâtre resté sans pièce nouvelle et privé d'un succès,
il se mit au travail avec un courage qu'il ne s'était pas
trouvé depuis longtemps.

Il écrivit, coup sur coup, *Amphitryon*, *Georges Dandin*, l'*Avare*. Il avait raison de ne plus espérer pour
Tartuffe. Ces trois comédies nouvelles étaient jouées,
que rien de favorable ne se dessinait encore pour leur
aînée. Le roi pourtant était depuis longtemps de retour
à Versailles, et, en faisant jouer devant lui *Georges
Dandin* et l'*Avare*, il avait prouvé à Molière, que ses
bonnes grâces lui étaient plus que jamais acquises. D'où
venait donc que l'interdit était maintenu et que le bénéfice de la promesse royale n'était pas encore accordé
au *Tartuffe?* La continuation de la querelle du jansénisme, à laquelle on ne cessait pas de vouloir mêler l'affaire de la comédie, en était la principale
cause. Enfin, cette grande logomachie religieuse eut
un terme, et Molière fut des premiers à s'en ressentir. En novembre 1668, pendant que le Bref de réconciliation se signait à Rome, le *Tartuffe* se hasarda chez
M. le Prince. « Il montra son nez » aux fêtes de Chan-
tilly, comme dit Robinet ; puis, tout étant bien réglé entre
les deux camps, dix-sept jours après le 19 janvier 1669,
date de la publication du Bref, il put définitivement reparaître en public. C'est, dit M. Bazin, le 5 février 1669,
qu'il reprit sa liberté, « comme tacitement compris
dans la paix de Clément IX. »

Il fut joué, il fut imprimé, et les seules personnes qui
s'en plaignirent furent les faux dévots, et aussi, qui le
croirait? Ribou, le libraire. C'est à lui que Molière avait

vendu sa pièce : le débit s'en faisait à merveille ; mais, âpre au gain, Ribou prétendait qu'elle produisait plus d'argent au théâtre, et il regrettait les deux cents pistoles qu'il avait données pour l'avoir imprimée.

Le roi, qui maintenant pouvait se permettre le *Tartuffe* et l'applaudir sans scrupule de conscience, se le fit jouer, le 7 août, à Saint-Germain avec l'*Avare*. Nous avons vu la quittance de cent quarante-quatre livres que Molière reçut à cette occasion. La pièce y est indiquée sous son vrai titre, ce qui prouve que celui de l'*Imposteur* n'était que pour la forme. Le 20 du même mois, il alla jouer chez Mademoiselle, au palais du Luxembourg, et ce fut avec un grand deuil au cœur : son père était mort, ce jour-là ; mais l'engagement était pris, on l'attendait, et il lui fallut, comme à l'ordinaire, jouer le rôle d'Orgon. Forcé de faire rire, le jour de la mort de son père, eût-il au moins le lendemain permission de l'Eglise, pour assister à son convoi ? Je le pense. En effet, le 10 septembre suivant, le curé de Saint-Roch l'admit comme parrain de la fille du marchand Romain Toutbel.

Ainsi, non seulement Molière l'avait emporté, puisqu'on jouait sa pièce, mais encore il avait fait sa paix avec les puissances et même avec l'Eglise. Malheureusement, ce qui eut lieu à sa mort fit bien voir, que, de ce côté-là, la réconciliation n'était pas sincère.

DEUXIÈME PARTIE

ÉTUDES

SUR

LES OUVRAGES DE MOLIÈRE

INTRODUCTION

LA FARCE AVANT MOLIÈRE

Il existe au Théâtre-Français, dans le foyer des co-médiens, un ancien tableau, qui m'avait toujours semblé d'un très grand prix au point de vue de l'histoire du théâtre, mais dont la valeur s'est encore accrue, pour moi, d'une façon toute particulière, à mesure que je me suis avancé dans le travail que je donne ici. Ce tableau, peint sur bois, provient de la magnifique collection du cardinal de Luynes. C'est un présent fait à la Comédie-Française, en 1844, par M. Lorne, de Sens; il porte cette inscription, écrite en lettres d'or avec l'orthographe du temps, sur la partie supérieure du panneau : FARCEURS FRANÇAIS ET ITALIENS DEPUIS SOIXANTE ANS. PEINT EN 1670. Tous les maîtres de la Farce au dix-septième siècle s'y trouvent, en effet, chacun avec le costume et dans l'action de son emploi. Afin qu'on ne se méprenne pas sur le personnage, son nom est écrit à ses pieds. Voici les Italiens d'abord : Briguella, Scamarouche, le Docteur, Pantalon, Arlequin, Mezzetin; puis, les Français : le Matamore, Turlupin, Gros-Guillaume, Gaultier Gar-

guille, Guillot Gorju, Jodelet, Gros-René. Mais ce n'est
pas tout, et ceci même est le plus curieux : Qui nous apparaît, dans un coin de l'intéressante page et sur le premier plan ? Molière. Oui, Molière lui-même avec ces
farceurs, Molière qui semble jouer un rôle en leur compagnie, et à qui, sur ce plain pied de l'égalité bouffonne,
on n'a fait grâce que de deux choses : le nom de guerre
et le costume. Il n'est ici désigné, ni par le sobriquet de
Mascarille, ni par celui de Sganarelle, qui furent ses
deux noms de farce, comme on sait ; il ne porte ni la
mandille de l'un, ni le large pourpoint de l'autre ; il est
nommé Molière, et il est vêtu comme il devait l'être à
la ville, au temps de sa jeunesse. C'est par là seulement,
je le répète, qu'il diffère des autres bouffons dont il est
ici le camarade ; pour le reste, on voit, par la manière
dont on le fait figurer avec eux, qu'on le tient pour leur
pareil.

De son temps, en effet, il ne passait point pour autre
chose, et si les preuves écrites manquaient, sa présence
sur ce tableau serait un suffisant témoignage de l'opinion, que ses commencements au théâtre et ses premières pièces avaient fait porter de lui, et que ses œuvres plus sérieuses ne purent parvenir à effacer. Pour
tout le monde, en son temps, Molière fut donc, encore
une fois, un farceur. Ses ennemis lui en firent un crime ;
ses amis, je dis les plus sévères, et Boileau est du nombre, le lui reprochèrent souvent : lui seul n'en rougit
pas. Il avait une sorte d'affection native, pour ce vieux
genre si bien français, et il l'aimait d'autant plus, qu'il
sentait que le public l'aimait tout autant que lui, comme
un vrai fruit du terroir. Quoi que pût dire Boileau, qui
lui eût peut-être pardonné d'écrire des farces, s'il eût su,

de quelque façon certaine, que Térence avait commencé par composer des atellanes, jamais Molière ne partagea ses dédains délicats. Il sentait qu'il y aurait eu là, de sa part, une sorte d'ingratitude. Ne devait-il pas à la farce ses premiers succès en province? Bien mieux que tout le répertoire soi-disant sérieux qu'il en avait rapporté dans ses bagages, ne lui avait-elle pas valu, de la ville et de la cour, le bon accueil que tout d'abord on lui avait fait à Paris? Il resta donc fidèle à cette affection de ses commencements ; même au milieu de sa plus grande gloire, il n'oublia pas la vieille tradition bouffonne de son passé, et il y revint comme à une distraction chérie, comme à un délassement qu'il sentait nécessaire pour son esprit et pour celui du public. Après le *Misanthrope*, il donna le *Médecin malgré lui*, non pas, comme on l'a dit, parce que l'insuccès du chef-d'œuvre l'avait forcé de chercher son salut dans la farce, mais parce qu'après cet effort sérieux, après cette œuvre à la sublime tristesse où débordait toute l'amertume de ses chagrins, il lui fallait l'opposition de la satire amusante et du rire éclatant; parce que le public aussi, ce public parisien qu'on n'avait pas encore déshabitué de la gaieté au théâtre, et dont son esprit devinait tous les instincts, réclamait de même ce joyeux contraste. Après l'*Avare*, œuvre trop profondément humaine pour n'être pas triste aussi, Molière donna les *Fourberies de Scapin;* après les *Femmes savantes,* autre comédie d'une portée trop essentiellement littéraire pour être comprise du public tout entier, il joua le *Malade imaginaire,* de même qu'après l'*Ecole des femmes* était venu le *Mariage forcé,* et *Georges Dandin* après *Tartuffe.* Ainsi toujours alternant, ainsi toujours tirant de lui-même sa propre distraction, ainsi faisant toujours succéder à la grande comédie en vers la pièce plus modeste que sa forme en prose aurait suffi pour faire considérer comme une farce, il atteignit la fin de sa vie et de son œuvre, toutes deux si bien remplies et trop courtes. Il avait commencé par une farce, et c'est par une farce qu'il finit : aussi, le nom de bouffon, qui l'avait suivi toute sa vie et qu'il n'avait jamais récusé, lui survécut-il longtemps.

Ses ennemis, je l'ai dit, s'en faisaient une arme pour saper sa gloire, et ses amis ne le répétaient qu'en rougissant. Les uns et les autres avaient tort, à mon sens. C'est par cette fidélité pour le genre, dont on s'amusait à la cour, mais qu'on dénigrait pédantesquement après avoir ri ; c'est par cet amour soutenu de la franche gaieté et du rire populaire, qui lui rendaient si précieux, dans sa chambre d'étude, les applaudissements de la bonne Laforest, comme au théâtre les applaudissements des gens du parterre et du paradis ; c'est par cette prédilection pour l'action comique, pour l'effet de la scène, pour l'observation prise sur le fait dans la vie et aussitôt transportée sur le théâtre ; c'est par son goût naturel pour toutes ces choses, parties essentielles de la farce, qui rendent plus vivante à la scène la réalité des ridicules saisis dans le monde, que Molière sut se maintenir, avec une verve de vérité si franche, dans la veine d'originalité à laquelle il doit peut être ses qualités les plus incomparables.

Quand il commença le théâtre, il avait, d'un côté, le genre faux, mais florissant, de la tragi-comédie, et, de l'autre, la farce, genre vrai, mais tombé, que le public de Paris, après l'avoir adoré avec Gros-Guillaume et Gaultier Garguille, avait cru devoir abandonner, par bon

ton, et qui, ces farceurs étant morts, s'était, tout honteux,
exilé dans les provinces. Molière, comme nous le verrons, l'y retrouva et ne craignit pas de l'en rapporter.
L'autre genre, la tragi-comédie, l'attendait à Paris et
tenta de le séduire. Il céda presque, tant il est vrai que
les esprits ardents sont faciles à se laisser solliciter par
tout ce qui peut leur sembler un glorieux exercice, tant
il est vrai que nous recherchons toujours plus volontiers
ce qui nous est contraire. Molière fit *Don Garcie de Navarre:* Par bonheur, ce fut une chute, qui suffit pour
lui faire comprendre que son chemin n'était pas de ce
côté-là. Aussitôt il prit de l'autre, c'est-à-dire qu'il se
rejeta dans la farce, avec laquelle il ne pouvait avoir de
ces mécomptes ; car, lui, l'homme vrai, il rentrait ainsi
dans la vérité. Que serait-il arrivé si *Don Garcie* avait
eu du succès ? Molière, trop encouragé, se fût peut-être
acoquiné dans ce déplorable genre ; il eût pris plaisir à
faire des tragédies, comme il aimait à en jouer ; il eût
quitté le théâtre réel, la farce d'abord, la comédie ensuite ; tandis qu'au contraire, après sa chute, il n'aban-
donna plus ni celle-ci ni celle-là. Rentré dans son divin
bon sens, pour n'en plus sortir qu'une seule fois, quand
il fit la *Princesse d'Elide*, il associa, comme nous l'avons
vu, la farce et la comédie, les alterna, et, rendant ce
bon accord profitable à toutes deux, il sut par là donner,
à l'une, une tournure littéraire qu'elle n'avait jamais
eue, et, à l'autre aussi, grâce à ce voisinage, une vivacité
de trait, un *vis comica* soutenu, que son esprit ne lui aurait certainement pas prêté, s'il eût pris l'habitude de
faire parler des don Garcie, au lieu de s'exercer à faire
agir des Scapin. Cependant Boileau lui passa *Don Garcie*
et ne lui pardonna pas Scapin.

Nous, tout au contraire, c'est à cause de l'un, que nous
lui pardonnerons l'autre. Que ne passerions-nous pas,
en effet, à Molière, pour ses bouffonneries charmantes,
pour cette persistance de son esprit à rester gai dans
la raison et enjoué dans la satire, enfin pour toutes ces
qualités de comique vrai et de verve scénique, qui lui
permirent de faire revivre l'ancienne farce française !
Malheureusement, il la ressuscita, pour la trop grandir.
Dans ses merveilleuses mains, qui mélangeaient et pé-
trissaient avec tant d'art les débris des vieilles inventions italiennes et du vieil esprit français, les reliefs exquis du passé, glané chez les conteurs, et les observations
du présent, la farce prit des proportions désespérantes ;
c'est ce qui fit qu'après une renaissance trop éclatante,
elle disparut. Elle se perdit, à force de monter.

Et cependant, tout en grandissant entre les mains de
Molière, elle ne s'était en rien dénaturée ; elle était restée elle-même, elle n'avait pas dévié de la tradition, qui
s'était perpétuée depuis les premiers suppôts de la Bazoche jusqu'à Gaultier Garguille et jusqu'à Guillot Gorju,
de qui Molière l'avait presque directement reprise.

On lui a reproché, par exemple, d'avoir trop multiplié dans ses pièces les personnalités. Ce reproche est
bien de notre temps, qui a mis dans le petit journal et
dans la caricature ce qui jadis appartenait à la publicité du théâtre ! Ceux qui le lui ont reproché avaient
donc oublié qu'il ne faisait que suivre ainsi la tradition
de la farce, telle que l'avait comprise les bazochiens et
plus tard les bouffons de l'Hôtel de Bourgogne, dont, par
droit de conquête, il s'était attribué la succession en
déshérence ?

Le jour du mardi-gras, qui fut au moyen âge ce que

le grand jour des saturnales était dans l'antiquité, lorsque l'heure des folies et des bonnes vérités était revenu, que faisait-on, si ce n'est d'évidentes et brutales personnalités, sur ce théâtre des jeux de la Bazoche, qui eut si longtemps le monopole de la farce ? Si le récit de quelque scandaleuse aventure courait par la ville, aussitôt les malins drôles s'en emparaient, le mettaient en action et le clouaient sur leur scène comme sur un pilori. Bourdigné ne nous raconte-t-il pas que le vaurien de sa Légende, maître Faifeu, étant roi de la Bazoche, mit ainsi en action la mésaventure d'un boulanger avec sa chambrière? La vraie farce satirique, dont le sujet était pris, pour ainsi dire, au vol, et qu'on jouait à l'impromptu, n'était pas autre chose. C'était bien là ce jeu dont parle Sibillet en son *Art poétique*, et qui était, dit-il, « tout de badineries, nigauderies et sottises, émouvantes à ris et à plaisir. »

Ces sortes de farces, improvisées, pour ainsi dire, sur le vif, toutes différentes de celles qui nous occuperont tout à l'heure, et dont la forme était plus littéraire et plus durable, devaient se perpétuer en France. Elles devinrent surtout à la mode, lorsque les Italiens nous eurent mis au régime commode de leurs bouffonneries à canevas, de leurs farces improvisées sur *scenario*.

Du temps de Gaultier Garguille, de Gros-Guillaume, de Turlupin et de Jodelet, on ne s'en permettait plus d'autre à l'Hôtel de Bourgogne, et c'est pour cela, qu'il ne nous est presque rien parvenu de leur répertoire, si ce n'est par le récit de quelques spectateurs.

On savait toujours qu'après la tragédie viendrait la farce, mais on ignorait quelle serait cette farce et surtout quels en seraient les détails. Souvent la pièce, représentée auparavant, les fournissait; il arrivait que l'acteur tragique, ayant endossé son habit de farceur, se moquait alors et de lui-même et de ceux qui avaient joué avec lui. « Une fois, dit Tallemant à propos de Jodelet, une fois qu'il avait joué une pièce dont la scène étoit à Argos, il dit, *à la farce :* Monsieur, vous avez esté à Argos aujourd'hui. » Quand les bouffons avaient de l'esprit, et Jodelet était de ceux-là, on entendait souvent de bonnes répliques en ces dialogues faits à l'improviste : « A une farce, dit encore Tallemant dans son historiette de Jodelet, la Beauchateau voulut faire la goguenarde ; elle luy demanda ce que c'est que l'amour : « Je ne scay ; c'est un dieu qui a un flambeau, un bandeau, un carquois. — J'entends : c'est un dieu qui a une flesche, que M. de l'Espy envoya, l'autre jour, à mademoiselle Beauchateau. » Qui fut confuse ? Notre railleuse, qui, au lieu d'avoir embarrassé Jodelet, l'entendait ainsi dire au public le secret de ses amours avec leur camarade l'Espy.

Souvent le spectateur en avait aussi pour son compte ; voici comment : si quelque aventure désagréable vous était arrivée, de bons amis, comme il en est tant, allaient la conter aux comédiens, afin qu'ils la missent en farce. Jour était pris, on vous amenait au théâtre, et, bouche béante, vous entendiez conter votre fait par messieurs de la comédie, aux grands éclats de rire du parterre et de vos bons amis qui, vous serrant de près, vous clouaient à votre place, pour vous empêcher de sortir avant que la chose fût finie et que vous eussiez avalé toute l'amère pilule.

Sorel, au livre II du *Francion*, a conté une affaire de ce genre. Il s'agit de deux commissaires, qui, tout com-

missaires qu'ils sont, se trouvent bel et bien rossés et
puis après mis en farce : il est vrai que ce sont des gentilshommes, qui, après les avoir étrillés, ont livré leur
aventure aux comédiens. Pour que la réjouissance soit
complète, on feint une réconciliation, et le jour convenu,
on emmène à la Comédie les deux pauvres diables, pour
qu'ils s'y voient bafoués. « Le lendemain, dit Francion,
à qui Sorel fait conter l'aventure, les gentilshommes
passèrent dedans un carrosse par devant leur logis,
bien assistez de laquais, et les forcèrent tous deux de
s'y mettre aussy, et puis ils me vinrent prendre avec
Perrette, et, comme si, nous désirant accorder tous, ils
eussent voulu nous faire réjouir ensemble, ils nous menèrent à l'Hôtel de Bourgogne; mais sçachez que ces
drolles avoient parlé auparavant aux comédiens, et leur
avoient appris le combat des commissaires, qui fut tout
le sujet de leur farce. Voyant qu'on se moquoit ainsi
d'eux, ils se proposèrent d'en avoir raison, et quoiqu'ils
nous quittassent, sans tesmoigner leur colère, ils réso-
lurent de nous ruiner, et firent la paix ensemble, pour
se rendre plus puissants contre nous quand l'occasion
se présenteroit. Nous n'attendismes pas qu'ils en vinssent
là, et, pour nous mettre à l'abry du malheur, nous
abandonnasmes ce quartier où nous avions une bonne
chalandise. »

Je ne pense pas que la personnalité au théâtre puisse
aller plus loin que nous venons de le voir dans cette
aventure. Aujourd'hui on s'y prendrait autrement, pour
jouer pareil tour : on enverrait le récit de votre affaire
à quelque petit journal, qui l'insérerait bien vite, s'il
était bien scandaleux, après l'avoir encore épicé à sa
manière. Quelqu'un des bons amis, dont je parlais tout

à l'heure, et dont l'espèce ne s'est pas perdue, aurait soin de vous adresser le numéro sous bande ; en lisant, vous vous diriez : « Si l'on me reconnaît, et l'on me reconnaîtra, tout le monde va bien se moquer de moi aujourd'hui. » Mais, au moins, ne verriez-vous pas rire, ce qui rend, à tout prendre, le procédé d'aujourd'hui un peu moins cruel que celui d'autrefois.

Cet usage de la satire quotidienne au théâtre, de la chronique scandaleuse formulée à la scène, se conserva plus longtemps que l'on ne serait tenté de le penser. Quand les farces jouées à l'impromptu eurent cessé d'être à la mode, pour faire place aux comédies en un acte, l'aventure du jour, pour laquelle on aurait fait auparavant toute une scène comique, eut souvent encore, par allusion, sa petite mention moqueuse sur le théâtre. Une phrase, un mot, suffisaient, et rarement le public les laissait échapper.

Les pièces en prose se prêtaient à ces petites interprétations satiriques, et cela d'autant plus aisément que la forme, au lieu d'en être tout d'abord arrêtée et définitive, resta longtemps flottante, indécise et comme malléable. On en modifiait le plan à volonté, on en raccourcissait ou étendait le dialogue, et de cette façon, ce qu'on voulait y ajouter de piquant au jour le jour s'y glissait sans peine avec la faculté de pouvoir en disparaître le lendemain. *Les Précieuses ridicules*, qui ne furent d'abord qu'une *farce* jouée en province, subirent ces modifications de plan, ainsi qu'on peut le voir par le curieux compte-rendu que fit paraître madame de Villedieu, après la première représentation de la pièce à Paris. Cette analyse, exacte le jour où elle fut faite, ne l'est plus aujourd'hui : des scènes ont disparu, d'autres ont changé de place. Nul doute que le dialogue fut mis au même régime, et qu'il dut subir des changements bien plus nombreux encore et plus souvent renouvelés. Aussitôt que quelque mot ridicule, quelque néologisme précieux se mettait à courir les ruelles, soyez sûr que les comédiens l'arrêtaient au passage, et qu'ils l'enchâssaient au plus vite dans le cadre commode de leur merveilleuse farce, afin de gagner par là quelques bons rires de plus. Cette souplesse des pièces en prose, cette facilité qu'on avait de pouvoir les émailler chaque fois d'un esprit nouveau, ajoutait sans doute, par l'imprévu, au charme de la représentation, mais elle empêchait aussi qu'une comédie de forme si complaisante fût prise au sérieux, comme l'étaient les pièces pour lesquelles la forme inflexible du vers avait été adoptée. Aussi, fût-elle en cinq actes et d'une grande portée morale, une comédie en prose ne marchait jamais d'égale à égale avec une comédie en vers; ce n'était toujours, pour les délicats, qu'une farce à grandes proportions; c'est pour cela, par exemple, que le *Turcaret* de Lesage, malgré ses cinq actes, fut dans l'origine dédaigneusement qualifié du nom de *petite pièce*.

Voltaire, dans sa jeunesse, fut encore à même de vérifier ce que je disais tout à l'heure au sujet des petites intercalations malicieuses, si faciles dans les comédies non rimées. Lui-même, avec l'aide des comédiens, s'en était permis une, dont le souvenir l'égayait encore sur ses vieux jours et lui faisait conseiller à Laharpe de tenter pareille épreuve, pour s'amuser un peu et pour faire justice publique de certaine façon de parler prétentieuse dont ses nerfs de puriste s'étaient révoltés. Je m'étonne que la lettre du 28 janvier 1772, où il donne

ce curieux conseil à son « cher champion du bon goût, »
ait échappé aux historiens de Voltaire. Le passage est
précieux, comme on va voir, et pour la biographie du
grand homme et pour l'histoire du théâtre :

« J'aime, écrit-il donc à Laharpe pour l'impression de
la mauvaise phrase qui le tourmente, j'aime tout à fait
un élan *qui expire sous une combinaison ;* cela m'enchante.
J'avais, autrefois, un père qui était grondeur comme
M. Grichard ; un jour, après avoir horriblement et très-
mal à propos grondé son jardinier, et après l'avoir
presque battu, il lui dit : « Va-t'en coquin ! Je souhaite
» que tu trouves un maître aussi patient que moi. » Je
menai mon père au *Grondeur* ; je priai l'acteur d'ajouter
ces propres paroles à son rôle, et mon bonhomme de
père se corrigea un peu.

« Faites-en autant aux *Précieuses ridicules* ; faites
ajouter l'*élan de combinaison* ; menez-y l'auteur, quel
qu'il soit, et tâchez de le corriger. »

La Renaissance et le goût de la littérature antique,
mise par elle à la mode comme une nouveauté, furent
pour beaucoup dans le discrédit où la farce finit par
tomber, surtout à Paris. Après le redoublement de succès que nos anciens jeux de théâtre avaient eu, sous
Louis XII, qui, sauf l'insolence contre les dames, leur
permettait tout, par égard pour la vérité et les bons conseils, qui trouvaient là seulement à se faire jour ; après
que cette faveur se fut continuée sous François Ier, mais
avec un mélange de rigueur de sa part, car, si un jour
il payait grassement Pontalais le farceur, une autre fois,
pour quelques mots trop hardis, il le faisait mettre en
prison, lui ou maître Cruche, son compère, comme bouffon et *bon facteur ;* enfin, après une sorte de Renaissance,

signalée par la mise au jour d'une foule de farces nouvelles et le rajeunissement des anciennes, mais qui fut bien éphémère toutefois, puisque celle qui devait tuer la farce la suivit immédiatement, on vit le vieux genre décroître peu à peu sous le dédain et s'abîmer dans l'oubli.

Avec Henri IV, une ère nouvelle sembla commencer pour l'esprit français, et tout au profit de l'ancienne farce. Le nouveau roi était fait pour en comprendre la vive gaieté et la franchise. Sa verve toute rabelaisienne ne pouvait s'accommoder des prétentions pédantes de la nouvelle école classique ; il ne fallait, ni pastorales à l'italienne, ni tragédies à l'antique, pour ce vert-galant, pour ce diseur de bons mots et de bons contes : ce qu'il demandait, c'était quelques scènes grivoises, bel et bien pétries dans le vieux sel gaulois.

Aussi, je le répète, il y eut alors une réaction évidente en faveur de l'ancien genre. On rechercha les vieilles farces, on les remit en nouveau langage et on les rejoua. Par exemple, la réimpression ou plutôt le rajeunissement de la *farce joyeuse... du Mary, la Femme, le Serviteur et le Serrurier*, est de 1596. En 1610, on réimprima aussi, à Paris, la *farce joyeuse et récréative du Galand qui a faict le coup*. A Lyon, en 1606, on avait publié le *Valet à tout faire*, une vraie farce du bon temps ; et, à Rouen, en 1599, cette *farce des Quiolars*, qui sent si bien son moyen âge.

Le *recueil* de Nicolas Rousset est aussi, ou peu s'en faut, de ce règne, puisqu'il parut en 1612. Il est évident que les sept farces qui s'y trouvent n'ont été publiées « et mises en meilleur ordre et meilleur langage » que sous l'influence de l'espèce de réaction et de retour vers l'ancienne gaieté, que je crois bon de signaler ici. Elles furent réellement mises en un langage plus accessible aux intelligences de l'époque, et cela tendrait à prouver qu'on les représenta certainement sous cette forme rajeunie.

Le plus souvent, toutefois, la farce ancienne ne dut servir que comme cadre, comme idée pour de nouveaux développements, comme canevas pour les broderies d'un nouvel esprit. Prendre l'ancien patron, le modifier à sa guise et suivant les exigences des actualités à mettre en scène, s'en servir pour quelques-uns de ces impromptus créés au jour le jour, que les Italiens avaient mis chez nous à la mode et dont s'accommodait si bien notre esprit ami des changements, étaient choses, en effet, plus faciles que ces remaniements de texte, essayés dans le *recueil* de Nicolas Rousset.

Nous avons, d'ailleurs, une preuve que le plus souvent les choses se passaient ainsi.

Lorsque madame Claude de France, fille de Henri II, dont elle était le septième enfant, s'était mariée avec Charles II, duc de Lorraine, les Enfants-sans-soucy avaient représenté, devant la cour, une petite comédie, le *Pauvre villageois,* composée par un poète de la Saintonge, nommé J. Quintil, et dont voici en peu de mots l'analyse.

Il n'y a dans la pièce que trois scènes et trois personnages principaux : un paysan, sa femme et un collecteur d'impôts, que deux sergents accompagnent. Le pauvre ménage est en train de se désoler sur la misère du temps, aggravée encore par les lourdes taxes qu'il faut payer, et pour l'acquit desquelles on a déjà saisi tous les meubles de la chaumière, y compris le grabat qui servait de lit. Le collecteur arrive et cherche avec ses deux sergents s'il ne reste plus rien à prendre.

— Il est trop tard, dit le paysan, vos pareils n'ont rien laissé.

L'officier avise un grand bahut, sur lequel le pauvre homme et sa femme sont assis :

— Et ce coffre où vous seyez ? dit-il.

— Ah ! réplique le paysan, vous le faut-il aussi ? Et vous voulez que nous n'ayons plus qu'à nous asseoir à terre ?

Le collecteur insiste ; il soupçonne que ce coffre renferme quelque chose de précieux, et il veut l'ouvrir sans tarder. Le villageois et sa femme font résistance ; ils refusent de se lever : grand débat, qui ne fait qu'exciter encore l'avidité des gens du fisc. Plus la résistance est grande, plus ils supposent que le trésor, renfermé dans le coffre si bien défendu, doit être précieux. Ils sont enfin les plus forts, le coffre est ouvert ; et qu'en sort-il? Trois diables qui emportent le collecteur et ses sergents.

Cette farce, qui flattait si bien la rancune des petites gens contre les hommes du fisc, devait rester long-temps populaire, et elle le fut, en effet. Sous Henri IV, si le texte ne s'en était pas conservé, le souvenir du moins en était toujours vivace. L'idée, l'arrangement des scènes, le dénouement n'étaient pas oubliés, et que fallait-il davantage pour en faire le sujet d'un impromptu? Or, un jour du mois de janvier 1607, à un moment où l'on se plaignait un peu, dans le peuple, de la taxe mise sur les vins en 1601, et maintenue jusqu'alors, bien qu'il eût été dit qu'elle cesserait après la première année, Henri IV étant venu à l'Hôtel de

Bourgogne, c'est une farce renouvelée *all' improviso* de celle de J. Quintil, et assaisonnée de certains détails sentant franchement leur actualité, qui fut bravement représentée devant lui. A la manière dont, comme vous l'allez voir, ils traitèrent la chose, il fallait qu'ils fussent bien hardis ou qu'ils eussent une bien grande confiance en la bonté du roi.

Voici ce que raconte l'Estoile, de la représentation et de ce qui s'ensuivit :

« Le vendredi, 26 de ce mois, fut jouée à l'Hôtel de Bourgogne, à Paris, une plaisante farce, à laquelle assistèrent le roy, la reine et la plupart des princes, seigneurs et dames de la cour.

« C'étoit un mary et une femme, qui querelloient ensemble ; la femme crioit après son mary, de ce qu'il ne bougeoit, tout le jour, de la taverne, et cependant qu'on les exécutoit tous les jours pour la taille, qu'il falloit payer au roy, qui prenoit tout ce qu'ils avoient, et qu'aussitôt qu'ils avoient gagné quelque chose, c'étoit pour luy et non pas pour eux.

« — C'est pourquoi, disoit le mary, se défendant, il » en faut faire meilleure chère ; car que diable nous » serviroit tout le bien que nous pourrions amasser, » puisqu'aussi bien ce ne seroit pas pour nous, mais » pour ce beau roy : cela fera que j'en boirai encore » davantage et du meilleur. J'avois accoutumé de n'en » boire qu'à trois sols ; mais, par Dieu ! j'en boirai do- » rénavant à six pour le moins. Monsieur le roy n'en » croquera pas de celui-là. Va m'en quérir tout à cette » heure, et marche !

» — Ah ! malheureux ! répliqua cette femme et à belles » injures. Merci Dieu ! Vilain, me veux-tu ruiner avec

» tes enfants ? Ah ! ma foi, de moi il n'en ira pas ainsi. »

« Sur ces entrefaites, voicy arriver un conseiller de la Cour des aydes, un commissaire et un sergent, et, faute de payer, veulent exécuter. La femme commence à crier après ; aussi fait le mari qui leur demande qui ils sont :

» — Nous sommes gens de justice, disent-ils.

» — Comment ! de justice ? dit le mari. Ceux qui sont » de justice doivent faire ceci, doivent faire cela (décri- » vant naïvement en son patois toute la corruption de la » justice du temps présent.) Je ne pense point que vous » soyez ce que vous dites. Montrez-moi votre commission ?

» — Voici un arrêt, dit le conseiller. »

» Sur ces entrefaits, la femme s'étoit saisie subite- ment d'un coffret, sur lequel elle se tenoit assise ; le commissaire l'ayant avisé, lui fait commandement de se lever, de par le roy, et de leur en faire l'ouverture. Après plusieurs altercations, la femme ayant été con- trainte de se lever, on ouvre ce coffret, duquel sortent à l'instant trois diables, qui emportent et troussent en malle M. le conseiller, le commissaire et le sergent, chaque diable s'étant chargé du sien.

« Ce fut la fin de la farce de ces beaux jeux, mais non de ceux que voulurent jouer après les conseillers des aydes, commissaires et sergents, lesquels, se prétendant injuriés, se joignirent ensemble, et envoyèrent en prison messieurs les joueurs ; mais ils furent mis dehors, le jour même, par exprès commandement du roy, qui les appela sots, disant Sa Majesté que, s'il falloit parler d'intérêt, il en avoit reçu plus qu'eux tous, mais qu'il leur avoit pardonné et pardonneroit de bon cœur, d'autant qu'ils l'avoient fait rire, voire jusqu'aux larmes.

13

» Chacun disoit que de longtemps on n'avoit vu à
Paris farce plus plaisante, mieux jouée, ni d'une plus
gentille invention, mesmement à l'hôtel de Bourgogne,
où ils sont assez coutumiers de ne jouer chose qui
vaille. »

Si l'Estoile ne nous avait formellement dit que la
pièce avait été jouée sur le théâtre même de l'Hôtel de
Bourgogne, et si, par exemple, c'eût été au Louvre que
la représentation eût eu lieu, nous serions embarrassé
de savoir quels acteurs y avaient tenu les rôles. Alors,
en effet, se trouvait à Paris une seconde troupe de comédiens que le roi voulut bien admettre plus d'une fois à
l'honneur de l'amuser, le soir, dans sa chambre. Elle
donnait des représentations publiques à l'hôtel d'Argent,
vieille maison située rue de la Verrerie, au coin de celle
de la Poterie. L'illustre Gros-Guillaume, qui s'y trouvait
déjà, avait plus qu'aucun le privilège d'amuser Henri IV
et d'être souvent mandé au Louvre. Le roi se donnait
le plaisir de lui faire mettre en farce les ridicules de
caractère, d'allure ou de langage des seigneurs, qui se
trouvaient là. Ainsi, rien ne le divertissait plus que de lui
voir jouer les façons gasconnes du maréchal de Roque-
laure. Il faisait bon voir alors ce plaisant borgne, fei-
gnant de se fâcher, lutter de comique avec l'acteur qui
le singeait sur la scène. « Une fois, dit Tallemant, le
roi le tenoit entre ses jambes, tandis qu'il faisoit jouer
à Gros-Guillaume la farce du Gentilhomme gascon. A
tout bout de champ, pour divertir son maître, le
maréchal faisoit semblant de vouloir se lever pour aller
battre Gros-Guillaume et disoit : « *Cousis, ne bous fa-
chez.* » Voilà le comique, voici le touchant; c'est toujours Tallemant qui parle : « Il arriva, dit-il, qu'après

la mort du roi, les comédiens n'osant jouer à Paris,
tant tout le monde y étoit dans la consternation, s'en
allèrent dans les provinces et enfin à Bordeaux. Le
maréchal y étoit lieutenant du roy ; il falloit demander
permission : « Je vous la donne, dit-il, à condition que
vous jouerez la farce du Gentilhomme gascon. » Ils
crurent qu'on les roueroit de coups de bâton, au sortir
de là ; ils voulurent faire des excuses. « Jouez, jouez
seulement! » leur dit-il. Le maréchal y alla ; mais le
souvenir d'un si bon maître lui causa une telle douleur,
qu'il fut contraint de sortir, tout en larmes, dès le commencement de la farce. »

C'était l'usage des comédiens de s'en aller en province, sitôt que, pour n'importe quelle cause, le succès
chômait un peu dans la grande ville. Ils gagnaient
d'abord Rouen, de préférence, et la Troupe dont nous
parlons, plus qu'aucune autre, selon Chapuzeau.

Peut-être est-ce dans une de ces courses en Normandie, que Hugues Guéru, dit *Gaultier Garguille*, fut ainsi
enrôlé par des comédiens de Paris.

. . . .

Une plainte, portée devant Son Éminence contre ces
bouffons, fut cause que Richelieu désira les connaître.
Quels étaient les plaignants? Des rivaux jaloux, les
comédiens de l'hôtel de Bourgogne, dit l'auteur du
Mémoire que citent les frères Parfaict ; mais, selon
moi, ce devait être bien plutôt les Confrères de la Passion, avec lesquels nos farceurs étaient depuis longtemps en querelle, au sujet d'une redevance de trois
livres tournois, que ces privilégiés fainéants prétendaient pouvoir exiger par chaque représentation.

Richelieu laissa l'étrange légalité du monopole co-

mique avoir son cours. Cependant, les bouffons l'ayant
amusé, il voulut leur en tenir compte. Il fit venir les
principaux de la Troupe de l'Hôtel de Bourgogne, leur
dit que leurs représentations étaient d'un ennui mortel,
auprès du plaisant spectacle que lui avaient donné ces
farceurs, et il leur ordonna de les adjoindre à leur
théâtre. Cette façon d'expliquer l'arrivée définitive de
Gros-Guillaume, de Turlupin et de Gaultier Garguille à
l'Hôtel de Bourgogne, quoique basée sur un récit d'une
assez frêle autorité, me paraît vraisemblable, et je l'ad-
mets volontiers.

Gaultier Garguille n'agit pas en Normand maladroit,
quand il parvint à se faire donner en mariage la fille
de Tabarin. Il devait, en effet, avoir au moins cinquante ans, lors de cette union, qui n'eut lieu probablement qu'après l'installation définitive de notre farceur à
Paris, c'est-à-dire vers 1620; la fille, au contraire,
était encore jeune. Celui qu'elle épousa aurait même
pu volontiers passer pour son père, Tabarin et Gaultier Garguille devant être d'âge à peu près égal. D'un
autre côté, la dot était très sortable : Tabarin, qui,
quatre ans après, devait se trouver assez riche
pour s'en aller trancher du gentilhomme campa-
gnard (et l'on sait à quel prix !), n'avait pu que doter
très grassement sa fille ; et cela est si vrai, qu'étant
devenue veuve, elle put, avec son bien et celui dont son
mari l'avait avantagée, épouser un gentilhomme de Normandie. Encore une fois, ce mariage n'offrait pas marché de dupe à notre Hugues Guéru, et, pour que Tabarin y consentît, il fallut que le farceur apportât
lui-même une grosse fortune gagnée sous son masque
de Gaultier Garguille, ou que du moins son titre de

comédien de la Troupe royale lui fût compté pour
beaucoup, et lui valût presque un titre de noblesse, aux
yeux du valet histrion de Mondor.

Gaultier fut un bon et honnête mari. Pendant que
tous ses pareils, sauf Turlupin toutefois, vivaient à la
diable, « épars çà et là, n'ayant ni feu ni lieu, » il se
mit, lui, à se conduire *réglement*, comme dit Tallemant.
Les autres s'occupaient peu de leurs femmes ; aussi, Dieu
sait ce qu'elles faisaient et ce qu'on disait d'elles :
« C'étoient des femmes communes, et même aux comédiens de l'autre Troupe, dont elles n'étoient pas. » Telle
est l'opinion de l'auteur des *Historiettes*, et Scudéry a beau
faire dans sa *Comédie des Comédiens,* il ne le dément pas.
Lorsque son Beau-Soleil vient nous dire : « Ils pensent
que la farce est l'image de notre vie et que nous ne
faisons que représenter ce que nous pratiquons en
effect, ils croient que la femme d'un de nous autres l'est
indubitablement de toute la Troupe, » il ne dit que la
vérité.

Gaultier Garguille, que son âge aurait, au reste, empêché d'espérer des compensations chez les autres,
voulut garder sa femme pour lui seul, et j'aime à croire
qu'il y parvint. En somme, il mena douce et bonne vie
dans son logis de la rue Pavée-Saint-Sauveur, et,
quand venaient les beaux jours, dans la petite maison
à colombier, qu'il avait achetée, à deux pas de la Porte
Montmartre.

Cette façon de vivre modeste et décente fait certes
un bien singulier contraste avec les belles choses que
Gaultier débitait sur le théâtre : soit qu'il fît le savant
ou le maître d'école, et récitât, en guise de rudiment,
quelque tirade écrite dans le style des *Plaisans devis* du

sieur Thomassin et des prologues de Bruscambille, ou
bien assaisonnée au sel grivois des chansons qu'il
venait dire pour terminer le spectacle ; soit encore que,
dans le rôle de vieillard de farce, qui lui était le plus
habituel, il querellât sa femme Périne, ou qu'il lui fît,
pour amener quelque rapatriage, une des belles dé-
clarations en coq-à-l'âne, dont l'auteur du *Désert des
Muses* a pris la peine de mettre en couplets un curieux
échantillon. Si cet auteur anonyme n'eût ainsi confit
dans ses rimes un morceau de cette curieuse littérature,
rien n'en survivrait, et c'eût été dommage.

Nos bouffons et leurs farces, Gaultier Garguille et
ses chansons, semblaient alors faire une sorte d'opposition permanente de la vieille gaieté française contre
le faux goût prétentieux et lourd, qui avait envahi le
théâtre avec les tragi-comédies et le beau monde avec les
Précieuses. Eux partis, plus de contrepoids ; adieu le
rire, vive la grimace ! Le champ est libre aux simagrées. Pour en finir avec elles, il faudra que nous atten-
dions Molière.

Celui qui aurait surtout fait tache aux abords de ce
beau monde, si impatient de se dégager de la franchise
des anciennes mœurs et de l'ancien esprit, pour prendre
des habitudes de politesse prétentieuse ; le farceur,
dont, à quelque temps de là, le moindre mot eût fait
une effroyable dissonance avec le *phébus* des ruelles,
Gaultier Garguille partit justement le premier ; il mourut, au mois de décembre 1633. Gros-Guillaume le suivit
de près. S'il lui fut permis de voir le carnaval suivant,
ce fut tout. Turlupin survivait, mais que pouvait-il faire,
sans ses deux amis ? Il se traîna jusqu'en 1673, et si tris-
tement, si obscurément, qu'on dut croire qu'il avait été,

lui aussi, de ce dernier voyage. Selon certaine légende, qui eut bien longtemps cours et dont il me coûte d'effacer le touchant mensonge pour lui substituer une vérité sans prestige, on racontait même que les trois amis étaient morts, dans la même semaine.

Deux de ces bons amis n'avaient pas été frappés par le même coup, qui brisa cette sorte de trinité confraternelle ; mais la farce, dont l'association des trois bouffons était l'âme, ne pouvait pas leur survivre et mourut bientôt après eux.

Vainement voulut-on enrôler de nouveaux bouffons : Goguelu, pour remplacer Gros-Guillaume ; Guillot Gorju, pour tenir l'emploi de Gaultier Garguille ; Goguelu ne fut pas remarqué ; quant à Gorju, bien qu'il se soit fait un nom, on le vit toujours jouer sans élan, sans franchise, et comme en demandant pardon au public de ce qu'il tâchait de le faire rire. Le feu sacré de la farce n'était point en lui. Il avait commencé par être médecin, et il voulut, dans une *Apologie*, que quelque pauvre diable d'auteur écrivit pour lui, concilier de son mieux les deux métiers, et prouver que l'un ne le faisait pas déroger à l'autre. La démonstration n'était pas difficile : qui disait médecin alors disait presque charlatan, et qui disait charlatan disait comédien ou directeur de Troupe comique. Au lieu de cette explication si simple, on ne trouve que des phrases, dans la prétendue *Apologie* de Guillot Gorju. Une seule chose y est visible, c'est qu'il hésitait entre ses deux métiers. Le public ne voulut pas le laisser dans cet embarras : il finit par le renvoyer à ses drogues. « Quand il descendit du théâtre, dit Sauval qui lui fait trop d'honneur, la farce en descendit. »

Ainsi voilà donc la farce sans acteur et sans théâtre. N'eût été Jodelet, qui la soutenait un peu sur la scène du Marais, on ne l'eût plus connue à Paris, que de nom. En province, elle vivait encore, mais si mal !

Un garçon (Tallemant le désigne ainsi), qui avait quitté les bancs de Sorbonne pour suivre une comédienne, retrouva, dans quelque bourgade, la pauvre farce délaissée, la remit sur pied, la promena avec lui de ville en ville, lui fit des succès ; puis, un beau jour, sans rien dire, la ramena dans Paris même, non point à l'Hôtel de Bourgogne, mais au Louvre, et sur un théâtre dressé pour l'amusement de la Cour.

C'était la première fois qu'il jouait devant le roi. Après que ses camarades et lui eurent représenté de leur mieux le *Nicomède* de Corneille, notre homme vint sur le théâtre ; il « remercia Sa Majesté, en des termes très modestes, de la bonté qu'elle avait eue d'excuser ses défauts ». Puis, s'enhardissant, il ajouta « que, puisqu'elle avoit bien voulu souffrir leurs manières de campagne, il la supplioit très humblement d'avoir pour agréable qu'il lui donnât un de ces petits divertissements, qui lui avoient acquis quelque réputation et dont il régaloit les provinces. »

La proposition fut très favorablement accueillie ; le rideau étant de nouveau levé, que joua-t-on ? Une farce, *le Docteur amoureux.* Notre homme était Molière.

Molière ne s'en tint point là, avec cette pauvre farce, qu'il avait ainsi commencé de faire prendre en plaisir à ceux qui s'habituaient à ne plus la prendre qu'en pitié. Pour prix du succès qu'il venait de lui devoir, il la releva tout à fait. Afin qu'elle fût, pour ainsi dire,

toute à lui, il s'attacha Julien Bedeau, dit Jodelet, par
qui la farce subsistait encore au théâtre du Marais, mais
faiblement et très effacée, car, sur une scène où trônait
Mondory, il ne pouvait y avoir place que pour la tragédie. Molière, sans repousser celle-ci, fit à l'autre sa
part, et y fut aidé par Jodelet, ainsi que par les excellents acteurs dont il s'était entouré et qu'il avait formés
dans le comique mieux encore que dans le sérieux.
Voyant le goût du roi et des seigneurs pour ces petites
pièces, il ne manqua pas de leur en servir, chaque fois
qu'il fut mandé, soit au Louvre, soit à Vincennes, où
la Cour, avec son jeune roi, se groupait alors autour de
Mazarin vieillissant. Ainsi, dans la seule année 1658, il
joua, devant Louis XIV, le *Docteur amoureux,* *Gros-René*
écolier et le *Médecin volant,* et en 1660, *Gorgibus dans*
le sac, la *Jalousie de Gros-Réné,* où du Parc (Gros-René)
s'enfarinait, comme jadis Gros-Guillaume, et le *Médecin*
volant. Cette dernière farce n'était, nous l'avons dit,
qu'une imitation de celles que donnaient alors les Italiens ; mais quand Molière l'avait jouée, on ne voulait
plus la voir représenter par personne. La Troupe italienne s'en aperçut bientôt, non seulement pour cette
pièce, mais pour tout le reste de son répertoire. Déses-
pérant de pouvoir tenir contre ce nouveau venu, qui,
larron complet, tuait son homme après l'avoir détroussé,
elle décampa.

Molière ne risqua ses *farces* devant le public, que
lorsqu'il eut été enhardi par le succès qu'elles obte-
naient devant la cour. On eût dit que la majesté du
parterre lui semblait plus redoutable que celle du roi,
ou que, tout au moins, doutant de la mémoire de la
foule, il craignait de lui entendre siffler ce que vingt ans

13.

auparavant elle avait applaudi de si bon cœur. L'épreuve réussit. Les *Précieuses*, qu'il fit représenter le 18 novembre 1658, après *Cinna*, furent très bien accueillies, et depuis lors le public, reprenant son appétit d'autrefois, voulut toujours voir jouer une petite pièce, avant la grande.

Molière le satisfit avec bonheur ; mais, pour mettre d'accord le désir du parterre avec l'intérêt de son génie, devenu, par le succès, plus exigeant envers lui-même, il transforma ces simples canevas en pièces véritables : la *Jalousie de Gros-Réné* devint le *Cocu imaginaire*, le *Fagoteux* remanié fut le *Médecin malgré lui;* la scène de *Gorgibus dans le sac*, qui venait des tabarinades, passa dans les *Fourberies de Scapin;* celle de *Gros-René écolier*, dans le *Malade imaginaire*.

La farce n'existait plus, elle s'était perdue dans la comédie.

I

LE MÉDECIN VOLANT

VERS 1650.

Molière, en ses premiers temps, aussi bien que plus
tard, du reste, fit de fréquents emprunts aux petites
comédies, que les acteurs d'Italie jouaient sur *scenario*,
et, comme on disait, à l'*improvisade*.

Une des plus applaudies, à l'époque de sa jeunesse, et
qui devait, par ce succès même, l'amorcer le mieux à
l'imitation, était le *Médecin volant* (*Medico volante*).
Le célèbre Scaramouche, dont on a tant répété qu'il
prit des leçons de grimace et de jeu, se montrait, dit-on,
merveilleux dans cette farce alerte, où la prestesse du
mouvement fait la moitié au moins du talent de l'acteur.

Pendant tout le carnaval, celui de 1647, cette farce,
ainsi jouée, fut la gaieté de Paris. On ne parlait pas
d'autre chose. Sarrasin, ayant à rédiger pour son ami
le comte de Fiesque, une de ces lettres-chroniques, en
petits vers, qui étaient les gazettes intimes de ce temps-

là, n'eut garde d'oublier les comédiens d'Italie et leur succès, Scaramouche et le *Médecin volant :*

> Encor faut-il te parler du théâtre,
> Où tu soulois (*avois coutume*) parfois t'aller esbattre,
> Au temps passé. Toujours y sont farceurs
> Italiens, bons et beaux gaudisseurs ;
> Toujours y sont le fameux Scaramousse,
> *Grand médecin* qui ne va pas en housse,
> Mais *vole en l'air,* comme un esprit malin...

Molière n'était plus à Paris, quand Sarrasin écrivait cela. Depuis deux ans déjà, il courait la province; mais, comme le *Médecin volant* n'était pas nouveau dans le répertoire de son ami Scaramouche, soyez sûr qu'il l'avait vu jouer, et qu'il en avait emporté une bonne esquisse, *croquée* sur place.

Une farce du même nom, et, par conséquent, sur le même sujet, devait faire partie de son répertoire de campagne. En effet, lorsque, douze ans plus tard, il revint de province, c'est le *Médecin volant* qui figure des premiers au nombre des petites comédies qui lui furent demandées par le roi lui-même, et qui commencèrent son succès. Le *Fagoteux* marchait de pair. Quelques annés après, il les réunit. Des deux farces transformées, émondées, corrigées, il fit une comédie, le *Médecin malgré lui,* lequel, une fois en pied, ne laissa plus reparaître les deux parades, qui étaient son embryon. On ne revit plus, chez Molière, ni le *Fagoteux,* ni le *Médecin volant* : ils s'en étaient allés où s'en va le *caput mortuum* d'un creuset, après une opération.

L'un était pour jamais perdu, l'autre devait survivre. Comment, et par quelles mains? Je ne sais ; mais il se trouva que, en 1731, J.-B. Rousseau possédait une

copie du *Médecin volant*. Peut-être lui venait-elle de
Baron, qu'il avait beaucoup connu, et qui avait été assez
longtemps l'ami de Molière, pour avoir en sa possession
cette épave des manuscrits de notre grand comique.

En cette année 1731, on préparait une édition des
œuvres de Molière, et désirant qu'elle fût aussi complète
que possible, on cherchait partout de quoi y ajouter.
J.-B. Rousseau dès lors fut relancé pour son *Médecin
volant*, et aussi pour une autre farce de même provenance,
la *Jalousie du Barbouillé*. Chauvelin, qui avait l'inspection générale de la Librairie, et qui s'intéressait fort à
cette édition de Molière, se fit, pour les obtenir, solici-
teur empressé près de Rousseau. Après quelques lettres,
celui-ci s'exécuta, en s'étonnant qu'on y mît tant d'in-
sistance. Les deux farces, à son avis, ne lui semblaient
pas tant valoir. L'une n'avait qu'un mérite, celui d'être,
comme nous l'avons dit, le point de départ de quelques
scènes du *Médecin malgré lui,* et l'autre ne valait elle-
même quelque chose, qu'en raison de *George Dandin,*
qui y retrouvait plusieurs traces de ses origines.

Rousseau ne dissimula point le peu de cas qu'il faisait
lui-même du présent, pour lequel on l'avait tant pressé.
« Ce sont, écrivait-il à Chauvelin en lui adressant les
deux farces, ce sont des canevas, qu'il (Molière) donnait à ses acteurs, qui les remplissaient sur le champ,
à la manière des Italiens, chacun suivant son talent.
Mais il est certain, ajoute-t-il, qu'il n'en a jamais di-
géré aucun sur le papier, et ce que j'en ai est écrit
d'un style de grossier comédien de campagne, et qui
n'est digne, ni de Molière, ni du public.

Chauvelin fut sans doute de cet avis, car les deux
farces ne parurent pas dans l'édition dont il s'était donné

le soin. Elles ne furent même pas publiées à part. Vingt
ans après, elles étaient, même pour ceux qui s'occupaient le plus attentivement des choses de théâtre,
aussi inconnues que si J.-B. Rousseau ne les avait com-
muniquées à personne. Les frères Parfait, entre autres,
dont la compétence en ce genre était si éclairée, ne les
connaissaient pas. Ayant à parler du *Médecin volant*,
dans leur *Histoire de l'ancien Théâtre italien*, ils ne dirent
mot de la farce de Molière et ne semblèrent même pas en
soupçonner l'existence; qui plus est, croyant nouvelle
la pièce italienne que Molière avait lui-même imitée pour
cette parade, ils s'imaginèrent que son *Médecin malgré
lui*, dont elle est un des points de départ, avait été imité
par les Italiens. Par la plus singulière interversion de
rôles, ils faisaient de Molière, qui avait emprunté, le prêteur, et du débiteur, le créancier.

Qu'étaient cependant devenues les deux farces? On
put les croire perdues. Pendant un siècle, elles le sont,
en effet. Enfin, vers 1830, un de ces amateurs pour qui
rien ne s'égare, M. Viollet le Duc, les retrouve, et de
peur de disparition nouvelle, les publie en une brochure charmante, chez le libraire Desoer. Quelques
années après, la Comédie-Française se dit : « C'est mon
bien, » et elle en reprend une, la meilleure, le *Médecin
volant*. Elle le joua au *bénéfice* de Saint-Aulaire, avec un
succès où il n'y eut guère que de la curiosité. N'importe :
l'éveil était donné. Les deux pièces appartenaient à Molière, sans que personne le contestât. Aimé Martin les
fit donc entrer dans sa grande édition des OEuvres de
Molière, et depuis lors elles ont figuré dans toutes.

II

L'ÉTOURDI

1653

I [1]

Le sujet que je vais avoir à développer est assez difficile, assez ardu et très multiple. Les menus détails y
fourmillent, tant sur l'auteur que sur l'œuvre. Nous avons
affaire, ici, dans le répertoire du grand homme, à une
œuvre jeune, sinon de jeunesse, car Molière avait trente
et un an passés, quand il la fit jouer ; à une comédie de
première manière, où il va nous falloir chercher l'auteur moins dans sa propre inspiration que dans ses emprunts, moins chez lui-même que chez les autres. Il est
déjà un homme, quand il l'écrit, mais son génie est encore un enfant, et un enfant dépaysé, hors de l'inspiration natale, un enfant qui, avant de savoir sa langue, est
obligé de parler une langue étrangère ; qui, avant d'être
l'admirable Français que vous connaissez, que vous aimez, est forcé d'être Italien.

(1) La première partie de cette étude, sur la comédie de
l'*Étourdi*, fut présentée au public sous la forme d'une Conférence ; ce qui en justifie le ton oratoire et familier. *(Note de
l'Éditeur)*.

Pourquoi *forcé?* C'est ce que je vais vous dire.

Toujours, pardonnez-moi cette vérité banale, toujours on appartient au temps et au milieu dans lesquels on se trouve. Fût-on un génie comme celui dont nous parlons, toujours on subit les influences de la Mode, les exigences du Goût. Avant de le mener, il vous mène. Molière eut son tour avec lui. Une heure vint où il en fut le maître. Au moment dont il s'agit, il fallait qu'il en fût l'esclave. Quoi qu'il pût vouloir, il fallait qu'il fût Italien, à cette époque où il était de mode et de bon ton d'aimer les œuvres italiennes et espagnoles ; où la fantaisie était aux œuvres castillanes. Ce ne fut que plus tard, de retour à Paris, que cette dernière mode l'assujettit ; et même, il ne la subit qu'avec une sorte d'indépendance relative. Pour se mettre à l'unisson du goût de la Cour, où la reine-mère, Anne d'Autriche, avait tout accommodé à l'espagnole, il s'accommoda lui-même, suivant cette mode, mais en l'arrangeant beaucoup : *Don Garcie de Navarre*, la première pièce qu'il donna alors, n'est guère espagnole que de nom, et l'*Ecole des Maris*, dont il prit l'idée à la *Discreta Inamorada* de Lope de Vega, est bien vraiment une œuvre originale sur canevas étranger, une œuvre française avec quelques teintes castillanes.

Alors, il avait déjà pris assez de force, pour être lui-même, dans l'imitation des ouvrages d'autrui ; mais, à l'époque de l'*Etourdi*, il n'était pas encore de taille à lutter avec l'auteur étranger qu'il prenait à partie. Au lieu de l'absorber, comme il fit plus tard, il fallait encore qu'il se laissât absorber par lui.

- Le tout n'est pas, lorsqu'on imite quelqu'un, disait Rivarol, le tout n'est pas de le voler : il faut tuer son homme. C'est ce que fit Molière, s'attaquant à Lope de

Vega dans l'*Ecole des Maris*, où il le fit disparaître, tout
en l'imitant ; pour l'Italien, qu'il mit à contribution dans
l'*Etourdi*, il ne fit que la moitié de la besogne. Il lui
emprunta presque tout, mais, cette fois, sans le faire
oublier, sans être beaucoup plus fort que lui. Son succès n'en souffrit pas. Où il se trouvait alors, on voulait
de l'Italien ; il en donnait, on fut content : moins il y
ajouta, plus on applaudit.

C'est à Lyon que cela se passait. Il y était venu en
acteur nomade, en comédien de campagne, après bien
des courses qui m'entraîneraient trop loin, si je m'aven-
turais à vous les raconter ici, et il y trouva la vogue
des choses et des œuvres italiennes, dont sa première
œuvre dut subir l'influence.

Lyon était alors une ville de banque et de commerce,
plus que d'industrie, et les plus riches banquiers, ceux
qui menaient le ton dans la ville, qui apportaient les
grosses recettes au théâtre, y étaient presque tous de famille lombarde ou florentine.

Les vieilles farces, que Molière avait jouées en d'autres endroits de la France, en Bourgogne (— Nous savons aujourd'hui qu'il joua à Dijon, —) en Bretagne (—
Les représentations qu'il donna à Nantes sont un fait depuis longtemps acquis —) ne pouvaient suffire dans
une ville, que son aristocratie et sa richesse rendaient
presque étrangère, et qui était ainsi plus italienne que
française. Il s'en aperçut bien vite, et bien vite aussi
changea son répertoire. Y essaya-t-il d'abord ses pièces
courantes, les farces, dont je viens de parler ? C'est probable. Je croirais même qu'il y donna une ébauche de
son *Malade imaginaire*, car un des types en vint, tout
baptisé : c'est celui de l'Apothicaire.

Un jour qu'il passait dans le quartier du Bœuf, se rendant au jeu de paume qui lui servait de théâtre, il vit à l'entrée d'une boutique, sur le pas de la porte, la plus belle mine d'apothicaire qu'il eût encore rencontrée. Il était justement en quête alors d'une physionomie de cette sorte, et il se dit, le trouvant si bien à point, que, si le nom répondait au visage, il avait là son type complet.

— Pourrai-je vous demander, dit-il, de la façon la plus polie, à l'apothicaire, comment vous vous nommez?

— Ne savez-vous pas lire ?

— Si fait !

— Alors vous avez mon enseigne.

Molière leva les yeux, et lut écrit en grosses lettres ce nom magique : FLEURANT. « Admirable ! s'écria-t-il au nez de l'homme à la seringue, qui ne flaira rien dans son exclamation ; admirable ! parfait ! » et il disparut.

Le lendemain, au jeu de paume le plus voisin, il jouait une farce, où l'apothicaire assez peu poli de la veille, lui prêtait pour son type rêvé ce beau nom de Fleurant, si bien trouvé, qu'il ne voulut plus le perdre. Il le reprit plus tard, pour le *Malade imaginaire*, qui l'a fait immortel.

Ces sortes de personnalités étaient alors de mise; la farce, par laquelle on finissait les représentations théâtrales, n'avait même pas d'autres ressources pour faire vivre son esprit et renouveler ses malices. Celui qui s'y trouvait joué en toutes lettres, se fâchait, mais on le laissait faire, en riant d'autant mieux.

Ce fut le fait de ce pauvre M. Fleurant, qui ne sut bientôt plus où mettre son nom.

Ne pouvant le cacher, il le déguisa. Il ne signa plus que *Flurant* sur les actes; mais ceux qui les rédigaient,

ét qui le connaissaient bien, s'obstinaient dans la première et terrible orthographe, trop bien consacrée par
Molière. Partout, ils écrivaient Fleurant. On n'a bien
connu l'identité du personnage et sa très proche
parenté avec l'apothicaire du *Malade imaginaire*, que
par cette petite taquinerie d'exactitude.

J'aurais pu passer sous silence cette anecdote; mais,
comme tout le monde la raconte encore à Lyon, quand
on y joue Molière, par hasard, je ne pouvais me dispenser de la rappeler, en vous parlant de Molière à Lyon.

Revenons à l'*Etourdi*, dont nous ne sommes pas si
loin qu'on pourrait le croire, car il est du même temps
que cette malice onomastique, et il va nous laisser dans
la même ville.

Quand Molière, après y avoir essayé de ses farces, vit
qu'elles n'y pouvaient pas suffire dans une population,
dont le beau monde était tout à la vogue italienne, il
tourna son esprit au vent du succès, car il fallait vivre
malgré tout, et il avait avec lui une grosse Troupe, qui
ne vivait que de ce qu'il trouvait, qui n'avait pour
gagne-pain que ce qu'il imaginait.

Des comédiens d'Italie avaient, à plusieurs reprises,
fait fortune à Lyon, entre autres Francesco Andreini, et
sa sœur, la célèbre Isabella Andreini, qui même y était
morte, entourée des plus grands honneurs qu'on pût
alors accorder à une comédienne.

Dans la même compagnie, celle des *Gelosi*, c'est-à-
dire « les Jaloux, les désireux de plaire, » s'était trouvé
un autre comédien, qui s'appelait Nicolo Barbieri, de
son vrai nom, et Beltrame, de son nom du théâtre.

Tout à la fois auteur et acteur, comme le fut Molière,
il s'était ingénié pour mettre en comédie écrite un de ces

canevas, l'*Inavertito*, l'Imprudent, que jusqu'alors lui et
sa Troupe n'avaient joué qu'à l'improvisade, *all improviso*, d'après la mode de leur pays, c'est-à-dire en
renouvelant le dialogue pour chaque représentation, au
hasard de l'esprit et de l'inspiration de chaque acteur
et suivant le caprice de leurs *lazzi* et de leurs *cascate*,
deux mots qui, par parenthèse, nous sont restés; du
dernier, nos farceurs on fait leur mot « cascade, » qui
a le même sens, et dont les étymologistes ont bien longtemps demandé l'origine.

Ce canevas, que Barbieri s'était décidé à broder de
son style, ce scénario dont il faisait enfin des scènes
écrites, n'était pas bien neuf, comme vous allez voir.
Il datait du temps des Romains. Plaute en avait fait sa
comédie de l'*Epidicus*, et, dès les premiers temps de la
Renaissance, un poète aveugle, qui n'eut d'Homère que
son infirmité, Luigi Groto, s'en était inspiré pour sa
comédie de l'*Emilia*.

Barbieri se dit que, puisque Luigi Groto avait pris le
sujet à Plaute, il pouvait bien reprendre, lui, ce sujet à
Luigi Groto; et Molière, car c'est là que nous en voulons venir, Molière se dit, à son tour, qu'il avait tous les
droits possibles sur un sujet qui, à force de changer de
main, n'appartenait plus réellement à aucune.

Il prit donc à Barbieri ce que Barbieri avait pris à Luigi
Groto, et ce que celui-ci avait pris à Plaute.

Je parlais tout à l'heure de cascade : il me semble
qu'en voilà, et des plus belles.

En somme, dans cette confusion, dans ce tohu-bohu
d'emprunteurs et de prêteurs, on ne sait plus ni qui
emprunte ni qui prête; et l'on conclut que le sujet pris
appartenait à tout le monde.

Molière, qui était homme de conscience — il n'eût
pas, sans cela, été homme de génie — ne dissimula pas
cependant ce qu'il devait à l'Italie.

Il aurait pu, comme Quinault, qui, l'année d'après, se
saisit encore du même thème, pour sa comédie de
l'Amant indiscret, ou le Maître étourdi, il aurait pu y
mettre tout à la parisienne, et, sans plus de vergogne, se
faire ainsi corsaire, sous pavillon français, à la barbe
des Italiens ; il aurait pu, en effaçant la piste, braconner impunément, comme on dit, voler d'autant
mieux qu'il démarquait le linge. Point du tout. Il
prenait une pièce à l'Italie, il lui laissa la marque
italienne.

Son succès à Lyon ne s'en trouva que mieux, je l'ai
dit, et lui-même le savait bien. Mais ce n'est point ce
qui le détermina : ce fut certainement sa conscience,
sa franchise ordinaire. Tant mieux, s'il s'en trouva
bien ; il y a des succès qui n'arrivent qu'aux honnêtes
gens. Or, Molière fut là le plus honnête des emprunteurs. Il ne le fut que trop, vous en jugerez bientôt, car
sa comédie n'est que trop italienne. Elle se perd en
des complications qui ne sont pas de notre esprit net
et lucide, et qui étaient encore bien moins du génie de
Molière, le génie de la vérité et du bon sens. On y sent
partout ce que l'Italie esclave était alors, et ce qu'elle
n'est plus, car elle est libre à présent, et la liberté assai-
nit tout. Il y court je ne sais quel souffle d'une corruption, ininterrompue depuis l'époque romaine jusqu'à
celle des Borgia et des Médicis.

On y devine partout le peuple, chez qui seul, en ce
temps-là, le titre de *gran furbo,* d'illustre fourbe,
était pris en bonne part. Mascarille, qui se dit « fourbe »

« fourbissime », et qui s'en vante, est un Florentin de
la décadence, et ne fut jamais un Français.

Chez nous, il aurait d'autres défauts, dont il se vante-
rait aussi, mais il n'aurait pas celui-là.

Quelqu'un, qui étudia profondément, chez les historiens, les comiques et les conteurs, les Italiens de cette
époque, me les définissait, un jour, de façon à ce qu'il me
fût imposible de n'y pas reconnaître tous les types de
la vieille comédie italienne, et, par conséquent, ceux de
l'*Etourdi*.

« Ils ne contrariaient en rien, me disait-il, les pen-
chants qu'ils avaient reçus du bon Dieu : ils les cultivaient,
au contraire, et en jouissaient naïvement, avec aussi
peu de pruderie pour les mots que pour les choses. »

A ce propos, comme exemple de la naïveté d'effronte-
rie, qu'on avait alors, en Italie, à se dire pécheresse et
à l'être, il me citait l'exemple d'une grande dame, qui
s'était chargée de l'éducation d'une petite paysanne et
lui faisait réciter son catéchisme avec promesse d'une
pomme à chaque bonne réponse : « Combien, lui de-
manda-t-elle un jour, y a-t-il de péchés capitaux? —
Cinq, madame la comtesse. — Comment, petite sotte !
nous n'en avons que sept, et tu veux encore nous en
retirer deux ! Tu n'auras pas ta pomme. »

Je ne vous réponds pas que l'anecdote ne pourrait pas
être du Paris moderne; mais elle est, suivant mon
savant ami, de l'Italie ancienne, et je le crois. Ce que
je sais des habitudes où l'on s'y complaisait, ne me le
dément pas; l'*Etourdi* ne vous le démentira pas, non
plus. Il s'y trouve je ne sais combien de traces de
l'élasticité de conscience, qu'on avait alors en toutes
choses, à Florence, à Rome, à Naples.

Quand Lélie — retenez bien ce fait, pour savoir à qui le prêter — quand Lélie, l'*Etourdi*, apprenant que la bourse, prise par Mascarille, et qu'il a étourdiment ramassée, était pour lui, convient qu'il a eu tort de la rendre, il est tout à fait dans l'esprit de l'égoïsme complaisant de ses compatriotes de ce temps-là, pour qui tout était bon, du moment que c'était pour eux.

Un des commentateurs de Molière a fort bien remarqué que, pour de pareils traits, il fallait qu'il imitât quelqu'un ; il ne les eût jamais trouvés dans son esprit, et moins encore dans sa conscience : « En cet endroit, dit-il, avec un sérieux qui prouve de quel ton sévère on jugeait alors la moralité des comédies, en cet endroit, Molière blesse les mœurs du théâtre ; mais, ajoute-t-il à sa louange, mais il faut remarquer que dans les sujets de comédie qu'il a tirés de son propre fonds, on trouvera peu de pareils reproches à lui faire. »

Fort doux à l'apparence, l'Italien d'aujourd'hui, qui, en cela, ne diffère pas de ses ancêtres, aime volontiers l'amusement brutal, le rire plus que bruyant. C'est ce qui a fait dire à Stendhal : « La gaieté italienne est une fureur. »

Les farces avec assaisonnement de bastonnades furent toujours un de ses plaisirs. Molière ne les lui a que trop empruntées. Ne lui en voulez pas de celles, qui, dans l'*Etourdi*, y font leur tapage.

Il n'est pas comptable des coups qu'il reçoit. Ils lui viennent de la farce italienne. Ce n'est qu'un emprunt qu'il endosse. Bien avant Molière, chaque farce d'Italie avait sa grêle de coups. Flaminio Scála, qui mit en tête de tous ses *scénarios* l'indication des accessoires, n'oublie jamais : *il bastone, di bastonare.*

Je vous disais tout à l'heure que l'Italien, du temps des Médicis, c'est-à-dire celui de l'époque de Barbieri et de sa comédie de l'*Inavertito* était resté tel, à peu près, que l'ancienne Rome l'avait façonné. Jusque dans ses croyances, vous en auriez la preuve : pour un chrétien, c'était un païen, et des pires.

Jupiter, alors, n'avait cessé d'être la divinité. C'était, tout ensemble, pour lui, Dieu le fils et Dieu le père. Dante s'écrie, dans son poème du *Purgatoire* : « Grand Jupiter! (*Sommo Giove*) qui vous fîtes crucifier pour nous! » Après un pareil cri, ne vous étonnez pas si l'Italien Mascarille jure tout à l'heure par Jupiter !

La familiarité du maître et du valet donne à celui-ci, en tant d'endroits de la pièce, une supériorité, qui vous gênera peut-être, qui vous répugnera même : c'est encore un détail des mœurs de l'ancienne Italie ; comme le reste, elle vient de Rome, où l'esclave, dès qu'il était affranchi, devenait l'égal, et bientôt, comme il avait acquis plus d'expérience par sa servitude même, le supérieur de son ancien maître.

Mascarille, Scapin, ne sont que les copies des Sosies et des Daves de Térence et de Plaute, qui ont passé dans l'active et souveraine domesticité de la vie italienne, où tout se mêle et se confond encore si aisément : « Il y a, dit Stendhal, que nous ne nous lasserions pas de citer, il y a, en Italie, des fortunes différentes, mais il n'y a pas de mœurs différentes !... La conversation du grand seigneur et celle de son valet de chambre sont la même. »

Voilà, tout expliquée, la familiarité de Mascarille et de son maître.

L'esprit excessif, qui domine le comique en Italie, et

qui le pousse à toutes sortes d'écarts de bon sens et de
goût, vous expliquera, vous justifiera d'autres détails.
Quand vous verrez tomber sur le dos de Lélie certaine
cassolette, qui n'est pas, il s'en faut, la « boîte aux parfums, » dites-vous qu'elle ne vient pas de Molière, et
que c'est d'une fenêtre de Naples ou de Messine,
qu'elle pleut, sans les embaumer, sur les épaules de
l'*Etourdi.*

Tout en se faisant Italien, de façon à ce qu'il fût impossible de s'y méprendre, Molière est resté, par quelques coins, de son pays. Plusieurs particularités de sa
pièce sont françaises et contemporaines. Il en est même
une, celle de la fausse monnaie, par exemple, qui n'est
pas des plus à l'honneur de nos gentilshommes dè ce
temps-là, quand maître Anselme trouve un prétexte pour
reprendre à Lélie la bourse qu'il avait trop vite donnée à
Mascarille. On faisait alors beaucoup de faux écus d'or
ou d'argent, on donnait force soufflets sur la face du
Roi, dans les gentilhommières de Bretagne et autres,
et je crois bien que Molière, qui venait de Bretagne quand
il parla si bien de fausse monnaie dans son *Etourdi,*
pensait à M. de Pomenars, dont les seuls écus qu'il
possédât en ses coffres, étaient ceux qu'il avait fabriqués.
On le mit à une très forte amende pour cette fabrication. Il paya l'amende..... avec ses écus, c'est-à-dire en
fausse monnaie.

Une autre particularité fort curieuse, du moins pour
nous, est encore de son temps. Molière ne la devait
qu'aux habitudes parisiennes, quand venait l'époque
des libertés du carnaval.

..... Je suis averti

entendez-vous dire à Ergaste,

> Qu'il a mis ordre à tout et qu'il se persuade
> D'entrer, chez Trufaldin, par une mascarade.

Pour comprendre ce que cela veut dire, et c'est fort important, car il s'agit d'un rapt, qui est une des dernières
péripéties de la pièce, il faut se rappeler qu'au moment
des jours gras, chaque bande de masques avait le droit
d'entrer dans les maisons, qu'il y eût fête ou non, et de
s'y comporter à sa fantaisie ; si on refusait la porte, on
pouvait la forcer. A ce propos, je veux vous rapporter
une anecdote trop caractéristique et trop bien dans le
sentiment du petit commentaire en action que je vous
fais ici, pour devoir l'omettre. Je la trouve dans un recueil inédit d'historiettes du temps.

« Le président de N... donnait un bal dans la rue des
» Blancs-Manteaux ; le roi, qui se plaisait à courir le
» bal incognito, se rendit à celui du président, avec un
» cortège de trois carrossées de dames et de seigneurs
» de la Cour. Toute la livrée était en surtout gris, pour
» n'être pas reconnue. Mais les suisses, qui avaient ordre
» de ne laisser entrer les masques que par billet, refu-
» sèrent l'entrée à la bande du roi, quoiqu'il fût une
» heure après minuit. Sur ce refus, Louis XIV ordonne
» de mettre le feu à la porte. Aussitôt la livrée va cher-
» chez des fagots chez le premier fruitier ; on les dresse
» contre la porte, on les allume avec des flambeaux.
» Les suisses, épouvantés de cette attaque, allèrent en
» avertir le président, qui leur ordonne d'ouvrir toutes
» les portes, se doutant bien qu'il fallait que ce fût des
» personnes de la première qualité, pour faire une action
» si hardie. Tout le cortège défila dans la cour, et l'on

» vit entrer dans le bal une bande de douze masques
» magnifiquement parés, avec une infinité de grisons
» masqués, tenant un flambeau d'une main et l'épée de
» l'autre. Cette manière de procéder imprima le respect
» à toute l'assemblée.

» M. de Louvois, qui était de la troupe du roi, tira le
» président à part, et, s'étant démasqué, lui dit qu'il
» était le moindre de toute la compagnie. C'en fut assez
» pour obliger M. de N... à réparer sa faute ; il fit ap-
» porter de grands bassins de confitures sèches et de
» dragées. Mais Mlle de Montpensier, qui dansait, en ce
» moment-là, donna un coup de pied dans l'un des bas-
» sins, et le fit sauter en l'air. Cette action alarma en-
» core le président ; mais le mal n'alla pas plus loin,
» par la prudence du roi, qui calma le ressentiment des
» princes et des princesses, du refus de l'entrée du bal ;
» de sorte qu'ils sortirent, sans se faire connaître, après
» avoir dansé tant qu'ils voulurent.

» Le lendemain, cette aventure fut rapportée au dîner
» du roi et de la reine-mère, par gens qui ignoraient qu'il
» fût de la partie.

» Ils approuvèrent l'action des masques, et dirent
» qu'il fallait que les entrées d'un bal fussent libres aux
» masques, dans le temps du carnaval, après minuit, et
» que, si l'on ne voulait pas se commettre, il ne fallait
» pas s'exposer à en donner. »

Ce curieux épisode nous ramène à Paris. C'est là que
Molière, en revenant, se trouva bel et bien lui-même ;
c'est là qu'enfin mis dans sa vraie voie, sur son véritable
sol, il se dit, ne faisant plus que glaner de temps à
autres chez les étrangers à la mode : « Pourquoi emprunter, à quoi bon prendre ? Chaque fois que j'em-

prunte, ce que je rends vaut mieux que ce qu'on me
prête : je suis dupe. Redevenons nous-même, cessons
d'être Italien, dédaignons d'être Espagnol, soyons Français». Il le fut, et vous savez avec quelle gloire pour lui
et pour nous.

II

Tout ce qui est de Molière est bon à voir et meilleur
à revoir. Il n'en est pas de ses œuvres comme de la
corbeille de cerises de Mme de Sévigné, où, croquant
toujours, on passait des excellentes aux médiocres, et
des médiocres aux gâtées. Là, tout est bon, tout est
sain.

En vingt ans de théâtre, de 1653 à 1673, de l'*Etourdi*,
qui est une comédie si étonnante, surtout comme
début, jusqu'au *Malade imaginaire,* qui est un chef-
d'œuvre, Molière a parcouru, note par note, et montant
toujours, la gamme entière du grand comique.

Je voudrais qu'on réunît ces deux pièces dans un
seul spectacle, pour que le public fût à même de le
mesurer mieux, en le voyant passer entre son point de
départ et sa fin ; entre l'heure souriante, mais déjà
mêlée d'ombres, où, pauvre comédien de campagne, il
lança par le monde cet alerte *Etourdi*, et l'heure triste,
désenchantée, où, riche, mais souffrant d'âme et de
corps, malade, et encore plus chagrin, riant encore
et surtout faisant rire, même de ce qu'il souffrait, il se
traîna jusqu'au fauteuil du *Malade imaginaire*, et fut le
trop réel Argan, après avoir été le leste Mascarille.

Celui-ci fut, d'origine, son type de choix, son personnage de préférence. Il le mit en chacune de ses pre-

mières pièces. Dans l'*Etourdi*, c'est lui qui mène l'intrigue ; dans le *Dépit amoureux*, — je parle de la pièce
en cinq actes, — c'est Mascarille, valet de Valère, qui
noue et dénoue la comédie; dans les *Précieuses ridicules*, c'est Mascarille encore, Mascarille toujours.

On avait fini par lui en donner le nom, et par ne plus
l'appeler que Mascarille, comme on avait fait pour les
anciens farceurs, Hugues Guéru devenu *Gaultier Garguille*, et Robert Guérin changé en *Gros-Guillaume*.

Molière, chez qui l'homme de tenue sérieuse se trouvait toujours sous le comédien, ne s'accommoda pas de
la métamorphose. Il dit adieu au rôle qu'on lui assi-
milait trop ; il jeta aux orties cette casaque de
Mascarille, sous laquelle, à force de l'en envelopper, on
le perdait, et dont on lui faisait comme une robe de
Nessus.

Il changea de type, mais sans changer de tradition.
Il était avec Mascarille, en pleine comédie italienne. Le
nom même, fait de *maschera*, masque, lui venait d'Italie. Pour son nouveau type, il ne chercha pas, non plus,
ailleurs. C'est au *Zanni* des Italiens, qu'il l'emprunta
tout nommé, avec une simple variante. De *zanni*, il fit
le joli diminutif *zannarello*, qui, prononcé à la française,
devint Sganarelle.

Il ne faut pas oublier les origines de certains personnages de Molière, pour les bien comprendre, et
surtout pour les bien jouer, avec leur véritable allure,
leur mouvement vrai. Ils viennent d'Italie, ne l'oubliez
pas : jouez-les donc à l'italienne.

Pour le Mascarille de l'*Etourdi*, plus que pour aucun,
c'est indispensable, car il est sorti, tout étincelant déjà,
de l'*Inavertito*, du comédien poète Barbieri, qui jouait

sous le nom de Beltrame, comme Molière sous celui de Mascarille.

Si Molière auteur avait mis dans sa pièce le meilleur de l'intrigue italienne, soyez sûr qu'en la jouant, Molière comédien mettait aussi dans son jeu le plus vif et le plus leste de l'esprit italien. Il n'y allait pas en matadore, je le jurerais, plus du poing que de la main, et plus de la voix sonore que du mot alertement lancé. Je vous réponds qu'il ne brutalisait rien. Il devait passer et voltiger sur tout, glissant toujours, n'appuyant jamais.

Le genre même de l'intrigue l'exige. Il y a, dans le rôle de Mascarille, des évolutions et des volte-face d'imaginative, qui exigent dans le jeu la même rapidité de volte-face et d'évolution.

C'est ce qui explique qu'il n'y peut suffire, qu'il ne peut se suivre lui-même. C'est ce qui justifie qu'à chaque minute, une ruse nouvelle lui jaillissant au cerveau, il oublie d'en prévenir son maître, encore empêtré dans la dernière, et amène ainsi les *contretemps*, qui sont si bien le fond même de la pièce, que dans l'origine on ne l'appelait pas autrement.

Monrose, le père, la jouait avec cette vivacité, sans pause ni répit, sans rien de pesant surtout, à tire-d'aile d'esprit et de verve, pour ainsi dire. J'étais bien jeune, quand je le vis, et je m'en souviens d'autant mieux. Il étincelait, il éblouissait, et que trop même. Les étincelles empêchaient de voir la flamme. Par instant, on ne distinguait plus rien ; mais c'était bien, sauf la netteté, le vrai mouvement qu'il fallait.

Il en avait appris le rhythme par Dugazon, à qui il l'avait vu jouer cent fois, et qui lui-même en tenait la

tradition de Préville, auquel les Poisson l'avait transmise, après l'avoir reçue eux-mêmes de La Thorillière,
qui, lui, avait vu jouer Molière et jouait comme lui.

Ainsi, dans le jeu de Monrose, le dernier peut-être
qui eût encore en main un bout du fil, aujourd'hui
rompu, de la grande tradition, il y avait comme un
dernier écho, une dernière vibration de l'esprit même
de Molière comédien.

III

LES FACHEUX
1661

Chez Fouquet, au château de Vaux, où les *Fâcheux*,
comme vous savez, furent joués pour la première fois,
à la fête du 17 août 1661 donnée pour le roi, ce fut,
dit-on, merveilleux d'esprit et de verve. Molière comédien y lutta d'ardeur et d'élan avec Molière poète. Il
n'était plus de la première jeunesse, car il touchait à
ses quarante ans ; mais il était amoureux, et la jeunesse
lui revenait par là.

Il aimait Armande, qui, peu de mois après, devait
devenir sa femme ; elle était de la fête, elle était de la
comédie, et c'est pour deux qu'il joua, soyez-en sûr,
bien plus que pour le surintendant, bien plus que pour
le roi lui-même, qui ne le croyaient pourtant occupé
que de leur plaire.

La pièce même, pour qui pouvait savoir sa préoccupation constante, disait ce qui se passait en lui, et
combien l'amant se trouvait gêné par tout ce que le
poète et le comédien était obligé de faire. « Le sujet —

dit La Fontaine dans une lettre à son ami Maucroix, qui
vaut, sur cette fête et sur la pièce, dont il fut alors
spectateur, tous les feuilletons qu'on a fait ou que l'on
pourra faire — le sujet est un homme, arrêté par toutes
sortes de gens, sur le point d'aller à une assignation
amoureuse. » Or, la situation de Molière, amoureux
d'Armande, ne voulant que s'occuper d'elle, mais
« arrêté, » distrait dans son amour, par les ordres
auxquels, comédien et poète, il lui fallait obéir, était à
peu de chose près la même. Il joua les *Fâcheux*, devant
des gens qui étaient pour lui et pour son amour
beaucoup trop dérangé, les plus grands fâcheux du
monde !

Sa vie, quand on l'étudie bien, se trouve ainsi remplie de petits épisodes à double face, mais où il y a
toujours, pour qui le devine, sa vengeance à la canto-
nade, sa petite revanche en *à parte*.

Pour qu'on sache bien à quel point étaient tyran-
niques les exigences auxquelles il était obligé de sacrifier ses aises de rêveur et son bonheur d'amoureux, je
vais vous dire, d'après le fameux *Registre* de son ami
La Grange, ses fatigues d'une seule semaine, pour satisfaire, tout ensemble, le surintendant qui l'avait fait
venir à Vaux et le public qui le redemandait à Paris.

C'était en juillet 1661, un mois avant la représentation des *Fâcheux*. Fouquet, pour s'entendre avec lui au
sujet de la fête qu'il méditait, l'avait fait venir à son
château, et l'y avait retenu cinq jours, sans s'inquiéter
si son théâtre à Paris ne souffrait pas de cette absence.
Molière ne put repartir qu'après avoir joué le meilleur
de son répertoire, et avoir promis d'y ajouter une
pièce nouvelle, qu'il viendrait jouer toute fraîche; le

mois suivant. Il n'y manqua pas, ce furent les *Fâcheux*, où, vous en conviendrez, celui qui les demandait aurait bien mérité un rôle.

C'est avec cette commande en tête, et n'ayant qu'un mois pour y satisfaire, que Molière, dont les idées eussent si bien voulu être ailleurs, put enfin revenir à Paris, de nuit, en mauvaise voiture, et attendu, au débotté, par une affiche impitoyable, qui l'avait promis, pour le jour même, à ses spectateurs ordinaires.

Voici le moment d'écouter parler La Grange : « Le lundy 11 juillet, la Troupe est partie pour aller à Vau (*sic*), pour M. Fouquet... La troupe revint à Paris, la nuit, arriva à Essone, le vendredy 15, à la pointe du jour, et arriva à mydy au Pallais-Royal, pour jouer *Huon de Bordeaux* et l'*Escolle des Maris,* qu'on avait affichés. »

Notez bien qu'alors le spectacle commençait à trois heures au plus tard, et que, par conséquent, Molière, débarqué à midi, ne put guère prendre, entre son arrivée et son entrée en scène, un seul instant de repos.

Ce que dut être le mois qui suivit, pour le pauvre grand homme, pris, d'un côté, par ses préoccupations de cœur, l'amour et la jalousie, qui, pour lui, le doubla toujours,. et, de l'autre, par son travail d'esprit, ses anciennes pièces à jouer, sa pièce nouvelle à écrire, à apprendre, et, qui plus est, à faire jouer, je ne vous le dirai pas, vous vous le figurerez sans peine.

Tout fut prêt à l'heure dite, et rien n'y sentit la fatigue; rien, non plus, si ce n'est le sujet même, qui, comme je l'ai dit, semblait indirectement comprendre parmi les *Fâcheux* celui qui avait demandé la pièce, rien ne vint faire croire que Molière en voulait au

surintendant, pour tant d'exigence et pour tant de travail.

Deux vers seulement cachaient une malice, une
amertume, mais que personne, si ce n'est peut-être
Louis XIV, ne pouvait comprendre, le premier jour ; ce
sont ceux-ci :

> Et notre roi n'est pas un monarque en peinture :
> Il sait faire obéir les plus grands de l'Etat,
> Et je trouve qu'il fait un digne potentat.

Quand on se rappelle ce qui suivit de près la fameuse
fête de Vaux : l'arrestation, le jugement et la condamnation de Fouquet, par l'ordre de ce jeune roi, que la
mort de Mazarin venait à peine de mettre hors de
page, on trouve, à ces vers, dits pour la première fois
chez le surintendant, déjà secrètement menacé, un
bien terrible sens. Ou Molière était prophète, ou il en
savait bien long dans les secrets du roi.

Ces vers sont, de toute la pièce, ceux qui m'ont le
plus frappé, l'autre soir, tant la chose accomplie donne
de relief à ce qui semble en avoir été la prédiction ;
mais, le jour même, ils furent peut-être les moins remarqués.

On s'occupa bien plus de la ressemblance des portraits dont la comédie fourmille : « du danseur de *cou-
rante*, » que chacun devait connaître alors ; du joueur
de piquet, avec sa fameuse partie, réglée d'après le
livre, *la Maison académique*, alors tout nouveau et fort
à la mode ; et surtout du grand chasseur, M. de Soyecourt, dont Molière ne s'était amusé que sur la recommandation du roi.

Il n'y a pas, dans le récit que Molière lui fait faire,

un seul trait qui ne portât coup, en ce temps-là, un
seul mot, un seul nom, qui n'eût son effet certain.
Quand, par exemple, arriva le nom de Gaveau, le
grand maquignon de l'époque, ce dut être un *hourrah*
général. Tous les yeux durent se porter sur M. de La
Feuillade, dont on connaissait l'histoire avec cet illustre
de l'écurie (1). Qui sait même si, au nom du fameux
maquignon, il n'eut pas quelque malin regard, à
l'adresse de M. le courtisan?

C'était lui-même, en effet, qui débitait la tirade du
Chasseur, avec toutes ses intentions de malice qui s'y
trouvent et que nous ne voyons plus. Jusqu'à présent,
d'après une fausse indication, l'on avait cru qu'il n'avait
joué qu'un rôle dans cette pièce des *Fâcheux*, celui
d'Eraste, qui les supporte tous. C'est le contraire qu'il
fallait croire.

Molière, qui, pour cette pièce si promptement faite,
et qu'il fallait apprendre plus vite encore, craignait
sans doute de se fier à la mémoire des autres, prit pour
lui tous les personnages de longue haleine. Il fit à lui
seul tous les *Fâcheux*; sa tâche ne fut pas un rôle, mais
un rassemblement de rôles.

Il joua Lisandre le danseur, le duelliste Alcandre, le
joueur Alcippe, puis le chasseur Dorante, et enfin,
M. Caritidès, le correcteur d'enseignes. Pour tous, dis-
posés de façon à ne pas se gêner et à se succéder, sans
trop de peine, il ne prit que le temps de changer de
costume. C'est par la liste de ceux-ci, consignée dans

(1) Voyez ci-dessus, à la page 107, cette plaisante histoire, qui
prouve que Gaveau pouvait bien être le type de *Monsieur
Dimanche,* quoique M. de la Feuillade ne fut pas celui de *Don
Juan. (Note de l'Éditeur.)*

l'*Inventaire* si heureusement découvert par M. Eudore
Soulié, qu'on a su qu'il avait joué tous ces personnages. Puisque les costumes étaient dans sa garde-
robe, il allait de soi que les rôles étaient dans son
répertoire. Voici un article fort curieux de l'*Inventaire* :
« Un habit du Marquis des *Fâcheux*, consistant en
une rhingrave de petite étoffe de soie rayée bleue et
aurore, avec une ample garniture d'incarnat jaune, de
colbertine; un pourpoint de toile colbertine, garni de
rubans ponceau, bas de soie et jarretières. L'habit de
Caritidès, de la même pièce, manteau et chausses de
drap, garni de découpures, et un pourpoint tailladé. Le
justaucorps de chasse, sabre et la sangle, ledit justaucorps garni de galons d'argent fin, une paire de gants
de cerf, une paire de bas à botter en toile jaune. Prisés
50 livres. »

IV

L'ÉCOLE DES FEMMES
1662

1

L'*Ecole des Femmes* est la première comédie vraiment
humaine que Molière ait faite, la première qui lui soit
vraiment sortie du cœur. Jusqu'alors il ne s'était, pour
ainsi dire, pas dégagé du comique d'imbroglio, qui
anime l'*Etourdi* et le *Dépit amoureux*, ni de celui de la
farce, qui met si gaiement son entrain dans les *Précieuses* et dans *Sganarelle*.

L'*Ecole des Maris* lui avait été un premier essai. Il y
avait tenté, non pas de rompre avec le bouffon, en donnant ainsi un démenti complet à ceux qui ne voyaient
en lui qu'un farceur, mais d'associer, pour ainsi dire,
dans un genre mixte, qui resta le sien, la passion avec
le comique, le sentiment avec le rire, en conservant
partout, pour l'accord et l'harmonie, au milieu d'apparentes dissonances, le naturel et la vérité comme notes
fondamentales et dominantes.

L'épreuve était hardie, en ce temps où les deux genres connus, la tragédie et la farce, n'étaient acceptés qu'en dehors l'un de l'autre et sans mélange aucun. On avait, du reste, si bien fait, en les tenant à distance, en des genres et des tenues d'esprit tout à fait opposés, que ce mélange ne pouvait en nul cas être possible entre la tragédie, si solennelle, si haut montée, même lorsqu'elle se donnait pour tragi-comédie, et la farce sans vergogne, qui, jouée au hasard de l'obscène grossièreté des bouffons, riait toujours trop de ce que l'autre ne riait pas assez.

Une sorte de terme moyen, comme on en a tant vu réussir en France, pays tempéré du juste milieu pour la politique aussi bien que pour l'esprit, une façon de compromis entre les deux genres, qui se corrigeraient de leurs excès en les mêlant, voilà ce que voulut Molière, et ce qu'il tenta pour la première fois, comme nous l'avons dit, dans l'*Ecole des Maris*, et cela, on le sait, avec le succès le plus franc et le plus décisif.

Tout avait été hardiesse dans ce qu'il avait essayé là, jusqu'à la forme même du vers employé. L'alexandrin ne servait guère alors, en effet, que dans la tragédie. C'était, pourrait-on dire, le style du cothurne. S'il s'abaissait jusqu'à la comédie, il fallait qu'elle n'eût pas moins de cinq actes, et fût du genre le plus noble possible. Or, noblesse est ennui dans le comique. De là vient que les comédies de Boisrobert, par exemple, avec les grands alexandrins qui servent d'échelles à leur noblesse, sont de l'ennui le plus mortel.

Quant aux petites pièces en un acte, lorsqu'on se décidait à faire pour elles des frais de rimes, on les faisait courir encore avec l'allure trotte-menu du vers de huit

pieds, qui, depuis *Pathelin* jusqu'aux *Boutades du capitaine Matamore*, de Scarron, avait réglé le pas et le
rhythme des farces.

Molière voulut rompre avec cette maigre mesure,
comme avec le reste. L'*Etourdi* et le *Dépit* furent écrits
en grands vers; mais, ces pièces ayant cinq actes, on ne
trouva rien de surprenant à cela. Il fallait un coup plus
hardi pour prouver qu'il s'émancipait. Que fit-il? Ayant
à écrire en un acte sa bouffonnerie de *Sganarelle*, il la
mit bravement en alexandrins. On aurait bien crié, s'il
s'était avisé de ne pas faire rire. Mais, comme il fit voir
que douze pieds, au lieu de huit, ne faisaient en rien
clocher, n'alourdissaient d'aucune sorte la gaieté d'une
petite pièce; que *Sganarelle*, avec ses grands vers, allait
d'un train aussi allègre au moins que le *Sot vengé* de
Poisson, avec ses versicules plus courts, mais plus pe-
sants, il y eut partie gagnée pour lui, comme pour l'a-
lexandrin, et dès lors il put l'employer, sans danger de
critique, dans l'*Ecole des Maris,* en trois actes. Cette
coupe était une hardiesse aussi, car c'était une nouveauté; mais, à côté de tant d'autres qui se trouvaient
dans la pièce, on n'y fit pas attention.

Molière amenait ainsi peu à peu, non pas les critiques
peut-être, mais le public, dont il se souciait davantage,
à accepter et applaudir tout ce qu'il tentait, tout ce qu'il
créait.

Quand bientôt après vint l'*Ecole des Femmes,* sa première grande bataille, il fallut de plus grands efforts
pour vaincre et pour convaincre; il ne l'emporta pas
moins. Le merveilleux petit acte de la *Critique* est son
bulletin, son *feuilleton* de victoire. Que n'a-t-il pas créé
dans ce chef-d'œuvre? Tout y est comédie sérieuse et

gaie ; caractère d'une vérité terrible et comique, en même temps.

Les types, notamment celui d'Arnolphe, y sont même d'une telle force d'observations condensées, que, sans sortir jamais des conditions de la vérité la mieux saisie, ils dépassent parfois les proportions du cadre humain. Il n'y a pas d'homme aussi complexe par les ridicules ; mais ceux que Molière associe en ce seul type sont entre eux d'une telle conséquence et se déduisent si naturellement l'un de l'autre, ils se succèdent si bien en lui, par un enchaînement de prétentions aisées et de sottise satisfaite, qu'on ne trouve rien à redire au nombre des ridicules de cet homme-légion.

Que n'est-il pas ? Il est brutal, il est colère, et, avec cela, prétentieux et sentencieux. C'est un raisonneur emporté, chez qui l'égoïsme calcule, au profit de la passion. Tout lui est bon de ce qui doit le servir, même ce qu'il peut emprunter aux maximes et pratiques de M. Tartuffe. A l'occasion, il se sert de son langage pour arriver aux mêmes fins de duperie et de libertinage. Ecoutez-le prêchant Agnès, comme un « sage directeur, » car lui-même il se vante de l'être, et vous retrouverez dans ce qu'il dit ce que Tartuffe vous dira plus tard.

Les dévots, qui ont le flair subtil pour ce qui les attaque, ne se méprirent pas sur cette satire. Dans Arnolphe, la cabale reconnut quelqu'un des siens, un homme moral et pur à sa manière, et, tout d'une voix, elle cria comme si on l'écorchait vive. Molière, qui n'était d'humeur commode que pour les bons, s'irrita de ces rumeurs de l'hypocrisie ; au lieu de fléchir, il promit, puisqu'on criait tant, de faire crier davantage. Il

tint parole. *Tartuffe* fut sa réplique. Les cris poussés à
l'*École des Femmes,* qui n'était sur ce point qu'une affaire
d'avant-garde, amenèrent la grande bataille.

Ce que nous disions tout à l'heure des mille facettes
du rôle d'Arnolphe, si complexe, si multiple, et, pour
ainsi dire, prismatique en ridicules, explique l'immense
difficulté que les meilleurs comédiens trouvent à le bien
jouer. Quelques-uns le saisissent sur un point, qui sur
un autre le laissent échapper. C'est une sorte de faisceau, dont l'acteur doit se faire le lien, par la manière
serrée, faite à la fois de logique et de comique, de raison et de sottise, dont il l'empoigne et le retient. C'est
une gamme immense, dont on doit faire vibrer chaque
son, sans s'appesantir sur l'un plus que sur l'autre, et
qu'il faut ramener, par la liaison des nuances, à un accord singulier, où se confondent, sans pouvoir se distinguer, le sérieux et le comique, l'un à l'accompagnement, l'autre à la note.

Je me permettrai pourtant de rappeler un jeu de
scène, qu'on ne fait plus depuis longtemps, bien qu'il
soit indispensable pour le sens comique de l'un des vers
de la pièce. C'est à la seconde scène du second acte,
quand Arnolphe, furieux, veut savoir de Georgette et
d'Alain la vérité de tout ce qui s'est passé pendant son
absence. *Ouf!* dit-il,

> Ouf! Je ne puis parler, tant je suis prévenu!
> Je suffoque, et voudrais me pouvoir mettre nu.

Ce dernier vers, tel qu'il est joué aujourd'hui, n'est que
bizarre et ne semble amené que par la rime. Du temps
de Molière, quand lui-même jouait le rôle, en joignant
l'action à la parole, c'était différent. A ce mot, *je suffoque,*

il dénouait le cordon qui retenait son manteau, et après avoir jeté par terre, l'un après l'autre, manteau et cha-peau, il ajoutait : *Je voudrais me pouvoir mettre nu,* ce qui était comique. Aujourd'hui, la pantomime man-quant, l'effet est manqué.

J'ai mes autorités pour ce que je dis ici ; ce sont les ennemis même de Molière qui, lui faisant des crimes avec des vétilles, se moquèrent bien haut de ce man-teau et de ce chapeau jetés dans la boue, comme si, dans l'état où il est, Arnolphe pouvait avoir l'esprit à ce qu'il fait et ne prouvait pas, au contraire, par cette dis-traction même, l'état d'égarenent où l'ont mis les confi-dences d'Horace. Montfleury et de Villiers, pauvres pe-tits esprits qui ne voyaient que la vraisemblance relative, se moquèrent bien fort de cet incident de scène : l'un dans l'*Impromptu de l'hôtel de Condé*, l'autre dans *Zé-linde*. Comme, pour une fois, leur sottise peut instruire, écoutons-la parler.

Un des personnages de l'*Impromptu* vient de se mo-quer, en pleine Galerie du Palais, de Molière jouant la tragédie ; le marquis l'arrête tout à coup, dans l'imita-tion bruyante qu'il s'en permet, et lui dit :

> Mais tû ne songes pas bien à ce que tu fais ?...
> Parle donc, nostre amy, nous sommes au Palais.

ALCIDON.

> Et pour estre au Palais ?

LE MARQUIS.

>   Est-ce pour faire rire
> Que tu veux mille gens témoins de ta satyre ?
> Sçais-tu bien qu'on dira...

ALCIDON.

>   Que dira-t-on de moy ?

LE MARQUIS.

Morbleu! n'as-tu pas peur qu'on se moque de toi?

ALCIDON.

Mais, au Palais-Royal, amy, quand on y joue,
Arnolphe jette bien son manteau dans la boue,
Quand auprès de sa porte, accablé de chagrin,
Il vient interroger Georgette avec Alain...

C'est fort plat, mais c'est curieux, et c'est tout ce que
nous en voulons ici. L'auteur de *Zélinde* continue avec
la même platitude la curiosité du renseignement. Ecou-
tons ses personnages :

ZELINDE.

... Est-il vraysemblable qu'Alain et Georgette tombent tant
de fois à genoux, dans les boues?...

ORIANE.

L'auteur devoit, avant cette scène... les faire venir avec chacun
un ballai pour nettoyer la rue, puisque, bien qu'elle fût peut-
être assez nette pour leurs genouïls, elle ne le devoit pas estre
assez pour le manteau et le chapeau d'Arnolphe, qu'il prend la
peine de mettre luy-mesme.

C'est assez de ces plates critiques, méchantes à tous
les titres. Elles nous rendent une tradition oubliée
du jeu de Molière dans Arnolphe : elles auront fait plus
qu'elles ne valent.

II

Molière ne détestait pas la critique. Sa déférence
pour les conseils de Boileau, son obéissance soumise
aux leçons de ce maître du bon sens, sont une preuve
que, loin de fuir les bons juges, il allait à eux de lui-

même. La sévérité dans les jugements portés sur ses
œuvres ne lui déplaisait pas, mais il la lui fallait sérieuse, élevée, exempte de tout ce qui pouvait sentir la
rivalité basse, et marquée, en un mot, au coin d'une
haute et impartiale justice.

Pour les critiques intéressées, qui tombaient dans
l'excès des satires jalouses, il n'avait que du dédain. Il
les regardait de haut, moins comme des œuvres méchantes que comme de méchantes œuvres, et lui, qui
était, « par caractère, doux et complaisant, » comme l'a
dit la bonne vieille comédienne, qui esquissa sa vie vers
1740, il semblait avoir alors je ne sais quel air d'altier
mépris, que les sots prennent pour de l'orgueil.

Le burlesque Dassoucy, qui vit cet air là, chaque fois
qu'il lui lut ses poèmes, où Molière n'était pas attaqué,
mais où le bon sens recevait mille outrages, pensa,
comme ses pareils en sottise, que le grand homme était
un orgueilleux. Il vit la fierté où ne se trouvait qu'un
dédain voilé, qu'il ne voulait pas voir, et il écrivit, dans
une lettre aussi curieuse que peu connue : « Il fut autrefois mon amy, et je crois qu'il le seroit encore, si ses
excellentes qualités lui pouvoient permettre d'aimer
d'autre que luy-mesme. »

Si Molière, tant était vif son amour du beau, ne pouvait dissimuler, avec ceux dont il était l'ami, son dédain
des œuvres inférieures qu'ils avaient pu produire ; on
devine à quelle hauteur souveraine devait atteindre son
mépris, lorsqu'il avait à le faire tomber sur des écrits
hostiles, sur des œuvres couvées par la sotte malignité
d'un ennemi. « Le mépris, disait-il un jour devant l'académicien Charpentier, qui l'a redit dans son *Recueil de
pensées*, le mépris est une pilule qu'on peut bien avaler,

mais qu'on ne peut guère mâcher, sans faire la grimace. » Or, les gens qui s'attaquaient à lui durent
souvent avaler cette pilule et faire cette grimace.

Ils voulurent lui rendre la pareille et n'y parvinrent
pas. Alors, en désespoir de cause, en désespoir de médisance, ils se jetèrent dans la calomnie et s'armèrent
de tous ses venins. Un d'eux, le plus obscur de tous,
qu'on ne connaîtrait pas sans ses attaques contre Molière, de même que Zoïle serait inconnu si Homère
n'avait reçu ses coups de pied, un certain Le Boulanger
de Chàlussay fit cinq misérables actes, en vers misérables, où tout ce qu'on pouvait accumuler d'infamies
contre le pauvre grand homme se trouvait entassé.

C'était en 1670, dans le plein du succès de *Tartuffe* et de
la guerre que lui faisaient les dévots. Chalussay n'avoua
pas la cause pour laquelle il le frappait. C'est d'une autre
qu'il se déclara le champion, c'est pour la médecine
insultée, qu'il prétendit qu'il allait en guerre. Sa pièce,
dont le titre dissimulait à peine, sous le plus transparent anagramme, le nom de Molière, s'appela *Elomire
hypocondre, ou les Médecins vengez.*

J'ai dit que ce n'est qu'un tissu d'infamies menson-
gères et de sottes insultes; il ne faut que la lire pour
voir que c'est pis encore. Molière y est méchamment
attaqué dans sa famille, dans ses malheurs domestiques
et surtout dans ses souffrances. La maladie dont il
meurt lentement est le thème des platitudes envenimées,
qui débordent de ces cinq actes. Ils versent leur fiel
brutal sur chaque plaie de son corps, sur chaque bles-
sure de son âme. Il avait été patient jusque-là, mais,
cette fois, il n'y put tenir. Aux attaques de Rochemont
contre son *Don Juan* il n'avait répondu que par quel-

ques allusions dans le *Misanthrope*. Aux satires publiques de Boursault et des comédiens de l'Hôtel de
Bourgogne, ses complices, il n'avait riposté, payant en
même monnaie, que par les traits bien aiguisés de son
Impromptu de Versailles. Toute sa vengeance avait été
de faire rire le mieux et de rire le dernier.

La nouvelle attaque exigeait une vengeance plus sérieuse. Molière, rentré tout à fait en grâce auprès du
roi, se sentait fort, et il en usa.

La publication de la pièce de Chalussay fut arrêtée.
D'abord, ce ne fut qu'une mesure amiable et sans éclat.
Charles de Sercy, qui avait publié *Elomire*, ayant été
bien et dûment averti, coupa court à la vente des
exemplaires. « Ce libraire, dit Chalussay lui-même, dans
la curieuse post-face de l'édition qu'il fit faire clandestinement deux ans après, supprima la pièce, au lieu
d'en faire part au public et de la débiter. » Mais
notre homme était d'un parti où l'on ne se soumet
pas facilement, où l'on résiste toujours, ne fût-ce que
pour avoir le profit du tapage que fera la résistance.
« Il tira, dit-il lui-même, ledit Sercy en cause, pour en
retirer tous les exemplaires, ou la valeur, suivant le
traité fait entre eux. Mais, ajoute-t-il, l'artifice et le
crédit du sieur Molière eurent tant de force, que, par
une sentence du juge de police, il perdit son procès, et
ses exemplaires furent confisqués ; le sieur Molière en
triompha. »

Chalussay, ainsi battu, n'avoua pas sa défaite. Il appela de la sentence au Parlement, à la grand'chambre,
et prit pour plaider sa cause « un des plus habiles et
des plus éloquents avocats du barreau. » Ce n'est pas
tout encore : « il fit de ce procès une comédie, intitulée

Procès comique, » à l'effet d'en donner un exemplaire à
chaque juge, comme factum. Il comptait beaucoup sur
ce beau moyen là. Cette seconde comédie contre Molière
« est, dit-il toujours dans sa post-face, est capable de le
faire devenir fou, dès qu'elle aura vu le jour, tant
pour la manière dont elle y doit être mise, que pour le
sujet de la pièce. » Il fut trompé dans cette triste espérance. Molière mourut, avant que le procès fut plaidé,
et Chalussay ayant eu, du moins, la pudeur de ne pas le
poursuivre au delà de la tombe, le *Procès comique* ne
parut pas.

En tête de l'*Elomire*, dont je possède une des copies
manuscrites répandues dans Paris, lorsque les exemplaires imprimés eurent été supprimés, Chalussay, qui
a, du moins, cela de bon, que ses méchancetés sont ins-
tructives, et servent d'enveloppe à des renseignements,
nous apprend que Molière, à l'époque où il le mettait si
insolemment en scène, avait le projet de s'y représenter
lui-même. « Il a, dit-il, il a donc fait son portrait, cet
illustre peintre, et il a même promis plus d'une fois de
l'exposer en vue et sur le même théâtre où il avait exposé les autres. Car, il y a longtemps qu'il a dit, en particulier et en public, qu'il s'allait jouer lui-même, et que
ce serait là qu'on verrait un coup de sa façon. »

Je ne sais ce qu'il peut y avoir de vrai dans ce projet,
prêté ici à Molière. Peut-être la pièce où il assignait une
si grande place à son propre portrait était-elle cette comédie des *Philosophes,* dont l'ébauche ne fut pas retrouvée après sa mort, et dans laquelle, en effet, lui, le
contemplateur, lui, le philosophe profond, lui, le sage à
la sagesse pratique et humaine, il avait le droit de se
donner un si beau rôle.

Un autre de ses desseins, plus réel, car lui-même en a parlé, mais qui ne fut pourtant pas davantage réalisé, c'est celui qu'il avait de suivre l'exemple de Corneille, en donnant une dissertation sur chacune de ses pièces. Il lui fâchait d'être assourdi par les criailleries des mauvais juges. L'impatience le prenait de donner enfin lui-même les raisons de ses œuvres, en voyant que, pour les critiquer, tant de sots en alléguaient de détestables.

Lui, qui se sentait si fort, il se révoltait d'être en proie aux réflexions de ces pygmées; lui, qui avait tout lu et tout retenu, qui avait conscience de son savoir pris dans les livres et mûri par la méditation, il s'indignait de voir que, parce qu'il était comédien, on le traitait d'ignare, d'homme sans méthode et sans règle, d'écrivain subalterne et de petit auteur. « Le temps, dit-il dans sa préface des *Fâcheux,* tout ennuyé qu'il était de ces attaques des savantasses dont Trissotin devait le venger, le temps viendra de faire imprimer mes remarques sur les pièces que j'aurai faites; et je ne désespère pas de faire voir, un jour, en grand auteur, que je puis citer Aristote et Horace. »

Malheureusement, quoiqu'il eût dit : *Il viendra!* ce temps n'est pas venu, et nous avons ainsi perdu le Code dramatique le plus admirable qu'il soit possible de rêver.

En deux circonstances seulement, Molière s'expliqua, comme il l'entendait, au sujet de son art; c'est lorsqu'il écrivit la *Lettre sur l'Imposteur,* dont l'auteur a été si vainement cherché hors de lui, et qu'il faut définitivement lui restituer, comme le voulait déjà, en 1774, le rédacteur du Catalogue de la *Bibliothèque de Pont de Vesle;* et aussi, lorsqu'il donna au théâtre la *Critique de l'École des Femmes.*

Ce dernier ouvrage, si merveilleux par des mérites inattendus, cette théorie en scène, cette poétique en action, cette apologie agissante et vivante, est même plus que l'autre, où Molière explique, moins qu'il ne combat, l'expression réelle de son système dramatique, si l'on peut appeler système ce qui ne marche qu'avec la vérité et la nature.

Il composa cette comédie, d'espèce si singulière, tant imitée depuis et d'autant plus inimitable, dans les circonstances et de la façon qu'il a lui-même expliquées en la préface dont il a fait précéder l'*Ecole des Femmes*.

Las d'entendre clabauder les sots et les savants qui faisaient chorus d'âneries sottes et pédantes avec le rire suraigu et les turlupinades des marquis de Mascarille, il eut l'idée d'une petite dissertation en dialogue, où il dirait bel et bien leur fait à ces braillards. L'idée, ainsi venue, ne tarda pas à grandir, à prendre corps, puis à grandir encore, voici comment :

« Je la dis, cette idée, a-t-il écrit lui-même, dans une maison où je me trouvais, un soir ; et d'abord, une personne de qualité, dont l'esprit est assez connu dans le monde, et qui me fait l'honneur de m'aimer, trouva le projet assez à son gré, non seulement pour me solliciter d'y mettre la main, mais encore pour l'y mettre lui-même ; et je fus tout étonné que, deux jours après, il me montra toute l'affaire exécutée d'une manière à la vérité beaucoup plus galante et plus spirituelle que je ne puis faire, mais où je trouvai des choses trop avantageuses pour moi ; et j'eus peur que, si je produisais cet ouvrage sur notre théâtre, on ne m'accusât d'avoir mendié les louanges qu'on m'y donnait. »

Il hésita donc, un instant ; mais enfin, vaincu d'un

côté par les critiques qui continuaient, de l'autre par les
éloges amis qui le soutenaient, il acheva sa pièce et la
lança.

Quelle était la personne de qualité, qui avait si bien
souri tout d'abord au projet de Molière, et même colla-
boré avec lui plus que par son approbation ? Un journaliste de l'époque, de Visé, dit que c'était l'abbé Dubuisson,
ce dont je doute fort. Cet abbé, de qualité, je n'en dis-
conviens pas, était trop, comme l'a dit Saumaise, un
ami des précieuses et « un grand introducteur des belles
ruelles, » pour pouvoir être, en cela, l'homme de Molière.
L'abbé La Mothe-Levayer était bien mieux son fait. Il
était de qualité aussi, et même en grande évidence, par
sa position auprès du frère du roi ; de plus, fort ami de
Molière, et enfin, pour que rien ne lui manque de ce qu'il
faut ici, fort éclairé sur les choses de l'esprit.

C'est donc à lui que nous nous arrêtons, et cela d'autant mieux que, sans nous éloigner du monde où le rencontrait Molière, sans même sortir de sa parenté la plus
proche, nous trouvons tout indiquée la maison où se dut
passer la petite scène de lecture et d'échange d'idées,
dont il vient d'être parlé ; cette maison bien modeste,
mais bien illustre, puisque Molière y passa, est celle de
Mlle Honorée de Bussy, cousine de l'abbé Levayer.

Molière la connaissait depuis longtemps ; peut-être
même l'avait-il connue en Poitou, — d'où elle était venue assez tard, — lorsqu'il y était allé, en faisant son
tour de France de comédien. Il la voyait souvent, et
comme il avait une confiance entière en ses lumières, il
ne hasardait rien, sans avoir auparavant pris son avis.
« Molière, écrit Tallemant, lui lisoit toutes ses pièces, »
et quand l'*Avare* sembla être tombé : « Cela me sur-

prend, dit-il, car une demoiselle de très bon goût, et qui ne se trompe guère, m'avoit répondu du succès. » En effet, la pièce revint et plut.

Une autre fois, en décembre 1668, c'est son poème du *Val-de-Grâce* à la gloire de son ami Mignard, que Molière va lire chez Mⁱˡᵉ de Bussy. Il y a grande assemblée d'honnêtes gens. Le rimeur-gazetier Robinet s'y trouve, tout surpris, mais encore plus ravi d'être avec telle compagnie, et, dans sa joie, félicitant et congratulant tout le monde :

> Par une faveur sans égale,
> J'ai pris part à ce régale
> Chez une illustre de ce temps,
> Dont les mérites éclatants
> Sont d'un ordre extraordinaire,
> Ainsi que vous pourrez le *craire,*
> Ayant sçu son nom que voicy :
> C'est mademoiselle Bussy;
> Nom qui dit plus qu'on ne peut dire,
> Et dont je ne puis sur ma lyre
> Faire assez dignement sonner
> Le *los* que je lui dois donner.

Elle était tout à fait du caractère que Molière devait rechercher dans ses amis : d'humeur aimable, facile au rire, mais non moins accueillante aux chagrins; toute prête à la sympathie pour les peines à consoler, et c'est ce qu'il fallait surtout pour l'âme endolorie de Molière.

« Vous avez, a dit quelqu'un faisant le portrait de Mⁱˡᵉ de Bussy et le lui adressant, vous avez de la tendresse pour vos amis, vous entrez dans leur sentiment, vous vous affligez avec eux ; ce qui les réjouit vous réjouit, vous les servez avec chaleur, quand vous le pou-

vez, et je vous ai vue souvent aller au devant des services que vous leur pouvez rendre. »

Elle avait les clartés du savoir et de l'esprit, sans en
afficher les prétentions. Ce qu'elle possédait de lumières
dormait sous une modestie sans égale, et ne brillait que
par échappées, lorsqu'on sollicitait son jugement. « Encore que vous ayez le discernement fort délicat, a dit
l'auteur de son portrait à la plume, je ne pense pas que
vous vous connaissiez aussi aimable que vous êtes, ou,
du moins, suis-je assuré que la modestie vous empêche
de juger de vous-même aussi avantageusement que vous
le pourriez avec justice. »

N'est-ce pas là le caractère réservé, discret, que Molière, dans sa *Critique*, donne à Uranie, dame du lieu
spirituel, présidente modeste du cercle aimable où se
fait ce combat d'esprit ?

Je ne sais qui il a voulu représenter dans la cousine
Elise, l'ironique persiffleuse ; mais, quant à la précieuse
Climène, nous n'avons qu'à choisir dans les ruelles de
ce temps-là. Au lieu d'une, Molière en aurait pu prendre
cent, de la même prétention évaporée et languissamment
dédaigneuse. Une phrase de la septième scène nous ferait, toutefois, penser qu'il eût peut-être en vue Mme la
marquise de Maulny, par préférence à toute autre :

« Le siècle, dit Climène, *s'encanaille* terriblement. »
Or, le mot *encanailler*, sur lequel Elise se récrie aussitôt,
car il était alors tout flambant neuf, passait pour être
de l'invention de Mme de Maulny. Saumaise l'assure, et,
en effet, je ne crois pas qu'on l'eût employé, avant que
cette précieuse eut écrit dans le *portrait* qu'elle fit d'elle-
même : « La conversation, dans un beau lieu, et à mon
aise, avec cinq ou six personnes bien spirituelles, bonnes,

et qui sont du beau monde, c'est ma véritable joie. Je
crains fort de m'en encanailler. » '

Si maintenant il vous faut démasquer un personnage
et vous dire qui ce peut être que M. Lycidas, je vous ré-
pondrai que, du temps de Molière, on répétait tout bas
que c'était Boursault, et que Boursault le pensait lui-
même, puisqu'à peu de temps de là, il se vengea par le
Portrait du Peintre, auquel Molière aussitôt riposta par
l'*Impromptu de Versailles*. Pour ce qui est du marquis
Turlupin, ce sera qui vous voudrez.

V

CRITIQUE DE L'ÉCOLE DES FEMMES
1663

L'Ecole des Femmes est une des étoiles de l'œuvre de Molière; il n'en avait pas donné auparavant, qui fussent de cette grandeur et de cet éclat. *L'Etourdi*, en effet, et le *Dépit amoureux*, qui avaient précédé, ne comptaient que comme *imbroglio*, comédies d'aventures et d'intrigues. *L'Ecole des Femmes* commença pour Molière la comédie, la vraie comédie humaine, où l'on trouve l'homme même, non plus seulement avec le roman plus ou moins aventureux de sa vie, mais avec ses passions et son cœur. *Le Misanthrope, Tartuffe* et *Don Juan* continuèrent, et peut-être encore mieux. Quand Molière les écrivit, il était d'un esprit, de plus en plus, ferme et mûr.

L'expérience qui l'avait de toutes parts assailli, ici par ses malheurs d'époux, qui commencèrent avec le mariage, là par les épreuves sans fin que les cabales de la jalousie et de la malveillance firent subir à ses œuvres pour en gêner l'essor ou en salir l'éclat, avait

insensiblement ajouté je ne sais quoi de vigoureux et
en même temps d'amer à son esprit, qu'on ne croyait
que bouffon, à sa raison, qu'on ne croyait que souriante. Au moment de l'*Ecole des Femmes*, il était encore en plein bonheur, dans la lune de miel de son ménage et de son génie. Sa femme, déjà coquette, s'en tenait
aux menus manéges de la galanterie, sur la lisière non
encore dépassée de l'honnêteté, et ses autres ennemis,
les rivaux, les envieux, n'allaient pas au delà des chu-
chottements jaloux, des insinuations narquoises, qui
sont la première conspiration des mauvaises langues.

Tout éclata d'un seul coup, après l'*Ecole des Femmes*,
et jaillit de son succès même. Molière, il faut le dire, y
avait commis une double imprudence : il avait fait
une comédie trop excellente, et dans cette comédie,
un rôle, celui d'Agnès, trop favorable aux coquetteries
déjà si bien éveillées de sa femme. Qu'en résulta-t-il ?
La meute des envieux se leva en masse contre l'œuvre
trop parfaite, et l'épouse coquette, qui avait bien voulu
jusque-là jouer encore à l'ingénue, dans son ménage
comme dans la pièce, se trouvant si bien en vue, si
bien en vogue, se hâta d'abuser de cette fortune contre
la tranquillité de celui qui la lui avait faite.

Molière, ainsi, se trouva pris entre deux complots :
au dedans, la conspiration des galanteries de sa femme ;
au dehors, la conjuration des ennemis de sa pièce.
C'est à eux seuls qu'il put répondre, et il le fit, comme
toute chose, en maître.

Si le cœur malheureux devait dévorer sa peine dans
le silence, jusqu'à ce qu'une autre œuvre, qui fut le
Misanthrope, pût en faire arriver jusqu'au monde la
plainte discrètement amère, l'esprit, du moins, pouvait

parler sans retard et tirer prompte vengeance de l'autre chagrin : il parla. Six mois après la première représentation de l'*Ecole des Femmes*, Molière, auquel rien n'avait échappé des clabauderies envieuses qui s'étaient mises aux trousses de son œuvre et qui n'avaient fait qu'en activer le succès, lança tout à coup la réponse, dont l'idée avait frémi en lui dès le premier jour, et que depuis lors son impatience avait cuvée et mûrie. Ce fut la *Critique de l'Ecole des Femmes*, c'est-à-dire, sous ce titre à double tranchant, la critique de ses critiques.

Chacun y trouva son lot, son coup de fouet : le Marquis ridicule, qui, pour faire de la critique de grand air, se moque de ce qu'il n'a pas vu, et tire au *juger* sur ce qu'il ne connaît pas ; Climène la sotte, qui s'indigne jusqu'à crier pour une vétille, et se donne, pour la moindre parole un peu vive, des maux de cœur de pruderie ; enfin, le discret M. Lycidas, qui sur toutes choses fait la petite bouche méprisante, ne dit : « C'est bien ! » que du bout des dents, mais les montre toutes, quand il faut mordre.

Dans le *trio*, si joliment bissé, il va sans dire que les masques furent reconnus et sans retard montrés au doigt. Marquis et Climène, qui étaient du monde, ne dirent mot, ou firent bonne contenance, en tâchant de se moquer de plus belle.

M. Lycidas, d'humeur plus irritable et plus rancunière, puisqu'il était poète, se donna seul la joie d'une réponse, dont seul, au reste, il avait les moyens. Il fit une comédie, que les acteurs de la Troupe rivale, MM. de l'Hôtel de Bourgogne, se hâtèrent d'accepter, avec un empressement, dont, un peu plus tard, Molière les récompensa bien. La pièce s'appelait le *Portrait du Peintre;* portrait peu flatté, comme bien vous pensez, mais où tout était arrangé de sorte qu'on pût, avec un peu de méchanceté, y reconnaître Molière, dès le premier trait.

M. Lycidas signa, et cette fois sous son vrai nom; l'affiche porta : *Le Portrait du Peintre,* par M. BOURSAULT; bien plus, pour ajouter encore à l'évidence, ce nom revint, dit en toutes lettres par un des personnages à la fin de la pièce. Boursault ne voulait pas qu'on pût douter que tous les coups venaient de lui! Molière en douta; sous ce seul nom, il en devina vingt autres qui ne voulaient pas paraître, notamment celui de Montfleury, chef de la Troupe de l'Hôtel de Bourgogne, dont il connaissait assez la jalousie de poète et de comédien, pour être sûr qu'il avait pris part à cette œuvre de méchanceté, où tant d'envieux s'étaient cotisés de fiel et de malice. Une seconde vengeance devenait nécessaire; Molière se la donna, mais bien moins contre Boursault, déjà flagellé d'ailleurs, et qui avait eu, du moins, le courage d'un aveu, que contre la cabale qui se cachait et faisait feu derrière son nom.

C'est dans l'*Impromptu de Versailles,* joué l'année d'après, qu'il prit le plaisir de cette vive et multiple riposte, où, ne donnant qu'une dédaigneuse atteinte à Boursault, leur porte-nom, il cingla du même coup tous ceux dont il avait reconnu la main dans l'élaboration de sa satire : « Comme tous les auteurs et tous les comédiens, y fait-il dire à l'un des personnages qu'il fait parler pour la coterie de ses adversaires, regardant Molière comme leur plus grand ennemi, nous nous sommes tous unis, pour le desservir. Chacun de nous a donné un coup de pinceau à son portrait, mais nous nous sommes bien gardés d'y mettre nos noms; il lui aurait été trop glorieux de succomber, aux yeux du monde, sous les efforts de tout le Parnasse; et pour rendre sa défaite plus ignominieuse, nous avons voulu choisir tout exprès un auteur sans réputation. » Pauvre Boursault!

Soit par hasard, soit plutôt par malice, le mauvais poète, que Molière fait ainsi parler, garda dans sa pièce le nom de Croisy, qui jouait le rôle. Il fut ainsi plus facile de reconnaître le comédien bel esprit, l'acteur poète, qu'il avait voulu y désigner, à côté de son chef de bande, Montfleury, parmi ceux qui avaient combiné l'attaque partie de l'Hôtel de Bourgogne, sous l'unique et piètre étendard de Boursault.

Ce comédien, rimeur de comédie, s'appelait de Villiers. Tout d'abord, il s'était très chaudement jeté dans cette affaire, et avait voulu y combattre pour son compte. A peine la *Critique de l'École des Femmes* avait-elle été jouée, qu'il avait fait, de compagnie avec de Visé, à qui on l'attribua seul, un petit acte de *Contre-Critique*, qu'il appela, je ne sais pourquoi : *Zélinde*, et dans lequel s'entassaient tout autant de plates méchancetés qu'il en fallait pour qu'elle parût sublime aux envieux de Molière. Malheureusement, comme acteur du théâtre rival, de Villiers était trop en vue et laissait ainsi trop deviner, dans l'attaque, l'intérêt jaloux qu'elle avait pour but. On n'accepta donc pas sa pièce, mais on lui permit de prendre part aux malices de celle que l'on préparait, sous le couvert moins compromettant, en apparence plus désintéressé, de Boursault.

Molière, qui de loin perçait à jour toutes ces ma-

mœuvres, connut ce que de Villiers avait fait ainsi, par
un double jeu, et il l'en paya doublement. Dans l'*Impromptu de Versailles,* le poète acteur est deux fois souffleté. Le coup, qui s'adresse à tous ceux dont Boursault
s'est fait le porte-parole, tombe sur la joue du rimeur ;
un autre plus direct, par lequel Molière, en le contrefaisant, dans l'*OEdipe* de Corneille, se prend vertement
à sa façon de déclamer, tombe d'aplomb sur la joue du
comédien.

Villiers n'aurait eu besoin que d'une attaque pour
répondre. Sa réplique fut donc prête, toute des premières. Dans le mois où l'*Impromptu de Versailles*,
dont, comme le titre l'indique, la Cour avait eu la primeur à Versailles même, fut donné à Paris sur le
théâtre de Molière, au Palais-Royal, il fit jouer, à
l'Hôtel de Bourgogne : *La Réponse de l'Impromptu de
Versailles, ou La Vengeance des Marquis.* Il se croyait
des droits, plus que personne, à venger ces sortes de
personnes : c'est lui qui, sur la scène, en jouait le mieux
le personnage.

Molière ne fut qu'effleuré par cette attaque d'en bas ;
sa pièce, qu'elle recommandait, n'en marcha que
mieux. Ce fut à qui voudrait la connaître, et, parmi les
plus grands seigneurs, à qui la ferait jouer dans son
hôtel, comme le roi l'avait fait jouer à Versailles. Le
11 décembre, M. le Prince s'en donna ainsi le plaisir, à
l'hôtel de Condé, pendant les fêtes du mariage de son
fils.

Cette nouvelle faveur, qui empiétait sur les droits de
la Troupe royale et la violentait dans la jouissance d'un
privilège, où rien ne l'avait encore aussi ouvertement
troublée, mit le comble à la colère envieuse de Mont-

fleury, chef de la bande. Il reprit la campagne commencée par de Villiers, et la poussa, dès lors, avec
toutes les ressources de la haine, par deux voies différentes, l'une au plein jour, l'autre souterraine. Son
attaque ouverte fut une nouvelle comédie, en réponse à
celles de Molière, surtout à la dernière. Par allusion à
la représentation solennelle que Condé en avait fait
donner chez lui, il appela sa critique l'*Impromptu de
l'hôtel de Condé*.

Il faut lire ce petit acte, si méchant, en si mauvais
vers, pour savoir jusqu'où peut aller la haine d'un
rimeur, avivée et recuite par la vanité blessée d'un
comédien, et quel poison se trouve dans un fiel ainsi
concentré à double puissance.

Le plus amer, le plus perfide n'était pas encore là
pourtant. Ce que montrait l'attaque n'était rien auprès
de ce qu'elle cachait et faisait marcher au-dessous.
Ouvertement, Montfleury ne s'en prenait qu'à Molière,
auteur et acteur comme lui : c'était de bonne guerre ;
souterrainement, il s'en prenait à l'homme, remontait
dans sa vie, la scrutait dans ses moindres recoins, et
travestissait par la haine tout ce qu'il y pouvait découvrir.

Le roman des premières amours de Molière était surtout sa proie. Dieu sait ce qu'il fit de la longue intrigue
du jeune comédien avec Madeleine Béjard, et comment
il l'accommoda, l'envenima, pour l'amener de traîtresse
manière jusqu'au terrible dénouement du mariage avec
Armande, fille de Madeleine.

Rien ne lui coûta pour se renseigner sur ce qu'il
voulait savoir et s'en faire des preuves. Quand il eut
assez entassé de mauvais propos, ramassés partout, il

16

écrivit un gros Mémoire et l'alla porter à Versailles. Qu'est-il devenu? C'est ce que se sont démandé, sans que rien leur répondît, tous ceux qui, comme nous, se sont occupés de la vie de Molière. Le fait seul de l'existance de ce *factum* et de son envoi à Louis XIV est certain. Racine lui-même est là, pour l'attester. Dans une lettre à son ami Levasseur, datée du mois de décembre 1663, c'est-à-dire écrite au moment même où le succès de l'*Impromptu* mettait plus que jamais Montfleury en jalousie et en désir de vengeance, voici ce qu'il écrivait : « Montfleury a fait une enquête contre Molière et l'a donnée au roi. Il l'accuse d'avoir épousé la fille et d'avoir autrefois vécu avec la mère. Mais, ajoute-t-il, Monfleury n'est pas écouté à la Cour. » Ces derniers mots expliquent tout ce qui suivit. La faveur de Molière ne souffrit pas de cette dangereuse attaque. Louis XIV ne voulut rien croire de ce qui pouvait atténuer son estime pour le poète. Quelques mois après, il était parrain de l'enfant, qui naquit le premier du mariage dont on incriminait la pureté; ce fut sa seule réponse aux médisances odieuses de Montfleury.

Molière, lui, ne répondit rien. Ce qu'il avait dit, pour se défendre, dans la *Critique* et dans l'*Impromptu*, parlait assez, et parle encore. Après ce qu'il eut ainsi jeté sur l'injurieux torrent, il le laissa passer..

Sa contenance, dans toute cette lutte, avait été des plus fières, des plus dignes. Il était allé à l'attaque, bravement, y payant même, au besoin, de sa personne en public. Quand, parlant de lui-même, il fait dire par Brécourt, dans l'*Impromptu* : « Je te promets, marquis, qu'il fait dessein d'aller sur le théâtre rire, avec tous les autres, du portrait qu'on a fait de lui, » il ne ment pas.

On le vit, un soir, à la représentation du *Portrait du Peintre*, bien en vue, riant même en se regardant passer, comme si c'eût été un autre.

Villiers, dans sa réponse à l'*Impromptu*, a parlé de cette vaillante visite, que fit Molière à ses ennemis, dans leur propre théâtre, sous le feu même de leurs attaques les plus désobligeantes; mais le meilleur récit qui en fut fait se trouve au premier acte d'une comédie assez singulière, dont le titre est plus bizarre encore, les *Amours de Calotin*. Chevalier, qui l'écrivit, était comédien au théâtre du Marais, c'est-à-dire dans la Troupe intermédiaire, où l'on jugeait le mieux des coups que se portaient les champions des deux autres, l'Hôtel de Bourgogne et le Palais-Royal.

En sa qualité de neutre, tout ce qu'il dit doit être impartial et peut passer pour juste. Or, c'est en faveur de Molière qu'il se déclare, sans trop le faire voir, mais assez pour qu'on n'en doute pas. Vous en jugerez par le récit bienveillant qu'il fait de ce que Villiers avait su tourner en raillerie malveillante :

LE COMTE.

Il faut que je te dise une histoire jolie,
Dont Molière a causé la conversation,
Et digne assurément de ton attention.
Dernièrement, étant à la *Contre-Critique*,
Je reçus là, marquis, un plaisir angélique.
Comme de notre *peintre* on faisait le *portrait*,
Et que l'on le croyoit tiré là trait pour trait,
Tu sauras que, luy-mesme, en cette conjoncture,
Estoit présent, alors que l'on fit sa peinture;
De sorte que ce fut un charme sans égal
De voir et la copie et son original.

. . . .

Quelqu'un lui demanda : « Molière, qu'en dis-tu ? »
Luy, répondit d'abord, de son ton agréable :
« Admirable, morbleu ! du dernier admirable !
Et je me trouve là tellement bien tiré,
Qu'avant qu'il soit huit jours, certes, j'y répondray. »

LE BARON.

Mais l'on m'a dit à moy, qu'il fit à quelques dames
La réponse, qu'il fait à l'Ecole des Femmes.
Lorsqu'il n'en rioit pas assez, à leur avis,
Il leur dit : « Moy, j'en ris tout autant que je puis. »

On voit, par tout ce qui précède, que la *Critique de l'Ecole des Femmes* n'a pas seulement un grand intérêt de comédie, mais un réel intérêt d'histoire.

VI

LE MISANTHROPE
1666

Il est inouï qu'après tout ce qu'on a découvert dans ces derniers temps, et tout ce qu'on a écrit sur Molière et ses pièces, la façon de jouer, de mettre en scène et même d'habiller le *Misanthrope*, puisse faire encore question. Rien de plus vrai, cependant, et la reprise du chef-d'œuvre, ces jours derniers, ne l'a que trop prouvé. Il semblerait que les comédiens les plus instruits, les plus intelligents, les plus soigneux, n'ont rien lu sur Molière depuis quinze ans, c'est-à-dire depuis qu'on a commencé à l'étudier le mieux, au point de vue littéraire ou érudit!

Un des plus fins lettrés du dernier siècle, dont l'enfance fut presque contemporaine des dernières années de Molière, l'abbé Dubos, a écrit, dans ses *Réflexions critiques sur la Poésie et la Peinture*, publiées en 1719 : « Plusieurs personnes dignes de foi m'ont assuré que Molière ... avait imaginé des *notes* pour marquer les

16.

tons qu'il devait prendre en déclamant ses rôles, qu'il récitait toujours de la même manière. » Où passa ce manuel d'accentuation, *norma loquendi,* comme aurait dit Horace? On l'ignore, de même qu'on n'a jamais su ce que devinrent les paquets de cartes à jouer, qu'il avait toujours en poche, pour écrire, au dos de ces cartes, avec son crayon, tout ce qu'à travers le monde il pouvait surprendre au vol, en écoutant ou regardant.

Ce sont de grandes pertes, celles surtout de sa diction notée. Utile à toutes les époques, depuis qu'il est mort, elle eût, à la nôtre, été indispensable. S'il eût laissé ce guide, cette loi de la justesse et de la vérité dans le bien dire, nous ne serions pas obligés d'entrer continuellement en luttes pénibles avec les contresens, dont, sur la scène même, où la tradition de son esprit devrait être le mieux maintenue et respectée, on fausse de plus en plus cet esprit et cette tradition.

Est-ce à dire que rien ne peut remplacer plus ou moins ce qui nous manque ainsi, et qu'on n'ait pas, sur cette voie redevenue cahotée et obscure, quelques jalons à planter, quelques clartés à faire luire? Si fait, il reste les écrits du temps, les souvenirs de quelques critiques, qui ont eu soin de noter, eux aussi, à leur manière, les derniers échos de la tradition de Molière. Ce qui vaut encore mieux, son texte, tel qu'il le revit, en lui donnant cette ponctuation particulière où se reflète quelque chose de la notation dont nous venons de parler, son texte même survit.

Pour le *Misanthrope* (Molière écrit toujours *Misantrope*), c'est l'édition originale de 1666, année de la représentation, qu'il faut suivre, et non pas celle de 1682, arrangée déjà, et dénaturée surtout pour la ponc-

tuation. Elle est introuvable, va-t-on nous crier ; il faut
mettre jusqu'à deux mille francs, pour cette « plaquette! » Soit, je le sais mieux que personne ; mais, qu'est-
ce que deux mille francs pour la Comédie-Française?
La « plaquette » rarissime a, d'ailleurs, été reproduite,
avec une incroyable exactitude, dans l'édition de Molière, faite par M. Pauly pour l'éditeur Lemerre, et il
n'est ainsi sociétaire ni pensionnaire du Théâtre-Français, qui ne puisse et ne doive, par conséquent, la pos-
séder.

Si l'on sait un peu, ayant en main ces ressources,
traditions et texte, comment doit se mimer et s'accentuer
le rôle d'Alceste, on sait mieux encore, grâce à la découverte qu'a fait Eudore Soulié de l'*inventaire* de Molière, après décès, avec le détail de sa garde-robe, rôle
par rôle, comment il faut habiller le personnage.

Cela dit, avec ces débris de traditions, ces bribes de
renseignements, voyons comment Molière devait jouer
Alceste.

Nous ne prendrons qu'une scène, la première de
toutes, celle qui pose le rôle.

Quel est d'abord scéniquement le caractère d'Alceste?
Celui d'un comique sérieux, d'un homme à continuelles
bourrasques et à coups de boutoir sans frein, mais bien
du monde toutefois, parfait *honnête homme*, comme on
disait. « Le héros en est le plaisant, sans être trop ridicule, » écrivait, quelques jours après la représentation,
le journaliste Donneau de Visé, dans une *Lettre sur le
Misanthrope*, qui est le prototype des feuilletons d'aujourd'hui. Plaisant ! tel est le grand mot, le vrai mot.
Alceste est un « plaisant. » L'excès de raison, sous des
façons de langage et des manières exagérées, voilà

son comique. Tout l'exalte, tout le fait sortir des gonds.
Or, à cette époque réglée, qu'imbibe et tempère l'eau
bénite embaumée des Philinte, c'est la pire, c'est la plus
ridicule des « incartades. » Le mot est de Philinte
lui-même. Molière, dans son jeu, ne les épargnait pas.
Il y allait jusqu'aux éclats du comique le plus vibrant.
Boileau s'en amusa beaucoup, et, plus tard, n'en amusa
pas moins son entourage, en tâchant de les reproduire :

« M. Despréaux, écrit Brossette dans une de ses notes
inédites, nous a récité cet endroit du *Misanthrope*, où il
dit :

> Par le sangbleu, messieurs, je ne croyais pas être
> Si plaisant que je suis !...

« Molière, en récitant cela, l'accompagnait d'un rire,
si amer, si piquant, que M. Despréaux, en le faisant de
même, nous a fort réjouis. » Cette seule nuance suffit
pour donner tout le ton, toute la couleur du rôle, tel
que le jouait celui qui l'avait doublement créé, comme
auteur et comme acteur.

Dès la première scène, où cela nous ramène, pour y
insister, il avait voulu qu'on ne s'y méprît pas, et l'avait
accentuée en conséquence. Par le costume et le mouvement du personnage, on voyait tout d'abord à qui l'on
avait affaire : « Cette ingénieuse et admirable comédie,
dit encore Donneau de Visé, le Critique du lendemain,
dans sa *lettre sur le Misanthrope*, commence par le
Misanthrope, qui, par son action, fait connaître à tout
le monde que c'est luy, avant même d'ouvrir la bouche,
ce qui fait juger qu'il soutiendra bien son caractère,
puisqu'il commence si bien de le faire remarquer. »
Quelle était cette action, c'est-à-dire cette entrée de jeu

en mouvement ? La tradition conservée jusqu'à Périer, jusqu'à Firmin même, et que Grandval, au siècle dernier, accentuait encore comme du temps de Molière, va nous l'apprendre : « Grandval, dès son premier pas sur la scène, écrit Cailhava, se trouvait en action, et son moyen, le voici. Il ne traversait pas froidement le théâtre, pour aller à l'autre extrémité se jeter dans un fauteuil ; il le trouvait sous sa main, au bord de la coulisse, le poussait brusquement sur l'avant-scène, s'y précipitait avec humeur, et ce seul hémistiche : « Laissez-moi, je » vous prie, » ainsi préparé, annonçait déjà son caractère. »

La façon dont il était vêtu ne l'annonçait pas moins. Tandis que Philinte, tout aux concessions exigées par le temps et la mode, arrivait enrubanné, empanaché, on le voyait, lui, entrer, avec le négligé le plus simple pour l'époque et n'ayant de remarquable que son étrangeté : des rubans verts sur un habit gris ! Nous n'inventons rien, nous ne faisons que suivre la description donnée par l'inventaire : « *Item*. Une autre boîte où sont les habits de la représentation du *Misanthrope*, consistant en haut de chausses et juste-au-corps de brocart rayé or et soie *gris*, garni de rubans verts ; la veste de brocart d'or, les bas de soie et jarretières... » Vous voyez d'ici le costume et, dès lors, vous devinez pourquoi ces rubans verts, qui tranchent si singulièrement sur le gris, feront que Célimène, pour se moquer d'Alceste, l'appellera « l'homme aux rubans verts. »

Rien de plus naturel que cet habit un peu à la diable pour cet homme d'humeur qui se moque ou s'indigne de tout, comme le dameret Philinte cède, au contraire, et applaudit à tout. Vêtu plus à la mode, Alceste ne

pourrait pas, comme il le fait au second acte, persiffler
la perruque blonde de Clitandre, et sa « vaste rhingrave. »

A ce propos, notons, en passant, que la rhingrave était
une sorte de haute-chausse, ou, si vous aimez mieux,
de culotte très large, et concluons que, puisque Clitandre, l'homme à la mode, s'en parait, le *tonnelet*, dont on
l'affuble aujourd'hui à la scène, n'était plus du tout de
saison. Ce tonnelet était, dès lors, une vieille jupe, qu'il
fallait laisser aux ballets de l'Opéra, où, en effet, elle
se conserva longtemps.

Si ce tonnelet n'était pas de mise pour Clitandre, il
l'était encore bien moins pour Alceste. D'où vient donc
qu'il le porte, et tout chamarré de rubans, qui plus est?

Je ne sais et ne le chercherai point, car, dans cet amal-
game d'ignorance et de contresens, je finis par me
perdre.

VII

LE TARTUFFE
1667

I

Le *Tartuffe*, dont les trois premiers actes ont été joués à Versailles, devant le roi et la Cour, le 12 mai 1664, aux fêtes des *Plaisirs de l'Ile enchantée*, ne fut représenté en public qu'une seule fois, au mois d'août 1667, puis aussitôt défendu. Mais, après un an et demi d'attente, la pièce reparut enfin, au théâtre du Palais-Royal, le 5 février 1669, avec l'approbation définitive de Louis XIV, et le chef-d'œuvre de Molière prit pour jamais possession de sa gloire.

Ce fut comme un coup de foudre, inattendu de tout le monde, et dont Robinet, le seule gazetier qui en ait parlé dans sa *Gazette en vers*, n'était pas encore revenu, quatre jours après. *A propos*, dit-il en son mauvais style, qu'on lui pardonne pour ce qu'il couvre,

> A propos de surprise icy,
> La mienne fut très grande aussy,
> Quand mardy, je sceus qu'en lumière
> Le beau *Tartuffe* de Molière
> Alloit paroître...

Il fallut près de trois mois, pour que le public se remît de cette émotion, en épuisant peu à peu, par cinquante représentations consécutives, données de deux jours l'un, le succès de l'œuvre, qui depuis cinq ans l'attirait sans qu'il pût l'atteindre, et le remuait sans qu'il la connût. Il la tenait enfin et ne la voulait plus lâcher.

Que s'était-il passé? Comment lui avait-elle été enfin rendue? Il est impossible de le savoir au juste. Comme pour tous les grands faits, et celui-là est un des plus considérables dans l'histoire de l'esprit humain, mille et une causes avaient fait repousser le chef-d'œuvre, et mille et une causes le ramenèrent.

Le roi, jeune et amoureux, contrarié dans son amour pour Mlle de La Vallière par la cabale dévote, avait pu trouver opportun de couvrir ces criailleries, avec la voix du grand ennemi des dévots, qu'il avait fait taire jusqu'alors. D'un autre côté, la paix venait d'être signée, pour un temps du moins, avec le parti janséniste; Clément IX s'était calmé, et Louis XIV, à son exemple, s'était fait plus doux : il avait rappelé d'exil Antoine Arnauld. Le crédit des Jésuites, qui payaient ainsi un oubli de complaisance et un excès de zèle vertueux contre la passion royale, se trouvait alors en baisse, sans pouvoir, comme par le passé, se relever avec l'appui d'Anne d'Autriche, morte depuis trois ans. Ce qui les abattait, faisait, au contraire, remonter Molière, dont l'œuvre était surtout dirigée contre eux. Ainsi, tout concourait, tout conspirait pour lui, après avoir conspiré contre.

C'est ce qui décida de l'événement, dont Molière, après cinq ans de lutte et d'attente, dût être surpris tout le premier, et qui, un siècle plus tard, trouvait encore des gens qui s'en étonnaient.

Le mot le plus profond et le plus vrai sur cette surprise universelle, dont, pour peu qu'on réfléchisse, il est difficile de revenir même aujourd'hui, est de Piron.

Un jour, qu'il avait vu *Tartuffe*, pour la centième fois peut-être, et qu'il s'en émerveillait, à la sortie, d'une façon plus enthousiaste encore et plus bruyante qu'à l'ordinaire, quelqu'un lui ayant demandé d'où lui venait ce surcroît d'admiration : « Ah! mon ami, dit-il, c'est que je pense que, si *Tartuffe* n'était pas fait, il ne se ferait jamais ! »

Cherchez, en effet, en dehors des circonstances qui le firent permettre et qui furent aussi adroitement saisies que patiemment attendues par Molière, cherchez une autre époque, une autre heure : sous Louis XIV, lui-même, dont cette tolérance dût être, quand il fut devenu dévot, un des plus gros remords ; sous Louis XV, sous Louis XVI, pendant l'Empire, au temps de la Restauration, sous Louis-Philippe même, etc., vous ne les trouverez pas, et vous serez obligé de dire que Piron voyait juste et ne s'extasiait pas trop.

Le *Tartuffe* est donc une œuvre unique, comme le temps qui le vit naître est une époque sans pareille.

II

Les représentations de *Tartuffe*, sur toute la ligne des théâtres émancipés, qui jusqu'à présent n'ont guère usé de leur liberté que pour abuser de celle de jouer cette comédie, ont soulevé une question de littérature plus qu'élémentaire, c'est-à-dire de simple orthographe, avec laquelle il n'est pas inutile d'en finir.

Comment doit-on écrire *Tartuffe*? N'y faut-il qu'un *f*, ou bien en faut-il mettre deux, comme nous venons de le faire? Cette question, qui ne devrait pas en être une, a sa réponse toute prête, pour qui veut bien prendre la peine de consulter l'homme le plus compétent dans l'affaire, Molière lui-même.

Il a écrit le mot, n'est-ce pas? D'après son manuscrit, le mot a été imprimé; il a revu les épreuves de l'impression; or, avec quelle orthographe la lettre moulée a-t-elle reproduit, sous ses yeux mêmes, la lettre écrite? C'est ce qu'il s'agissait de chercher, et rien n'était plus facile. Nous nous en sommes donné le soin, et, sans en être plus fier, nous pouvons vous apprendre, comme une grande nouvelle, d'après les premières éditions imprimées sur le manuscrit même de Molière, et revues par lui, qu'il faut non pas un, mais deux *f*.

Maintenant que j'ai fait la recherche, je m'étonne qu'elle ait été nécessaire. N'allait-il pas de soi, et ne devions-nous pas comprendre, sans commentaire, que l'orthographe du mot devait être ainsi, pour affirmer mieux ce qu'il exprime? Otez un *f* à Tartuffe, surtout lorsque c'est la bouche d'Orgon qui en savoure les syllabes, et vous lui enlevez une partie de son parfum. Il n'est plus, à moitié près, aussi onctueux, aussi confit, aussi *mellifluant*, comme eût dit Rabelais.

Molière, s'il avait pu, n'aurait pas seulement mis deux *f*, mais trois, mais quatre même, comme, à la première syllabe, il eût mis, non pas un, mais quatre *r*, pour la mieux faire retentir au diapason de l'enthousiasme expansif d'Orgon.

Après avoir dit, ce que d'ailleurs on savait déjà fort bien à la Comédie-Française, de quelle façon le mot *Tartuffe* doit figurer sur une affiche, j'ajouterai qu'il n'y devrait pas figurer du tout, si l'on se conformait à la véritable tradition de Molière. La pièce, telle qu'il l'imprima, ne porte pas ce titre ; or, comme il est probable qu'il ne mit sur la brochure que ce qu'il avait d'abord mis sur l'affiche, je répète que, pour être exact, il ne faudrait d'aucune façon afficher *Tartuffe*, ni avec un, ni avec deux *f*. Que faudrait-il donc, alors ? Il faudrait ce que Molière fit imprimer lui-même, avec lettres noires pour le nom de la pièce, et lettres rouges pour celui de l'auteur, — c'était l'usage, — sans aucune mention de comédiens ni de comédiennes, — c'était l'usage aussi ; car l'acteur, en ces temps naïfs, loin de s'adjuger la *vedette*, n'avait pas même droit à la simple inscription ; — il faudrait, dis-je, écrire tout simplement sur l'affiche : L'Imposteur, *comédie*, par Molière.

Ne serait-ce pas joli ? Ce serait exact, en tout cas, et très nouveau, comme ce qui est oublié, Voyez-vous un théâtre affichant l'*Imposteur*, par Molière, et le public y courant, comme à une pièce *inédite* ?

Depuis tantôt deux siècles que cette comédie occupe le théâtre, elle a trouvé, pour altérer son texte et fausser sa tradition, bien des occasions, que le mauvais goût et la vanité des comédiens l'ont aidée à ne pas manquer. L'*effet* de l'acteur a voulu, comme toujours, enchérir sur celui de l'auteur, et celui-ci n'étant plus là pour faire respecter son œuvre, on est arrivé, de comédiens en comédiens, d'effets en effets, à donner tout autre chose que ce que Molière avait indiqué.

Je n'en ferai voir qu'un ou deux exemples, et d'après

un seul rôle, celui de Dorine. A la première scène du second acte, d'après la mise en scène aujourd'hui adoptée au Théâtre-Français, et acceptée partout sans contrôle, quoique la nouvelle concurrence dût être surtout contraire à la vieille routine, la servante de Marianne intervient beaucoup trop tôt dans l'entretien d'Orgon et de sa fille, et par là jette, pour le spectateur, trop de distraction dans cette scène. Molière, si j'en crois le texte qu'il a fait lui-même imprimer, et qu'il a dû revoir avec son soin bien connu, n'introduit Dorine dans la situation, qu'au moment juste où elle peut ne pas distraire le spectateur de ce qui explique la scène, et où elle doit s'y mêler. C'est sur ces vers :

> . . . . Oui, je prétends, ma fille,
> Unir par votre hymen Tartuffe à ma famille;
> Il sera votre époux. . . . .

qu'il indique son entrée ; et, en effet, pourquoi arriverait-elle plus tôt, puisque ce sont ces vers mêmes, qui, saisissant brusquement Dorine, vont la lancer dans l'action même de la scène? Malheureusement, il se sera trouvé quelque Dorine trop impatiente, qui, un beau soir, s'ennuyant à la cantonnade, aura forcé la consigne de la mise en scène, et sera entrée, douze vers trop tôt. Elle aura sauvé sa présence inattendue, par quelque pantomine comique, dont l'effet de rire l'aura encouragée à retomber le lendemain dans la faute qui lui avait valu son succès. Celles qui jouèrent ce rôle après elle l'auront imitée, avec l'empressement que donnent toujours les mauvais exemples, et ainsi se sera trouvé établi immuablement, de telle sorte que Molière lui-même n'y

pourrait rien, ce qu'on appelle au théâtre une tradition, mais ce que nous appelons, nous, un contresens.

L'effet du rôle d'Orgon souffre un peu, dans cette
scène, ainsi jouée, de l'intervention du rôle de Dorine,
et de la distraction qu'elle y jette; mais, à quelques instants de là, Dorine, bonne camarade, lui donne sa revanche, et sans sortir du contresens. Quand sur ce
vers :

Je me moquerais fort de prendre un tel époux,

Orgon veut lui donner un soufflet, elle lui fait, pour son
évolution, une si large place, qu'elle se sauve jusque
dans la coulisse, et se permet ainsi une sortie, dont
Molière non seulement n'a dit mot, mais qu'il condam-
nerait certainement. Il en résulte, en effet, pour la scène,
un vide et un froid, qui nuisent singulièrement à l'action, alors très montée. Dorine, d'après la mise en
scène de Molière, indiquée par la première édition,
s'enfuit, mais ne sort pas. Elle se poste derrière la
haute table, qui plus tard servira de cachette à ce
même Orgon; de là, les coudes appuyés sur le tapis,
elle le nargue du sourire, jusqu'à ce qu'il n'y tienne
plus. Quand il est sorti « pour se rasseoir un peu »,
c'est encore de là qu'elle reprend la scène avec Marianne, par ces mots :

Avez-vous donc perdu, dites-moi, la parole?

qui n'ont plus rien de leur à propos et de leur vivacité,
si elle les dit, non pas d'aplomb sur la scène, mais en y
rentrant.

J'ai fait déjà ces observations. J'en ai parlé aux
Dorines du Théâtre-Français, qui m'ont presque toutes
avoué que la situation gagnerait à être ainsi jouée,
mais qui pourtant n'ont rien fait pour la jouer ainsi.
O routine! ô routine, rouille du progrès! Les nouveaux
venus devraient, au moins, faire ce que les anciens dé-
daignent.

VIII

AMPHITRYON
1668

_____

I

Amphitryon est, parmi les comédies de Molière, une de celles qui nous semblent avoir été le moins bien jugées, non pas au point de vue historique, non pas comme œuvre, mais comme action dans la vie du poète.

Quelques-uns, et dans le nombre, M. Michelet, au septième chapitre de son *Louis XIV*, quelques-uns ont prétendu que cette comédie n'était qu'une longue allusion aux amours, tout nouveaux, tout en fleurs, de Louis XIV et de M***me de Montespan, et, qui pis est, une flatterie à la louange de ce double adultère.

Nous ne nierons pas l'allusion, mais nous contesterons la flatterie.

Il est possible que Molière, en écrivant sa pièce, ait eu dans l'esprit quelque vague idée d'un rapprochement à faire entre le Louis XIV de l'Olympe et le Jupiter de Versailles, l'un et l'autre grands séducteurs, et par tous les moyens. Mais, qu'il ait voulu, d'une façon bien précise, représenter un des amours du roi, par une des passions du dieu, faire directement revivre telles péripéties de la fable divine dans tel chapitre du roman royal, et surtout personnifier l'altière Montespan sous les traits de la douce et tendre Alcmène, qui serait bien plutôt une La Vallière, c'est ce que je ne puis admettre.

Tout répugne à l'hypothèse, même les dates, ces lumières si précieuses pour la vérité, ces moyens de doute si fatals aux simples conjectures.

Le temps qui s'écoula, entre le jour où la passion longtemps clandestine de Louis XIV pour Mme de Montespan fut enfin révélée en plein soleil de Versailles, et celui où Molière fit représenter *Amphitryon* sur son théâtre, put-il suffire à l'élaboration de ces trois actes exquis, où tout accuse le soin, les lenteurs caressantes du poète pour son œuvre? Je ne le crois pas.

C'est après le retour de la Campagne de Flandre, où madame de Montespan, comme attachée à la reine, avait suivi la Cour, que la passion du roi pour elle se déclara tout à fait et devint, pour ainsi dire, officielle. Or, à quelle époque cela nous reporte-t-il? Au milieu d'octobre 1667, au plus tôt. Et maintenant, quand *Amphitryon* fut-il joué pour la première fois? Au commencement du mois de janvier suivant. Molière n'aurait donc mis que deux mois et demi, tout au plus, non seulement à composer sa pièce, mais encore à la mettre en état d'être jouée ? Cela n'est guère probable.

Nous savons qu'il travaillait vite, moins pourtant qu'on ne l'a dit ; nous savons même, sans toutefois en être bien sûr, qu'il écrivit et fit jouer *les Fâcheux*, en quinze jours. Mais ce qui était possible pour cette comédie à tiroirs, comme on dit, faite de morceaux préparés d'avance et qu'il ne fallait qu'ajuster, ne l'était pas pour l'*Amphitryon*, si soigné dans toutes les parties, où chaque chose est si bien en place et si bien pondérée, où le vers est *libre*, mais sans jamais être lâché, où rien enfin n'est livrée aux hasards de la rapidité, aux caprices de l'improvisation.

Il faut, d'ailleurs, se reporter un peu à l'époque où Molière fit si vite la première de ces deux pièces, *les Fâcheux*, et à celle où, pour être dans la vérité de l'hypothèse admise, il aurait dû écrire, non moins rapidement, la seconde, l'*Amphitryon*.

En 1661, quand *les Fâcheux* furent joués, il était jeune et de santé vigoureuse encore; de plus, il était amoureux, il était tout aux espérances, trop vite évanouies, de la passion qui lui fut une si longue peine, après lui avoir été une si courte joie. A l'époque de l'*Amphitryon*, cette peine était déjà venue et l'avait brisé.

Le corps souffrant, l'âme plus souffante, il se traînait entre les chagrins mortels que lui causait Armande Béjard, fiancée adorée en 1661, épouse infidèle en 1667, et les poignants ennuis que la persécution de son *Tartuffe* lui mettait au cœur et dans l'esprit.

Etait-ce sous le coup de cette double infortune, était-ce au milieu des préoccupations dont elle était la source amère, que, malade et n'ayant qu'à peine la force de se traîner sur la scène et de faire rire les autres du fond de ses propres douleurs, il pouvait, en deux mois, comme au temps de l'amour heureux et inspirateur, improviser une comédie en vers? Aussi, ne faisait-il plus rien.

Depuis *le Médecin malgré lui*, joué en août 1666, deux mois après le *Misanthrope*, il n'avait pu donner qu'un

17.

pauvre petit acte en prose, *le Sicilien*. Sa verve, il est vrai, pouvait se réveiller, et il le fit bien voir ; ce n'était sans doute qu'un feu dormant sous la cendre, mais encore lui fallait-il le temps de rallumer la flamme ; et ce n'est pas en deux mois seulement, que cette flamme de génie, tout à coup ranimée, pouvait arriver à jeter les vives et pures lueurs, dont tout l'*Amphitryon* est éclairé.

Mon avis est donc que depuis lontemps Molière songeait à cette pièce, dont l'idée lui était venue de Plaute, en passant, pour s'y rajeunir et le tenter d'autant mieux, par la vivante imitation qu'en avait donnée Rotrou dans ses deux *Sosies*. Il devait, comme c'est l'ordinaire pour les génies de cette trempe forte et féconde, en mener de front le travail avec l'élaboration de plusieurs autres comédies.

Peut-être, en 1667, était-elle de toutes la plus avancée, et ne fallait-il qu'y mettre la dernière main pour qu'elle fût complète. L'à-propos du nouvel amour du roi sera venu l'y engager, et les deux mois qui s'écoulèrent, entre la révélation de ce nouveau roman et la représentation de sa pièce, lui auront suffi pour que celle-ci fût entièrement faite et parfaite.

Ce qu'il y ajouta, sous cette inspiration d'actualité scandaleuse, ne fut pas, quoiqu'on l'ait dit, à la glorification du scandale.

Molière n'était pas flatteur. Toujours, chez lui, l'observateur veilla trop, pour que le courtisan pût approcher jamais et prendre toute sa place. Boileau, satirique de parti pris, put à l'occasion fausser assez complètement compagnie à la satire, pour tomber à plein dans son contraire, le panégyrique ; mais Molière, que guidaient les lumières d'une plus inflexible conscience, n'eut jamais, fût-ce même pour ce qu'il admirait le plus, un engouement de nature à égarer son sens critique, et à le précipiter dans l'aveugle exagération des apologies sans ombres.

Il ne fit jamais d'éloges outrés, même à Louis XIV, et dans le temps dont nous parlons, surtout à cette époque d'*Amphitryon*, il était de moins en moins disposé à des excès de louanges pour sa gloire.

Qu'avait fait le roi pour lui, en effet? Qu'avait-il ordonné pour lever l'interdit, dont le *Tartuffe* était frappé? Rien. Une fois, pendant son absence, la pièce avait été jouée, presque subrepticement; mais, le lendemain, un ordre était venu de M. de Lamoignon, pour qu'on le suspendît, et depuis lors aucun ordre royal n'avait rendu à la pièce la liberté que lui avait enlevée l'ordre du président.

Molière avait à cœur ce mauvais vouloir, qui dura plus d'une année encore. Il boudait le roi. Il ne jouait plus à la Cour; il ne jouait même plus à la ville. Il fallut une impérieuse invitation de Sa Majesté, pour qu'il consentît à venir égayer de ses comédies le carnaval de Versailles, en 1668.

Déjà, l'année précédente, il s'était fait prier. Ce n'est qu'avec peine qu'il s'était rendu aux fêtes de janvier, à Saint-Germain. Le petit acte du *Sicilien* était ce qu'il avait apporté, pour tout potage de carnaval, et encore, en le servant, avait-il fait sentir au maître combien il lui en coûtait de sortir de ses chagrins pour venir l'amuser. Ecoutez un peu dès la seconde scène le monologue de l'esclave Hali, et vous sentirez sous ses plaintes la révolte du cœur ulcéré de Molière, obligé de faire rire ce roi, qui ne fait rien pour lui.

« Sotte condition, dit Hali, sotte condition que celle d'un esclave, de ne vivre jamais pour soi, et d'être toujours tout entier aux passions d'un maître, de n'être réglé que par ses humeurs, et de se voir réduit à faire ses propres affaires, de tous les soucis qu'il peut prendre ! Le mien me fait ici épouser ses inquiétudes, et, parce qu'il est amoureux, il faut que nuit et jour je n'aie aucun repos ! »

Au mois de février 1668, quand l'envie reprit au roi d'avoir sur son théâtre de Versailles Molière, aussi nécessaire pour un carnaval de Cour, que le rire l'est au dessert, il fallut encore, je l'ai dit, de nouvelles instances. L'ordre impérieux s'y mêlait au royal sourire. C'est le sourire qui décida Molière, et qui le rengagea, comme il va nous le dire lui-même.

Il vient avec son *Amphitryon*, mais, pour bien faire voir qu'il ne l'avait pas écrit pour la Cour, il le donna sur son théâtre. Cette fois, contre l'ordinaire, Versailles, au lieu d'une primeur, n'eut que les reliefs du régal servi à Paris. S. M. le public eut le pas sur S. M. le roi.

Molière ne s'en tint pas là. Il jouait Sosie et disait, par conséquent, le premier monologue de la pièce. Il voulut que, comme dans *le Sicilien*, sa pensée personnelle, sa plainte mal écoutée, son ennui d'une obéissance stérile, sa révolte contre des exigences trop peu payées par la bienveillance passagère d'un regard, s'y fissent jour, dès les premiers vers. Les voici :

Sosie, à quelle servitude
Tes jours sont-ils assujettis !
Notre sort est beaucoup plus rude
Chez les grands, que chez les petits.. . . . . .

Ils veulent que pour eux tout soit, dans la Nature,
    Obligé de s'immoler;
Jour et nuit, grêle, vent, périls, chaleur, froidure,
    Dès qu'ils parlent, il faut voler.
    Vingt ans d'assidus services
    N'en obtiennent rien pour nous.
    Le moindre petit caprice
    Nous attire leur courroux.
    Cependant, notre âme insensée
S'acharne au vain honneur de demeurer près d'eux,
Et s'y veut contenter de la fausse pensée
Qu'ont tous les autres gens, que nous sommes heureux.
Vers la retraite en vain la raison nous appelle,
En vain notre dépit quelquefois y consent;
    Leur vue a sur notre zèle
    Un ascendant trop puissant,
Et la moindre faveur d'un coup d'œil caressant
    Nous rengage de plus belle.

Ici Molière a dit, à Louis XIV qui écoute, tout ce qu'il a sur le cœur : son dégoût d'un service mal récompensé, même ses résolutions de retraite presque réalisées, lorsque l'année précédente il était resté, pendant plusieurs mois, éloigné du théâtre. Il s'est rengagé pourtant, il vient de nous le dire, mais il faut que quelqu'un paye ce réengagement ; ce sera Louis XIV-Jupiter, devant qui on va jouer *Amphitryon*.

Je ne sais où l'on a pu voir que cette pièce est à l'honneur du grand roi. C'est, au contraire, en termes admirablement voilés, et confits dans le venin le mieux distillé du monde, la plus amère satire qu'il fût possible de faire contre ce roi à bonnes fortunes, contre cet olympique séducteur.

Il est heureux : beau mérite ! Pouvait-il ne pas l'être ? Mais celui qu'écrase sa fantaisie de dieu, ce pauvre Amphitryon, est intéressant, ce qui vaut mieux. Molière, qui, à ce moment, souffrait des mêmes peines, pouvait-il faire qu'il ne le fût pas ? Pour qu'il émeuve, il n'a qu'à lui prêter l'éloquence de ses douleurs, et il la lui prête, en effet. Lorsque Amphitryon, le victorieux, gémit de l'infidélité d'Alcmène, on croit entendre Molière, l'auteur applaudi, oublier ses succès pour ne penser qu'à l'inconstance d'Armande :

> Ah ! qu'on est peu flatté de louange, d'honneur,
> Et de tout ce que donne une grande victoire,
> Lorsque dans l'âme on souffre une vive douleur !
> Et que l'on donnerait volontiers cette gloire,
>   Pour avoir le repos du cœur !
>   Ma jalousie, à tout propos,
>   Me promène sur ma disgrâce ;
>   Et plus mon esprit y repasse,
> Moins j'en puis débrouiller le funeste chaos.

Jupiter, à la fin, se fait, il est vrai, une bien splendide apothéose, qu'eût enviée Louis XIV. Lui-même, avec une parfaite outrecuidance de personnalité divine, il s'enlumine du fard insolent de l'impunité la plus majestueuse. Il a fait, à l'entendre, beaucoup d'honneur à ceux qu'il a... trompés ; mais écoutez Molière-Sosie donnant la réplique à ce porte-foudre ; laissez-le se garder le dernier mot contre cet impudent, à qui la pleine liberté de se vanter lui-même a été donnée, et non sans cause ; vous verrez si le gain de tout cela n'est pas pour la morale et pour la malicieuse vengeance du poète :

> Le grand Dieu Jupiter nous fait beaucoup d'honneur,
> Et sa bonté sans doute est pour nous sans seconde :
>   Il nous promet l'infaillible bonheur
>   D'une fortune, en mille biens féconde,

> Et, chez nous, il doit naître un fils, d'un très grand cœur.
>> Tout cela va le mieux du monde :
>> Mais enfin coupons aux discours,
> Et que chacun chez soi doucement se retire :
>> Sur telles affaires toujours
>> Le meilleur est de ne rien dire.

Comprit-on bien à la Cour? Je l'espère. Molière, toutefois, trouva bon d'insister. Quelques mois après, lorsque la faveur de Mme de Montespan était de plus en plus flagrante, et que le chagrin de son mari, qui ne portait pas facilement sa disgrâce, devenait chaque jour plus violent, même en public, Molière renouvela sa leçon amère.

Il prit de nouveau à partie ces séducteurs de haute lignée, qui, abusant de l'avantage et de l'impunité de leurs rangs, vont braconner aux étages inférieurs. Il fit *Georges Dandin.*

L'allusion était peut-être moins facilement saisissable, mais elle était tout aussi directe, d'autant plus que Montespan, qui, suivant Saint-Simon, avait, par ses imprudentes visées d'ambition, été pour beaucoup dans la faute de sa femme, pouvait se dire, comme le mari de la comédie : « Tu l'as voulu, Georges Dandin! »

II

Le sujet d'*Amphitryon*, quand Molière le mit en scène, mûrissait depuis longtemps dans son esprit. C'était un des premiers souvenirs de sa jeunesse, dont l'éveil pour la comédie dut être si prompt et tout d'abord si vif et si lucide.

. Dès le collège, où les Jésuites, ses maîtres, loin d'interdire le théâtre aux élèves, les y exerçaient par des représentations de pièces antiques, ou de comédies et tragédies qu'ils avaient faites eux-mêmes, il avait dû être vivement frappé du comique de l'*Amphitryon* de Plaute, un des plus amusants modèles de la comédie latine.

Ce n'est pas tout : ce premier amusement de lecture s'était bientôt doublé d'un autre. A la fin de 1636, lorsqu'il allait avoir quinze ans, les comédiens de l'Hôtel de Bourgogne, chez qui, les jours de congé, son grand-père Cressé, — qu'il eut, comme on sait, pour premier guide dans les théâtres, — le menait surtout, comme étant les plus voisins des Piliers des Halles, où il logeait alors, ainsi que les Poquelin, avaient donné une imitation de cet amusant *Amphitryon* latin.

Un de leurs plus fameux auteurs, Rotrou, en avait fait cinq actes de comédie française, qu'il avait appelés *les Sosies*, et le succès avait été des plus vifs. On y avait couru presque autant qu'au chef-d'œuvre, qui fut le premier grand événement dramatique du grand siècle, *le Cid*.

Pendant qu'il faisait fureur de nouveauté, rue Vieille-du-Temple, chez Mondory, « entre les flambeaux du théâtre du Marais, » et non pas, comme on l'a cru, à l'Hôtel de Bourgogne, celui-ci, avec *les Sosies*, soutenait, sans trop d'inégalité, la terrible lutte.

C'étaient, pour les délicats, deux œuvres à marcher de pair. Chapelain, notamment, ne les séparait pas dans son admiration : « Depuis quinze jours, écrivait-il, le 22 janvier 1637, à son ami, le Manceau Belin, le public a été diverti du *Cid* et des deux *Sosies*, à un point de satisfaction qui ne se peut exprimer. Je vous ai fort désiré, à la représentation de ces deux pièces. »   .   ..

A la suite de l'une et de l'autre, on jouait, suivant
l'usage, une farce « à l'improvisade », qui ne manquait
jamais de faire rire aux larmes, quand, à l'Hôtel de
Bourgogne, Jodelet venait à s'en mêler, avec ses
« bonnes rencontres, » — c'est ce que nous appelons
aujourd'hui des *mots*. — Il en eut une des plus amusantes à l'une des représentations des *Sosies*.

Le fracas dont est accompagné le départ de Jupiter,
remontant dans l'Olympe, après ses faciles succès de
séducteur contre le pauvre Amphitryon, faisait vibrer
encore dans la coulisse le fer-blanc agité, quand Jodelet
entra en scène, pour commencer la farce.

Son premier mot fut pour ce beau tapage : « Si toutes
les fois, dit-il, qu'à Paris un mari est trompé, l'on faisait un si grand bruit, l'on n'entendrait pas Dieu
tonner. »

Cette plaisanterie du farceur — que Taschereau, par
parenthèse, lui fait dire, non pas à la fin des *Sosies*,
mais au dénouement de l'*Amphitryon* de Molière, oubliant que Jodelet mourut sept ans au moins avant
qu'on le jouât — ne nuisit pas à la pièce. Une fois dite;
on la lui fit répéter à chacune des représentations.

Elles durèrent longtemps, et, après avoir amusé Paris,
se perpétuèrent à l'infini dans les provinces. Chaque
troupe emporta les *Sosies* dans son bagage et, avec eux,
bon nombre des autres pièces de Rotrou, qui, avant
Corneille, eut ses beaux jours dans la tragédie, et, avant
Molière, sa popularité comique.

Madeleine Béjard, quand elle fit ses longues caravanes,
où le goût pour la comédie, aiguillonné par l'amour
pour la comédienne, entraîna Molière à sa suite, oubliait
moins que personne ce répertoire de Rotrou.

Il avait été de ses grands amis. Les seuls vers que l'on connaisse d'elle lui sont adressés. C'est un quatrain en alexandrins, qui se trouve, signé de ses deux noms, à la suite de l'*Ode* à Richelieu, qui précède l'*Hercule mourant*, joué quelques mois avant les *Sosies*.

Les préférences de Madeleine Béjard pour Rotrou et pour ses œuvres, toujours des premières choisies, quand, à son arrivée en quelque ville, elle préparait ses représentations dans le jeu de paume le plus commode, nous donnent l'origine des traits sans nombre qui sont passés de là dans les pièces de Molière.

Si tant de réminiscences de ce répertoire lui jaillissent au cerveau, et viennent d'elles-mêmes sous sa plume, c'est que, pendant longtemps, avant que son esprit de poète en eût fait son profit, sa mémoire de comédien, les promenant de tréteaux en tréteaux, se les étaient appropriées, et, par cette assimilation involontaire qui est si naturelle en pareil cas, lui avait insensiblement fait croire que ce qu'il avait si bien retenu lui appartenait.

Peu à peu, lorsque surtout la similitude des situations amenait d'elle-même celle des idées et de l'esprit, il n'avait plus, en écrivant, distingué ce qui était à lui de ce qui ne l'était pas. Sans presque en avoir conscience, d'autant mieux qu'il restait lui-même; tout en ne l'étant plus, par le choix, où se retrouvait son tact infaillible, et par l'originalité de la forme, il avait usé du bien de Rotrou, comme s'il était le sien. Les cinq actes de la *Sœur*, par exemple, sont ainsi passés, en menues parcelles, de cette heureuse mémoire, dont le goût et l'esprit étaient le crible, soit dans les *Fourberies de Scapin*, soit dans le *Bourgeois gentilhomme*, soit en d'autres pièces encore.

Des pierres un peu grossièrement précieuses de Rotrou, broyées par sa main habile, Molière avait su faire, en les mêlant à ses propres joyaux, une poussière de diamants.

Son *Amphitryon* en est saupoudré. Partout, à chaque coin de scène, on y trouve quelques débris, quelques parcelles des *Sosies*, mais transformés, comme au creuset de l'alchimiste encore introuvable, qui saurait changer le cuivre en or.

C'est une des pièces que Molière avait dû jouer le plus, à cause du rôle de Sosie dont son comique avait si bien le tempérament, lorsque, avec les Béjard, il courait la province. Cet exercice de représentations sans cesse renouvelées, devant des publics aussi multiples qu'elles, lui avait fait voir le fort et le faible de l'œuvre, ce qui, dans chaque scène, y portait, comme on dit, ou ne portait pas.

Il en tint compte, lorsqu'il crut le moment venu de refaire la pièce, qu'il avait eu si bien le temps de juger en comédien, avant de s'y attaquer en poëte.

La forme de Rotrou était un peu lourde. Comment l'alléger, l'alexandrin dont l'auteur s'était servi étant le seul vers qui fût alors de mise dans le tragique et dans le comique? Fallait-il revenir au vers de huit pieds, qui était le rhytme des anciennes farces? Pour se mêler à l'entretien des dieux et des princes, il semblait un peu court vêtu et menaçait de les faire par trop tomber dans les *sesquipedalia verba* dont parle Horace.

Molière se souvint alors que Corneille, par une exception qui n'avait pas été heureuse, parce qu'il s'agissait de tragédie, mais qui pouvait le devenir en se renouvelant pour une comédie, avait, dans son *Agésilas*, deux ans auparavant, fait usage du vers libre. Il le lui emprunta donc, et, l'assouplissant sous la discipline du rhythme et de la diction, de la cadence et de l'effet, dont, avec ce vers bien manié, rien ne se perd et chaque trait porte, il fit une merveille de grâce et d'esprit, dans une forme prosodique, où la muse déjà vieillissante de Corneille n'avait guère bégayé.

Le secret de la vraie forme à prendre entre le vers iambique de l'*Amphitryon* de Plaute et l'alexandrin de celui de Rotrou était trouvé!

Avec ces allures sans gêne, le vers libre n'est pas celui qui est le moins gênant à faire et à dire. Pas un ne vous apprend mieux si le poète qui l'emploie et l'acteur qui le dit ont l'oreille de leur métier.

IX

L'AVARE
1668

I

L'Avare est une des pièces les plus populaires de Molière, mais ce n'est certes pas une de ses meilleures. Pourquoi? C'est sa vie qui va nous l'expliquer; ce sont les épreuves et les souffrances de l'homme, qui vont nous justifier les défaillances de l'œuvre, nous donner le mot de ce qui, très remarquable chez tout autre, n'est que faible chez lui, incomplet, inférieur, parce qu'il n'y eut pas le loisir de cette maturité, qui fut ailleurs une de ses forces; parce qu'il n'y eut pas, comme dans *Tartuffe* et le *Misanthrope*, le temps d'être parfait. Le temps, cette monnaie du travail, qui, suivant qu'on le dépense ou l'économise, fait les œuvres qui restent ou les œuvres qui passent,

Car il n'épargne pas ce qu'on a fait sans lui;

le temps manquait à Molière quand il fut obligé de faire

et de jouer *l'Avare*. Tout le lui prenait : ses embarras
de directeur de troupe, ses ennuis de ménage, ses souffrances, — il commençait à mourir de la maladie qui
l'emporta — enfin la lutte prolongée qu'il avait à soutenir, sans trève et sans fin, pour son *Tartuffe*, joué une
seule fois l'année d'auparavant, arrêté le lendemain, et
que, depuis, on ne voulait pas lui rendre.

Il ne le ressaisit qu'un an après, mais trop tard, beaucoup trop tard. Que d'angoisses pendant tout le temps
de cette persécution, qui lui enlevait, avec la pièce qu'il
avait le plus travaillée, et qu'il aimait le mieux, la ressource la plus assurée de son théâtre! L'homme avait
cruellement souffert, le directeur avait pâti, et, pour consoler l'un, pour sauver l'autre, l'auteur s'était compromis. Il avait été obligé, n'ayant d'aide que lui-même,
n'ayant de ressource que son talent, — car la persécution avait élargi autour de lui le vide que l'envie
avait commencé, — il avait été forcé de faire au plus
vite, de *bâcler*, une grande pièce. C'est *l'Avare*.

Avant d'en venir à cette extrémité si douloureuse
pour lui, qui n'aimait rien tant que la perfection par le
soin, la caresse d'une œuvre par le travail, il s'était hasardé dans une affaire moins périlleuse, et qui, si *Tartuffe* lui eût été rendu plus vite, aurait pu suffire aux
exigences de son répertoire, à ce besoin de pièce nouvelle, qui était déjà une des plus impérieuses nécessités
du théâtre.

Il avait fait jouer son *Amphitryon*, où la forme du
vers libre lui avait donné, pour le prompt achèvement
de la pièce, des facilités de travail que ne lui eût pas
permises l'alexandrin.

Le succès fût assez vif, mais insuffisant. Cette comé-

die, d'ailleurs, n'avait que trois actes, et il en fallait
cinq pour faire belle figure dans un spectacle, et surtout
pour faire recette. Force lui fut donc de se décider à la
grande épreuve, et de lancer cinq actes, puisqu'il n'en
fallait pas moins pour une pièce.... de résistance. Pauvre
Molière ! il s'y dévoua. Auteur, il se l'interdit, il se le re-
fusa aussi longtemps qu'il put, mais, directeur, ayant
sur les bras un théâtre en souffrance, il se plaida si bien
l'affaire avec tous les raisonnements de la réalité, avec
l'irrésistible éloquence des petites recettes, qu'il finit par
céder. Par malheur, de refus en raisonnement, et de
raisonnement en ajournement, il avait tant et si bien
différé, qu'à l'heure impérieuse de l'exécution, il n'eut
pas le temps d'exécuter, et cela, — malheur plus grand
peut-être que tout le reste, — dans un moment, où l'Envie éveillée le guettait de tous ses yeux, et l'attendait
dans une œuvre moindre, pour le punir de ses meilleures.

La forme qu'il fut obligé de prendre, faute de temps,
fut son premier crime. On lui avait passé les vers libres
de l'*Amphitryon*, comme auparavant on lui avait pardonné la prose dans le *Festin de Pierre*, qui , n'étant
qu'une comédie de circonstance, faite sur un sujet à la
mode, pouvait se permettre ce style en déshabillé ; mais
on fut bien autrement sévère pour *l'Avare*. De la prose
dans une pièce de caractère ! de la prose dans une comédie prise aux anciens, et qui ne pouvait se faire pardonner d'être ainsi un reflet, que par le soin du style,
par l'éclat des beaux vers ! fi ! c'était irrespectueux pour
le public ! Voilà ce que l'on disait chez les ennemis de
Molière, c'est-à-dire dans le monde littéraire, presque
tout entier, de ce temps-là. Il n'eut pour lui qu'un homme,

dont le goût, il est vrai, en valait bien un autre ; Boileau, qui vint plusieurs jours de suite le soutenir de sa présence et de ses applaudissements. Chez celui-là, du moins, le courage dans la satire était une garantie de la sincérité dans l'éloge. Molière eut aussi pour lui un pauvre petit journaliste, appelé Du Lorens, qui rédigeait en vers son journal, sa *Gazette rimée*, comme il l'appelait, et qui, à cause sans doute de l'abondante fluidité de ses rimes coulantes, à jet continu, s'était surnommé Robinet.

Chaque fois qu'il parla de *l'Avare*, il le fit en termes flatteurs ; mais, par l'éloge, on sentait qu'il était presque seul à le faire. Le 22 septembre 1668, par exemple, quinze jours après la première représentation, Monsieur, frère du Roi, et Madame, qui voulaient grand bien à Molière, étant venus voir la pièce, il dit :

> Ces jours-ci, Monsieur et Madame
> Ont fait leur demeure à Paris,
> Où leur présence est assez rare,
> Et le divertissant *Avare* —
> Aussi vrai que je vous le di, —
> Dimanche, fut très aplaudi.

Robinet en jure trop, pour qu'on n'ait pas quelque doute ; son :

> Aussi vrai que je vous le dis

me met fort en défiance. Un peu auparavant, il avait eu déjà une insinuation transparente, qui laissait deviner que la pièce soulevait des opinions bien moins favorables que la sienne :

> Il parle en prose et non en vers,

dit-il de l'*Avare*,

Mais, nonobstant les goûts divers,
Cette prose est si théâtrale,
Qu'en douceur les vers égale.

« Les goûts divers » malheureusement étaient plus forts que le sien, qui, en somme, était le bon, et c'est peut-étre à cause de cela même que Robinet n'en démordit pas : chaque fois qu'il parla de l'*Avare*, la prose l'eut pour défenseur, et en vers, comme vous avez vu, ce qui d'ailleurs était encore un moyen de soutenir son dire : il ne fallait pas beaucoup de vers comme les siens, pour plaider la supériorité de la prose, surtout de celle de Molière.

Elle est excellente dans l'*Avare*. Un très bon juge, Fénelon, en jugeait ainsi : très sévère, par état plus que par goût, je pense, pour le théâtre de Molière, le prélat de Cambrai faisait quelques concessions d'admiration à la prose de l'*Avare*, qu'il préférait même, à cause de cela, aux comédies que Molière a écrites en vers. On comprend que celui qui fit le *Télémaque* dans ce style à la fluidité sonore que vous connaissez, ne pouvait se plaire aux vers substantiels et savoureux de *Tartuffe* ; à l'ardente et pleine franchise des alexandrins du *Misanthrope*.

Boileau, Du Lorens, le petit journaliste de la *Gazette rimée*, et Fénelon, tels furent donc les seuls admirateurs de l'*Avare*, à son avènement. Ce n'était pas assez pour faire un public. Que voulez-vous ? Sa prose, je le répète, le perdait. Les gens qui font la foule et les critiques qui la mènent, avaient alors le préjugé du vers au théâtre, préjugé bien oublié depuis, et bien remplacé par son contraire. Les acteurs eux-mêmes le partageaient. Ils prétendaient qu'une pièce sans rimes était

impossible à apprendre, et il ne fallut pas moins que
l'autorité de Molière, pour imposer à leur mémoire ses
grandes pièces en prose : *l'Avare, le Bourgeois gentilhomme, Don Juan.* Celui-ci même dut, pour survivre,
en passer par l'arrangement à la mode. Quand Molière
fut mort, sa veuve fut obligée de faire mettre la pièce en
vers par Thomas Corneille, qui, d'ailleurs, s'acquitta de
la tâche en fort habile homme. Sans cela, plus de *Don
Juan.* Ce n'est que de notre temps, vers 1840, que le
vrai nom fut rendu à la pièce. Jusque-là, on l'avait
laissé dans les *œuvres* de Molière, et la traduction en vers
de Thomas Corneille avait seule les honneurs de la représentation. Les comédiens l'avaient ainsi voulu, et aussi
les critiques, pour qui, pendant les deux derniers siècles, toute comédie en prose ne fut pas une œuvre réellement sérieuse. Eût-elle cinq actes, elle n'était considérée que comme *petite pièce;* c'est l'épithète qu'on donna
même au chef-d'œuvre de Lesage, à *Turcaret.*

D'où cela venait-il? De ce que la prose n'avait longtemps servi que pour les *farces,* jouées à l'improvisade,
après la grande pièce; et de ce qu'elle permettait, comme
dans ces bouffonneries à l'impromptu, toutes sortes
d'intercalations de circonstance. Le vers en défendait
les autres pièces, comme une solide armure; la prose
élastique s'y prêtait, au contraire, et vous allez voir qu'on
en usait. C'est Voltaire qui nous racontera là-dessus une
anecdote, où la grande pièce en prose de Bruéys et Pa-
laprat, *le Grondeur,* fut la complice, la complaisante
d'une leçon, qu'il fit..., à son père, le grave et très grognon notaire, M. Arouet. « J'avais autrefois un père,
dit-il, qui étoit grondeur, comme M. Grichard. Un jour,
après avoir horriblement et très mal à propos grondé

son jardinier, et après l'avoir presque battu, il lui dit :
« Va-t'en, coquin ; je souhaite que tu trouves un maître
aussi patient que moi. » Je menai mon père au *Grondeur* : je priai l'acteur d'ajouter ces propres paroles à
son rôle, et mon bonhomme de père se corrigea un
peu. »

Vingt fois, des gens qui avaient quelques détails de
ladrerie tout neufs sur leurs amis et connaissances, les
firent intercaler ainsi dans l'*Avare* par les comédiens, et
y menèrent de même ces connaissances et amis, pour
qu'ils y vissent passer leur ridicule, sous le rire du public ; et voilà pourquoi, comme toutes ses pareilles en
prose, la comédie de l'*Avare,* malgré son importance,
garda toujours un peu le caractère de *farce* et ne passa
jamais pour absolument sérieuse.

Les vers lui auraient donné cet aplomb ; mais nous
avons vu que Molière n'eut pas le temps de la jeter dans
le moule terrible, où l'idée, semblant s'enchaîner, se fait
plus forte et plus mûre. La sienne, éclose trop vite, et
dans une allure trop libre, n'eut donc réellement, ni la
force qui naît de la maturité, ni la cohésion qui vient
de la force.

Tous les éléments étaient pourtant dans sa main, et
de longue date, car il thésaurisait, comme son *Harpagon,*
mais non pour garder et pour enfouir, comme lui. L'observation faisait la recette en avare ; l'œuvre faisait la
dépense en prodigue.

Rien ne lui échappait de la multiple comédie, au milieu
de laquelle, homme de cour, homme de théâtre, homme
de ménage, sa vie l'avait jeté : il travaillait, en écoutant,
en regardant, vingt comédies ensemble. Toutes celles
qu'il nous a laissées se firent à la fois, scène par scène,

mot par mot, sans qu'il oubliât rien : il n'en est pas une seule qui ne soit admirable, lorsque la gestation put en être assez longue dans son admirable cerveau, lorsqu'il put de ces éléments divers unifiés, fondus sous sa main patiente, composer ainsi un métal aussi mêlé, mais plus précieux, que celui de Corinthe.

L'esprit fut le creuset, et le cœur, la fournaise. Le feu divin de ce génie ne put malheureusement pas flamber assez longtemps pour la comédie dont nous parlons. Elle sortit brisée de son moule trop vite fait; mais les morceaux en sont bons.

Molière avait la faculté merveilleuse de deviner un type, d'après un seul détail, un simple mot, et de faire, de ce mot, de ce détail, une fois saisi, une base — je ne dis pas un piédestal, au contraire — sur laquelle il reconstruisait l'homme tout entier, le type complet. Boileau, qui n'ignora rien de son génie, a parlé de cette force de divination, qui lui était particulière, et que Molière se reconnaissait à lui-même. « Molière, disait-il un jour à un de ses amis qui l'a écrit, possédait si bien l'art de caractériser les hommes, que lorsqu'il savait un trait de quelqu'un, sans le connaître, il était assuré de composer un caractère tout suivi et naturel de la même personne, et de lui faire dire et faire plusieurs choses conformes à ce trait original et à son caractère. »

En cela, le Clitandre des *Femmes savantes* est bien Molière même. Ecoutez, en effet, ce qu'il dit de Trissotin, qu'il connaît de la tête aux pieds, rien que pour avoir lu ses vers :

C'est par eux qu'à mes yeux il a d'abord paru,
Et je le connaissais, avant de l'avoir vu....

Je vis, par les écrits qu'à la tête il nous jette,
De quel air il fallait que fût fait le poète,
Et j'en avais si bien deviné tous les traits,
Que rencontrant un homme un jour dans le Palais,
Je jurai que c'était Trissotin en personne,
Et je vis qu'en effet la gageure était bonne.

Ajoutez à cette faculté première, qui pose la base d'un type et sait tout y ramener, la faculté non moins rare de savoir tout écouter, tout voir, sans jamais oublier rien; puis, cette autre, qui, dans la masse des observations ainsi surprises, sait choisir les plus vives, les mieux faites pour être mises en action, et arrive, en se les assimilant, à les mêler, à les fondre dans l'ensemble d'un personnage, qui paraît vivre de sa vie propre, tandis que, par le détail, il vit de l'existence de plusieurs ; et vous aurez, je crois, le secret de Molière, le secret à jamais perdu de son génie.

II

Molière était né dans une vieille maison, dont l'enseigne était comme un emblème, un symbole de l'art merveilleux, qu'il avait à tout saisir dans la dépense de ridicules ou d'esprit, faite autour de lui. Cette enseigne sculptée faisait l'angle de la rue des Vieilles-Etuves et de la rue Saint-Honoré, presqu'en face de la rue de l'Arbre-Sec. Vous savez, en effet, que c'est là qu'il naquit, et non sous les piliers des Halles, où son buste, qu'on a laissé, n'est plus qu'un mensonge, mais pieux, respectable, et qu'on fait bien de respecter. Un pommier, chargé de fruits, avec de jeunes singes, jouant dans les branches ; et, au

bas, un plus vieux croquant des pommes : voilà ce que
représentait la sculpture de cette enseigne, ou, pour
mieux dire, de ce long poteau d'angle, qui rendit remarquable, jusqu'au commencement du siècle, la maison où
était né le petit Poquelin. Or, vous avez déjà saisi, j'en
suis sûr, le sens de l'apologue, sa facile application
à Molière. Les singes joueurs, qui, courant dans les
branches, en font tomber les fruits, sans qu'un seul
leur reste ; ce sont les bonnes gens, qui partout se-
couaient devant lui leurs ridicules ou leur esprit ; et le
plus malin, assis en bas, qui ramasse et croque si bien
les pommes, c'est Molière lui-même.

Il n'alla pas bien loin, pour faire sa moisson ; tout enfant, dans la maison natale, il l'avait commencée, et
c'est sa pièce de *l'Avare*, qui, plus que tout autre, devait
en avoir le profit. Le tapissier Poquelin, son père, était
un peu du caractère d'Harpagon, à ce qu'il semble, du
moins, d'après les documents récemment trouvés. Veuf
comme Harpagon, ayant des enfants, fils et filles, il
n'aimait pas plus que lui à rendre des comptes de tutelle ; ce que Molière, qui était l'aîné, en obtint, ne pesa
guère. Jamais, il ne put arriver à se faire donner toute
sa « légitime. » Sur cinq mille livres, il s'en manqua
près de deux mille. Ce n'est pas tout : quand Molière
fut revenu de ses courses en province, où il était
parti comédien, comme vous savez, malgré son père,
celui-ci trouva moyen, le voyant plus à l'aise, de lui
faire petit à petit rembourser ce qu'il lui avait payé de
son dû. Molière y mit la plus parfaite bonne grâce. Ce
fut l'enfant prodigue payant son passé, comme si ce
passé n'était pas assez racheté déjà par le talent qu'il
s'y était fait dans les épreuves et les douleurs. Le père

Poquelin ne pardonna peut-être qu'à ce prix-là. Molière n'en a rien dit, quoique *l'Avare* lui fût une belle occasion de parler. Je pense, toutefois, que le vieux tapissier, devenu fripier, et, par conséquent, un peu usurier, sur la fin de sa vie, se retrouve, par quelques traits, dans la pièce. S'y reconnût-il? Je ne sais. En tout cas, Molière, pour qu'il ne lui en voulût pas, s'était mis en garde, par une nouvelle concession, un nouveau service. Le père Poquelin, qui logeait alors aux Halles, dans une maison à lui, laissait cette maison tomber en ruine. Toute réparation lui semblait hors de prix ; en conséquence, il n'en faisait pas une. « Il faudrait de l'argent, criait-il, et je n'en ai pas. Qu'on m'en trouve, et je répare. » Molière le prit au mot, mais discrètement, sans paraître. Il lui fit offrir la somme nécessaire, huit mille livres, par Rohault, un de ses meilleurs amis, et le père ayant accepté, il fournit l'argent, que l'ami n'eut qu'à porter. Le fils, payant en secret les réparations de la maison paternelle, que le père avare ne veut pas relever, n'était-ce pas encore un trait excellent pour le caractère d'Harpagon? Molière n'en voulut pas. La pièce était faite, d'ailleurs ; elle fut jouée, tout juste huit jours après.

Si, par endroits, elle est, comme vous le verrez, rigoureuse aux pères avares, et si elle montre les fils assez peu respectueux pour leur vilenie et leur usure paternelle, il avait racheté d'avance, par l'action d'un bon fils, ces sévérités filiales.

Son père n'avait pas fait seul tous les frais des observations, qui lui servirent pour sa comédie : plus d'une pratique du vieux tapissier y avait aussi passé. Dans le nombre, était le duc de Mazarin, un bizarre, sur lequel

on répétait toutes sortes de contes, entre autres celui-ci :
comme le caprice et la diversité étaient sa règle entre
toutes choses, il ne pouvait, disait-on, souffrir que ses
domestiques eussent des fonctions invariables; aussi,
chaque dimanche, leur faisait-il tirer au sort l'emploi
qu'ils devraient avoir pendant la semaine; et il arrivait
ainsi que le cuisinier passait intendant, et que le secrétaire devenait frotteur.

Il me semble bien que c'est de cette loterie de domestiques à tout faire qu'est sortie pour Molière l'idée de
son maître Jacques, tour à tour cuisinier ou cocher.

Une autre histoire, qui courait Paris pendant sa jeunesse, lui fut encore, et plus certainement, fort utile.
C'est celle de M. le président Malon de Bercy et de son
fils, l'un très avare et l'autre, cela va de soi, très prodigue. L'équilibre, la compensation, comme vous savez,
s'établit toujours ainsi. M. Bercy prêtait à usure, et le
fils empruntait de même. Il était naturel qu'ils se ren-
contrassent, quelque jour, dans le même marché; en
effet, ils s'y rencontrèrent. Ce fut, suivant Tallemant
des Réaux, chez un notaire qui aidait à ces jolis tra-
fics : « Le père lui cria : « Ah! débauché, c'est toi? —
» Ah! vieil usurier, c'est vous? dit le fils, » et le reste
que Molière vous dira, car il se souvint de la scène,
pour en faire une de ses meilleures. On l'a trouvée un
peu vive. Je ne la trouve, moi que juste.

Jean-Jacques Rousseau, qui fit si bien de la paternité
en théorie, et si peu en pratique, puisqu'il mit, comme
vous savez, tous ses enfants aux *Enfants trouvés,* ce
qui, par parenthèse, est une assez mauvaise enseigne
pour son fameux livre sur l'*Education;* Jean-Jacques se
plaignait que Cléante manquât ainsi de respect à son

père. Ma foi, entre nous, pourquoi pas? Puisque le père, par sa conduite, s'en manque si honteusement à lui-même. « Là où les vieillards sont sans honte, a dit Plutarque, il est bien force que les jeunes soient effrontés. » Molière, dans la scène qu'on lui reproche, a suivi cette doctrine.

Il y a compris, le premier, cette grande solidarité de la famille, où le devoir commence au père par l'obligation de l'exemple. Il a pressenti ce droit nouveau, dont M. Ernest Legouvé s'est fait un des premiers le législateur, ce droit qui exige des parents l'honnêteté, la vertu, pour qu'ils puissent à leur tour exiger de leurs fils la soumission, le respect.

Molière n'ignora rien des choses de son temps; c'est sur le vif même des mœurs que furent faites toutes ses comédies, *l'Avare* comme les autres. Tel détail qui, pour nous, y semble indifférent et hors d'œuvre, était, quand il écrivit, un fait d'actualité, et parfois un enseignement, auquel son public n'avait garde de se tromper. Quand vous entendrez, tout à l'heure, Harpagon se moquer des gens de fausse noblesse, comme en ce passage : « Le seigneur Anselme est un parti considérable, c'est un gentilhomme... qui est noble ; » et dans cet autre : « Le monde aujourd'hui n'est plein que de ces larrons de noblesse, que de ces imposteurs, qui tirent avantage de leur obscurité, et s'habillent insolemment du premier nom illustre, qu'ils s'avisent de prendre ; » n'oubliez pas, pour trouver à ces paroles toute la saveur qu'elles ont, de vous souvenir qu'alors les nobles de fausse monnaie; les marquis sans marquisat, les barons sans baronie, couraient la ville et la cour, autant au moins qu'aujourd'hui, et qu'un an

même auparavant, on avait été obligé de prendre, à
l'égard de toute cette noblesse de fraîche invention, certaines mesures de police, comme on en prend contre
les vins frelatés et la contrebande.

Autre petit détail, et autre petit commentaire, s'il
vous plaît. Le fils d'Harpagon, au troisième acte, met
son père tout hors de lui, quand, parlant de la collation
qu'il faut donner à Marianne, il dit qu'il a fait « apporter quelques bassins d'oranges de la Chine. » Or, pour
bien comprendre, à ces mots, la colère de l'avare, qui
fait, malgré lui, les frais de cette dépense, il faut savoir
qu'en 1668, les oranges de la Chine étaient de la plus
coûteuse rareté à Paris et ailleurs. Il n'y avait, en effet,
encore, qu'un oranger chinois, pour toute l'Europe, c'est
celui que don Francisco de Mascarhenas avait fait venir de Macao à Goa, et de cette ville à Lisbonne, dans le
jardin de Xabregas, et qui fournissait, à lui seul, tout ce
que les gourmands consommaient de ces fruits recher-
chés. Ils le sont beaucoup moins, à présent, et Harpagon ne jetterait pas de si grands cris, si on lui disait
qu'on a fait venir une corbeille de mandarines. C'est
ainsi que s'appellent aujourd'hui ces oranges du pays
des mandarins chinois.

Pour les particularités plus sérieuses dont Molière
assaisonnait ses pièces, et qui en faisait le piquant par
les malices de l'à-propos ou des personnalités, il ne
manquait pas d'indiscrets, qui venaient lui conter des
histoires, et l'approvisionnaient ainsi d'observations.

Toutes sortes de traits lui arrivèrent de cette façon,
pour compléter le type d'Harpagon et ajouter à sa ressemblance. Un seul manqua, dont le marquis de Sillery
regretta bien de ne lui avoir pas donné connaissance.

Se trouvant à Anvers, il y était allé voir, avec Gourville, de qui l'on tient l'anecdote, le vieux M. de Palavi-
cini, « un des hommes du monde le plus riche et qui
n'en étoit pas persuadé. » — « En nous montrant, dit
Gourville, un cabinet à côté de sa chambre, il nous fit
entendre qu'il y avoit là pour cinq cent mille livres de
barres d'argent..., qui ne lui rendoient pas un sol de
revenu ; qu'il avoit cent mille écus, à la banque de Venise, qui ne lui donnoient pas 3 p. 100 ; qu'il avoit à
Gènes, d'où il étoit, quatre cent mille livres, dont il ne
tiroit guère plus d'intérèts ; et il finissoit toujours, en disant que cela ne lui rapportoit pas grand'chose. Après
que nous fûmes sortis, ajoute Gourville, M. le marquis
de Sillery m'avoua qu'il avoit peine à croire ce qu'il
avoit vu, et ce qu'il venoit d'entendre. Il m'a dit quelquefois, depuis, qu'étant revenu à Paris, il étoit fâché
de n'avoir pas donné cette scène à Molière, pour la
mettre dans sa comédie de *l'Avare*. »

Il est vrai qu'elle y eût fait très bonne figure, mais
Molière n'en avait pas besoin.

Il était en fonds de vérités, par lui-même d'abord, et
par les autres.

Boileau fut celui qui apporta le plus, et c'est pour
cela peut-être qu'il eut une si belle ardeur de défense
pour la pièce. Il y regardait passer ce qu'il avait con-
seillé, et y applaudissait sa collaboration anonyme.

Il faut dire qu'il avait été mieux que personne à même
d'étudier sur le vif les deux plus beaux types d'avare,
qu'il y eût en son temps, le lieutenant-criminel Tardieu
et sa femme, dont il était le proche voisin, dans la Cour
du Palais. Il n'est pas d'histoires qu'il n'en contât. Sa
dixième satire, où la lieutenante se prélasse si bien en

toute son odieuse lésinerie, est pleine de cette légende
Harpagonienne, dont ses deux amis, Racine et Molière,
firent aussi, d'après lui, et en même temps, leur régal,
l'un pour les *Plaideurs*, l'autre pour l'*Avare*. Lorsque
Racine fait dire à Dandin, de la pauvre Babonnette, sa
chère femme :

> Elle eût du buvetier emporté les serviettes,
> Plutôt que de rentrer au logis les mains nettes,

il pense à ce que Boileau lui a conté de la lieutenante,
qui fut prise, un jour, emportant le linge de la buvette
du Palais.

Quand il parle, en tant d'endroits, des gras chapons
de requête, dont messire Dandin engraissait sa cuisine,
il se souvient de ceux du lieutenant-criminel, qui, lui
aussi, ne se fournissait que chez les plaideurs, et n'avait
que les procès pour basse-cour. Ecoutez encore, à ce
propos, une petite historiette de Tallemant des Réaux :
« Le lieutenant dit à un rôtisseur, qui avait un procès
contre un autre rôtisseur : « Apporte-nous deux couples
» de poulets, cela rendra ton affaire bonne. » Ce fat
l'oublia. Il dit à l'autre la même chose. Celui-ci les lui
envoya, et un dindonneau. Le premier envoya ses poulets, après coup ; il perdit, et, pour raison, le bon juge
lui dit : « La cause de ta partie était meilleure, de la
» valeur d'un dindon. »

Tous les contes qui se répandaient sur l'avarice du
lieutenant et de la lieutenante popularisaient, en même
temps, le bruit de leur grande fortune, et en faisaient
une amorce à voleur.

Un matin du mois d'août 1665, ils furent trouvés as-
sassinés. Deux voisins, deux bandits du Pont-Neuf,

les frères Touchet, avaient fait le coup, et ne tardèrent pas à le payer. Ils furent roués vifs : on les avait pris dans la maison même, dont la porte était à secret ; elle s'était refermée, et ils n'avaient pu sortir. Les précautions de messire Tardieu n'avaient pas été ainsi complètement perdues : il avait pris à son dernier piège ses propres assassins. Cette arrestation posthume est bien d'un lieutenant-criminel. Harpagon, que Molière mit au monde, trois ans après, lorsque l'actualité de cette avarice légendaire n'était pas refroidie encore, y trouva, comme en héritage, pour le complément de son caractère, quelques traits du plus vif relief, et auxquels même c'est un avantage d'avoir pour précédent, et d'avance, pour justification de vraisemblance, cette réalité typique.

Bien des critiques ont été faites à *l'Avare* de Molière, dont on se serait dispensé, si l'on avait connu, comme lui, le lieutenant et la lieutenante Tardieu. On a, par exemple, reproché à Harpagon d'avoir un train de maison, et même des chevaux. Le lieutenant-criminel en avait ; ceux d'Harpagon, efflanqués et affamés, viennent de son écurie, et c'est de son service aussi que maître Jacques est passé à celui de l'avare :

« Les Tardieu, dit encore Tallemant, n'ont pour tout valet qu'un cocher ; le carrosse est si méchant, et les chevaux aussi, qu'ils ne peuvent aller. La femme donne l'avoine elle-même. » Boileau ajoutait un détail : « Quand le cocher était dehors, et qu'il venait un plaideur, c'est lui qu'on chargeait de panser les bêtes et de les mener à l'abreuvoir. »

Il ne faut jamais se hâter de faire une critique à Molière. Toute chose, avec lui, a sa raison, sa vérité.

Qu'on la cherche dans les réalités de son temps, on la
trouvera; et, pour peu qu'on regarde, on verra qu'il a
bien fait de la saisir, et qu'avec lui, ce qui n'était qu'une
observation locale, a grandi, en vérité, de tous les pays
et de toutes les époques.

Vous avez vu, tout à l'heure, la scène si critiquée
d'Harpagon et de Cléante, justifiée par celle de M. de
Bercy et de son fils. Voilà maintenant la soi-disant in-
vraisemblance du carrosse et des chevaux d'Harpagon
autorisée, de même, par la vérité de ce qui se passait
chez le lieutenant Tardieu.

Ce luxe obligé et misérable d'Harpagon, qui, étant
riche et connu pour tel, ne peut se dispenser d'un train
de maison qui est sa torture, et dont chaque détail lui
arrache l'âme, parce que c'est une dépense, fait justement l'originalité du caractère et la variété de son
comique. Dans la pièce de Plaute, l'*Aulularia*, Euclion,
dont on veut trop qu'Harpagon ne soit qu'un reflet,
Euclion n'est pas riche; aussi, son avarice n'est-elle pas
comique. Pauvre, ou, du moins, passant pour l'être, il
n'est plus ridicule, il n'est plus odieux. Son vice même
devient presque vertu, car l'avarice du pauvre peut
passer pour économie. Chez le riche, au contraire,
comme Harpagon, elle est abominable, criminelle, et
c'est bien là que Molière devait l'attaquer et la flétrir.

Il a devancé, par les flétrissures de son rire impla-
cable, les anathèmes de notre temps, contre ces fortunes ladres, qui s'y multiplient; contre ces richesses
avares, qui volent au monde tout l'or qu'elles en-
fouissent, et font que le trop petit nombre des bons et
vrais riches sont compromis par ceux qui ne savent pas
l'être dignement.

Sathwell, l'Anglais, est un des critiques qui ont reproché à Molière cette partie de son *Avare*, et il suffirait de cet absurde reproche, pour prouver qu'il n'était
pas digne d'y toucher. Il fit plus, il s'en empara tout à
fait. Il l'arrangea, comme chose bien à lui. C'est un
usage de son pays. MM. les Anglais ne sont marins que
pour être mieux corsaires, surtout dans notre littérature. Vous allez, par ce qu'a dit Sathwell, dans la préface de son *Avare* arrangé, vous allez juger de l'aplomb
nonchalant et dédaigneux qu'ils apportent dans ce pil-
lage : « Ce n'est, dit-il, ni faute d'invention, ni faute
d'esprit, que nous empruntons des Français; c'est par
paresse. C'est donc par paresse que je me suis servi de
l'Avare de Molière. » Grand merci !

Un peu avant, il avait dit avec une superbe aussi ou-
trecuidante : « Jamais pièce française n'a été maniée
par un de nos poètes, quelque méchant qu'il fût, qu'elle
n'ait été rendue meilleure. »

Non, monsieur Sathwell; non, messieurs les Anglais,
jamais œuvre littéraire, prise chez nous, n'est, chez
vous, devenue plus parfaite; loin de là.

C'est la France seule qui, avec des génies comme Molière et Corneille, eut le don de rendre plus parfait ce
dont elle s'empara, et qui se donna ainsi, sur toutes les
littératures du monde, un véritable droit de conquête.

X

GEORGES DANDIN

1668

Quelques-unes des pièces de Molière doivent être ramenées à leur époque et remises à son vrai point, pour se faire bien comprendre, avec le sens et l'esprit même que Molière leur voulut donner.

Son *Georges Dandin* surtout exige, pour être compris et jugé comme il faut, ce retour au temps où il fut écrit, cette préoccupation du moment juste où il fut joué. Sans cela, on ne voit guère qu'à moité ce qui s'y trouve, et le but de la pièce, faite pour Louis XIV, destinée (qu'on ne l'oublie pas) à l'amusement de l'une des plus magnifiques fêtes de sa cour, est ce qui échappe le plus.

Pour nous, qui ne sommes pas de son temps, Georges Dandin n'est qu'un mari trompé et confondu; pour ceux qui le virent les premiers, pour ce public de gentils-hommes qui eurent la primeur de son comique, il fut, avant tout, un paysan, qui s'est fourvoyé en voulant sortir de sa condition, un parvenu de campagne qui s'est payé de la noblesse en épousant à beaux deniers une fille noble, une « demoiselle, » et que cette « demoiselle » punit de son audace en le trompant sans vergogne ni remords, comme un mari qu'elle n'a jamais cru digne d'elle.

Une des plaies du temps, chez les bourgeois et les campagnards, était alors cette prétention à la noblesse. Ils la voyaient, d'en bas, si bien fêtée en haut, que, pour peu qu'ils fussent riches, ils n'avaient qu'un désir, y monter, en payant bien.

La France était pleine de ces marchandeurs de titres, de ces acheteurs de blasons, qui, portés par leur gros avoir, se faufilaient en de nobles, mais pauvres alliances; et, donnant l'argent, d'une main, prenaient la gentilhommerie de l'autre.

Le roi s'en serait amusé, sans rien dire, s'il n'y avait eu, en cela, qu'un ridicule; mais dessous se cachait un abus dont il avait à se plaindre, car son Trésor en souffrait.

La noblesse, alors, ne fût-elle que des plus humbles, et greffée sur la plus médiocre gentilhommière, donnait droit, comme on sait, à l'exemption des impôts. L'anobli par alliance, comme le gentilhomme de race, ne payait rien au fisc, et tout noble de plus était ainsi un contribuable de moins.

Pour beaucoup, cette économie de contribution n'était pas le moindre charme de la noblesse. Certain « gentilhomme de l'arrière-ban, » mis en scène dans une des poésies d'Etienne Pavillon, et qui ne cache pas que son bisaïeul n'avait eu pour armes que « l'aulne et l'escritoire, » avoue, en toute franchise, que l'agrément de ne pas payer la taille est de tous ceux de sa fraîche noblesse celui qui lui plaît et dont il s'accommode le mieux.

La gloire et les honneurs n'étaient pas ma foiblesse,
Et je me piquois de noblesse
Seulement pour ne pas payer
La taille et les impôts que paye un roturier.

Tout cela n'était pas, on le pense bien, le compte du roi, pour les grosses dépenses de son luxe et de ses guerres. Afin de ne pas voir diminuer ce qui l'enrichissait, « la gent taillable et corvéable, » comme on disait, il fit donc, sans relâche et sous toutes les formes, la chasse à ce qui l'appauvrissait, c'est-à-dire à cette manie de noblesse qui gagnait la ville et les champs, et qui, en se satisfaisant, satisfaisait d'autant moins son trésor.

Il ordonna partout une impitoyable recherche des nobles vieux, et nouveaux surtout, une vérification minutieuse et sans merci de tous les titres ; puis, en même temps, il fit agir Molière.

Le *Bourgeois gentilhomme* et *Georges Dandin*, qui, par l'idée et la tendance, sont — il faut le remarquer plus qu'on ne l'a fait jusqu'ici — des comédies de trempe pareille et visant au même but, furent écrites (qu'on le sache bien, pour les bien comprendre), sous cette inspiration.

L'une et l'autre furent des moyens d'action par le ridicule, qui devaient, pour tâcher de l'entraver, se jeter en travers de ce courant qui emportait, affolés, vers la Noblesse, le parvenu de la marchandise et l'enrichi des campagnes.

A l'un, M. Jourdain, celle-ci disait, pour que ses pa-

reils l'entendissent bien : « Tu veux être noble, soit ; mais
regarde un peu à quel prix. Tout le monde se moquera
de toi, la familiarité goguenarde et ruineuse d'une coquette et d'un comte te prendra pour dupe, et quand tu
croiras marier ta fille au fils d'un prince, il se trouvera
que tu ne lui auras donné pour mari qu'un petit bourgeois, déguisé en Turc. Bafoué et détroussé, ô monsieur
Jourdain, qui voulez être noble, voilà quel sera pour
vous le plus clair de la noblesse. »

A Georges Dandin l'enrichi des champs, l'autre comédie sera, en ne changeant pas de forme, une leçon
de même sorte, mais plus rude, parce que celui qu'elle
frappe, moins heureux que M. Jourdain, qui ne voit
goutte en son ridicule, aura pleinement conscience du
sien et passera toute la pièce à nous faire entendre des
variations sur son *meâ culpâ.*

Il a voulu se mettre de la Noblesse, par un mariage
noble, et il en est, après avoir bien payé. Qu'y gagne-t-il ?
Vous le savez, car il nous le dit de reste. Avis donc à
ceux qui seront assez fous pour en faire autant! C'est
lui-même qui le leur crie encore : « Ah !... mon mariage
est une leçon bien parlante à tous les paysans, qui veulent
s'élever au-dessus de leur condition et s'allier, comme
j'ai fait, à la maison d'un gentilhomme. »

Toute la pièce est là, avec tout ce qu'elle vise, avec
sa morale même et sa conclusion. Il ne faut pas y chercher autre chose. Insister, par exemple, sur ce que le
rôle de Dandin pourrait avoir de pénible au point de
vue du sentiment, serait, à mon avis, un non sens. Ce
n'est point le cœur qui souffre chez ce ridicule, c'est la
vanité, et c'est aussi la bourse. Dit-il une seule fois qu'il
aime sa femme, qu'il l'a épousée par amour, et qu'en

le trompant, c'est cet amour qu'elle blesse? Parle-t-il
du bonheur qu'il rêvait en l'épousant? Non, mais seulement du gros bien qu'il a apporté pour avoir « la
qualité de son mari, » et qu'il regrette fort, à voir ce
que cette « qualité » lui rapporte !

Ce n'est qu'un vaniteux, pris au piège qu'il a cherché,
un sot, dupe de sa sottise, et dont Molière, en le posant
ainsi, pour que son ridicule servît d'exemple, a voulu
qu'on se moquât, sans indiquer qu'il fallût un seul instant le plaindre.

XI

LE BOURGEOIS GENTILHOMME
1670

Je risquerai, s'il vous plaît, quelques mots, au sujet de l'esprit de tradition, qui, dans cette pièce plus qu'en toute autre encore de celles de Molière, me paraît devoir être le point nécessaire, indispensable, l'essence même de son interprétation.

Nulle part Molière n'est entré plus au vif dans les mœurs de son temps. Ailleurs, même en ses pièces les plus bourgeoises, comme le *Malade imaginaire*, il se prend aux caractères. Ici, je le répète, c'est aux mœurs elles-mêmes, réagissant sur les types, et les colorant de leur nuance toute d'époque et toute locale, qu'il s'est principalement attaqué.

Le *Bourgeois gentilhomme*, il ne faut pas l'oublier quand on le lit et moins encore lorsqu'on le joue, est une pièce d'actualité, un à-propos, enfin presque une anecdote, mise en comédie et devenue chef-d'œuvre. C'est pour cela que tout ce qui s'y trouve, comme saveur du temps, doit y être conservé aussi religieusement que possible, de peur, d'en voir évaporer presque tout le parfum.

En 1669, le grand Turc, comme on appelait alors le sultan, s'était décidé, malgré toutes les traditions de l'orgueil musulman, à faire partir une ambassade vers Louis XIV. Il avait su que, l'année d'auparavant, les Moscovites, qui commençaient à le mettre en jalousie et même en inquiétude, avaient rendu cet hommage au roi de France, et, pour n'être pas avec eux en reste d'égards et de respects envers ce nouvel arbitre de l'Europe, il faisait ce qu'un prince ottoman n'avait jamais fait encore. Son ambassadeur fut le bienvenu : Louis XIV le reçut en roi, disons mieux, en empereur de France; car, ce qu'on ne sait pas, c'est que dans ses relations avec les souverains de l'islamisme, soit de la Turquie, soit du Maroc, Louis XIV se laissait bel et bien donner le titre d'empereur, et se le donnait même au besoin.

La harangue que lui débita l'ambassadeur marocain de 1699, commençait, par exemple, ainsi : « *Très haut, très excellent, très magnanime et toujours invincible* EMPEREUR DE FRANCE, Louis XIV, Dieu bénisse à jamais le règne de Votre MAJESTÉ IMPÉRIALE. »

Le grand roi ne réclama pas; il laissa le Marocain de 1699 l'appeler empereur, comme il l'avait permis au Turc de 1669.

L'ambassade de celui-ci, qui, je l'ai dit, était la première que nous eussions vue arriver d'aussi loin, fut un événement, dont l'effet, très longtemps prolongé, se fait même encore sentir. N'est-ce pas à cet ambassadeur que nous devons, par imitation, l'usage du café, qui ne nous a plus quitté? Il semblait s'en régaler si bien, qu'on voulut faire comme lui et qu'on s'en régale encore.

On lui doit aussi, par un autre contre-coup d'influence, la tragédie de *Bajazet*, que Racine crut devoir faire, ainsi que nous l'avons dit ailleurs, pour suivre à sa manière ce courant oriental, et accommoder sa poésie au gré de cette mode turque, dont tout alors subissait la vogue. Molière s'y était laissé entraîner le premier, et ne nous en plaignons pas : le *Bourgeois gentilhomme* en est venu.

On avait logé ces nouveaux arrivés de Turquie, chez un personnage dont la maison était des plus accessibles à Molière. C'était M. de La Haye, notre ambassadeur à Constantinople, avant Guilleragues. La Mothe Le Vayer avait épousé sa fille, et, par lui, Molière, dont il était l'ami, avait là ses entrées libres.

De La Haye n'habitait pas Paris, mais le village d'Issy. Or, Molière alors ne quittait presque pas Auteuil, sur le bord opposé de la Seine. Il n'avait qu'un signe à faire à l'homme qui menait sa barque, et en deux ou trois coups de rame il était sur l'autre rive, examinant de près, tout à son aise, chez M. de La Haye, ces braves Turcs, qui ne se défiaient pas, et posaient en plein naturel pour la farce à venir. Elle ne tarda pas à germer, à grandir dans l'esprit du sublime bouffon ; mais ce qui devait la faire éclater se faisait attendre encore, lorsqu'une curieuse aventure de l'ambassadeur lui-même vint ajouter à la comédie ce qu'il fallait de romanesque, et lui donner ainsi ce qui lui manquait pour naître.

Une lettre de Mlle Du Pré à Bussy, du 27 décembre 1669, qui, je crois, n'a jamais été citée à ce propos, nous met sur la piste de l'histoire. Il y est dit que, « Mme..... étant allée avec beaucoup d'autres, voir l'ambassadeur turc, celui-ci la trouva la plus belle et lui jeta le mouchoir. »

Le détail est bon, mais ne suffit pas. Le gazetier en rime de la *Muse historique*, Robinet, va heureusement nous le compléter, et faire entrer l'anecdote dans le vif même de la pièce de Molière. Voici ses vers, dont vous pardonnerez la forme, à cause de l'aventure qu'elle ne pare pas sans doute, mais qu'elle ne déguise pas trop non plus :

> L'envoyé de la Porte ici,
> Ayant rencontré à Issy,
> Entre les belles de Lutèce,
> Qui le lorgnoient *illec* sans cesse,
> Une brune, dont l'œil fendant
> A sur les cœurs grand ascendant,
> Se fit informer, en peu d'heures,
> Des qualités, noms et demeures
> De ce charmant objet *bourgeois*.
> Ensuite, comme un franc Turquois,
> Il la fit marchander au père,
> Sans en faire plus de mystère,
> Pour la conduire au Grand-Seigneur :
> L'assurant qu'elle auroit l'honneur
> De recevoir de Sa Hautesse
> Le cher signal de sa tendresse,
> Et, cela s'entend, le mouchoir,
> Qui veut dire : « Bonsoir, bonsoir...
> . . . .
> Mais le bourgeois, tout en colère,
> Lui répondit : « *Lère lan lère.* »

Donnez à la réponse du père un refrain tout différent ; admettez que ce bourgeois consente, au lieu de refuser, et qu'il soit heureux de voir sa fille mariée au fils du grand Turc, et vous aurez tout le dénouement que Molière attendait pour se mettre à sa comédie, l'écrire et la faire jouer.

Ce dernier point était déjà celui qui se faisait le plus attendre. Il fallait se soumettre aux exigences des fêtes ou des voyages du roi, qui voulait, pour lui seul, les primeurs des bonnes pièces, et toutes celles qu'on attendait de Molière étaient de celles-là.

C'est au mois de décembre 1669, que s'était passée l'aventure, et que Molière avait pu, par conséquent, commencer sa pièce. Or, il ne lui fut possible de la faire jouer, qu'un peu moins d'un an après, à Chambord, pendant un de ces séjours de chasse que le roi y faisait volontiers en automne.

Rien ne manquait au prestige de la pièce. Molière y jouait lui-même le rôle de M. Jourdain. Lully, qui avait rajeuni, pour en assaisonner mieux le divertissement, certain *récit tudesque*, dont le succès avait été magnifique quelques années auparavant, s'était chargé de jouer lui-même le *Muphti*, et enfin une comédienne, que Molière avait retirée tout exprès, avec ordre du roi, de la troupe des comédiens de Mâcon, où elle était engagée, la Beauval, apportait pour la première fois la verdeur de son comique et l'éclat de son rire dans le personnage de Nicole.

Malgré tout cela, le succès fut douteux. Le roi, sur lequel chacun réglait son rire ou son ennui, n'avait ri qu'à peine, et, en sortant, n'avait rien dit à Molière, qui s'en désespéra et fut huit jours à ne plus reparaître. Au bout de ce temps, dont cette apparence de disgrâce lui fit un siècle, il osa s'aventurer chez le roi, qui daigna le voir et lui dire quelques mots. C'étaient des éloges pour sa pièce, qui lui ramenèrent tous les courtisans aussi vite que le silence royal les avait éloignés.

Pourquoi ce silence, pourquoi ce retard d'applaudissements de la part du roi, qui d'ordinaire était plus prompt à l'éloge, surtout lorsqu'il s'agissait de Molière? On ne l'a jamais su, mais ne peut-on pas le deviner?

Il y avait de grandes hardiesses dans cette comédie. Les bourgeois y sont ridicules, mais les nobles, que représente le *comte* Dorante, y sont encore plus odieux par une bassesse qui frôle l'escroquerie. Le fils du tapissier - fripier Jean Poquelin avait· bien voulu se moquer de la bourgeoisie, en faisant rire du marchand de draps, M. Jourdain; mais n'était-ce pas à la condition que la Noblesse, ici encore, ne serait pas en reste dans la satire, et qu'à tout prendre, elle aurait même à regretter de n'y être pas seulement ridicule, comme au temps des *petits marquis*. Auprès de l'odieux rôle du comte Dorante, celui du sot M. Jourdain est un beau rôle.

Le roi, qui voyait juste, avait dû saisir tout cela du premier coup d'œil. Quoiqu'il n'aimât pas la Noblesse, cette vive atteinte, qui allait presque à son honneur, avait dû le toucher lui-même dans ses sentiments de gentilhomme, et qui sait... de là venait peut-être son hésitation à applaudir la terrible attaque contre les nobles?

Une autre hardiesse plus innocente, mais dont l'effet n'intéressait pas moins Molière, avait dû aussi faire légèrement froncer le sourcil olympien de Louis XIV. Dans la scène de la leçon·de philosophie, Molière n'avait-il pas osé s'en prendre à la méthode qu'on avait suivie pour l'éducation du Dauphin, et par là se moquer de Bossuet, oui de Bossuet lui-même! C'était la réponse du comique à l'anathème qui le poursuivait depuis *Tartuffe*. Il ripostait à la foudre par le rire.

Vous vous la rappelez, cette scène étonnante où la dissection des voyelles est si impitoyablement mise en bouffonnerie; eh bien! donnez-vous la peine de lire le *Discours physique de la parole*, qui, deux ans avant cette bouffonne leçon de lecture faite à M. Jourdain, avait très sérieusement été écrit par M. de Cordemoy, « *lecteur de Monseigneur le Dauphin*, » sous la direction, sous l'inspiration même de Bossuet, et vous serez ébahi de voir à quel point l'enseignement comique a tout pris au texte même de l'enseignement sérieux.

« Si, par exemple, on ouvre la bouche autant qu'on la peut ouvrir en criant, on ne sauroit former qu'une voix en A.

» Que si l'on ouvre un peu moins la bouche, *en avançant la mâchoire d'en bas vers celle d'en haut*, on formera une autre voix, terminée en E.

» Et si l'on *approche encore un peu davantage les mâchoires l'une de l'autre*, sans, toutefois, que les dents se touchent, on formera une troisième voix en I... »

Je n'en citerai pas plus long. Cela suffit pour que vous ayez reconnu le Maître de M. Jourdain, sous le texte doctoral du professeur de Monseigneur le Dauphin.

Cette scène, qui, ainsi expliquée dans ses causes et ses malices, gagne encore, je crois, en comique, est d'une très grande importance dans la pièce; c'est le morceau capital de la première partie. Je pense donc qu'il ne faut rien négliger, pour qu'elle soit dans tout son relief. Or, la jouer *assis*, comme on le fait aujourd'hui contre toute tradition, c'est la refroidir, c'est l'éteindre. Elle ne peut porter, que dite sur la rampe même, avec le jeu facile d'une pantomine, qui est toujours gênée quand l'acteur ne parle pas debout. Relevez-vous donc, Messieurs, n'ayez pas peur de vous fatiguer les jambes, et vous nous ferez bien mieux rire.

Je n'aime pas les costumes donnés à M. Jourdain. Il
était si aisé d'avoir les vrais, tels que Molière les portait
lui-même. La robe de chambre doit être un *voile d'indienne*, grand luxe du temps. M. Jourdain dit, en effet,
à son Maître de musique, en la lui montrant : « Je me
suis fait faire cette indienne-ci. »

En dessous, l'habillement ne doit pas être d'une seule
couleur, car M. Jourdain, comme tout bourgeois de
mauvais goût, aime le bariolage, et Molière a, d'ailleurs,
écrit :

« MONSIEUR JOURDAIN (*entr'ouvrant sa robe et faisant
voir son haut-de-chausses étroit de velours rouge et sa
camisole de velours vert*): Voici un petit déshabillé, pour
faire le matin mes exercices. »

Le vert et le rouge, quel joli mélange pour un habillement ridicule !!! — Pourquoi ne l'avoir pas pris, d'après
Molière et après lui?

Quant à l'autre costume, celui de grand apparat,
l'*Inventaire* du poète, retrouvé par M. Soulié, nous a
dit ce qu'il était ; aussi, je m'étonne qu'on ne se soit pas
réglé sur son indication :

« Le pourpoint de taffetas, garni de dentelles d'argent
faux ; le ceinturon, des bas de soie verte et des gants,
avec un chapeau garni de plumes aurore et vert. »
N'est-ce pas encore charmant? et trouvez-vous rien de
plus bouffon, que ces bas verts et ces plumes aurores?

Le costume d'aujourd'hui est plus riche, mais il n'a
plus d'esprit. Il faut aussi trop de temps pour le mettre.
M. Jourdain, qui s'habillait jadis sur le théâtre, est
obligé maintenant, pour s'aller harnacher de ces oripeaux, de sortir de scène, ce qui fait tout un entr'acte
de plus.

XII

LA COMTESSE D'ESCARBAGNAS

1671

———

La Comédie-Française, dans son ardeur de coquetterie, n'a rien négligé pour paraître belle. Comme ces vieilles douairières, qui, aux jours de gala où il faut faire figure, tirent du coffre tout ce qu'elles ont, et se parent même de ce qui n'est qu'une médiocre parure, elle a mis en étalage ce que, depuis tantôt un demi-siècle, elle oubliait dans son écrin ; elle a repris ce que Molière n'aurait peut-être jamais repris lui-même : elle a rejoué la *Comtesse d'Escarbagnas*.

Plusieurs l'en ont blâmée et l'en blâmeront : moi, je l'en félicite. Son devoir est plus que jamais dans la résurrection, la mise au jour, l'*exposition* de ces œuvres, dont elle est le musée. Maintenant qu'on lui dispute les plus célèbres, elle se doit surtout à celles qu'on ne lui disputera pas, et qui pourtant n'ont pas moins leur prix.

Cette *Comtesse d'Escarbagnas* est du nombre. C'est, dans l'œuvre de Molière, la cadette attardée des *Pré-*

cieuses ridicules, et l'aînée tapageuse des *Femmes savantes*. Sans cette comtesse, la triologie des *pecques* ridicules, fouettées à son pilori, n'est pas complète : il était donc bon de la compléter, et, par conséquent, de nous remettre en connaissance avec cette madame d'Escarbagnas. Elle n'aime pas le public, loin de là, et, de plus, elle instruit ceux qui veulent, au théâtre, surtout à celui-ci, mieux que de l'amusement.

C'est tout un tableau que cet acte. Molière en avait rapporté le croquis, fait sur place, dans une de ses tournées de jeunesse, alors qu'il rôdait aux environs d'Angoulème, où il en a mis la scène, et qu'il se faisait sans doute accepter à grand peine par la Gentilhommerie et la Finance de l'endroit.

Un jour que Louis XIV lui demandait une pièce, et que, déjà souffrant de ce dont il devait mourir, il se sentait à bout, non d'esprit, mais de forces, il prit dans ses notes de province cette esquisse, où le temps n'avait estompé aucun trait. Il la ranima par quelques coups de crayon, et, après y avoir enchassé une pastorale, dont elle sembla n'être que le cadre, il la servit au roi, dont le rire et les applaudissements suffiraient pour nous inviter à n'être pas plus difficile que lui.

Autre chose encore que les suffrages du grand roi nous obligerait à l'indulgence, si Molière en avait besoin ; c'est l'hommage, que, sous forme d'emprunt, un des meilleurs esprits de la fin du même règne rendit à cette petite comédie, pour en faire une considérable. Sans la *Comtesse d'Escarbagnas,* Lesage, nous l'avons déjà dit, n'aurait pas fait son chef-d'œuvre, au théâtre ; sans M. Harpin, le receveur, il n'eût pas créé Turcaret, le financier.

De la pastorale, incrustée comme intermède dans cette comédie, rien n'a survécu. Si on tâchait d'en retrouver les débris, comme nous l'essaierons ailleurs, dans un grand travail depuis longtemps préparé, la joie de la découverte ne vaudrait pas les contradictions sceptiques, que l'on rencontrerait. Cet intermède bucolique est cependant indispensable, et la pièce, sans lui, ne peut marcher. On y a suppléé, au Théâtre-Français, avec beaucoup d'adresse.

Il restait, dans l'œuvre de Molière, un fragment d'idylle inachevée, quelque chose comme un débris de houlette ou de panetière ; c'est *Mélicerte,* où Molière fit, pour Baron, encore enfant, le rôle du berger Myrtil. On a ramassé ce débris, et on l'a subtilement intercalé dans la comédie, où il ne faut justement qu'une chose interrompue. N'est-ce pas adroit et tout à fait heureux ? Le fragment de *Melicerte,* laissé par Molière, n'est pas fort long, et on l'a raccourci encore, sans qu'aucun des dévots du grand homme l'ait regretté. La pastorale n'était pas son fait. Il l'aimait, puisqu'il s'y essaya plusieurs fois, mais on sait qu'il eut plus d'une passion malheureuse.

XIII

PSYCHÉ
1671

La première pièce qui ait été faite par plusieurs auteurs en société, est, si je ne me trompe, la *Psyché*, que la Comédie-Française a voulu reprendre avec tant de splendeur et tant de succès. Molière, Corneille, Quinault, La Fontaine, ont chacun une part plus ou moins large, plus ou moins brillante, dans l'œuvre. Quelle collaboration! Quelle société de grands hommes! Il n'y manquait, comme l'a dit Voltaire, que le seul Racine. Qui sait? Peut-être y fut-il aussi pour quelque chose.

Comment fut inspiré, en effet, l'adorable roman de La Fontaine, qui fut lui-même l'inspirateur de cette tragédie? Comment le Bonhomme mit-il au jour les *Amours de Psyché et de Cupidon*, d'où, plus tard, devait jaillir, à son tour, comme le parfum sort de la fleur, l'œuvre exquise de Molière et de Corneille? Par quels encouragements fut-il engagé à violenter sa paresse, pour terminer ce livre, dont la longueur l'effrayait? Où vint-il le lire, fragment par fragment, et prit-il, chaque

jour, dans le succès d'une page applaudie, le courage
d'écrire la page suivante? Ce qu'il nous a dit lui-même,
au commencement du livre I⁽ᵉʳ⁾, sur le cercle d'amis, qui
reçurent les confidences de son roman, va répondre à
tout cela et nous prouver, en même temps, que, puisque
Racine fut de cette société inspiratrice et conseillère,
sans laquelle ne serait peut-être pas né le roman du
bonhomme, il se trouva, par contre-coup, avoir apporté,
lui aussi, comme nous le disions, sa petite part d'idées,
à la pièce dont ce roman fut le point de départ. Ainsi
sera démontré que toute la pléiade poétique du grand
siècle eut plus ou moins directement part, ne fût-ce que
par un conseil, à l'œuvre dont nous allons parler.

« Quatre amis, écrit donc La Fontaine, au prélude de
sa *Psyché,* quatre amis, dont la connoissance avoit commencée par le Parnasse, lièrent une espèce de société,
que j'appellerois académie, si leur nombre eût été plus
grand et qu'ils eussent autant regardé les muses que le
plaisir... Quand ils se trouvoient ensemble et qu'ils
avoient bien parlé de leurs divertissemens, si le hasard
les faisoit tomber sur quelque point de science ou de
belles-lettres, ils profitoient de l'occasion : c'étoit, toutefois, sans s'arrêter trop longtemps à une même matière,
voltigeant de propos en autre, comme des abeilles qui
rencontreroient en leurs chemins diverses sortes de
fleurs. L'envie, la malignité ni la cabale n'avoient de
voix parmi eux. Ils adoroient les ouvrages des Anciens,
ne refusoient point à ceux des modernes les louanges
qui leur sont dues, parloient des leurs avec modestie, et
se donnoient des avis sincères, lorsque quelqu'un d'eux
tomboit dans la maladie du siècle et faisoit un livre, ce
qui arrivoit rarement. »

Voilà, n'est-ce pas, une société d'amis bien surpre-
nante, et aux qualités d'esprit bien invraisemblables.
Mais, quand on saura que ces amis étaient Molière, La
Fontaine, Racine et Boileau, on s'étonnera moins, et
l'on tiendra pour vrai ce que nous venons de lire.

C'est dans une pauvre petite chambre, louée par Boileau dans la rue du Colombier, que se tenaient les
séances de cette petite académie, où, si Corneille eût
été présent, se fût trouvée réunie en faisceau toute l'immortalité poétique du grand siècle. Molière, que La Fontaine appelle Ariste, s'y montrait « sérieux, sans être
incommode ; » Gélaste (Boileau) « était fort gai. »
Quant aux deux autres, Racine, qui prend dans ce roman le nom d'Acante, par une allusion végétale à son
nom réel, et La Fontaine lui-même, qui s'y fait appeler
Polyphile, pour bien préciser l'inépuisable variété de
ses goûts et son infatigable inconstance, voici ce qu'il
dit sur eux : « Les passions, qui leur remplissoient le
cœur d'une certaine tendresse, se répandoient jusque
dans leurs écrits et en formoient le principal caractère.
Ils penchoient tous deux vers le lyrique, avec cette différence qu'Acante avoit quelque chose de plus touchant, Polyphile, de plus fleuri. »

Un jour, celui-ci, qui était, de son aveu, le plus sujet
à cette maladie de production littéraire, dont il a été dit
un mot tout à l'heure, communiqua à ses trois amis
« le dessein » d'un ouvrage « auquel il avait travaillé
longtemps sans en parler à personne. » Qu'était-ce ?
« Les *Aventures de Psyché,* qui lui avaient semblé fort
propres pour être contées agréablement. » Il ne venait
pas leur demander s'il continuerait, mais comment ils
jugeaient à propos qu'il continuât. L'un lui donna un

avis, l'autre, un autre, et, de tout cela, il ne prit que ce
qui lui plut. Les avis, toutefois, furent, à ce qu'il paraît,
favorables à l'achèvement du livre, car, quelque temps
après, non probablement sans quelques autres lectures
partielles, l'ouvrage, ainsi guidé par la lumière de ces
conseils, se trouva tout à coup fini.

Son succès fut très grand, surtout à la cour. Le roi,
bien qu'il n'aimât guère La Fontaine, à cause de sa
fidélité pour Fouquet, voulut bien, cette fois, trouver son
roman agréable, et souffrir qu'un exemplaire lui en fût
offert par le poète. Une description des jardins de Versailles, adroitement glissée dans les premières pages
du livre, était la principale cause de cette faveur. C'est
l'éloge du palais, son ouvrage, que Louis XIV avait
admiré dans l'œuvre de La Fontaine ; c'est lui-même
qu'il avait applaudi, en l'applaudissant.

Molière avait vu mieux et plus loin. Tout d'abord, à
la lecture du roman non encore achevé, l'idée de *Psyché*
l'avait séduit, pour une de ces grandes pièces à machines, dont le roi avait de temps en temps la fantaisie ;
et, sans tarder, il s'était mis à l'œuvre. Le roman de La
Fontaine parut en 1670, et Molière alors avait déjà, depuis un an, conçu le plan et esquissé quelques scènes
de la tragédie lyrique, que les lectures faites dans le petit cénacle de la rue du Colombier lui avaient inspirées.
Il se réservait de tout mettre sur pied, et de tout mener
à fin, quand le roi parlerait. Le roi parla trop tôt.

A peine le livre de La Fontaine était-il lancé dans le
succès, que Louis XIV demanda la pièce, dont Molière
avait si bien prévu qu'il aurait envie. Il fallait obéir
vite et se trouver prêt sans retard. Molière, malheureusement, n'avait, je l'ai dit, de complètement terminé que

son plan, le premier acte et la première scène du second, où, cédant à l'inspiration de la douleur que lui
avait causée la perte récente de son jeune fils, il s'était
donné l'amer plaisir de faire passer toute l'éloquence
de son âme affligée dans les admirables plaintes qu'il
prête au père de *Psyché*.

Souffrant de cette tristesse, qui ne pouvait l'inspirer
que pour les vers où elle se reflétait; souffrant aussi
plus que jamais du mal qui devait bientôt l'emporter;
mis à la torture par le scandale des infidélités de sa
femme, il n'était guère en état d'achever ce qu'il avait
ébauché. Il lui fallait un aide; pour la première fois, il
avait besoin d'un collaborateur. Où le trouver? Quelques années auparavant, il n'eût cherché ni longtemps,
ni bien loin : Racine eût été là, qui, tout enflammé encore des entretiens du petit cénacle sur les *Amours de
Psyché*, aurait avec empressement mis ses vers et ses
soupirs au service de la lyrique légende.

Depuis lors, par malheur, ils étaient devenus presque
ennemis, à la suite d'une ingratitude, dont Racine s'était
rendu coupable, et qui avait blessé, dans ses sentiments
de loyal et sincère ami, Molière, déjà si cruellement at-
teint comme père et comme époux. L'auteur des *Frères
ennemis,* d'*Alexandre* et d'*Andromaque*, était passé à
l'Hôtel de Bourgogne, et il n'y avait plus, chez Molière,
rien à attendre de lui qu'une rivalité impatiente et haineuse.

Le roi pressait, cependant; il lui fallait sa *Psyché*.
Molière songea tout à coup à Corneille. C'était hardi,
imprudent peut-être, car le poète était bien vieux, presque détruit, à force de fatigue et d'insuccès, et, pour
comble, c'est une œuvre de jeunesse, une œuvre d'amour

inspiré, qu'il fallait obtenir de lui. Molière, pourtant, n'hésita pas à faire la proposition, et Corneille n'hésita pas davantage à l'accepter. Il se chargea de tout ce qui restait à faire, hormis toutefois des vers à mettre en chant, dont le soin fut laissé à Quinault, bien mieux entendu à ces sortes de besogne, et plus accoutumé aux caprices d'inspiration de Lully.

Corneille savait qu'il fallait se hâter, et il avait, en effet, promis de faire vite. Il tint parole avec une rapidité de travail, qui étonne, quand on examine l'œuvre en elle-même, le labeur, en ce qu'il a de matériel, et qui tient du prodige, quand on en vient à l'appréciation de son mérite. Corneille n'a jamais rien écrit de plus parfait. Aux endroits qui veulent de la force, il donne avec une vigueur de main, digne de ses plus vaillantes années ; aux scènes, plus nombreuses, qui exigent de la grâce et de la tendresse, il est ce qu'il n'a jamais été : il se rajeunit par une jeunesse de sentiment, qu'on n'attendait plus ; il se transfigure par un rayonnement de suave passion et de délicate tendresse, qu'on ne lui avait jamais connu, et qui manquait à son auréole. Or, combien de temps avait-il fallu pour ce miracle ? Le libraire lui-même va vous le dire, dans un avis mis en tête de la pièce, et libellé avec une sécheresse de style, qui ne laisse aucun doute sur la réalité des faits qui s'y trouvent :

« Cet ouvrage, dit-il, n'est pas tout d'une main. M. Quinault a fait les paroles qui s'y chantent en musique, à la réserve de la plainte italienne (elle est, dit-on, de Lully). M. Molière a dressé le plan de la pièce et réglé la disposition, où il s'est plus attaché aux beautés et à la pompe du spectacle qu'à l'exacte régularité.

20

Quant à la versification, il n'a pas eu le loisir de la faire entière. Le Carnaval approchoit, et les ordres pressans du roi, qui se vouloit donner ce magnifique divertissement plusieurs fois avant le carême, l'ont mis dans la nécessité de souffrir un peu de secours. »

Ainsi, il n'y a que le prologue, le premier acte, la première scène du second et la première du troisième, dont les vers soient de lui. « M. Corneille, ajoute ensuite nonchalamment notre libraire, M. Corneille a employé une quinzaine, au reste. » L'avez-vous entendu? Quinze jours, pour faire trois, que dis-je? presque quatre de ces actes si pleins, si abondants et si forts !

Quinze jours seulement à ce vieillard de soixante-cinq ans, pour écrire la charmante scène du second acte, entre Psyché et ses sœurs! Puis, le troisième acte, si beau, du premier vers jusqu'au dernier, où la scène d'amour, qui le remplit presque tout entier, est peut-être le plus admirable morceau de tendresse parlée, qui soit dans toutes les littératures. Quinze jours, à ce barbon, pour retrouver toutes les vigueurs de son génie, après avoir réveillé toutes les flammes de son cœur, et nous donner, en même temps que l'incomparable morceau de la double déclaration, cette grande scène du cinquième acte, où l'Amour, en lutte avec sa mère, se révolte contre sa propre immortalité, et jette le cri d'un dieu désespéré, qui arrive jusqu'au sublime par un coup de foudre !

> Hélas! si je vous importune,
> Je ne le ferois pas, si je pouvois mourir!

Et tout cela, sans faiblesse dans aucun vers, sans la moindre défaillance de pensée, mais, au contraire, avec

uné pureté dans le charme et une égalité dans la vigueur, véritablement incroyables.

Rien qui sente la hâte ni la fatigue : point d'obscurité, point de redites de mots, point de répétitions
d'idées. Une seule fois, Corneille trouve une pensée, qu'il
a déjà exprimée dans sa tragédie d'*Horace*, et, croyant ne
pouvoir la formuler mieux en de nouveaux vers, il reprend le distique de sa première pièce et le prête à
Psyché. C'est la seule négligence, si c'en est une, que
nous ayons remarquée dans ces quatre actes en vers,
faits en quinze jours.

Qu'étaient-ce donc que ces géants, et que sommes-
nous auprès, nous, qu'un acte fait en deux ou trois mois
essouffle, et qui nous vantons de n'être pas morts à la
peine? Qu'étaient-ce donc que ces hommes, qui, après
avoir fait un chef-d'œuvre, où tout est aussi bien réglé
de conduite qu'admirable de forme, laissaient dire à
leur libraire, dans l'*Avis au lecteur*, qu'ils ne s'étaient
attachés ni au plan ni au style, « et que la pompe du
spectacle les avoit bien plus préoccupés que l'exacte régularité ! »

Si, de nos jours, dans l'avant-propos de quelqu'une
de ces pièces à gros ressorts, griffonnées sur un
tremplin entre deux *praticables*, machinées et non
écrites, qui se regardent mais ne se lisent pas, et qui
font insulte aux presses qui les impriment, un libraire
venait, comme celui de Molière, dire naïvement : « Ceci
n'est pas un modèle de style, il faut le voir et non le
lire ! » l'auteur lui ferait un procès en diffamation.

Psyché fut un très grand succès. On la joua, dans
l'origine, quatre-vingt-quatre fois presque de suite. En
janvier 1673, deux ans après la première représenta-

tion; on la donnait encore. Molière y parut, moins d'un mois avant sa mort. Il y jouait le plus modeste rôle, celui de Zéphyre, qui n'a qu'une scène. Ce fut, avec le personnage du *Malade imaginaire*, le dernier rôle où on l'ait vu.

Onze ans après, en 1684, la pièce fut *remise*, comme on disait alors, et son succès, ressuscité avec un éclat que rien n'avait amorti, fut peut-être la dernière joie du pauvre vieux Corneille. Le bruit que fit ce brillant réveil vint l'égayer un peu, dans l'oubli tout attristé de misère où on le laissait s'éteindre. Au mois d'octobre suivant, il était mort.

TROISIÈME PARTIE

VARIA

20.

I

Les Poquelin à Bordeaux

M. Ernest Gaullieur a communiqué au journal *La Gironde,* il y a quelques années, un acte notarié, très intéressant, retrouvé dans les Archives de Bordeaux et qu'il a cru *relatif à la famille de Molière*, tandis que cet acte n'intéressait que la famille Poquelin; ce qui n'est pas absolument la même chose.

Cette famille, en effet, dont celle de Molière ne fut qu'une branche assez modeste et assez détournée, était fort nombreuse à Paris. Quelques-uns y étaient dans une position de fortune médiocre, ce sont les parents de Molière; quelques autres, lancés dans un plus grand commerce, s'étaient acquis un état de fortune considérable, ce sont ceux dont il est question dans l'acte retrouvé par Gaullieur.

Beffara, qu'il faut toujours consulter, quand il s'agit des Poquelin riches ou pauvres, simples tapissiers ou gros marchands, convient, après bien des recherches, dans le tome V de ses manuscrits légués à la Bibliothèque de la rue de Richelieu (p. 57), que les chefs de la famille Poquelin étaient certainement parents à divers degrés, mais il ajoute que, la différence de fortune ayant bientôt fait la désunion, ils ne se mêlèrent, ni par alliance, ni par parrainage. Il ne faut pas les confondre dans l'histoire plus qu'ils ne se mêlaient dans la vie. La gloire de Molière les rapproche. Longtemps les plus riches l'avaient tenu à distance de leur maison, et, s'il faut en croire un passage de la *Notice* de Bret, que nous avons tâché d'éclaircir dans le *Roman de Molière* (p. 206, note), l'un d'eux, ayant fait dresser le tableau généalogique de sa famille, oublia d'y faire figurer l'auteur du *Bourgeois gentilhomme !*

En 1773, quand l'Académie Française, voulant célébrer le centenaire de la mort du grand homme, fit appel à tous ceux qui, de près ou de loin, pouvaient être de ses parents, les Poquelin eurent moins de dédain. L'abbé La Fosse, qui représenta la famille à cette cérémonie académique, était de la branche riche. Simple arrière-petit-cousin de Molière (et c'est même douteux), il était arrière-neveu du Robert Poquelin que nous allons voir figurer ici, et qui dut être certainement pendant sa vie un des plus dédaigneux pour le comédien.

Les familles s'étaient ainsi rapprochées ; nous laisserons l'histoire les rapprocher aussi. Nous allons donc reproduire avec plaisir le document, d'ailleurs curieux, de M. Gaullieur, en l'accompagnant de quelques notes qui compléteront ce que nous venons de dire.

« Aujourd'huy, septiesme jour du mois d'aoust mil six cens soixante-trois, après midy, par devant moy, notaire royal à Bourdeaux, a esté présent monsieur Maître Nicolas Geslin, conseiller et secrétaire du Roy, contrôleur en la chancellerie près la Cour des Aydes de

Guienne, faisant pour les sieurs Robert (1) et Jean-
Baptiste Poccelin (*sic*) et Compagnie (2), bourgeois et

(1) *Robert Poquelin*, fils d'un marchand du même nom, qui
avait eu vingt enfants, de son mariage avec Simone Gan-
douin, était, dès 1637, à Paris, un des gros bonnets de la
rue Saint-Denis, à l'enseigne des *Deux-Cygnes*, près de la rue
Aubry-le-Boucher. Dix ans après, en 1647, nous le retrouvons
parmi les juges-consuls; plus tard, en 1664, il est secrétaire des
syndics marchands. La même année, Colbert ayant créé la *Compagnie des Indes Occidentales*, il fut un des directeurs. Comme
cette Compagnie avait de grands intérêts à Bordeaux, les *articles et conditions* la régissant y furent publiés dans un volume,
déjà signalé par Francisque Michel, où Robert Poquelin intervient, sous le nom de Poquelin père, pour le distinguer de son
fils nommé Robert aussi, qui donna de nouveaux accroissements
au commerce paternel, et fit une alliance au-dessus de son
rang. Il épousa la fille d'un receveur-général des finances,
mademoiselle de Lubert. Le vieux Robert Poquelin, son fils, et
Jean-Baptiste Poquelin, son frère, qui viendra tout à l'heure,
formaient une association de commerce, très puissante, dont les
affaires s'étendaient surtout à Gênes et dans le Levant. Colbert
en parle souvent dans ses lettres. Chaque fois qu'il y est question, comme dans celle du 13 mars 1663 publiée par M. Clément
(Cor. de Colbert, ii, p. cciii), de « MM. Poccelin, de Paris, qui
ont une maison à Gênes, » c'est de l'association dont Robert
Poquelin était le chef qu'il s'agit certainement. Le vieux Robert
vécut jusqu'en 1668, et fit assez de bruit, à cause du rang qu'il
avait occupé dans le haut commerce, pour que Guy-Patin en
parlât : « Il est ici mort, ce matin, écrit-il le 4 août 1668, un
vieux marchand, de grande réputation, âgé de près de 80 ans,
nommé Robert Poquelin. »

(2) *Jean-Baptiste Poquelin* était frère de Robert, comme nous
l'avons déjà dit. On l'a toujours confondu avec le frère cadet de
Molière, bien qu'ils n'eussent de commun que leur prénom. Le
frère de Molière fut un pauvre tapissier, dont le mariage avec
Marie Maillard était une piètre alliance; l'autre Jean-Baptiste
Poquelin, au contraire, fut un gros monsieur du commerce,
qui se maria richement avec Anne Faverolles, fille d'un secrétaire du roi, dont il eut seize enfants. Il faisait la banque, et à

marchants de Paris, lequel parlant à la personne de M. Jacques de Brussy, recepveur et directeur général des fermes du convoy et comptablie de Bourdeaux, luy a dict que les sieurs Poccelin auroient donné, au mois de mars dernier, un petit pacquet de dentelle de soie noire, contenant soixante-trois aulnes, à un courrier ordinaire d'Espaigne, pour iceluy pacquet porter à Bayonne, avec ordre audit courrier d'en faire la decclaration et en payer les droits dans le Bureau du convoy et comptablie dudit Bourdeaux, en passant; au lieu de quoy ledit courrier auroit vouleu passer, sans faire la decclaration, n'y paier aucuns droits : pour raison de quoy ledit pacquet de dentelle feust arresté, le jour de Pasques dernier, et depuis lesdits sieurs de Poccelin ont aprins que ledit courrier a esté assigné en la Cour des Aydes de Guienne, pour en voir adjuger la confiscation; ce qui auroit obligé ledit Geslin, faisant comme dict est, de représenter ce que dessus audit sieur de Brussy, et le supplia luy vouloir remettre le pacquet, en payant les droicts du Roy, attendu qu'il n'y a nulle faute desdits sieurs Poccelin, sauf audit sieur de Brussy de se pourvoir contre ledit courrier; lequel dit sieur de Brussy a dict que la cause desdits sieurs Poccelin ne peut estre par luy considérée, attendu qu'ils ont deut donner ordre au courrier, par escrit ou autrement, de faire ladicte decclaration et payer les droits, en sorte qu'il peut estre notoire, audit sieur de Brussy, que ledit courrier avoit d'autres paquets, desquels il paya les droicts; partant, le sieur de Brussy a aisté en droict d'en prétendre la confiscation, qui ne lui peut estre des-

ce titre, il était, en 1666, chargé de pouvoir de notre ambassadeur en Espagne, l'archevêque d'Embrun.

niée. Néanmoins, à la considération du sieur Geslin, et pour esviter procès, il offre luy remettre le pacquet, en par luy payant la moitié de l'estimation de ladite dentelle, qui en a esté faicte audit Bureau de la comptablie, laquelle revient à la somme de sept cent cinquante six livres, qui est, pour la moitié, trois cent soixante-dix-huict livres, pour tous droits, frais, amandes et prétensions ; ce que ledit sieur Geslin, pour esviter ce procès, a accepté.

» Et, à l'instant, le sieur de Brussy luy a remis le pacquet de dentelle, et ledit sieur Geslin, audit nom, luy a paié réellement, et de faict et comptant, ladite somme de trois cent soixante-dix-huict livres tournoises, en louis d'argent, de trois livres pièce, et autre bonne monnoie, faisant ladite somme que le sieur de Brussy a contée et retirée, et d'icelle s'en est contenté et en tient quitte ledit sieur Geslin et tous autres ; le tout, sans préjudice audit sieur Geslin de se pourvoir contre ledit courrier, ainsi et comme il verra estre à faire pour la répétition de ladite somme par luy payée, faute par ledit courrier d'avoir faict sa decclaration et paié les droicts, suivant l'ordre qu'il en avoit, et des dépens, dommages et intérêts soufferts ou à souffrir par lesdits sieurs Poccelin et Compagnie, etc. » (*Archives départementales de la Gironde,* minutes de F. Couthures, 118, 6, fol. 900.)

II

La Montre de Molière

———

La montre de Molière n'était pas perdue. Depuis le jour où son aiguille s'était arrêtée sur l'heure qui ne devait plus finir pour le grand homme, puisque c'était le commencement de l'immortalité, cette montre s'égarait par le monde. Qui l'a retrouvée? Coquelin. Où? Je ne sais. A quel prix? Je l'ignore; mais ce doit être à bon compte.

Il n'y a pas deux prix pour de pareils trésors : c'est tout, quand le marchand sait ce qu'il vend; ce n'est rien, quand il ne s'en doute pas. Or, si je suis bien renseigné, le vendeur, cette fois, ne se doutait de rien.

Il n'avait pas su voir cette inscription en lettres minuscules gravées dans l'intérieur du boîtier : « CRÉPY A J.-B. MOLIÈRE. »

Coquelin, qui, certain jour, passa par sa boutique, fut moins aveugle. Quand il sortit, l'inappréciable oignon, flairé, examiné en toutes ses ciselures, —quelques-unes qui sont des *masques* étaient des révélations — scruté en toutes ses profondeurs, fond et double fond, était à lui. Il n'avait pas, nous dit-on, donné, pour l'avoir, plus de deux cents francs !

Le voilà bien fier, bien heureux, mais avec une paille, comme on dit, dans sa joie, une épine dans son bonheur.

Qu'est-ce que ce Crépy, qui se permet de donner une montre à Molière? On cherche, on ne trouve pas. C'est, disent les uns, quelque poëte, qui a voulu se faire bien venir de Molière, directeur de théâtre, pour quelque tragédie ou comédie à représenter. Or, pas un poëte, ni tragique, ni comique, ne s'appelle ainsi. C'est, assurent quelques autres, un libraire du temps; mais ce présent d'un éditeur à un poëte, fût-il Molière, manque de vraisemblance, et l'on ne trouve pas, d'ailleurs, un seul libraire de ce temps-là, qui se nomme « Crépy. »

Qui est-ce donc? Un grand parent, tout simplement, et le cadeau devient ainsi bien plus naturel.

Une montre, lorsqu'alors on en avait une, vous venait toujours d'un grand-père ou d'un grand-oncle.

Dès que nous avons su le véritable nom de celui à qui Molière devait la sienne, nous avons voulu repasser, contrat par contrat, toute sa parenté. Dès le premier, celui du mariage de son père, le « Crépy » demandé nous apparut. C'était un marchand, bourgeois de Paris, qui, de son prénom, s'appelait Daniel et qui signa, dans l'acte, le 22 février, comme oncle maternel du père Poquelin.

Cette montre de Molière, pour laquelle on a tant cherché et l'on cherche tant encore, lui était donc venue de son grand-oncle! C'est fort simple, comme tout ce qui est vrai; mais, pour nous, de plus, c'est

21

fort intéressant. On trouve-là une preuve que Molière,
lorsqu'il eut pris ce nom en devenant comédien, ne fut
pas, comme on l'a cru, dédaigné de tous les siens ; et
que si beaucoup, parmi les Poquelins notamment qui
étaient de trop haute bourgeoisie, lui tournèrent le dos,
quelques autres, comme ce bon vieux Crépy, lui res-
tèrent attachés.

III

La Valise de Molière·

———

Il est un homme dont on ne se lasse point, ni chez les comédiens, ni dans le public : c'est Molière.

Je l'ai expérimenté avec plaisir, et un peu à mon profit. Il s'agissait de fêter la naissance du grand homme, pour la 246ᵉ fois. Les fleurs manquaient un peu, après de si nombreuses moissons.

L'idée me vint de tirer parti de ce que les récoltes des nouveaux chercheurs avaient pu ajouter à son œuvre, et de former une sorte de bouquet avec ces fleurs imprévues, qui, si on les acceptait comme dignes de lui, iraient ensuite rejoindre les autres, les immortelles.

La gerbe était assez mince : en cherchant moi-même je pus la grossir ; peu à peu ces morceaux réunis, l'un en vers, l'autre en prose, arrivèrent à faire la douzaine.

Accroîtraient-ils la gloire de celui à qui je les restituais, ou les prêtais? Non, peut-être, mais ils ne l'affaibliraient pas, j'en pouvais répondre, et en affaire pareille, c'est le grand point.

Restait à faire le bouquet et à le rendre présentable,

comme on dit, pour le jour de la présentation. Je m'y pris de mon mieux. Tout ce que je peux savoir comme agencement, dispositions de détails, « art d'accommoder les restes, » etc., je le mis en œuvre, et sans trop de maladresse, à ce qu'il paraît, puisque le public n'a pas crié contre les pauvres phrases qui se faufilaient entre les fragments de Molière, et les contournaient de leur fil blanc.

J'inventai une valise — sœur cadette de celle que Molière perdit, à deux pas de Pézénas, entre Gignac, Lavagnac et Montagnac — et je la lui fis perdre, comme l'autre, mais tout près de Paris, dans la forêt de Bondy, sur le chemin du Raincy, où il allait jouer *Tartuffe* devant M. le Prince.

Un certain Cormier, ancien empirique du Pont-Neuf, et directeur de comédiens de campagne, la trouve, en passant, et la garde. Il a une revanche à prendre contre Molière, qui jadis, dans le Languedoc, lui a été préféré par le prince de Conti, et il espère, ayant mis la main sur son esprit, qu'il ne pourra se rendre chez le prince de Condé, et qu'il aura, lui, au contraire, fort beau jeu pour se présenter à sa place.

Il a trouvé dans la valise un certain nombre de fragments, qu'il a aussitôt distribués à ses acteurs, pour les réciter devant le prince.

La Thorillière et Du Croisy, deux comédiens de Molière, cherchant comme lui la valise, arrivent sur ces entrefaites. Cormier, qui manque de monde, les engage, et Molière survenant, il l'engage aussi. Molière le laisse faire; l'aventure l'amuse, et il aime mieux reprendre son bien, par adresse que par force. Il ne pourrait, d'ailleurs, tout ressaisir aisément. Si Cormier a distribué volontiers les feuilles volantes, les paperasses de la valise, il a retenu et garde au secret le manuscrit, qui est le vrai fond du sac, l'œuvre importante : ce n'est pas moins que la comédie même de *Tartuffe!* Il faut donc ruser pour la reprendre. Molière s'y décide, moitié riant, moitié enrageant, et quand il a fait réciter à ses acteurs et à ceux de Cormier la plupart des morceaux, dont ce comédien empirique veut faire une *olla podrida* pour M. le Prince, quand lui-même il a, bon gré, mal gré, débité le reste, il arrive à prouver au charlatan, que ce salmigondis sera « un ragoût détestable, » et qu'il faut en revenir au manuscrit sérieux, au *Tartuffe.* Cormier le donne, Molière se nomme, engage Beauval et la Bourguignon, qui étaient de cette bande et qui se marient en entrant chez lui ; il reprend Baron, qui l'avait quitté pour se fourvoyer par là, et Cormier se trouvant sans troupe, sans pièce, sans emploi, il le fait moucheur des chandelles de son théâtre.

Vous voyez que ma « ficelle » est bien simple.

Elle suffit pour retenir et lier ensemble les différents morceaux, mais ne serre pas assez pour les étrangler. C'est, je crois, ce qu'il fallait ; le public l'a pensé de même, car, et j'ai un vrai plaisir à le répéter, il s'est montré satisfait.

La valise a passé, à cause de ce qu'elle contenait. C'était du Molière, le public l'a flairé tout de suite, et lors même que celui qui l'apportait eût fait plus mal que ce qu'il a fait, il lui aurait, avec une telle caution, tout pardonné.

Je ferai, dans la notice qui précèdera la pièce, — si pièce il y a, — l'historique complet des douze fragments. Les uns viennent d'une découverte faite, il y a neuf ans,

à Avignon, par M. le marquis Henri de la Garde, et mise
en lumière par Joseph d'Ortigues, en des articles passés
par trop inaperçus ; d'autres sont dûs aux recherches
de Paul Lacroix ; j'ai eu le bonheur de trouver le reste.

De tous ces morceaux, quelques-uns sont complets ;
mais, dans quelques autres, il a fallu retrancher, pour
cause de longueur, le théâtre étant inflexible sur ce
point, même lorsqu'il s'agit de Molière. C'est un
malheur que je réparerai ici pour le plus précieux des
trois fragments publiés par M. d'Ortigues, celui que
j'ai appelé dans la pièce *la matinée d'Auteuil.* Après les
vers qu'on y récite, et qui sont empreints de la grâce
des vers d'*Amphitryon* et de *Psyché*, se trouvent ceux-ci,
où semble brûler la passion d'Alceste :

> Mon esprit fut troublé de mille objets fascheux,
> Je fis mille desseins, mille vœux, mille plaintes,
>   J'eus mille soupçons, mille craintes,
> Et perdis tout espoir d'être jamais heureux.
> Enfin, dans les transports de mon âme insensée,
> D'amour et de douleur esgalement blessée,
> J'allay m'imaginer, pour comble de mes maux,
> Que l'ingrate resvoit à deux de mes rivaux.
>   Ce fut pour lors, que dans ma rage,
>   Je pensay, je dis et je fis
> Tout ce qu'on peut penser, dire et faire de pis
>   Contre ce qu'on hayt davantage ;
> Et ne connoissant plus ni respect ni devoir,
> Je fis mille sermens de ne la jamais voir !
> Mais que ce mouvement d'une fureur extrême
> Dura peu de momens ! Qu'il fut tost appaisé,
>   Hélas ! et qu'il est mal aisé
>   De haïr longtemps ce qu'on aime !

IV

Une scène inconnue du *Festin de Pierre*.

Je la trouve dans une pièce qu'on n'a point assez fouillée, ce me semble, pour y retrouver les épaves des comédies ou des farces perdues de Molière : c'est la pièce en trois actes de Champmeslé, jouée et imprimée en 1682, *les Fragments de Molière*. Elle commence par une scène de pastorale pour rire, où les fleuves Lignon et Jourdain me semblent reprendre le rôle qu'ils avaient pu jouer déjà dans *la Pastorale comique*, représentée par Molière lui-même, devant le roi, à Saint-Germain-en-Laye, en décembre 1666 (1), et qui ne nous est pas parvenue tout entière. Ensuite, viennent plusieurs scènes de *Don Juan*, choisies surtout parmi les comiques, et dont Champmeslé avait d'autant plus volontiers paré son pot-pourri, que la pièce même du *Festin de Pierre* n'était pas encore imprimée. Elle ne le fut qu'à la fin de cette année 1682, par suite peut-être des indiscrétions de la comédie fragmentaire de Champmeslé.

(1) Voir *la Muse historique de Loret*, 7 janv. 1667.

La veuve de Molière aura trouvé bon de faire enfin imprimer complètement ce que le comédien auteur s'était permis de publier par parties.

Après la scène du *Don Juan* s'en trouvent d'autres des *Fourberies de Scapin*, unies avec les précédentes par une scène de transition, que j'ai vainement cherchée dans les pièces connues de Molière, mais qui doit être certainement de lui, puisqu'ici, le titre le dit assez, il n'y a que des *fragments* détachés de son répertoire. Cette scène, la seconde du second acte, se passe entre le Juge, personnage que Molière n'a jamais employé dans les pièces qui nous sont restées, et Gusman, qu'il n'a mis qu'une fois en scène comme écuyer de Dona Elvire, femme de Don Juan. Là, c'est un barbon, ici, c'est un Scapin, qui, vrai devancier du Gusman de la chanson, ne connaît pas d'obstacles :

GUSMAN *(sic)*, LE JUGE.

LE JUGE.

Monsieur Gusman, je suis le vostre. Comment vous va ?

GUSMAN.

Fort bien. Monsieur, je vous cherchois.

LE JUGE.

Qu'y a-t-il pour votre service ? Vous êtes un brave homme, vous, et de toute votre bande, vous êtes celui que j'aime le mieux.

GUSMAN.

Monsieur, je vous suis bien obligé, et aussi, en récompense, je vous viens avertir de quelque chose qui vous touche.

LE JUGE.

Moy !

GUSMAN.

Vous-même.

LE JUGE.

Et qu'est-ce que ce seroit?

GUSMAN.

Eh! ce n'est qu'une bagatelle, mais il est toujours bon d'y prendre garde.

LE JUGE.

Dites-moy, je vous prie, ce que c'est?

GUSMAN.

C'est qu'on veut vous tuer.

LE JUGE.

Me tuer?

GUSMAN.

Mais cela ne sera rien : c'est un drosle qui prend avec trop de chaleur les intérêts de mon maistre contre vous, touchant votre fille; mais je luy ai bien dit son fait : ce n'est pas qu'il est méchant comme un diable, et quand il a résolu quelque chose, il faut que cela soit. Mais je luy ai bien juré que s'il mésarrivoit de votre personne, je saurois bien vous en venger tost ou tard; c'est pourquoi vous n'avez que faire de craindre.

LE JUGE.

Eh! ouy dà. Mais, s'il m'alloit tuer, sans vous avertir, je ne laisserois pas que d'être mort.

N'est-ce pas là, tout-à-fait, le ton de Molière dans ses farces? Si cette scène était de Champmeslé, il faudrait que la Fontaine, son collaborateur ordinaire, l'y eût singulièrement aidé.

L'Alceste et le Philinte du *Misanthrope* trouvés dans Sénèque

L'emportement est un des points les plus en saillie du caractère d'Alceste : au moment où la pièce se passe, la note culminante de ce rôle, à l'heure où Molière nous le montre en proie à mille ennuis, dont un seul suffirait pour le mettre hors des gonds, doit être l'emportement, la violence même. Il ne s'agit donc, pour le comédien qui joue Alceste, que de régler cette violence et cet emportement.

Molière lui-même ne nous a laissé, sur cela, aucun doute. La preuve des nuances et des reliefs de caractère, qu'il a voulu nettement donner à son Alceste, se trouve dans les études qu'il fit avant d'écrire sa comédie, dans les lectures dont elle fut pour lui le motif, et qu'on y reconnaît çà et là : malgré le soin qu'il mit à les fondre avec l'ensemble, elles s'y déteignent par places. Or, qu'avait-il lu, afin de s'inspirer pour ce rôle, où l'on ne veut voir que de la fougue de sincérité, et où quelques-

uns refusent de sentir l'emportement et la violence? Il
avait lù le *Traité de la colère*, le *de Irâ* de Sénèque.

C'est un homme infiniment spirituel de l'autre siècle,
c'est Rulhières, qui en fit le premier la remarque, et
Bret en profita aussitôt pour les *Nouvelles Observations*,
malheureusement peu connues, dont il perfectionna la
seconde édition de son *Commentaire* sur Molière. On
sait que Sénèque, dans son *de Irâ*, fait parler le Sage,
et lui fait dire tout ce qu'il pense de cette courte folie,
furor brevis, qu'on appelle l'emportement, la colère.
Chez Molière, le fou, l'emporté, c'est Alceste; le sage
qui le calme et le redresse, c'est Philinte. Il parle,
celui-ci, et c'est ce qui dénonce l'origine de toute cette
inspiration, il parle comme Sénèque même, non avec
ses phrases, que Molière a eu soin de changer, en y
ajoutant presque toujours, mais avec ses idées et le ton
même de ses pensées. Donnons une preuve ou deux.

Que veut l'indulgent Philinte, à l'encontre d'Alceste,
mis hors de lui par la méchanceté environnante?

> *Prendre tout doucement* les hommes comme ils sont;

et trouver déraisonnables ceux qui se font de la méchanceté humaine une cause de révolte et de chagrins
continuels. Sénèque ne veut pas une autre complexion
d'esprit pour son Sage, qui trouve, lui aussi, que faire
« dépendre sa manière d'être (*affectum*) de la méchanceté d'autrui, » est absurde, indigne de toute raison :

> Oui, je vois ces défauts, dont votre âme murmure,
> Comme vices unis à l'humaine nature ;
> Et mon esprit enfin n'est pas plus offensé
> De voir un homme fourbe, injuste, intéressé,

. Que de voir les vautours affamés de carnage,
Les singes malfaisants et les loups pleins de rage.

Voilà ce que dit Philinte; voici ce qu'avait dit Sénèque
à propos de son Sage, avec une pensée, non de la même
forme, mais de la même famille :

« Ira-t-il s'étonner, se mettre en courroux de ce que
des·haies d'épines ne portent pas de fruits utiles? »

Un peu plus loin, suivant la même idée, que Molière
s'était bien gardé d'étendre autant, Sénèque avait fait
dire encore au philosophe, son Philinte à lui : « Je ren-
contrerai des ivrognes, des débauchés, des ingrats,
des avares, des ambitieux : eh bien! je les regarderai
du même œil qu'un médecin voit des malades. »

Pour clore la comparaison, et conclure sur le rapprochement, je dirai qu'il doit sembler évident, comme
l'avait déjà vu Rulhières, que le philosophe de Sénèque
— sage, au fond « très relatif » à la façon du philosophe
courtisan qui le fait parler — étant le Philinte même
de Molière; son contraire, l'homme emporté, l'homme
violent, le type même du *de Irâ*, c'est Alceste, et que,
par conséquent, l'indignation vigoureuse, allant parfois
jusqu'à la colère violente, jusqu'à l'emportement, est
une des exigences du rôle.

Molière, — qu'on ne s'y trompe point, — ne veut pas
qu'Alceste, ce chercheur de perfections, soit lui-même
un homme parfait; loin de là! Ce redresseur de torts, ce
révolté de tous les ridicules, a le tort continuel de ne
pouvoir souffrir aucun tort, et le ridicule absolu de vouloir pourfendre tous les ridicules. Ainsi, voyez la merveille de cette grande œuvre, de ce chef-d'œuvre incomparable : Molière, souverain de ses personnages, et,
comme un maître, les menant de la férule, fustige im-

pitoyablement, à son tour, celui par qui il fait fustiger
tous les autres!

Jamais, dans aucun temps, dans aucun pays, dans
aucune littérature, la puissance absolue du génie sur
son œuvre et ses personnages même, n'a été montée
plus haut; jamais sa marque ne s'est plus souveraine-
ment empreinte, enfin, sur le costume même, qui n'est
pas indifférent dans cette pièce où tout est de caractère.

Molière n'était pas un homme à se laisser habiller
par son tailleur, surtout quand il jouait Alceste : il
avait soin, nous le prouverons, de singulariser son
misanthrope, par l'habit, comme par le reste. Il se gardait bien par exemple, d'en faire un homme « tout de
vert vêtu. »

Pour qu'Alceste pût être désigné par la singularité
que l'œil de Célimène a vivement surprise, ce n'est pas
sur un habit vert qu'il posait les rubans de « l'Homme
aux rubans verts, » mais sur « un habit gris, » ce qui
est bien différent, non seulement comme nuance d'étoffe,
mais comme nuance d'histoire.

L'habit gris, sous Louis XIV, c'était tout un monde à
cent lieues de celui de la Cour, aux antipodes de celui
des Marquis! Il suffisait qu'Alceste parût chez Célimène
avec cette couleur négligée et de campagne, pour qu'aussitôt le public du temps devinât, avant même qu'il cût
parlé, ce qu'il y avait en lui d'indépendance et de mépris pour les « communs usages. »

VI

Origine de quelques vers du *Tartuffe* (1)

Notre découverte d'une petite scène oubliée de
Molière a porté ses fruits (2) ; piquant d'émulation les
bons esprits qui s'occupent du grand homme, elle nous
a fait écrire, par l'un des plus fins et des plus heureux
dans leurs recherches, la très curieuse lettre qu'on
va lire :

« MONSIEUR,

» Tout n'a pas été dit sur les sources où Molière a
puisé les éléments de ses chefs-d'œuvre. Il y avait chez
lui, à côté du génie qui tire les idées mères de son propre
fonds, l'observateur, le curieux, qui ramasse un peu
partout les détails et les traits particuliers. Personne
ne le sait mieux que vous, monsieur, qui cherchez, tous

(1) Pour l'orthographe que j'emploie ici, et qui est évidem-
ment la vraie, je renverrai à une très curieuse petite brochure
publiée à petit nombre chez Techener : *De l'orthographe du mot
Tartuffe*, par le docteur Desbarraux-Bernard.

(2) Voyez ci-dessus, p. 367, *Une scène inconnue du Festin de
Pierre.*

les jours, et qui réussissez souvent à combler sur ce
point les lacunes de l'histoire littéraire. C'est ce qui
·m'engage à vous signaler un emprunt de l'auteur du
Tartuffe, dont il n'a pas encore été parlé, que je sache,
et qui me paraît mis hors de doute par le rapprochement des textes, aussi bien que par quelques circonstances de la vie de Molière. Tout le monde connaît,
au moins de titre, le fameux roman latin, où le Dauphi-
·nois Chorier a si audacieusement « bravé l'honnèteté »
sous le manteau de : deux noms respectables, ceux
d'Aloyse Sigée, fille savante et sage, demi-espagnole
·et demi-française, et de Jean Meursius, docte Hollan-
dais, bien incapable de pareilles légèretés. Mais peu de
personnes se sont avisées de demander à l'*Aloysia*,
puisqu'il faut l'appeler par son nom, des points de comparaison avec la littérature classique, bien que, dans
cette latinité mêlée de formes antiques et de néolo-
gismes, spirituelle, pittoresque, ayant le diable au
corps, il y ait un certain intérêt philologique et littéraire, tout-à-fait indépendant de celui que la plupart
des lecteurs vont y chercher. J'avais été frappé autrefois du langage audacieusement cynique, que l'auteur
met dans la bouche d'un certain Theodorus, directeur
de Sempronia, riche bourgeoise, dans la famille de
laquelle il joue un rôle assez semblable à celui de *Tartuffe* dans la maison d'Orgon. Seulement, il mène une
double intrigue avec la mère et la fille, et voici quelques passages d'un discours qu'il tient à cette dernière,
pour l'amener à ses fins, passage que j'ai voulu relire,
les œuvres de Molière à la main :

    « *Nos sane homines sumus....,* sed et cautiores quam
reliqui.

» Itaque et *nullam famæ jacturam*, quæ puella nobis-
» cum luserit indulgens genio, si sapit, timeat et nullam
» admisisse flagitii in se labem, illaudati credula putat.
» *Omnia, crede mihi, nobis licent, quæ in tuto licent.....*
» Nunc demum, *duce me, viam ingredere* facilem et
» amœnam qua eas ad felicitatem.... æmulare tot nobiles
» feminas, quæ nobis de se, de existimatione sua, de
» rebus omnibus confidunt, *hominum generi confidentis-*
» *simo* (1).... Id inter nos longe utilissimum et celeber-
» rimum philosophiæ effatum : *gaudere* quo quisque
» maxime potuerit, *sed clandestino gaudio* (2), etc. »

» Nous abrégeons cette tirade (3), qui est écrite de
verve et qu'il faut rapprocher d'un autre passage (4)
où le même Théodorus enseigne à rectifier.

(1) Ah ! pour être dévot je n'en suis pas moins homme.....

. . . .

Votre honneur avec moi ne court point de hasard
Et n'a nulle disgrâce à craindre de ma part

. . . .

Vous êtes assurée ici d'un plein secret,
Et le mal n'est jamais que dans l'éclat qu'on fait.
Le scandale du monde est ce qui fait l'offense,
Et ce n'est pas pécher que pécher en silence.

. . . .

De ces secrets, madame, on saura vous instruire,
Vous n'avez seulement qu'à vous laisser conduire, etc.

(2) Mais les gens comme nous brûlent d'un feu discret,
Avec qui pour toujours on est sûr du secret.
Le soin que nous prenons de notre renommée
Répond de toute chose à la personne aimée ;
Et c'est en nous qu'on trouve, acceptant notre cœur,
De l'amour sans scandale et du plaisir sans peur.
. . . . Le mal de l'action
Avec la pureté de notre intention.

(3) Elle se trouve dans le *Colloquium VII, Fescennini.*
(4) Colloq. V. *Libidines.*

» Il y a là des analogies qui frappent à la première vue ; mais ce qui n'est pas moins remarquable, c'est le ton général du personnage, ce mélange de cajolerie doucereuse et de dogmatisme effronté, qui se retrouve, dans Tartuffe, ennobli, épuré par le génie de Molière.

» Ces coïncidences sont-elles purement fortuites ? Ce qui ne permet guère de le croire, c'est que Molière a pu et a dû connaître l'*Aloysia*. Nous ne citerons pas La Monnoye, le président Bouhier, et Chorier lui-même, pour prouver que les hommes sérieux ne haïssaient pas les gravelures, surtout lorsqu'elles se produisaient sous une forme classique. Selon l'opinion commune, la première édition de l'*Aloysia* fut publiée à Grenoble, vers 1660 (sept ans avant la première représentation du *Tartuffe*), aux frais de M. Du May, avocat général au Parlement de cette ville. Voici, néanmoins, ce que porte une note manuscrite de Cangé, sur l'exemplaire de l'*Aloysia* qui lui appartenait et qui est aujourd'hui à la Bibliothèque Nationale : « La première édition de cette satire fut imprimée in-8°, à Paris, dans l'hôtel de Condé. Presque tous les exemplaires furent saisis et brûlés. » Quoi qu'il en soit de cette particularité curieuse, sur laquelle nous appelons l'attention des bibliographes, il paraît infiniment probable que Molière, ami du prince de Condé et de Chorier, eut connaissance du livre dans l'un ou l'autre cas. Il avait été en relation avec ce dernier à Vienne et à Lyon, lorsqu'il parcourait les provinces avec sa Troupe, et Chorier lui-même a consigné deux fois ce souvenir, d'abord dans sa vie de Boëssat (1)

_____

(1) *De Petri Boëssatii vita*. Granationopoli, 1860, in-12, p. 71.

puis, dans un ouvrage posthume, resté inédit jusqu'à ces derniers temps (1).

» Et voilà comment l'auteur de *Tartuffe*, qui savait reprendre son bien partout où il le trouvait, non content de mettre à profit, pour composer son type immortel, la *Féronde* de Boccace, les *Provinciales* de Pascal, les *Hypocrites* de Scarron, certaines traditions encore vivantes de la Fronde, s'est trouvé amené à déterrer quelques perles dans les ordures de l'*Aloysia*.

» E.-J.-B. R. (2) »

Pour n'être pas en reste de communications intéressantes avec notre savant correspondant, nous lui signalerons l'origine d'un autre passage du *Tartuffe*, qui jusqu'à présent est restée, je crois, inaperçue, et où l'on trouvera une nouvelle preuve des lectures infatigables de Molière, chez les Français et les latins anciens et modernes.

Le passage dont je veux parler est celui-ci de la première scène d'*Orgon :*

> Jusque-là qu'il se vint, l'autre jour, accuser
> D'avoir pris une puce en faisant sa prière,
> Et de l'avoir tuée avec trop de colère.

Rapprochez ce trait de ce qu'on lit dans l'*Apologie pour Hérodote* (3) et vous saurez d'où il vient : « A propos de bestes, dit Henry Estienne, qui se pourra garder

---

(1) *Chorerii adversariorum de vita sua libri* III, p. 135 dans les *Mémoires de la Société de statistique de Grenoble,* année 1847, tiré à part.

(2) Rathey, alors conservateur de la Bibliothèque impériale.
(Note de l'éditeur.)

(3) La Haye, 1735, in-12, II, p. 104.

de rire, quand il lira que saint Macaire fit sept ans péni-
tence ès espines et buissons, pour avoir tué une puce ? »

Pour qu'on en pût rire réellement, comme le voulait
Henry Estienne, Molière fit passer le trait de la *Légende*
dans sa comédie.

Nous en trouvons un tout pareil dans l'histoire de la
jeunesse de Louis XV : « Une puce l'incommodait.
M. de Fréjus lui dit : « Sire, vous êtes majeur, vous
pouvez ordonner sa punition. — Qu'on la pende ! dit-il. »
Sur ce mot, le duc d'Antin, qui raconte l'anecdote dans
ses *Mémoires inédits*, fait la remarque singulière que
voici : « J'ai pris cette réponse, toute simple qu'elle est,
pour un présage de sévérité. »

O Molière, que dirais-tu du commentaire ?

VII

Débat littéraire sur deux vers du *Tartuffe*

———

Il y a tant à voir, tant à étudier, tant à comprendre
dans les rôles des Comédies de Molière, joués chaque
jour depuis deux siècles, que tout le monde sait par cœur
et que personne peut-être ne connaît bien ! Le temps leur
a donné une circulation universelle, mais, du même coup
aussi, il a quelque peu effacé leur empreinte. Ils se sont
usés par certains côtés, et quelques traits ne sont plus vi-
sibles. On se demande : Que veut dire tel mot ? Comment tel vers se prononce-t-il ? Quel ton faut-il prendre
ici ? Quelle inflexion faut-il donner là ? Pour le sens des
mots, c'est au savant à parler ; tandis que le ton et les
inflexions sont le fait du comédien. Mais, l'un et l'autre,
comédien et savant, n'ont pas toujours de quoi répondre,
et alors, ou bien ils répondent trop, ou, ce qui vaut
mieux, ils restent bouche close.

L'autre soir, au foyer de la Comédie-Française, le lieu
de France où (c'est tout naturel) on sait, à l'occasion,
parler le mieux des choses du théâtre, un débat de ce
genre s'éleva tout à coup sur un ou deux vers du rôle

d'Orgon. Ces deux vers, qui sont des plus connus, et à propos desquels, si l'on n'était un peu du métier, l'on ne s'aviserait pas de croire qu'une discussion puisse être possible, ces deux vers, les voici :

C'est un homme... qui... ah!... un homme... un homme enfin.
Qui suit bien ses leçons goûte une paix profonde...

La tradition veut que l'on prononce comme je viens de ponctuer, c'est-à-dire que l'on arrête tout net le sens du premier vers, au mot *enfin,* comme s'il y avait à la suite un de ces points d'exclamation, dont nous sommes si prodigues, et que l'on connaissait à peine du temps de Molière.

Quelqu'un qui se trouvait là, fut d'un avis contraire, et bien qu'il eût à combattre un usage de deux siècles, il soutint fort et ferme que les derniers mots du premier vers, au lieu de couper court, commandaient le vers suivant, et que, par conséquent, il fallait écrire ainsi et dire ainsi :

..... Un homme enfin,
Qui suit bien ses leçons, etc.

Un de nos plus spirituels et de nos plus assidus critiques, M. Francisque Sarcey, se trouvait là, et il fut de l'avis de ce quelqu'un, de ce révolté, de ce réfractaire à la tradition. Il prit si bien fait et cause pour la version nouvelle, que, dans son plus prochain feuilleton de théâtre, il plaida pour elle avec force arguments, qui faillirent, ma foi ! me convaincre.

J'étais d'avance, il faut le dire, un peu de son avis. J'avais consulté la ponctuation des plus anciennes éditions de Molière, sans oublier, bien entendu, la première de toutes, celle dont le grand homme avait lui-même revu les épreuves, et ne trouvant qu'une virgule, après *enfin*, je m'étais dit, comme M. Sarcey : « L'on se trompe à la Comédie, on méconnaît le sens donné par Molière, et il faut crier bien haut, pour qu'on y revienne ! »

J'en étais là, tout armé en guerre, prêt à combattre pour le confrère, et prêt à crier : *Sarcey, à la rescousse !* lorsqu'une personne, fort entendue en toutes les choses, me dit : « Avez-vous relu la *Lettre sur la comédie de l'Imposteur* ? Vous savez ce qu'on y apprend de particularités intéressantes sur *Tartuffe*, tel qu'il fut joué d'abord, avant sa seconde interdiction ; vous n'ignorez pas que cette lettre est peut-être de Molière, ou que, tout au moins, elle est de Chapelle, dont l'initale C se glissa même comme signature au bas de la première édition, où le coup d'œil éprouvé de Paul Lacroix la découvrit le premier ; en un mot, il vous est acquis, comme à moi, n'est-ce pas, que cette lettre, si elle n'est pas de l'auteur même, est de quelqu'un de ses amis les plus intimes et les plus confidents, lequel avait non-seulement assisté à la composition de la pièce, mais à sa représentation ? et que, par conséquent, tout ce qui s'y trouve, comme variante de style, détail de déclamation, jeu de scène, etc., est d'aussi bon aloi que si Molière lui-même y avait mis sa griffe. »

Il n'en fallait pas tant pour me lancer sur le document, d'ailleurs aussi précieux qu'il est connu. J'y courus, et vers le dixième feuillet, j'y trouvai mon affaire, c'est-à-dire celle de la tradition, qui décidément triomphe, et non pas celle du confrère Sarcey, qui, une fois par hasard, devra s'avouer vaincu.

Citons, pour qu'il n'y ait plus le moindre doute, le passage de la fameuse Lettre sur la comédie de l'*Imposteur* :

« Vous remarquerez, s'il vous plaît, dit l'auteur, que d'abord l'autre (Orgon), voulant exalter son Panulphe — c'est ainsi que *Tartuffe* s'appelait alors — commence par dire que c'est un homme, de sorte qu'il semble qu'il faille faire un long dénombrement de ses bonnes qualités ; et tout cela se réduit pourtant à dire encore une ou deux fois : *mais un homme ! un homme*, et à conclure : UN HOMME ENFIN ; ce qui veut dire plusieurs choses admirables : l'une que les bigots n'ont, pour l'ordinaire, aucune bonne qualité, et n'ont, pour mérite, que leur bigoterie ; ce qui paroît en ce que l'homme même, qui est infatué de celui-ci, ne sait que dire pour le louer, etc., etc. »

M. Sarcey, pour résoudre la question, en appelait à ses collègues de l'Université. Quoique ce ne soit qu'un confrère de feuilleton qui lui réponde, se trouvera-t-il satisfait ? Je n'en doute pas.

VIII

Conseils aux comédiens qui jouent le rôle de Tartuffe

Nous avons eu, depuis quelque temps, bien des Tartuffe à examiner. C'est le plus beau produit de la liberté des théâtres. La Comédie-Française, qui déjà nous en avait donné par centaines, se tenait seule sur la réserve, quoiqu'elle eût pourtant à montrer encore un Tartuffe inattendu. Elle laissait mûrir son fruit nouveau. Nous le connaissons aujourd'hui.

Ce Tartuffe, sur lequel certes on ne comptait guère, c'est Bressant. On m'a dit qu'il est éclos, à Bade, dans ce personnage, et je n'en suis pas surpris, tant il y est dameret. Il faut, pour plaire à un certain public, modifier ses rôles et les violenter jusqu'au contresens inclusivement. C'est ce que Bressant a fait pour être agréable au monde du théâtre de Bade; par malheur, le contresens ne l'a pas quitté à la frontière; il l'a suivi jusqu'à Paris, jusqu'à la Comédie-Française.

Avant de vous dire où est le contresens, que vous entrevoyez certainement déjà, il sera bon de vous

expliquer comment nous comprenons le personnage,
d'après les indications mêmes de Molière.

Qu'est-ce à première vue que Tartuffe? Un cuistre,

> Un gueux, qui, quand il vint, n'avait pas de souliers,
> Et dont l'habit entier valait bien six deniers.

Entré chez Orgon, il se décrasse et s'engraisse. Il
mange si bien, sous l'œil caressant du maître, qu'en
peu de temps,

> Il a l'oreille rouge et le teint bien fleuri.

Mais il a beau faire, le cuistre est toujours là-dessous.
Plus gros, plus vermeil, plus rebondi, il est le même.
L'appétit satisfait et tout épanoui dans l'obésité, n'est
qu'un aiguillon de plus pour sa grossière concupiscence. Ne croyez pas qu'il en soit plus noble, ni plus
digne; c'est un cuistre engraissé, voilà tout. D'autres
appétits lui viennent, le premier étant repu.

La vanité de race, si prompte à s'éveiller en ce
temps-là, se montre en lui la première. Comme on n'est
bien venu que si l'on se dit homme de bonne maison, il
se proclame gentilhomme.

> Il est noble chez lui.....

dit Orgon, qui croit à tout, même à cette noblesse;
mais l'air du drôle prouve à chacun que ce n'est qu'un
mensonge, comme le reste, une hypocrisie de plus. Il
n'est qu'un « larron d'honneur, » un voleur de gentilhommerie. Si sa grimace dénonce sa fausse dévotion,
son allure doit dénoncer de même sa noblessse empruntée.

22

En est-il ainsi avec Bressant? Point du tout. Le nouveau Tartuffe a pris au mot cette phrase d'Orgon : « Il est bien gentilhomme ! »

Quand Dorine ajoute, de sa bonne et verte langue : « Oui, c'est lui qui le dit, » on est tenté, regardant Bressant, de croire qu'elle se trompe, et qu'Orgon a dit vrai.

Une partie du contresens dont je parlais est là. Le cuistre n'existant plus, pour faire place à une manière de séminariste gentillâtre, Tartuffe disparaît. On n'a, au lieu de lui, qu'une sorte de damoiseau, élève de Basile, qui, devant plus tard plaire à Rosine, peut bien commencer par tâcher de séduire Elmire. Bref, avec Bressant, le fameux *imposteur* n'est qu'un Almaviva déguisé. C'est Tartuffe-Alonzo.

Son succès dans le troisième acte du *Barbier de Séville* lui a joué ce vilain tour. On n'a pas saisi la nuance, c'est-à-dire la différence. Dans le *Barbier*, le faux Alonzo ne joue qu'à l'hypocrisie, tandis que dans le *Tartuffe,* le trop réel imposteur joue tous les rôles qui tiennent à celui de l'hypocrite. Bressant n'a mis entre les deux personnages que l'épaisseur d'un masque de carton ; il y a bien davantage.

Qu'il se décide, s'il peut, à moins d'agrément ; qu'il fasse retomber, en pleine roture, en pleine boue, ce Tartuffe qu'il nous a trop anobli, trop nettoyé, trop savonné. Qu'il lui rende un peu de ce cynisme ardent et béat, sans lequel il n'est qu'un Trissotin mystique, un madrigalier de confessionnal, un Tartuffe joli cœur ; enfin, qu'à chaque scène, il le fasse pressentir redoutable, même dans ses plus onctueuses paroles, jusqu'à la terrible explosion du quatrième acte.

Avec Geffroy, rien de tout cela n'échappait. On dit qu'il va quitter le théâtre, et j'ai peur de le croire ; mais il restera sans doute encore assez, pour que Bressant puisse le revoir dans ce rôle, et s'instruire en le voyant. Quand on s'est trompé, les bonnes leçons portent mieux.

IX

Le *Bourgeois gentilhomme* et ce que nous apprend le Registre de Lagrange.

Au retour d'une représentation du *Bourgeois gen-tilhomme*, l'occasion étant bonne pour repasser un peu l'histoire de ce chef-d'œuvre, nous nous en sommes donné le plaisir, d'autant mieux, avec d'autant moins de peine, que l'inappréciable document que la Comédie-Française vient de tirer de ses archives, le *Registre* du comédien Lagrange, camarade de Molière, puis son successeur dans la direction de son théâtre, s'est jus-tement trouvé là, tout à point pour nous y aider et la renouveler.

C'est de ce précieux livre de comptes, dont nous aurons si souvent à nous servir, et qu'il nous faudra sans cesse feuilleter, invoquer, citer, car tout le théâtre de Molière, auteur et directeur, y revit par ses recettes et s'y raconte par des chiffres bien mieux que par des phrases ; c'est de cet incomparable « livre de raison, » comme on appelait alors ces sortes de registres, où, pour qui sait le lire, chaque total est une anecdote, que nous allons nous faire un guide, pour voir comment naquit et vécut la pièce du *Bourgeois gentilhomme.*

On savait qu'elle fut d'abord jouée à Chambord, où le roi emmenait volontiers sa Cour pour les grandes chasses d'automne; mais à quelle époque, au juste, s'était fait le voyage, combien de jours avait-il duré pour Molière et sa troupe, et quels profits chacun des douze comédiens ou comédiennes qui avaient droit à « part entière » en avait-il retiré? Voilà ce qu'on ignorait et ce qu'en cinq ou six lignes au plus nous apprend le très méthodique et mathématique Lagrange :

« Vendredi 3 octobre (1670), écrit-il, la Troupe est partie pour Chambord, par ordre du roy. On y a joué, entre plusieurs comédies, *le Bourgeois gentilhomme,* pièce nouvelle de M. de Molière. Le retour a esté le 28° dudit mois. Reçu de part, pour nourriture et gratification : 600 livres 10 sols. »

Molière, quoique sa pièce eût fait ainsi ses preuves de succès, ne se hâta pas de la jouer à Paris. La saison n'était pas assez bonne encore. Il attendit trois semaines; ce n'est que le 30 novembre, un dimanche, qu'il la donna pour la première fois. La recette fut d'importance : elle monta — c'est encore Lagrange qui nous donne ce chiffre — à 1,397 livres, fort jolie somme, je le répète, bien qu'elle n'approcha pas de celle que, l'année d'auparavant, avait produite la cinquième représentation de *Tartuffe :* 2,310 livres.

La seconde du *Bourgeois* fut en baisse : elle descendit à 1,260 livres. Molière eut peur que les autres ne suivissent cette pente, et vite, il fit avancer sa réserve : une tragédie nouvelle de Corneille, *Tite et Bérénice.*

Cinq jours après le *Bourgeois*, dans la semaine même, le vendredi, il la fit jouer.

Depuis plus de trois ans, Corneille vieilli, découragé, n'avait rien fait. L'échec de son *Attila*, joué aussi chez Molière, et qui au bout de quelques semaines s'était embourbé dans la plus infime, la plus invraisemblable des recettes : 64 livres ! l'avait brisé, anéanti.

Il ne voulait plus entendre parler de théâtre et s'était réfugié dans les Psaumes.

Molière l'en avait tiré. Aussi bien en Cour, que l'auteur du *Cid*, de plus en plus casanier et grognon, l'était peu, il lui avait rapporté un désir manifesté par le roi, que peut-être il avait lui-même inspiré. Sa Majesté, en souvenir de l'une de ses propres histoires d'amour, désirait que l'aventure de Bérénice avec Titus fût mise en tragédie, et, afin d'obtenir plus sûrement un chef-d'œuvre, elle voulait que l'émulation s'en mêlât : les deux plus beaux génies tragiques de son règne, M. Corneille et M. Racine, devraient, chacun de son côté, et pour un théâtre différent, traiter le sujet de son choix.

Cette nouvelle, et l'idée surtout qu'il allait avoir à se mesurer contre son jeune rival, idée que Molière, au fait de sa jalousie, eut soin d'entretenir et d'attiser, furent pour Corneille comme l'aiguillon qui réveillerait un vieux lion endormi.

Il se mit à l'œuvre, et si bien, avec une telle ardeur, qu'il fut prêt le premier.

La *Bérénice* de Racine ne put être jouée que plusieurs mois après la sienne.

Molière, qui, lorsqu'il traitait avec Corneille, le payait argent comptant, au lieu de lui faire, comme à la plupart des autres, sur les recettes, une part proportionnelle, qui pourrait devenir de plus en plus médiocre et ne pas se renouveler longtemps, avait, à son ordinaire été généreux.

Quoique la dernière représentation d'*Attila* dût le mettre en garde, il n'avait pas marchandé : il avait payé à Corneille la même somme, 2,000 livres, versée le jour même de la première représentation de sa tragédie nouvelle.

Lagrange écrit, en effet, à la marge de son Registre, sous cette date du 28 novembre 1670 : « *Bérénice*, pièce nouvelle de M. Corneille l'aisné, dont on lui a payé 2,000 livres. » Pour la tragédie d'*Attila*, il avait ajouté : « prix faict. »

Molière, qui, pour celle-ci, avait pu regretter la somme, ne la regretta pas pour l'autre. Le succès en fut brillant. La première recette n'alla pas à moins de 1,913 livres, et pendant les autres représentations, qui alternèrent à chiffres presque égaux avec celles du *Bourgeois gentilhomme*, il n'y eut pas de baisse trop sensible.

C'est seulement quand la *Bérénice* de Racine se fut, l'année suivante, levée à l'horizon avec un très beau succès pour l'Hôtel de Bourgogne, que celle de Corneille se mit graduellement à pâlir, jusqu'à ce qu'elle disparût tout-à-fait de l'affiche du théâtre de Molière.

On suit ces vicissitudes, à un jour et à un denier près, dans le *Registre* de Lagrange, et il en est de même pour tout le reste du répertoire. Aussi, je ne puis assez dire combien cette publication, sur laquelle j'aurai à revenir, avant qu'il soit peu, est une précieuse mine de curiosités, pour quiconque s'occupe de notre théâtre en son plus beau temps.

X

Un mot d'histoire sur le *Malade imaginaire*

Le dimanche 15 janvier 1860, on fêtait Molière plus dignement que jamais, à l'occasion du 258ᵉ anniversaire de sa naissance. Le nouvel administrateur général de la Comédie-Française a fait, en cela, ce que nous espérions de lui, et de son culte bien connu pour le maître de la scène qu'il dirige. Ses actes de directeur sont d'accord avec les admirations de son esprit.

La fête a commencé par quelques scènes en fort beaux vers, par M. de Bornier, où l'Ombre de Molière joue le grand rôle, et qui méritent de vivre au delà du jour qui les a vues naître.

On ne s'est pas ensuite contenté de reprendre, avec le simple appareil consacré depuis longues années, le *Malade imaginaire*, pièce de rigueur en cette circonstance, à cause de la cérémonie qui permet de couronner le buste de Molière, au milieu du défilé des comédiens; on a réveillé, pour cette solennité, pour cette sorte de fête de nativité du théâtre, de fort amusants intermèdes, que tout le monde oubliait. On ne les lisait pas, parce qu'on ne les jouait plus, et on ne les jouait plus, parce qu'on ne les lisait pas. M. Edouard Thierry, qui sait tout son Molière avec la mémoire de l'esprit, s'est fort à propos souvenu qu'ils existaient, et nous le remercions de nous les avoir rendus. Ils n'ont pas seulement, en effet, l'intérêt de gaîté qu'ils jettent sur la représentation, ils ont encore, et sous plus d'un point de vue, un véritable intérêt d'histoire théâtrale.

Ces sortes d'intermèdes, que Molière se garda toujours de greffer sur celles de ses pièces qu'il considérait comme vraiment sérieuses, servent, pour ainsi dire, de point de démarcation entre les deux parties si distinctes de son répertoire : d'un côté, la comédie, où il ne se permet que d'être observateur sévère et vrai ; de l'autre, la farce, pour laquelle toute bouffonnerie, même polyglotte, avec les masques et les lazzis des tréteaux italiens, lui semble pouvoir être de mise. De cette façon, il montre bien lui-même ce qu'il a voulu faire, et déjoue ainsi d'avance les critiques, où l'on pourrait lui reprocher de trop pousser au gros rire dans quelques-unes de ses pièces.

Ce sont de vraies farces, dit-on ; eh ! c'est justement ce qu'il voulait faire. Le rire est chose saine ; si pour en donner à plus large dose il recourait à la bouffonnerie, pourquoi s'en plaindre ?

Si, par exemple, réellement malade lui-même, et voulant jouer ceux qui ne le sont que par imagination, il fit une farce, de peur d'être trop sombre dans un sujet où le sérieux n'arrive que trop vite : il ne faut encore qu'admirer, il ne faut qu'applaudir cet homme, qui, par le rire, fait, en cette triste matière, une utile leçon aux autres, et cela, tout en se consolant lui-même.

Ceux-ci, en pleine santé, se persuadent qu'ils sont malades : lui, souffre vraiment, et il veut persuader qu'il ne souffre pas. Il ne dit pas doctoralement, comme le stoïcien podagre : « O souffrance, tu n'es qu'un mot ! » Au lieu d'une sentence, il a le rire aux lèvres, jusqu'au jour où ce mal, que sa gaieté dompte, ce démon du corps souffrant, qu'il bafoue, ainsi que les médecins, ses ignares ministres, prend le dessus et se venge, en le tuant au milieu de sa bouffonnerie. Que dites-vous de cette pièce, à présent? Que pensez-vous de cette farce, où, comme les intermèdes réveillés hier achèvent encore de le prouver, rien n'a pourtant été négligé, pour faire rire, pour masquer le sérieux sous le bouffon? Dites, est-il quelque part un drame, qui soit tout ensemble plus navrant et plus philosophique?

Dans cette comédie, complétée comme on vient si heureusement de le faire, se cache, en de petits coins, imperceptibles pour qui n'est pas prévenu, une autre pièce toute d'allusions, dont il faut qu'en peu de mots je vous fasse l'histoire, afin qu'elle ne vous échappe plus, lorsque vous reverrez le *Malade imaginaire* et son intermède de *Polichinelle*, à la fin du premier acte. Molière, qui dans ses autres comédies n'a que fort rarement parlé de musique et d'opéra, qui a plus rarement encore fait chanter ses personnages, s'avise tout-à-coup ici de faire soupirer un duo par Cléante et par Angélique, et une longue ariette italienne par Polichinelle, sous le balcon de sa dragonne. Ce n'est pas tout : il met une scène de querelle burlesque entre le même Polichinelle et les violons de l'orchestre, qui, par leur bruit, empêchent ce barbon de chanter. Tout cela n'a pas été mis pour rien, croyez-le, car, dans une œuvre de ce maître, chaque chose n'avait sa place que parce qu'elle avait sa raison d'être.

Molière, qui faisait, pour ainsi dire, refléter sur ses pièces, avec leurs nuances les plus diverses, tous les sentiments d'amour, d'amitié ou de haine, qui lui tourmentaient l'esprit, au moment où il travaillait, devait, certainement, — ces quelques détails me suffisent comme indice, — être dominé, quand il écrivit le *Malade imaginaire*, par quelques idées ayant trait à la musique et à l'opéra. Mais quel genre de pensées ? favorables ou ennemies ? Favorables, non ; ennemies, j'en répondrais, rien qu'à écouter ce qu'Argan dit plus loin « sur l'impertinence des opéras, qui, comme toutes les sottises, ne divertissent point. » Et pourquoi cette haine, qu'on n'avait pas, ce nous semble, encore soupçonnée sous ces allusions ? C'est ce qui nous reste à expliquer par des faits qui n'ont pas été entrevus davantage

Molière avait longtemps été l'ami de Lulli. Ils avaient travaillé ensemble pour les plaisirs du roi, notamment dans *le Bourgeois gentilhomme*, dont le Florentin avait écrit la musique, et où il s'était réservé le rôle grotesque du Muphti. Chacun d'eux pouvait, séparément, obtenir beaucoup de Louis XIV ; mais, ensemble, ils pouvaient espérer bien plus encore. C'est ce qu'en 1672, il fut convenu qu'ils tenteraient pour accaparer à leur profit le privilège de l'Opéra, donné par le roi, trois ans auparavant, à l'abbé Perrin, qui, de compagnie avec l'organiste Cambert, ne se tiraient pas trop mal de cette affaire au moins profane. Il s'agissait, à bien prendre, d'une espèce de spoliation, et je m'étonne qu'à cette seule pensée la loyale conscience de Molière ne se soit pas révoltée. Mais Lulli, avec les belles phrases dorées dont sa fourbe avait provision, aura, sans doute, endormi les honnêtes scrupules du grand homme. Quoi qu'il en soit, la convention spoliatrice exista, s'entendit pour les démarches à faire, et jour fut pris pour aller à Versailles. Quand ce jour arriva, le privilège était enlevé, et qui l'avait? Lulli tout seul, Lulli, si pressé quand il s'agissait d'obtenir, plus pressé encore lorsqu'il s'agissait de tromper. Jugez si, cette fois, il avait dû aller vite. Molière se mordit les doigts ; mais, toute réflexion faite, il dut être content de sa déconvenue. Il n'avait été que de moitié dans une mauvaise pensée, et il l'expiait, en n'étant pour rien dans une mauvaise action.

C'est une page de Senecé, dans son pamphlet contre Lulli, publié sous le titre de *Lettre de Clément Marot à M. de S...*, qui nous a fait connaître, dans tous ses détails, cet épisode inaperçu jusqu'ici de la vie de Molière. L'Ombre du poète, elle-même, prend la parole et raconte ainsi l'affaire, avec tous les *meâ culpâ* du repentir :

« Le bruit, dit-il, que faisoient dans le monde les opéras,... éveillèrent mes craintes et excitèrent ma cupidité; j'appréhendai que cette nouveauté ne fit déserter mon théâtre, et je me persuadai que si je pouvois m'en rendre le maître, rien ne pourroit désormais me troubler dans la qualité que je prétendois m'attribuer d'arbitre des plaisirs et du bon goût, dans le siècle galant où j'ai vécu. Comme j'avois besoin d'un musicien pour exécuter ce projet, je jetai les yeux sur Lulli, et je lui communiquai ma pensée, persuadé que la liaison que nous avions depuis longtemps, en concourant ensemble aux plaisirs du roi, et le succès merveilleux qu'avoit eu, depuis peu de temps, le charmant spectacle de *Psyché*, où tous deux nous avions eu notre part de plaisir et de

gloire, m'éloient des garants infaillibles de notre future
intelligence. Je m'en ouvris donc à lui: il applaudit à
mon dessein; il me promit une fidélité et même une
subordination inviolables; nous fîmes nos conventions,
nous réglàmes nos emplois et nos partages, et nous
prîmes jour pour aller ensemble mettre la faux dans la
moisson d'autrui, en demandant au roi le privilège de
la représentation des opéras. Voilà ma faute; en voici
la punition, punition anticipée, qui, dès l'autre monde,
en a effacé la plus grande partie.

» Je dormois tranquillement, sur la foi de ce traité,
quand Lulli, plus éveillé que moi, partit de la main,
deux jours avant celui dont nous étions convenus. Il
alla demander au roi le privilège pour lui seul; il l'obtint à la faveur des belles couleurs qu'il sut donner à sa
requête, et l'obtint même avec des conditions rigoureuses qui me donnèrent beaucoup à courir pour conserver, pendant ma vie, quelques ornements à mon
théâtre. »

Ces dernières lignes, qu'il faut expliquer, sont carac-
téristiques plus que tout le reste; elles éclairent un dernier tour de la fourberie de Lulli. « Les ornements de
son théâtre, » que Molière dit avoir eu grande peine à
conserver, sont d'abord son orchestre, puis ses chanteurs. Fort de son privilège, Lulli voulait réduire Molière
à tout supprimer ou du moins à tout restreindre. Six violons, au lieu de vingt, que la Comédie employait depuis
1634, et deux chanteurs au plus, voilà tout ce que voulait lui permettre le nouveau directeur de l'Académie
royale de musique.

Lulli avait bien aussi quelques visées sur le théâtre
occupé par le poète et sa Troupe au Palais-Royal, fort

23

belle salle, qui eût convenu beaucoup mieux à son Opéra
que le triste jeu de paume où il s'abritait ; mais il ne dit
rien encore, sachant que Molière aussi était puissant.
Molière le fut assez, en effet, pour conjurer toutes ces
méchancetés du Florentin.

Il garda son théâtre ; il ne diminua pas d'un seul le
nombre de ses violons, et il eut, comme par le passé,
autant de chanteurs qu'il lui plut. Son *Malade imaginaire* fut joué, peu après ; or, c'est, j'en suis sûr, pour
narguer Lulli, qu'il y fit, surtout dans l'intermède de
Polichinelle, un si grand étalage de violons et de chanteurs, et qu'il commanda tant de musique à Charpentier,
désormais son musicien de prédilection.

Malheureusement Molière mourut bientôt. A la quatrième représentation du *Malade*, il fallut l'emporter,
tout couvert du sang qu'il vomissait ; dans la nuit, il
rendait le dernier soupir. Fort peu de temps après, sa
troupe délogeait du Palais-Royal ; sans orchestre, sans
chanteurs, elle allait chercher refuge dans un jeu de
paume de la rue Mazarine ! Lulli avait tout pris : le
théâtre, les chanteurs et les violons.

XI

Les interprètes de Molière au Théâtre-Français.

––––––

7 février 1859.

Il y a quelques années encore, la Comédie-Française traitait Molière un peu trop comme une vieille connaissance. Elle le recevait entre deux paravents, ne mettait au service de ses pièces que des acteurs dont M. Scribe n'aurait pas voulu pour le service des siennes, et qu'on affublait avec n'importe quelle défroque : celui-ci, le valet, avec la mandille du temps de Louis XIII ; celui-là, le maître, avec un habit de la fin du règne de Louis XIV. Le vieux répertoire n'était qu'un vestiaire de vieilles hardes dépareillées. Alceste, en ce temps-là, faisait sa cour à une Célimène habillée en dame de l'Empire ou vêtue d'une robe à manches à gigot, tandis que lui-même, le bourru sublime, portait la perruque à poudre, l'habit brodé et la brette à poignée d'acier d'un petit-maître du temps de Louis XV. Aussi, ne pouvait-on jouer la pièce telle que Molière l'a écrite.

En plus d'un endroit, le grand homme, devenu per-

·fide sans le vouloir, fait décrire par ses personnages le
costume qu'ils portent; il fallait supprimer tout cela.
Comment faire dire, en effet, à un marquis, poudré à fri-
mas, qu'il porte une perruque blonde? Comment, avec
la culotte étroite et à simple jarretière, pourra-t-il vous
parler de ses grands canons de dentelle et de sa vaste
rheingrave, ce· haut-de-chausse ample et tout enrubanné, dont s'enharnachaient les seigneurs du temps
du *Misanthrope*?

Force était encore une fois d'effacer tous les vers qui
permettaient de constater la disparate trop flagrante
entre l'habit décrit par Molière et celui que portait le
comédien. Le contre-sens menant à la mutilation, et le
costumier faisant la loi au poète, on ne pouvait donc
plus faire dire par Alceste à Célimène, au sujet du plus
dameret de ses rivaux :

> Est-ce par l'ongle long qu'il porte au petit doigt,
> Qu'il s'est acquis chez vous l'estime où l'on le voit?
> Vous êtes-vous rendue, avec tout le beau monde,
> Au mérite éclatant de sa perruque blonde?
> Sont-ce ses grands canons qui vous le font aimer?
> L'amas de ses rubans a-t-il pu vous charmer?
> Est-ce par les appas de sa vaste rheingrave
> Qu'il a gagné votre âme, en faisant votre esclave?...

Un point restait fort embarrassant. Il y a dans la
pièce.de maudits rubans qu'on ne peut supprimer, ce
sont ceux d'Alceste, l'homme aux *rubans verts*, comme
l'appelle Célimène. Où leur donner place dans ce costume Louis XV, qui n'en permet d'aucune sorte et d'aucune couleur? Au nœud d'épée? On ne les aurait pas
vus. En jarretière? C'eût été ridicule. On s'avisa de
quelque chose qui ne l'était guère moins: on en fit une

épaulette au misanthrope! Si bien que le sévère Alceste,
cet ennemi de toutes les frivolités, se pavanait, à travers la pièce, plus paré que les jeunes éventés dont son
humeur est de gourmander la sottise mondaine.

On n'en est plus, Dieu merci, à ces contre-sens, dont
nous avons vu Menjaud, Firmin et Périer subir encore
le joug. Maintenant, MM. Geffroy et Bressant sont
vêtus sans doute comme l'aurait désiré Molière, qui
entre autres soins prenait celui du costume rigoureu-
sement exact. Mme Plessy ou Mme Madeleine Brohan
s'habillent comme il voulait que s'habillât sa femme,
quand elle représentait Célimène, et Mlle Nathalie, qui,
au temps que nous rappelions tout à l'heure, se fût con-
tentée, pour jouer Arsinoé, de reprendre tout simplement cette robe à pointe qui lui va si bien dans le rôle
de la baronne, de *Mademoiselle de la Seiglière*, est une
Arsinoé irréprochable avec la cornette à plusieurs
étages et la robe de velours à parements d'or. Je ne voudrais qu'un peu moins d'ampleur dans la jupe, car l'u-
sage, en ce temps-là, était de la porter des plus étroites ;
mais la mode présente tyrannise toujours un peu celle
du passé ; et, même pour ces robes du temps de
Louis XIV, il faut bien sacrifier à la crinoline. Heureusement la voici qui s'affaisse et qui tombe ; nos comédiennes pourront désormais porter des costumes exacts
sans lui en demander la permission.

Cette renaissance de la fidélité dans l'habillement
m'a frappé de nouveau ces jours-ci, lors de la reprise de
l'*École des Maris*. J'ai vu jouer cent fois cette comédie
avec toutes sortes de sans-gêne, de laisser-aller, surtout celui du costume, et sans le moindre souci d'éviter
l'anachronisme. Là pourtant l'exactitude est de rigueur,

pour le moins autant que dans le *Misanthrope.* Le contraste de l'habit tout mondain que porte coquettement
Ariste, avec l'espèce d'affublement grotesque dont Sganarelle fait brutalement vanité, est un des effets de la
pièce. Molière y insiste dans la première scène, de façon
à faire voir qu'il le place là pour préparer les nombreuses dissemblances qui existent entre le caractère
de ces deux hommes. Il y tient; c'est pour lui un premier trait, d'où tous les autres se dérouleront, comme
des conséquences naturelles. Sans cela, ses deux personnages ne sembleront plus posés; faute de l'enveloppe,
le fond perdra une partie de sa force et de sa vérité.

Ariste, habillé à peu près comme Sganarelle, paraîtra
presque aussi morose que lui, et l'on n'apercevra presque plus ce que Molière a voulu lui donner d'indulgente
et agréable humeur. Léonor aussi, pour peu que vous
lésiniez sur ses ajustements — ce qui n'était pas rare
autrefois — et que vous lui fassiez porter une robe
presque aussi simple que l'humble sarreau gris d'Isabelle, ne sera plus en rien ce que Molière nous la représente : heureuse du sort que lui fait Ariste, et parvenue, par la satisfaction, à n'avoir, quoique jeune fille
encore, aucun de ces désirs de coquetterie, dont la pri-
vation a mis au contraire les secrets aiguillons dans
l'âme de sa sœur Isabelle. L'accessoire ici tient essentiellement au principal, à ce point que l'une s'amoin-
drit et se détruit presque par l'absence de l'autre. Le
caractère ne parlera bien à l'esprit, que si le costume a
bien parlé aux yeux. L'acteur ne se posera bien dans
son personnage, que si tout d'abord il se sent bien
dans son costume.

Or, c'est ce qui nous est donné aujourd'hui. L'accord

est parfait. Aussi, voyez quel charme de vérité plus naturelle et plus vivante, cette comédie si merveilleuse-
ment vraie a su gagner à tout cela. Voyez comme à
présent le tableau s'anime bien dans son cadre ; comme
le comédien s'oublie lui-même, pour n'être plus que le
personnage de son rôle.

M. Delaunay, qui, à ma connaissance, du moins, joue
mieux que personne ne les a jamais joués, les amoureux de Molière, est d'une verve charmante, à moitié
passionnée et à moitié ironique dans le personnage
d'Eraste : il en a le sentiment et l'esprit. Ainsi, pétillant
de jeunesse, d'amour et de gaité, sous son galant habit,
assaisonné de broderies et de rubans, c'est vraiment
un brillant échappé de Versailles et des ruelles de Paris. Mᴸˡᵉ Savary joue, avec une finesse délicate et un
grand tact de raillerie contenue, le rôle un peu narquois
de Léonor ; Mᴸˡᵉ Marie-Royer, la jolie débutante, a beaucoup étudié celui d'Isabelle, et, sans nul doute, avec un
excellent maître ; on le sent à sa manière d'accentuer
et de nuancer chaque trait. Je ne lui reprocherai qu'un
soin un peu trop précieux de certains détails. Elle met
peut-être trop de science à être naïve, elle est enfin trop
artiste en ingénuité ; mais, avec le temps, j'en suis sûr,
cet art surabondant, qui ne vient que d'un excès de
zèle, se fondra dans le naturel et fera corps avec lui.
L'éloge de M. Provost n'est plus à faire dans le rôle de
Sganarelle, non plus qu'en beaucoup d'autres de ce répertoire. Il y est, de tout point, irréprochable : c'est la
perfection dans la vérité comique. M. Maubant tient
d'une façon non moins excellente le personnage d'A-
riste. Il est vrai dans sa bonhomie, comme l'autre dans
sa brusquerie. C'est surtout à cause de lui et du cos-

tume qu'il porte, que les éloges que je faisais tout à
l'heure me semblent mérités. Maintenant les vers que
dit Sganarelle contre les ajustements des muguets jeunes ou vieux, dont la fatuité le met hors de lui, ne touchent plus à faux comme autrefois.

> Ne voudriez-vous point, *dit-il*, sur ces matières,
> De vos jeunes muguets m'inspirer les manières?
> M'obliger à porter de ces petits chapeaux
> Qui laissent éventer leurs débiles cerveaux,
> Et de ces blonds cheveux de qui la vaste enflure
> Des visages humains offusque la figure?
> De ces petits pourpoints sous les bras se perdant.
> Et de ces grands collets jusqu'au nombril pendant?
> De ces manches qu'à table on voit tâter les sauces,
> Et de ces cotillons qu'on nomme hauts-de-chausses?
> De ces souliers mignons, de rubans revêtus,
> Qui vous font ressembler à des pigeons pattus?
> Et de ces grands canons où, comme en des entraves,
> On met tous les matins ses deux jambes esclaves,
> Et par qui nous voyons ces messieurs les galans
> Marcher équarquillés ainsi que des volans?

Quelle verve dans ce portrait, ou plutôt dans cette
admirable caricature! Chaque mot est un coup de
crayon. Il semble qu'on voie marcher un courtisan farci
de rubans et tout empêtré dans les dentelles, qui s'é-
talent en entonnoir autour de sa jambe comme les
plumes d'un *volant* renversé.

A propos de ce dernier trait, si facile à comprendre,
croiriez-vous qu'il s'est trouvé un commentateur, assez
dénué, je ne dirai pas d'esprit, mais de regard, pour ne
pas voir ce qu'il peint si bien? *Volant*, selon lui, signifie une aile de moulin! « *Ecarquillés comme des volans*,
écrit-il, cela veut dire ouverts comme des ailes de moulin, » Ce commentateur est Auger. Il ne faut pas beau-

coup de notes de cette force pour perdre un commentaire. Aussi, celui de notre académicien, d'ailleurs habile homme et recommandable, fut-il bientôt jugé. Voici une anecdote qu'on fit courir sur lui de son temps. Je ne la crois pas vraie, mais le ridicule de quelques-unes de ses annotations sur Molière la rendrait presque vraisemblable.

Auger, dit l'anecdote, se trouva, certain soir, dans un salon, avec un prince russe tout chamarré de croix, dont la plus brillante, qui était une décoration moscovite, lui donna de vives tentations. Que faire pour l'obtenir? Se faufiler près du boyard, sans prendre la peine de lui dire son nom, que le monde entier devait connaître ; le charmer, par sa conversation, et enfin lui offrir ses *faibles* œuvres. Ce fut bientôt fait. Le lendemain, le prince russe, que l'offre avait agréablement touché, recevait le *Molière* de notre académicien, et le surlendemain l'académicien, étant retourné dans la maison où il avait vu le prince, y trouvait cette lettre, qui n'avait pu être portée chez lui, car il avait oublié de dire son adresse au prince :

« Monsieur Molière,

« Vos ouvrages, que vous appelez faibles, sont des chefs-d'œuvre ; ils m'ont fait le plus grand plaisir : je suis bien sensible à cet envoi ; aucune lecture ne m'a jamais fait éprouver d'aussi douces émotions. Quels caractères ! quelle étude du cœur humain ! quelle franche gaieté ! quel comique sublime ! Une seule chose gâte un peu tout cela. Pourquoi avez-vous confié à M. Auger le soin d'éclaircir, avec ses notes, des passages clairs comme le jour, et de commenter ce qui n'a pas besoin

23.

de commentaires? Je vous engage à purger vos belles
comédies de ces vilaines notes. Faites une nouvelle édition sans notes. Je me charge de l'offrir à mon Empereur, qui ne manquera pas de vous envoyer une taba-
tière enrichie de saphirs. »

On n'a jamais pu savoir au juste s'il y avait là, de la
part du prince russe, ignorance ou malice. Je penche
volontiers pour la malice, et vous?

---

17 décembre 1861.

La Comédie-Française, qui ne nous gâte point par
l'abondance du nouveau, et qui menace même de nous
tenir longtemps à ce régime, car, parmi les ouvrages
lus, il y en a peu d'élus, s'est dédommagée de cette
disette, en nous servant coup sur coup deux des plus
excellents morceaux de son admirable répertoire.

Après le *Don Juan*, qui n'aura, cette fois, de notre
part, que le regret de l'article que nous voudrions et
devrions faire, mais qu'il nous faut ajourner faute
d'espace et de temps, on a donné les *Femmes savantes*.
Deux débuts importants y ajoutaient leur curiosité et
réveillaient l'intérêt blasé, si toutefois il peut jamais
l'être, même en notre temps, pour de tels chefs-
d'œuvre. Mme Guyon abordait, pour la première fois, le
rôle de Philaminte, et Mlle Judith, celui d'Armande,
deux terribles rôles !

Il y faut, avant tout, un grand soin de composition.
Ce sont, en effet, des personnages, non pas de nature,
mais d'art et d'étude, pour ainsi dire; leur ridicule
n'est pas naturel, mais acquis; il ne vient pas d'un dé-

faut, mais, au contraire, d'un excès d'esprit, et c'est ce
qu'il faut faire voir comme Molière l'a fait sentir. La
comédienne ici doit se faire une qualité de ce qui partout ailleurs serait un vice de talent, c'est-à-dire se
parer d'un pédantisme, se barder d'une raideur, se
carrer dans une prétention, qui, pour tout autre rôle,
seraient insoutenables. Le comique et l'effet sont là.
Si vous n'avez pas l'air pédantesquement étudié et
l'allure doctorale; s'il ne semble pas à première vue
que vous portez toute une philosophie dans votre tête,
toute une académie dans vos sourcils; enfin, si vous
êtes un tant soit peu naturelle, là où rien ne reste de la
nature, vous êtes perdue, vous jouez faux. C'est ce qu'a
fait Mme Guyon, selon moi. Est-ce ainsi, à la bonne
franquette, presque à la paysanne, qu'il faut être Philaminte? Eh non. Le ton rude que vous rapportez du
répertoire tragique, où, par parenthèse, vous ne l'avez
pas ennobli en le prêtant aux reines, n'est pas ce qu'il
faut; c'est le ton pédant qui convient ici, ou plutôt le
ton de pédante, qui est cent fois, mille fois pire. Oh!
l'arme terrible, qui d'un côté tranche, et qui de l'autre
assomme! Pour savoir comment elle se manie, il faut
avoir vu Mlle Mante dans ce rôle de Philaminte.

C'est elle, à la bonne heure, qui possédait bien cette
intonation brève qui sait trancher net une question au
profit de l'opinion caressée, et en même temps ce dédain superbe, intrépide, qui, assénant chaque parole
comme une massue, réduit en miettes, rien que d'un
mot ou d'un regard, l'opinion ennemie. Quelle pédante
magnifique c'était! Quelles foudres d'arrogance lançaient
sa paupière, qui daignait à peine s'entr'ouvrir, et le
rictus de sa lèvre épanouie de compassion dédaigneuse!

On sentait qu'elle portait en elle, non pas la science, mais toutes ses prétentions, et il semblait, à la voir si superbe, que le haut de sa cornette allait décrocher les étoiles que sa lunette venait de lorgner. C'était le pédantisme même, avec tous les agréments dont les femmes, qui ne font rien à demi, savent, quand elles s'en mêlent, enjoliver les ridicules. Mme Guyon était au Théâtre-Français, quand Mlle Mante jouait ainsi Philaminte ; elle pourrait donc se souvenir de cet admirable modèle. Par malheur, elle s'en est allée depuis lors en des théâtres où le drame, roulant à pleins bords le flot de ses phrases bourbeuses, est le fleuve d'oubli pour la vraie comédie. Mlle Judith fut plus heureuse ; elle a vu, elle a étudié Mlle Mante, et, ce qui est un grand point, elle n'a pas quitté le théâtre où elle avait ainsi vu et étudié. Le fil de la tradition ne s'est pas rompu pour elle ; elle n'a rien fait pour oublier ; loin de là, elle a tout fait pour se souvenir, en tâchant d'apprendre encore. On s'en aperçoit vite, à la manière dont elle joue Armande.

· C'est bien la fille et l'élève de la Philaminte que nous avons connue ; c'est bien la pensionnaire grandie, à qui chaque science nouvelle n'a apporté qu'une prétention de plus, prêcheuse d'académie et à diplôme ; mais, si elle est sotte à la surface, fille d'esprit au fond, elle réveille à propos son cœur, lorsqu'elle croit bon de le faire sentir. Il y a beaucoup de cette Armande dans la Camille d'*On ne badine pas avec l'amour*. L'une est une prude de philosophie, l'autre une prude de dévotion, ce qui fait deux fières hypocrites, mais, en somme, un type presque pareil, avec intermittences de franchise et de sentiment à petites doses. Mlle Judith a

fort bien indiqué tout cela : depuis le premier acte, où
la pensionnaire cherche l'esprit dans la philosophie ;
jusqu'au quatrième, où la jeune fille, qui se réveille
trop tard, le trouve dans un abandon de son cœur. Rien
n'est à dédaigner ici, comme nuance, détail et soin ; il
faut, dans ces *Femmes savantes,* une comédienne savante pour chaque rôle : Mlle Judith l'a été pour le
sien. Barré joue Chrysalde avec naturel et bonhomie ;
il ne lui manque plus l'ampleur d'exécution comique,
mais, lui, du moins, il tient son modèle sous ses yeux,
c'est Provost. Pour faire bien, il n'a qu'à le regarder
jouer. Mlle Dubois, à qui longtemps le vieux répertoire
ne convint guère, et qui ne convenait guère non plus
au vieux répertoire, commence à s'y former. L'ingénuité du bon temps, la bonne, la vraie, lui vient peu à
peu. Ses progrès nous ont surpris dans le rôle d'Henriette.

———

23 janvier 1865.

Nous avons eu, depuis quelque temps, bien des Tartuffe à examiner. C'est le plus beau produit de la
liberté des théâtres. La Comédie-Française, qui déjà
nous en avait donné par centaines, se tenait seule sur
la réserve, quoiqu'elle eût pourtant à montrer encore
un Tartuffe inattendu. Elle laissait mûrir son fruit nouveau. Nous le connaissons aujourd'hui.

Ce Tartuffe, sur lequel certes on ne comptait guère,
c'est Bressant. On m'a dit qu'il est éclos, à Bade, dans
ce personnage, et je n'en suis pas surpris, tant il y est
dameret. Il faut, pour plaire à un certain public, modifier ses rôles et les violenter jusqu'au contre-sens in-

clusivement. C'est ce que Bressant a fait pour être agréable au monde du théâtre de Bade ; par malheur, le contre-sens ne l'a pas quitté à la frontière. Il l'a suivi jusqu'à Paris, jusqu'à la Comédie-Française.

Avant de vous dire où est le contre-sens que vous entrevoyez certainement déjà, il sera bon de vous expliquer comment nous comprenons le personnage, d'après les indications mêmes de Molière.

Qu'est-ce, à première vue, que Tartuffe ? Un cuistre,

> Un gueux qui, quand il vint, n'avait pas de souliers,
> Et dont l'habit entier valait bien six deniers.

Entré chez Orgon, il se décrasse et s'engraisse. Il mange si bien, sous l'œil caressant du maître, qu'en peu de temps,

> Il a l'oreille rouge et le teint bien fleuri.

Mais il a beau faire, le cuistre est toujours là-dessous. Plus gros, plus vermeil, plus rebondi, il est le même. L'appétit satisfait, et tout épanoui dans l'obésité, n'est qu'un aiguillon de plus pour sa grossière concupiscence. Ne croyez pas qu'il en soit plus noble, ni plus digne ; c'est un cuistre engraissé, voilà tout. D'autres appétits lui viennent, le premier étant repu.

La vanité de race, si prompte à s'éveiller en ce temps-là, se montre en lui la première. Comme on n'est bien venu que si l'on se dit homme de bonne maison, il se proclame gentilhomme :

> Il est noble chez lui.....

dit Orgon, qui croit à tout, même à cette noblesse ; mais l'air du drôle prouve à chacun que ce n'est qu'un mensonge, comme le reste, une hypocrisie de plus. Il n'est qu'un « larron d'honneur, » un voleur de gentilhommerie. Si sa grimace dénonce sa fausse dévotion, son allure doit dénoncer de même sa noblesse empruntée.

En est-il ainsi avec Bressant ? Point du tout. Le nouveau Tartuffe a pris au mot cette phrase d'Orgon : « Il est bien gentilhomme ! »

Quand Dorine ajoute, de sa bonne et verte langue : « Oui, c'est lui qui le dit ! » on est tenté, regardant Bressant, de croire qu'elle se trompe, et qu'Orgon a dit vrai.

Une partie du contre-sens dont je parlais est là. Le cuistre n'existant plus, pour faire place à une manière de séminariste gentillâtre, Tartuffe disparaît. On n'a, au lieu de lui, qu'une sorte de damoiseau, élève de Basile, qui, devant plus tard plaire à Rosiné, peut bien commencer par tâcher de séduire Elmire. Bref, avec Bressant, le fameux *imposteur* n'est qu'un Almaviva déguisé. C'est Tartuffe-Alonzo.

Son succès dans le troisième acte du *Barbier de Séville* lui a joué ce vilain tour. On n'a pas saisi la nuance, c'est-à-dire la différence. Dans le *Barbier*, le faux Alonzo ne joue qu'à l'hypocrisie, tandis que dans le *Tartuffe*, le trop réel imposteur joue tous les rôles qui tiennent à celui d'hypocrite. Bressant n'a mis entre les deux personnages que l'épaisseur d'un masque de carton ; il y a bien davantage.

Qu'il se décide, s'il peut, à moins d'agrément ; qu'il fasse retomber en pleine roture, en pleine boue, ce Tartuffe qu'il nous a trop annobli, trop nettoyé, trop savonné ! Qu'il lui rende un peu de ce cynisme ardent

et béat, sans lequel il n'est qu'un Trissotin mystique,
un madrigalier de confessionnal, un Tartuffe joli-cœur ;
enfin, qu'à chaque scène il le fasse pressentir redoutable,
même dans ses plus onctueuses paroles, jusqu'à la
terrible explosion du quatrième acte.

Avec Geffroy, rien de tout cela n'échappait. On dit
qu'il va partir, et j'ai peur de le croire ; mais il restera
sans doute encore assez, pour que Bressant puisse le
revoir dans ce rôle, et s'instruire en le voyant. Quand
on s'est trompé, les bonnes leçons portent mieux.

La pièce, en somme, n'a pas été bien jouée. Si la
Comédie a cru qu'en la reprenant ainsi, elle ouvrirait
école pour tous les théâtres qui brûlent de se *tartuffier*,
elle a manqué son coup. On professe mal, quand c'est
de parti pris, et pour le seul plaisir d'enseigner. Or,
nous n'avons guère là qu'une représentation de pro-
fesseurs, où chacun avait l'air de vouloir donner sa
petite leçon..

Mlle Jouassin, entre autres, démontrait le rôle de
Mme Pernelle, et par conséquent oubliait de la bien
représenter et d'y être amusante. Elle joue cette
grand'mère comique à faire croire qu'elle serait parfaite dans l'*Aïeule* de M. Dennery, à l'Ambigu. On n'y
trouve plus le moindre mot pour rire. Quant à la bé-
quille traditionnelle sur laquelle doit s'appuyer la mère
d'Orgon, ce n'est désormais qu'une sinécure. Mlle Jouassin dédaigne de se courber !

Le Damis de ce soir-là dédaignait, lui, de prononcer.
C'était M. Charles Verdellet. On dirait qu'il a toujours
son nom dans la bouche.

Mlle Bonval jouait, comme toujours, avec soin et propreté. C'est fort bien pour une servante ordinaire ; ce

n'est peut-être pas assez pour Dorine. Où donc est-elle, celle qui fut si merveilleuse en ce rôle ; qui, même dans les salons où l'on avait exilé son talent, donnait si bien l'illusion du chef-d'œuvre tout entier, alors qu'elle n'en jouait qu'une ou deux scènes ? Où donc est-elle la vraie servante de Molière, la Dorine idéale et parfaite ? Elle n'est plus, hélas ! C'était cette pauvre Mlle Dupont ! Il n'y a que quelques mois à peine, je l'entendais encore dans le second acte de cette comédie. On me pardonnera donc d'y être difficile. C'est son souvenir qui m'a fait le goût si délicat.

Mlle Dubois, qu'une intelligente émulation semble animer, a dans sa diction des notes mieux timbrées qu'autrefois, et plus nettes. Elle travaille, on le voit ; elle étudie son talent, et sur l'instrument même, la voix. L'instrument et le talent s'améliorent ensemble. Le rôle de Marianne, tenu par elle, a, ce soir-là, été l'un des mieux joués.

Mme Plessy représente celui d'Elmire bien mieux qu'elle ne le dit. Elle a une tradition de tenue qui ne s'étend malheureusement pas jusqu'à sa diction. Sa prestance digne et discrète est d'une femme de Molière ; mais, quand elle parle, on croit entendre une coquette de Marivaux. C'est trop de deux répertoires à la fois. Malgré ses défauts, elle est encore ici la plus parfaite comédienne, et je ne donnerais pas le bavardage des mieux disantes après elle, pour un seul de ses fiers silences.

Je voudrais louer Provost dans le rôle d'Orgon, comme je l'ai loué jadis si souvent et de si bon cœur. Je ne le puis. Le talent reste, mais la forme manque, et sans celle-ci, que peut celui-là ? J'ai bien des fois demandé qn'il reprît tout ce répertoire. Il y résistait, et il avait raison. Maintenant je suis de son avis.

16 novembre 1869.

Il y a toujours quelque chose à trouver pour l'auteur dans les pièces de Molière, et pour le critique toujours quelque chose à dire. Je n'ai donc pas manqué d'aller vendredi à l'Odéon, où l'on avait monté l'*École des Femmes*, pour le premier essai de Noël Martin dans le rôle d'Arnolphe, et pour le début de Mlle Laurence Gérard, dans celui d'Agnès.

J'étais curieux de savoir comment Martin, qui n'a pas abusé des études, car, de soldat qu'il était, il s'est fait comédien, du jour au lendemain, se tirerait, sans tradition, du terrible personnage où j'ai vu la tradition mal comprise aveugler et fourvoyer tant de gens.

L'épreuve n'a pas été mauvaise. Comme il arrive toujours en pareil cas, le comédien, aux prises pour la première fois avec le rôle redoutable, s'est débattu contre lui, plutôt qu'il ne l'a joué, mais la lutte a été vaillante, franchement soutenue, et, chose rare, sur son vrai terrain, celui de la comédie, sans trop s'égarer du côté du drame.

Ce fut le tort de beaucoup de ceux qui jouèrent Arnolphe, même avec le plus de succès. Provost entre autres, dont le mérite d'ailleurs y était si grand, si bien d'aplomb, si ample, n'oubliait pas assez, en le jouant, qu'il avait joué le mélodrame. Arnolphe, quoiqu'il fasse à tous moments la grosse voix et fronce le sourcil, n'a rien d'un traître : c'est un sot à système, un

songe-creux vide de raison et plein de raisonnement,
une sorte de prudhomme, moitié dévot, moitié philosophe! Vain comme le sont tous les sots, se croyant de
l'esprit, parce qu'il débite celui qu'il a appris, et persuadé qu'il est sage parce qu'avec sa manie de répéter
des proverbes, il a toujours sur les lèvres quelque
bribe de la sagesse des nations.

On n'a, je crois, jamais fait assez remarquer ce qu'il
y a de ridiculement bourgeois dans ce personnage, un
peu plus barbouillé d'éducation que ne l'est M. Jourdain, mais se faisant un ridicule de cette éducation
même, et comme l'autre, d'ailleurs, plaquant une fausse
gentilhommerie sur sa roture.

Sous sa sottise, ou plutôt sous sa manie de la
noblesse et des grands airs, M. Jourdain garde un
certain bon sens : il n'est pas assez savant pour être
complètement sot ; tandis qu'au contraire c'est le cas
d'Arnolphe, chez qui tout sens commun, toute raison
pratique ont disparu sous la mauvaise teinture des faux
systèmes et des raisonnements à rebours.

Chez lui, rien de réel, tout est factice, et c'est ce qui
fait d'autant mieux ressortir, par le plus comique des
contrastes, ce que le naturel d'Agnès a de malice et de
vraie science humaine sous son ignorance.

Écoutez-les parler l'un et l'autre : chez Agnès, ce qui
s'est passé, c'est le cœur et l'esprit même de la femme,
à son premier amour, c'est-à-dire à son premier réveil ;
chez Arnolphe, c'est la redondance de parole du sot qui
s'admire en ce qu'il dit, sans toujours savoir se comprendre.

Elle n'a que naïvetés exquises ; il n'a, lui, que grands
mots et sentences. Il ne parle pas, il cite, et en lui-

même il s'applaudit d'avoir cité. Même, pour se faire
obéir de la pauvre fillette, il se donne le grand air de
déclamer, comme dans une tragédie :

> ..... C'est assez,
> Je suis maître, je parle, allez, obéissez!

Or, croyez qu'il est fier d'avoir si bien parlé ! Ce
qu'il vient de dire est mot pour mot dans le *Sertorius*
de Corneille, qui se jouait alors, même chez Molière.

Pour le public d'aujourd'hui, qui ne sait plus rien de
ce répertoire, c'est un trait inaperçu ; pour celui du
temps, à qui il ne pouvait échapper, c'était une révélation sur la manie sentencieuse de ce personnage tout
de système faux et de déclamations creuses.

Concluons : plus on jouera Arnolphe comiquement,
et en vrai ridicule, mieux on le jouera ; plus on en fera
un Prudhomme solennel et redondant, un pédant de
noblesse et de belles sentences, plus on y sera vrai, et
plus on rendra tout son esprit et toute sa morale au
dénouement, où il suffit d'un souffle de malice ingénue
pour faire crouler tout cet échafaudage de fausse
raison.

19 août 1869.

Lorsque je vis annoncer le *Misanthrope* sur l'affiche
du Théâtre-Français, pour le spectacle gratis du
15 août, je craignis un peu, j'en conviens. Le peuple,
me disais-je, voudra-t-il bien reconnaître, dans cette
comédie, si sérieuse, et qui le devient encore plus par
la façon dont on la joue aujourd'hui, ce Molière que le
comique des farces données d'ordinaire en pareille

occasion, le *Dépit*, le *Médecin malgré lui*, le *Malade*, etc.,
lui ont rendu si cher? Ne l'aimera-t-il pas un peu
moins, parce qu'il ne rira pas autant? Comprendra-t-il
toute la haute franchise et l'indomptable dignité du
caractère d'Alceste? Entrera-t-il dans l'intelligence entière de cette société d'autrefois, dont toute la pièce a si
bien le mouvement et le ton? Célimène ne lui échap-
pera-t-elle pas un peu avec ses médisances à fleur
d'esprit et ses commérages à tire d'aile? Que dira-t-il
d'Arsinoé la prude? Que pensera-t-il d'Oronte, l'homme
au sonnet, et de Philinte, l'homme aux infatigables
complaisances?

Il a pensé de tout fort bien, avec un tact parfait, une
précision d'intelligence vraiment rare. Il a ri juste toujours, et applaudi de même. Il s'est amusé du bel esprit de cour et des petits marquis ridicules, comme de
gens de sa connaissance. Il y avait, dans sa façon de les
fustiger à plein rire, quelque chose des bons et francs
éclats dont la vieille servante devait accueillir ces admirables scènes, quand Molière lui en faisait lecture.
Mais ce qui m'a surtout frappé, c'est la manière dont,
à en juger du moins par son rire si franc et si juste
d'explosion, il m'a semblé qu'il comprenait le personnage d'Alceste.

Pour ce public tout peuple, qui se connaît en franchise et en brusquerie, le *Misanthrope* est redevenu ce
que Molière l'a fait, et ce qu'il faut qu'il reste, en dépit
des variations de physionomie que lui ont imposées et
que nous ont fait trop accepter ses interprètes modernes; c'est-à-dire, non plus comme le veulent ces
échappés du drame, un butor mélancolique et sentimental, mais un passionné d'honnêteté sans frein, un

emporté d'honneur, si je puis ainsi parler, un homme
à continuels sursauts d'indignation, un homme à boutades, ou, si vous aimez mieux, « à coups de boutoir, »
toujours comique par excès de raison, enfin, « un
homme d'humeur, » comme disait La Bruyère, qui lui-
même, ainsi que Duclos un siècle plus tard, fut un peu
de ce tempérament.

Chaque fois que Bressant, qui, trop attaché à la tradition aujourd'hui admise, ne joue pas assez le rôle
dans cette allure de franchise à continuels éclats, s'est
laissé échapper, par une inspiration plus heureuse,
dans le ton même du personnage, et nous a donné
franchement, à plein coup de boutoir, « quelques-uns
de ses emportements d'homme d'humeur : » son succès
a été immense, parmi ce populaire, qui, retrouvant le
vrai, ne le manquait pas.

Bressant doit se le tenir pour dit, et jouer désormais
le rôle tout entier comme il l'a joué aux endroits que
ce bon juge lui a soulignés de ses applaudissements.
S'il n'en croit pas le peuple, qu'il en croie Molière lui-
même, qui laissa dans ce rôle une tradition toute de
comique. Un trait, le seul malheureusement qui ait
survécu de l'exécution du chef-d'œuvre par son auteur,
suffira pour le prouver.

A la scène dernière du second acte, quand Alceste
voyant rire les petits marquis, leur lâche une si vive
riposte, la situation, telle qu'on la pose aujourd'hui en
faisant Alceste hautain, menaçant, presque provoca
teur, n'est comique en aucune façon; elle l'était avec
Molière, qui, pour riposter aux marquis, reprenait leur
rire sur un ton encore plus haut et plus mordant, et
faisait éclater toute la salle. Boileau avait été frappé de

ce lazzi, et comme il était lui-même un excellent mime,
il le reproduisait avec une vérité saisissante, dont l'effet ne manquait jamais.

« Il nous a encore, dit Brossette dans un fragment
de ses mémoires publié il y a quelques années, il nous
a encore récité cet endroit du *Misanthrope* de Molière,
où il dit (quand on rit de sa fermeté outrée) : « Par la
sambleu! messieurs, je ne croyais pas être si plaisant
que je suis. »

« Molière, en récitant cela, l'accompagnoit d'un *rire*
amer si piquant, que M. Despréaux, en le faisant de
même, nous a fort réjouis. »

Quel dommage qu'il ne nous reste que ce débris du
jeu de Molière dans le *Misanthrope!* Si, pour le reste
de la pièce, il pouvait ainsi reparaître par quelques
traits, et greffer le comédien sur le poète, il me semble
que le chef-d'œuvre serait, pour ainsi dire, doublé.

Ce qu'on sait de ses traditions en d'autres rôles : ceux
de l'*Avare*, du *Médecin malgré lui*, du *Malade*, etc.,
devrait être recueilli avec soin, d'après les meilleures
autorités contemporaines, et une fois bien constaté,
servir de règle immuable pour l'interprétation de son
répertoire. Il faudrait faire l'histoire du jeu de Molière,
comme on a fait celle de sa vie. Celle-ci explique souvent son œuvre et en donne la clef; l'autre en affirmerait le seul et en éterniserait le vrai mouvement.

Plus que personne, les comédiens et les critiques s'en
trouveraient à merveille. Les premiers n'auraient plus,
ayant Molière comme guide indiscutable, à subir une
foule de chicanes pour des points douteux dans leur
interprétation, et les seconds n'auraient plus qu'à se
taire, ce qui, quoi qu'on dise, leur est toujours agréable.

Cette fois, sauf quelques détails, ils auraient pu, s'ils eussent été là, tout applaudir dans le jeu de Bressant, le système qu'il suit pour exécuter le rôle d'Alceste étant accepté. Pour celui de Célimène, ils eussent été plus satisfaits encore. Mme Madeleine Brohan y parvient, comme sûreté de diction et intelligence soutenue de l'ensemble, à une perfection presque absolue. Encore un peu plus de grand air, de souveraineté dans la co-. quetterie, de cette insolence de femme à la mode qui croit tout pouvoir parce qu'elle se permet tout, et ce sera complet, incomparable. Mlle Favart s'allanguit agréablement dans le rôle d'Eliante. Mirecour, qui joue depuis trente ans le rôle d'Oronte, ne l'a jamais joué mieux, et je ne crois pas, que même du temps de Molière, il y eût un petit marquis plus admirablement impertinent que Delaunay et riant à plus belles dents. Garraud lui tient fort bien tête.

La représentation a donc été excellente. Le peuple-roi s'est amusé du *Misanthrope* et l'a compris tout aussi bien que Louis XIV, l'autre grand roi, si différent du nouveau.

9 août 1869.

Il est toujours bon de parler de Molière et du *Misanthrope*, mais encore faut-il que l'à-propos s'y trouve et que l'occasion soit bien prise. Or, aucune ne pouvait être meilleure que celle qui nous est offerte, cette fois, par la rentrée de Mme Arnould-Plessy dans le rôle de Célimène.

Vous savez déjà que ce fut une véritable fête, comme on n'en sait donner qu'au Théâtre-Français : sans fra-

cas joué, sans bouquets de fleurs vraies ... et d'enthousiasme artificiel, mais avec des bravos sincères, émus
et sonores, quoiqu'ils partissent de mains bien gantées.
C'était un public homme du monde, qui saluait le retour de la grande dame du théâtre, et qui n'avait voulu
charger personne de faire à sa place cette douce besogne de l'admiration sentie et de l'applaudissement mérité.

Le chef-d'œuvre s'est bien trouvé de cette première
chaleur. Il s'est réchauffé, dès le prélude, comme d'un
coup de soleil, et ne s'est plus refroidi.

Mme Plessy est une Célimène particulière, d'un
charme singulier, qui n'est peut-être pas le vrai, mais
qui s'impose, quoi qu'on en puisse dire, et auquel on ne
résiste pas, quoiqu'en certaines parties on voudrait
faire résistance. L'entraînement du personnage, tenu
avec ce prestige, est pour le public le même que pour
Alceste : on voit le défaut, mais on est dominé ; on se
murmure toutes sortes de petites critiques, mais on est
vaincu, et l'on dit, comme le misanthrope : « Sa grâce
est la plus forte ! »

Cette grâce, chez Mme Plessy, se nuance sans doute
de *maniérisme*, et faufile ainsi dans l'œuvre de Molière
ce que Molière n'aimait peut-être pas le plus ; mais, avec
elle au moins, on a cet avantage que cette « manière »
n'en est pas une, à proprement parler. C'est un naturel
différent des autres, opposé même, mais tout aussi vrai
en ce qu'il est. Mme Plessy ne le prend pas en s'habil-
lant et en mettant son fard : il est en elle, ou plutôt
c'est elle-même, c'est sa vie, et elle en fait vivre le rôle
dès qu'elle y entre ; être d'autre sorte lui serait impossible. Acceptons-la donc ainsi, d'autant, je ne saurais

assez le dire, qu'elle est d'une séduction rare, et que, la nuance une fois admise, tout y est d'une justesse de teinte incomparable.

Comme cette « manière » n'est, en somme, je l'ai dit, qu'une sorte de naturel spécial et n'a rien de joué, elle en joue à ravir, avec l'aisance parfaite d'une personne qui est chez elle et bien d'aplomb sur son caractère. Aucune ressource ne lui manque, aucune finesse ne lui échappe, aucune délicatesse, si menue qu'elle soit, ne passe inaperçue, et, ce qui ajoute singulièrement au charme et à l'éclat, tout sonne sur le plus beau timbre, avec les habiletés de la diction la plus experte et la plus savante ; tout aussi se rehausse du plus grand air de la grande comédie, et reprend ainsi l'ampleur que le « maniérisme », toujours un peu étroit, n'aurait point par lui-même.

Avec l'Alceste de ce soir-là, c'est-à-dire avec Lafontaine, ces qualités de haute et imposante afféterie, de coquetterie souveraine ont encore mieux ressorti peut-être par le contraste. C'était bien le choc de deux extrêmes, l'un et l'autre absolument sincères, sinon vrais, en ce qu'ils sont.

Lafontaine, je m'en tiens à ce que j'ai dit, n'est pas encore, il s'en faut de beaucoup même, l'Alceste parfait, mais il peut l'être, et il le sera, s'il veut bien continuer ses études, que je sais sérieuses, et s'il consent, ce dont je ne doute pas, à écouter plus que jamais quelques avis.

Ceux que je lui ai donnés n'ont pas été mal reçus, puisqu'ils ont été à peu près suivis, et puisque son interprétation du rôle est arrivée maintenant à une justesse bien soutenue, du moins comme diction, sinon encore comme mesure et tempérament.

Sur ce dernier point, il reste beaucoup à dire, mais
ce n'est désormais qu'affaire de règle et de dose, du
plus au moins, une simple question de thermomètre.

Que Lafontaine se calme dans ce caractère dont le
trop de chaleur est le défaut; qu'il ne soit plus excessif
dans ce rôle tout d'excès, et je réponds, comme je l'ai
déjà dit, qu'il en sera l'homme même.

On lui reproche l'emportement, je le veux bien, quoique l'un des points les plus en saillie du caractère
d'Alceste, au moment où la pièce se passe; quoique la
note culminante du rôle, à l'heure où Molière nous le
montre en proie à mille ennuis dont un seul suffirait
pour le mettre hors des gonds, soit d'être l'emportement,
la violence même. Il ne s'agit, je le répète, que de régler cette violence et cet emportement. Quant à vouloir
qu'ils ne soient pas du rôle, c'est autre chose.

Molière lui-même ne nous a laissé, sur cela, aucun
doute. La preuve des nuances et des reliefs de caractère qu'il a voulu nettement donner à son Alceste se
trouve dans les études qu'il fit avant d'écrire sa comédie, dans les lectures dont elle fut pour lui le motif, et
qu'on y suit tant, malgré le soin qu'il mit à les fondre
avec l'ensemble : elles s'y déteignent par places. Or,
qu'a-t-il lu surtout, afin de s'inspirer pour ce rôle où
l'on ne veut trouver que de la fougue de sincérité, et
où quelques-uns refusent de voir l'emportement et la
violence? le *Traité de la Colère*, le *de Irâ* de Sénèque.

C'est un homme infiniment spirituel de l'autre siècle,
c'est Rulhières qui en fit le premier la remarque, et
Bret en profita aussitôt pour les *Nouvelles Observations*,
malheureusement inconnues, dont il perfectionna la seconde édition de son *Commentaire* sur Molière. On sait

que, dans son *de Irâ*, Sénèque fait parler le sage, et lui fait dire tout ce qu'il pense de cette courte folie, *furor brevis,* qu'on appelle l'emportement, la colère. Chez Molière, le fou, l'emporté, c'est Alceste ; le sage qui le calme et le redresse, c'est Philinte. Il parle, celui-ci, et c'est ce qui dénonce l'origine de toute cette inspiration, il parle comme Sénèque même, non avec ses phrases, que Molière a eu soin de changer, en y ajoutant presque toujours, mais avec ses idées et le ton même de ses pensées. Donnons une preuve ou deux.

Que veut l'indulgent Philinte, à l'encontre d'Alceste mis hors de lui par la méchanceté environnante ?

Prendre tout doucement les hommes comme ils sont,

et trouver déraisonnables ceux qui se font de la méchanceté humaine une cause de révolte et de chagrins continuels. Sénèque ne veut pas une autre complexion d'esprit pour son sage, qui trouve, lui aussi, que faire « dépendre sa manière d'être (*affectum*) de la méchanceté d'autrui, » est absurde, indigne de toute raison :

Oui, je vois ces défauts, dont votre âme murmure,
Comme vices unis à l'humaine nature ;
Et mon esprit enfin n'est pas plus offensé
De voir un homme fourbe, injuste, intéressé,
Que de voir les vautours affamés de carnage,
Les singes malfaisans et les loups pleins de rage.

Voilà ce que dit encore Philinte ; voici ce qu'avait dit Sénèque à propos de son sage, avec une pensée, non de la même forme, mais de la même famille :

« Ira-t-il s'étonner, se mettre en courroux de ce que des haies d'épines ne portent pas de fruits utiles? »

Un peu plus loin, suivant la même idée, que Molière

s'était bien gardé d'étendre autant, il avait fait dire encore au philosophe, son Philinte à lui : « Je rencontre-
rai des ivrognes, des débauchés, des ingrats, des
avares, des ambitieux : eh bien ! je les regarderai du
même œil qu'un médecin voit des malades. »

Pour clore la comparaison, et conclure sur le rapprochement, je dirai qu'il doit sembler évident, comme
l'avait déjà vu Rulhières, que le philosophe de Sénèque
— sage au fond « très relatif » à la façon du philosophe
courtisan qui le fait parler — étant le Philinte même de
Molière, son contraire, l'homme emporté, l'homme violent, le type même du *de Irâ*, c'est Alceste, et que, par
conséquent l'indignation vigoureuse, allant parfois jusqu'à la colère violente, jusqu'à l'emportement, est une
des exigences du rôle.

Molière, qu'on ne s'y trompe point, ne veut pas qu'Alceste, ce chercheur de perfections, soit lui-même un
homme parfait ; loin de là : ce redresseur de torts, ce
révolté de tous les ridicules, a le tort continuel de ne
pouvoir souffrir aucun tort, le ridicule absolu de vouloir pourfendre tous les ridicules. Ainsi, voyez la merveille de cette grande œuvre, de ce chef-d'œuvre incomparable : Molière, souverain de ses personnages,
et comme un maître, les menant de la férule, fustiger
impitoyablement à son tour celui par qui il fait fustiger
tous les autres !

Jamais, dans aucun temps, dans aucun pays, dans
aucune littérature, la puissance absolue du génie sur
son œuvre et ses personnages mêmes n'a été montée
plus haut ; jamais sa marque ne s'est plus souveraine-
ment empreinte.

Je m'arrête, remettant à une autre fois, que je

souhaite prochaine, ce qui me reste à dire à propos de
ce type inépuisable : sur certains mots, qu'on n'y comprend point, parce qu'on veut les faire trop comprendre
ou parce qu'au contraire on ne les accentue pas assez ;
sur certaines nuances d'homme du monde et d'homme
de cour, « d'honnête homme, » enfin, suivant le mot
du temps, qu'il est indispensable d'y observer. Cette recommandation sera surtout pour Lafontaine, à qui les
brusques manières du drame d'aujourd'hui font trop oublier parfois les bonnes façons de la comédie de jadis ;
enfin, sur le costume même, qui n'est pas indifférent
dans cette pièce où tout est de caractère.

Molière n'était pas un homme à se laisser habiller
par son tailleur, surtout quand il jouait Alceste : il
avait soin, nous le prouverons, de singulariser son misanthrope par l'habit, comme par le reste. Il se gardait
bien, par exemple, d'en faire un homme « tout de vert
vêtu. »

Pour qu'Alceste pût être désigné par la singularité
que l'œil de Célimène a vivement surprise, ce n'est pas
sur un habit vert qu'il posait les rubans de « l'Homme
aux rubans verts, » mais sur « un habit gris, » ce qui
est bien différent, non seulement comme nuance d'é-
toffe, mais comme nuance d'histoire.

L'habit gris, sous Louis XIV, c'était tout un monde, à
cent lieues de celui de la cour, aux antipodes de celui
des marquis ! Il suffisait qu'Alceste parût chez Célimène avec cette couleur négligée et de campagne, pour
qu'aussitôt le public du temps devinât, sans même qu'il
eût parlé, ce qu'il y avait en lui d'indépendance et de
mépris « des communs usages. »

4 octobre 1869.

Nous avons enfin vu Lafontaine dans le rôle de Tartuffe, pour lequel il se préparait depuis longtemps. Son
étude, qui a été certainement très sérieuse, n'est pas
tout à fait mûre. Il jouera, je crois, très bien le rôle,
mais il ne le joue pas encore. Son Tartuffe n'est pas
assez sorti du séminaire. Il n'a pas encore suffisamment
l'aplomb de cet homme terrible, qui trompe tout une
maison, l'accapare, et ne tombe que parce qu'il s'est
oublié une fois, parce qu'il a laissé ses sens lui dresser
le seul piège où il pût trébucher.

Il y a un grand casuiste sous ce dévôt, et, comme en
tout casuiste, un politique profond. Supposez-le triom-
phant, riche de la fortune d'Orgon si lestement prise,
et il ira loin dans les affaires. Il y pense, quand sa chute
arrive. S'il est allé trahir Orgon auprès du roi, qui ne
veut pas de sa trahison, et l'en punit en le retenant lui-
même, c'est qu'il songe à se faire une ouverture en
cour, comme on disait. Il s'y voit déjà, il s'y pousse, et
en peu de temps il y sera loin.

Ce n'est pas pour rien non plus qu'il s'est dit gentilhomme. Il faut l'être pour arriver à la cour; il a donc
pris sur ce point ses mesures d'avance, il s'est précau-
tionné d'une noblesse.

Du temps de Molière, il avait même déjà l'habit du
rôle qu'il se voyait jouer. Du Croissy, dans le personnage de Tartuffe, s'habillait en homme de cour, ce qui
ne lui déplaisait pas, car il était gentilhomme, et tenait
à le paraître, même en scène.

Le plan politique de Tartuffe était donc tout dressé,

tout prêt, quand le dévot se souvint trop qu'il était un
homme et eut le malheur, pour la première fois peut-
être en sa vie de dévotion, de s'adresser à une honnête
femme!

Tout cet aspect de l'avenir qu'il rêve, cet horizon de
politique, doit vaguement se pressentir dans le rôle.
Ce n'est pas le pied-plat de la veille, mais bien mieux
le courtisan retors du lendemain, l'homme presque
arrivé des grandes affaires, qu'il y faut entrevoir.

Geffroy ne manquait pas cette nuance, il l'accentuait
même avec un grand tact. Tartuffe avec lui effrayait,
même aux endroits les plus comiques. Il y avait toujours un frémissement de peur sous le rire. A la scène
surtout où Tartuffe joue si serré avec Cléante, qui ne le
démonte qu'à force de logique dans l'honnêteté vigoureuse, on pouvait déjà se croire en face d'un politique
effrayant.

Je recommande ce souvenir à Lafontaine ; je lui conseille cette tradition. C'est la meilleure leçon qu'il
puisse suivre.

Qu'il s'en aille, un jour ou deux, à Nemours, où Geffroy
s'est retiré et s'ennuie peut-être, et là, devant quelque
toile ébauchée, où le comédien s'amuse à peindre ce
qu'il n'a plus voulu jouer, entre deux parties de chasse
ou deux parties de dominos, il en apprendra mille fois
plus que je ne pourrais lui en dire : il verra clair où il
ne fait qu'entrevoir.

Il joue très bien quelques scènes, particulièrement la
première avec Elmire, qui est d'une grande difficulté.
Il a sauvé « le scabreux, » sans trop l'éviter.

Dans la seconde, celle du quatrième acte, je voudrais
en lui une volte-face de physionomie et d'intonation

plus accentuée. Tartuffe est là sur le qui-vive. Plus de papelardise; il se défie, il observe. Les rôles sont changés : c'est Elmire à présent qui attaque, et c'est lui qui se défend. Il faut qu'on le sente bien sur cette défensive défiante et froide, et qu'insensiblement la passion, lui revenant à la voix d'Elmire devenue caressante, on voie la glace fondre, et l'habile homme repris par l'amour.

Il faut, dans tout cela, une science de physionomie et d'intonation prodigieuse, un grand art de naturel surtout, et Lafontaine, malgré son soin, en a manqué parfois. La grande science de Tartuffe est de paraître vrai dans ce qui ne l'est pas. Il s'est fait un naturel particulier, une sorte de simplicité à lui, qu'il croit le naturel et la simplicité mêmes, et où, avant tout, il ne souligne rien, et ne vise pas à l'effet. Son rôle est l'affectation même, comme le lui dit Dorine, mais sans rien d'affecté à l'apparence. Faire un effet, ce serait se trahir. Il faut qu'il trompe placidement, avec la conviction de sa force et la certitude qu'on ne se doute pas qu'il trompe.

Lafontaine, j'en suis sûr, arrivera peu à peu à cette plénitude, à cette sorte de sérénité dans la *tartufferie*, non pas béate, mais profonde et terrible. Quand il aura bien ainsi le vrai souffle du rôle, et qu'il en jouera vraiment la grande partie, il ne s'arrêtera plus à ce qui n'en est que l'amusement : à ces petits effets de sens suspendus et de mots mal soulignés, qui ne sont bons que pour les médiocres acteurs, devant les publics médiocres.

Il en est un, entre autres, dont il faut dès à présent qu'il se défende à tout prix, malgré les applaudisse-

ments. C'est celui de sa scène d'entrée avec Dorine,
quand il détache si violemment le mot... *sein* du milieu
du vers :

> ... Couvrez ce... sein... que je ne saurais voir.

J'ai cru à un éternument, et j'attendais que Dorine
lui répliquât : *Dieu vous bénisse !*

Ces effets-là ne sont pas dignes d'un homme de son
talent, surtout dans une pièce de Molière. Nous irons le
revoir bientôt, quand la maturité si bien entrevue du
type lui sera tout à fait acquise, et nous en reparlerons.

Mme Brohan a tenu le rôle d'Elmire avec la parfaite
convenance qui lui est si naturelle ; Maubant s'est fait
un beau et juste succès dans les deux ou trois scènes
de Cléante, que personne n'a jamais dites mieux que
lui ; Talbot a joué en comédien d'expérience et de savoir ; Mme Lafontaine a été adorable d'ingénuité touchante ; Mlle Jouassain s'est trop égosillée ; Mlle Bonval,
par compensation, ne s'est pas fait entendre, et Coquelin a joué à ravir, avec un goût et un brio de comique excellent, ce rôle de Loyal. Il s'en est peu fallu
qu'avec son unique scène, il eût le plus beau succès de
la pièce.

———

5 mai 1873.

Nous vous avons trop souvent parlé de l'*Ecole des
Femmes*, pour avoir rien à vous dire aujourd'hui du
chef-d'œuvre même.

Quoique les redites puissent plaire, à propos de si
admirables choses, nous ne nous les permettrons pas.

Il ne faut que les laisser aller dans l'admiration universelle, sans commentaires ni exclamations.

Dire qu'elles sont belles est un tel lieu commun ! et les expliquer, lorsque chaque esprit, chaque cœur en porte avec soi l'explication toute humaine, est si parfaitement inutile !

Molière, qui n'aimait pas les savants, et qui, par conséquent, devait avoir en haine encore plus profonde les commentateurs, a joué à ceux-ci le plus vilain de tous les tours.

Leur métier, en son temps et jusque dans le nôtre, était de jalonner une œuvre par des indications, qui nous y montraient, comme les poteaux des routes : ici, le grand chemin de la critique et du blâme, là, le petit sentier de l'admiration.

Avec Molière, ce sentier, qu'ils aimaient à faire si étroit, est devenu, sans chemin de traverse et sans cahots, la route unique, droite, large et plane, où, sans pourtant y prétendre, l'admiration tient une telle place, que la critique ne peut qu'à très grand'peine, et en de très rares moments, se faufiler auprès.

Adieu donc à la glose et au commentaire, dont le soin d'étrier et d'éplucher est le grand art !

Ils n'ont qu'une seule ressource, avec le répertoire de Molière, c'est le jeu de ceux qui l'interprètent.

Là encore on trouve à se prendre, et nous nous y prendrons.

Le rôle d'Arnolphe est, comme presque tous ceux que Molière fit pour lui-même, notamment celui du *Misanthrope*, un premier rôle.

Molière, dont c'est le roman, car il y mit toutes les angoisses de son bon sens d'homme mûr, affolé, comme

Arnolphe, autour des jupes d'une fillette de dix-sept ans, qu'à ce même moment il prit pour femme et pour supplice, Molière tira ce rôle de son cœur, de ses entrailles mêmes. Il le joua comme il l'avait enfanté, avec des emportements de passion, dont son jeu ne dissimulait pas l'excès, car le comique était dans cet excès même, et comme il fallait qu'il fût avant tout comédien, j'allais dire bouffon — on ne le prit, en effet, jamais pour autre chose tant qu'il vécut ; — plus il amusa avec ce qui le torturait, plus il fit rire avec ce qui semblait exagéré, et n'était que vrai pour sa nature passionnée, plus il réussit.

Comment un acteur, quelle que soit son intelligence savante et profonde, pourrait-il arriver, sans de longs tâtonnements, sans l'expérience la plus pratique et la plus patiente, à la complète interprétation d'un rôle qui est ainsi bien plus qu'un personnage, puisqu'il est la personne, puisqu'il est l'homme même qui l'a créé, et quel homme !

Il faudrait, en ces conditions de personnalités vécues et immortellement vivantes, il faudrait, pour jouer ce que Molière poète a fait pour Molière comédien, il faudrait toujours Molière lui-même ! · .

Got, qui n'était pas tenu à cet impossible, n'a tâché que d'être lui, et ça été déjà beaucoup. Son effort même, je l'ai dit, n'a pas été et ne pouvait être, de prime saut, absolument complet.

On le sent dans le rôle mieux qu'on ne l'y tient encore. Il faudra qu'il s'y façonne et qu'il s'y fonde avec plus d'abandon, surtout dans le comique.

Arnolphe est « un ridicule, » Molière le dit lui-même dans la *Critique ;* il faut donc que « le ridicule » c'est-·

-à-dire l'homme qui fait rire, ne disparaisse jamais sous le personnage intéressant, sous l'homme à plaindre.

Lui-même s'est attiré ce qui lui arrive, lui-même s'est mis dans la nasse : qu'il y reste, c'est bien fait ! Il n'a, comme on dit, que ce qu'il mérite; s'il se fait trop plaindre, il n'y a plus de morale dans la pièce; or, Molière a voulu qu'il y en eût une et impitoyable, dût-elle être — ce qui ne fut que trop — contre lui-même.

---

31 janvier 1877.

La ferveur pour Molière ne s'attiédit pas. Jamais on n'a plus unanimement que cette année fêté l'anniversaire de sa naissance dans les théâtres voués à son culte. Premier, second, troisième Théâtres Français se sont mis en frais d'à-propos, et tous trois y ont été heureux.

Au troisième Théâtre-Français, par lequel nous commencerons, parce que c'est lui qui nous semble l'avoir pris de plus haut, M. Achille Eyraud, excellent esprit, qui n'en était pas à faire ses preuves de pensées généreuses exprimées en bonne prose, nous a développé cette grande vérité, depuis longtemps acquise, que les types de Molière vivent toujours et que sa comédie pourrait recommencer, si quelqu'un était là pour la refaire.

Reste à trouver ce quelqu'un. Où et comment ? M. Eyraud se le demande comme nous. Nous avons bien peur que, faute de pouvoir le rencontrer, l'*Eternelle comédie* ne soit plus qu'une recherche éternelle. A propos de ce mot « éternelle », je me permettrais de dire

25

à l'auteur « qu'immortelle » aurait peut-être mieux valu. Quand on parle de Molière et de son œuvre impérissable, c'est la seule épithète qui convienne.

A la Comédie-Française, on s'en est tenu à la pièce d'anecdote et d'épisode. La jeunesse du grand homme, qui n'était encore que Poquelin — M. d'Hervilly l'appelle Molière, près de deux ans trop tôt — en fournit l'aventure, qui n'est pas, du reste, la moins inconnue de son histoire en ces premières années. Nous devons de la savoir, à Charles Perrault, qui n'avait eu garde d'oublier Molière dans son beau livre : *Les Hommes illustres qui ont paru en France pendant ce siècle.*

Nous allons vous donner son récit, l'auteur des *Contes de fées* étant toujours bon à lire, même lorsqu'il ne fait pas un conte.

« Son père, dit-il de Molière, bon bourgeois de Paris et tapissier du roi, fâché du parti que son fils avait pris, le fit solliciter par tout ce qu'il avait d'amis de quitter cette pensée, lui promettant, s'il voulait revenir chez lui, de lui acheter une charge telle qu'il la souhaiterait, pourvu qu'elle n'excédât pas ses forces. Ni les prières, ni les remontrances, ni ces promesses ne purent rien sur son esprit.

» Ce bon père lui envoya ensuite le maître chez lequel il l'avait mis en pension pendant les premières années de ses études, espérant que, par l'autorité que ce maître avait eue sur lui pendant ce temps-là, il pourrait le ramener à son devoir. Mais, bien loin que le maître lui persuadât de quitter la profession de comédien, le jeune Molière lui persada d'être le Docteur de leur comédie, lui ayant représenté que le peu de latin qu'il savoit le rendoit capable de bien

faire ce personnage, et que la vie qu'ils mèneroient seroit plus agréable que celle d'un homme qui tient des
pensionnaires. »

On douta longtemps de l'anecdote. Grimarest, qui,
parce qu'il faisait le premier la biographie complète
de Molière, voulait qu'on n'en crût que ce qu'il en disait,
la déclara fausse, et, pour qu'elle le fût, la faussa en
la reproduisant. Au lieu d'un maître d'école très vraisemblable, il y mit, ce qui était tout à fait inadmissible,
« un ecclésiastique. »

Ses doutes en entraînèrent d'autres. Jusqu'à Aimé
Martin, qui le premier accepta nettement ce qu'avait
raconté Perrault et s'expliqua même ainsi, avec raison,
pourquoi, dans les farces de Molière, aujourd'hui perdues, il en était plusieurs, le *Maître d'école*, le *Docteur
amoureux*, etc., où le pédant jouait le rôle principal ;
la plupart de ceux qui s'occupèrent des commencements de Molière ne dirent du pédagogue converti pour
le théâtre, que quelques mots hésitants, ou même ne
parlèrent pas du tout de lui.

Eudore Soulié, dont les découvertes sur Molière ont
été si précieuses, si décisives, apporta pour l'anecdote
un excellent commencement de preuve. Il trouva, dans
l'Inventaire du père Poquelin, au rang de ses plus anciens créanciers, un certain Georges Pinel, « maître
écrivain à Paris », qui, une première fois, en 1641, avait
emprunté au tapissier, quelque peu fripier et prêteur à
la petite semaine, cent soixante douze livres, et deux
ans plus tard, cent soixante autres. Ce pauvre homme,
dont la plume à calligraphier était le métier, n'en vivait,
on le voit, que fort malaisément. Cinq mois après le
dernier de ces emprunts, qui témoignaient de la con-

fiance que le tapissier Poquelin avait en lui, Soulié le
retrouva encore, non plus, cette fois, avec le père,
mais avec le fils. La gêne l'a emporté : il a jeté sa
plume aux orties, il est comédien de « l'Illustre Théâtre ». Plus de doute, se dit Soulié, et nous le disons
comme lui, voilà notre pédagogue de l'anecdote de
Perrault, voilà notre maître de pension converti par
les vives persuasions du jeune Poquelin, mais plus encore peut-être, ajouterons-nous, par la rude éloquence
de la misère.

Une question resterait à éclaircir : un « maître écrivain », comme l'était Georges Pinel, pouvait-il être un
maître de pension, comme le veut l'anecdote racontée
par Perrault ? Nous le pensons, à cette époque surtout
où lire, écrire, compter, toutes choses qui relevaient
du « maître écrivain », étaient le grand point de l'éducation bourgeoise. Molière, que ses études au collège
de Clermont firent monter plus haut, n'en perdit rien,
même la calligraphie. Quelques-unes de ses signatures,
même des dernières, lorsque sa main aurait pu trem-
bler, sont d'une netteté et d'une régularité de traits à
défier le burin. L'art de maître Pinel a passé par là.

M. Ernest d'Hervilly a développé l'anecdote avec infiniment d'adresse et de verve. Nous regrettons seulement que, dans une courte préface, il n'en ait pas dé-
taillé les origines. Nous aurions été ainsi dispensé de
le faire, et l'explication, qui n'est ici que pour nos lecteurs seuls, aurait, dans sa préface, été pour tout le
monde.

Le rôle du cuistre Pinel et celui du jeune Poquelin
sont étonnants de vie et de réalité. Nous ne parlons pas
du père, qui n'est guère qu'à la cantonnade.

La cuisine, malheureusement, domine un peu trop dans les séductions que le disciple étale en récits sous le nez rubicond du maître, pour l'entraîner, de sa maigre pitance, aux folles ripailles de la comédie. Il est certain que cet à-propos était fait et reçu avant qu'on jouât l'*Ami Fritz;* mais c'est pour lui une malechance d'être joué après.

Cette goinfrerie, quoique simplement descriptive, et même en vers charmants, répugne après la « bousti- faille » trop réelle de MM. Erckmann-Chatrian.

N'était-ce pas assez d'une indigestion ?

Coquelin, que cette fois je serais tenté d'appeler Po- quelin, tant il aide par sa verve à la transformation de l'initiale, est merveilleux d'entraînement et d'éloquence juvénile. Quel souffle, quel torrent sonore, et dans ce flux qui passe après avoir tout emporté, quelle vie et quelle lumière !

Coquelin cadet, qui s'est un peu trop vieilli, comme il arrive toujours à un comédien trop jeune, pour son rôle, donne au pédagogue Pinel la plus amusante phy- sionomie. Il est superbe de cuistrerie béate et de pédan- tisme ivrogne. Les crasses luisantes de sa calotte disent tout ce qu'il sait, et le carmin de son nez, tout ce qu'il a bu.

A l'Odéon, autre anecdote. Molière, un peu moins jeune, est à Pézenas, chez ce barbier Gély, que les sta- tions qu'il fit dans sa boutique ont rendu si célèbre. Le fameux fauteuil que nous avons vu à l'exposition du Centenaire s'y trouve dans le coin, d'où *le contempla- teur,* comme on l'appelait, pouvait tout observer. Mais, quoique la tradition l'exige, il ne s'y assied que fort peu et n'y observe guère.

Jouer quelques tours aux gens qui passent : au pié-
ton de la poste, que, par une fausse alerte, il fait dé-
camper à demi-rasé ; puis, je ne sais à quel matamore
de campagne, qu'il malmène et bafoue de toutes les
manières ; et enfin à une pauvre jeune servante, pour
laquelle, au lieu de la sotte lettre qu'elle a reçue du ba-
lourd, son fiancé, et qu'elle ne peut lire, il imagine, en
la lui lisant, la lettre la plus charmante et la mieux
remplie d'alléchantes promesses ; voilà tout ce que
trouve de mieux à faire ce grand gamin, qui jamais n'a
laissé moins deviner qu'il pourrait devenir un grand
homme.

Bien que la pièce soit amusante, et d'un tour de vers
comique et leste, il est dommage que le vrai Molière,
qu'elle devait célébrer, s'y trouve si peu. C'est un bouquet de fête, pour lequel manque le fêté.

XII

Le Musée de Molière au Théâtre-Français

Il a paru, dans ces derniers temps, plusieurs volumes, où quelques-unes des plus belles années de l'histoire du Théâtre-Français et ce qu'il a conservé de vraiment digne de son passé, se trouvent rappelés avec le zèle le plus curieux et le soin le plus délicat, le plus patient.

Ce qui fut devient ainsi la revanche rétrospective de ce qui est, et plus que la revanche même : les cancans, les commérages passent ; les bons livres restent.

Parmi les meilleurs de la série, dont je veux parler ici, je signalerai celui de M. René Delorme, *Musée de la Comédie-Française*, publié à la librairie Ollendorff, avec un luxe typographique tout à fait digne du sujet et du livre.

Comme il est de ceux que j'avais en vue, lorsque j'ai dit : « Les livres restent », et comme je ne doute pas qu'une seconde édition n'en soit prochaine, M. Delorme voudra bien permettre à l'un de ses aînés en histoire théâtrale, de lui signaler certains points où il a peut-être trop préféré ce qui se dit à ce qui se prouve, et pour les-

quels, je crois, il n'est pas assez remonté de la légende
à l'histoire.

Je commencerai par la fameuse fable de la cloche
de la Saint-Barthélemy, dont tant de journaux nous ont
entretenus, d'après ce qu'en dit ce volume, et d'après
un article du *Gaulois*, qui n'en était que la reproduction
par fragments.

Suivant la légende, que j'abrégerai, il arriva, quand
le *Charles IX* de Chénier dut être joué, que la Comédie-
Française manquait de cloche pour sonner le tocsin de
la funeste nuit. On courut au plus près, pour en avoir
une, c'est-à-dire à Saint-Germain-l'Auxerrois. L'église
était abandonnée — c'est toujours la légende qui parle
— et les prêtres en fuite. On put donc y décrocher, dans
la tour, la cloche que l'on voulut. Or, ce fut justement
celle de la nuit terrible. « Singulière destinée des choses !
s'écrie alors M. René Delorme : à trois siècles de distance, cette cloche sonna sur la scène ce qu'elle avait
sonné dans l'église. » C'est fort joli, fort ingénieux,
mais ce l'est trop, pour être vrai.

Dans cette tradition de machinistes, tout est faux : le
4 novembre 1789, lorsque *Charles IX* fut représenté,
Saint-Germain-l'Auxerrois n'était pas fermé ; ce n'était
pas non plus l'église la plus voisine du Théâtre-Français,
installé alors non pas où il est aujourd'hui, mais dans
la salle de l'Odéon ; enfin — c'est ce que nous allons
démontrer par deux faits catégoriques — la cloche ne
provenait pas de la paroisse du Louvre, et, bien mieux,
elle prouvait et prouve encore, par la date inscrite sur
ses parois de bronze, qu'elle n'avait pu tinter, le
24 août 1572.

Edouard Thierry, lorsqu'il était directeur du Théâtre-

Français, voulut, un beau jour, avoir, comme on dit, le cœur net de cette tradition dont on l'assourdissait. Malgré les dangers de l'ascension, il grimpa dans les combles, jusqu'à la hauteur où la cloche légendaire fait son bruit et cache son mystère.

Précédé par le chef machiniste, qui lui servait de guide et d'éclaireur, il put lire, sur la bordure de cette cloche, le millésime de 1740. De cette date à 1572, il y a loin, convenez-en.

Edouard Thierry, de qui nous tenons le fait, n'en fut pas étonné. Il est d'un esprit trop sérieux pour croire aux légendes. Celle de la cloche avait pour lui, ce jour-là, sonné son glas : elle était morte.

S'il était possible qu'il doutât encore, voici ce qui le convaincrait tout à fait, et ce que je recommande particulièrement à M. René Delorme, pour qu'il soit bien sûr que la cloche, dite de la Saint-Barthélemy, n'avait pas quitté, en 1789, la tour de Saint-Germain-l'Auxerrois, et qu'aujourd'hui elle n'existe plus là ni ailleurs.

La Commune du moment y avait mis bon ordre. Ouvrez la *Gazette nationale* ou *Moniteur universel*, à la date du dimanche 26 août 1792, vous y lirez ce qui suit : « Sur les conclusions de M. Manuel, la Commune a arrêté que la cloche d'argent du Palais et CELLE DE SAINT-GERMAIN-L'AUXERROIS, qui ont donné le signal de la Saint-Barthélemy, seraient brisées. » Que peut-il, après cela, rester de la tradition, de la légende? Pas même un morceau de la pauvre cloche, qui, malgré cela, j'en ai peur, ne continuera pas moins à faire, de temps en temps, son bruit fêlé, dans ces livres et ces chroniques de Panurge, qui recommencent, à heure dite, leur saut et leur culbute dans le trou du même mensonge.

25.

Toutes les traditions ne me trouvent pas hostile, loin de là, et je vais le prouver.

Pour une que je démolis dans le curieux volume de M. Delorme, j'en tiens prête une autre, que je vais essayer, au contraire, de réhabiliter contre les tentatives qu'il fait pour qu'on n'y croie plus.

Il s'agit de l'esquisse, signée Ingres, qui, mise en belle place au foyer de la Comédie, représente Louis XIV faisant déjeûner avec lui Molière, que MM. les valets de chambre n'avaient pas trouvé digne d'admettre à leur table, parce qu'il était comédien.

M. René Delorme avait, comme tout le monde, j'en réponds, accepté l'anecdote, qui n'est pas moins à la gloire du roi qu'à celle du poète : ils s'y font honneur mutuellement.

Survint Eugène Despois, avec son volume : *Le Théâtre-Français sous Louis XIV,* où le fait est mis en doute dans un chapitre tout spécial. Aussitôt, avec la promptitude d'impression particulière aux jeunes érudits, qui ne se sont pas mûris par le retour aux sources et par le choix fait avec raisonnement entre les renseignements de première ou de seconde main, M. Delorme ne voulut plus croire qu'Eugène Despois. Il a, s'écrie-t-il, « démontré victorieusement que l'anecdote du déjeûner de Versailles n'était ni vraie, ni vraisemblable. Désormais, il faudra la rayer des biographies sérieuses dé notre grand poète comique. »

C'est aller bien loin, beaucoup trop loin; c'est avoir surtout infiniment trop d'assurance. M. Delorme trouverait à en rabattre, pour peu qu'il voulût faire sur ce point le travail que n'a pas fait, il faut bien le dire, ce pauvre Despois, son guide.

Sincère d'esprit, mais d'opinion partiale, Despois trouvait toujours entre la vérité et son regard le verre opaque de la politique, et il en arrivait à ne pouvoir même plus lire au travers. Le fait qui nous occupe suffira comme exemple de sa myopie plus qu'excessive, lorsqu'il s'agissait de quelque action, fût-ce la plus vulgaire, si elle était à la gloire d'un roi.

Parlant, à la page 314 de son volume, de l'anecdote du déjeûner : « Le premier écrivain, dit-il, qui l'ait lancée est Mme Campan, en 1823. Elle dit la tenir de son beau-père, qui la tenait d'un vieux médecin ordinaire de Louis XIV (et elle ne nomme pas ce vieux médecin). »

Comme preuve de ce qu'il dit, Eugène Despois renvoie au tome IV, p. 4, des *Mémoires* de Mme Campan. Or, tout cela est faux, depuis le détail le plus minime jusqu'au plus important.

Les *Mémoires* n'ont pas *quatre*, mais *trois* volumes seulement, et le fait se trouve non pas à la page 4, mais à la 8e du tome III. Vétille ! dira-t-on. Soit ; mais voici qui est plus grave et coupera court à toute discussion.

Despois nous a dit, dans sa parenthèse finale, que Mme Campan ne nomme même pas « le vieux médecin » de qui venait l'anecdote. Ecoutez-la elle-même maintenant, et jugez. Dites si l'on peut douter de son anecdote, lorsqu'elle-même déclare que le doute n'y semble pas possible, et — ce qui importe le plus après la singulière dénégation de Despois — et cela, en nommant son témoin : « Un médecin ordinaire de Louis XIV, écrit-elle, qui existait encore lors du mariage de Louis XV, raconta au père de M. Campan une anecdote trop marquante, pour qu'elle soit restée inconnue. Cependant le vieux médecin, *nommé M. Delafosse*, était un homme d'esprit, d'honneur, et incapable d'inventer cette histoire. »

Je n'insisterai pas davantage. On voit quel compte il faut tenir de ce que nous disent les gens, même les plus honnêtes, qui, suivant les opinions qu'ils se sont faites, lisent avec des verres bleus, verts ou rouges. La vérité va sans besicles.

Un autre tableau du Foyer-Musée de la Comédie-Française préoccupe M. Delorme; c'est celui des *Farceurs*, depuis Tabarin jusqu'à Molière. Quand arriva-t-il à la Comédie-Française? En 1839, dit-il d'abord; puis, une lettre de l'excellent Regnier survenant, il penche pour 1838, et, enfin, croyant trop sur parole une autre lettre datée de 1845, il s'arrête à cette dernière date. Celle de 1839 est pourtant la bonne. Elle se trouve fixée par les journaux du temps, dont ceux de l'étranger se firent les échos. Voici, en effet, ce que nous lisons dans la *Revue de Bruxelles*, de mars 1839, p. 205.

« Un tableau curieux, qui faisait autrefois partie de la belle collection de Mgr le cardinal de Lugner, vient d'être donné au foyer de la Comédie-Française. Il représente tous les acteurs comiques les plus célèbres du Théâtre Français, depuis Gros Guillaume et Gautier Garguille jusqu'à Molière inclusivement. Le donateur est M. Lorne, de Sens. »

La revue que fait M. René Delorme des portraits d'artistes, par lesquels la Comédie-Française d'autrefois revit au milieu de celle d'aujourd'hui, est fort curieuse et très exacte. Les portraits de Mlle Rachel, dont les envieux et les envieuses regrettent le nombre, mais qui, suivant nous, ne s'y multiplient pas encore assez, le tiennent surtout respectueusement en arrêt. Nous l'en félicitons.

Cette grande et merveilleuse artiste, qui ne passa pas sur la Comédie-Française comme une « trombe malfaisante » (ainsi que le disait, ces jours-ci, à Londres, un conférencier, notre confrère, aveuglé sans doute par les brumes du climat), mais bien plutôt comme un météore éblouissant, ne saurait être trop hautement rappelée et trop énergiquement exaltée.

La Comédie-Française, délaissée et ruinée, dut à Rachel un retour à la fortune et à la gloire. Quand elle partit, après dix-sept ans de succès dans les deux répertoires (celui de Racine et de Corneille, celui d'Hugo, ceux de Dumas et de Scribe), savez-vous ce qu'elle avait fait gagner à la Comédie-Française?

Un petit in-4°, magnifiquement calligraphié et relié, dont elle fit don elle-même à Jules Janin, « gazetier, » à qui le Théâtre-Français avait quelque peu dû cette gloire et cette fortune, va vous le dire. On y lisait au total de ses représentations : 4,394,231 francs 10 centimes.

> Je dépose en vos mains mes titres de noblesse,

dit-elle au « gazetier, » qui inscrivit aussitôt ce vers impromptu sur le premier feuillet, et qui lui répondit dans le même langage :

> Soit ! Je conserverai vos parchemins, Altesse !

XIII

Le Jubilé de Molière à la salle Ventadour.

Mai 1873

———

1

Ce qui distingue les grands hommes, des autres hommes, c'est que leur mort n'en est pas une. Pour les autres, c'est une disparition ; pour eux, ce n'est qu'une aurore d'immortalité.

Les anciens l'avaient admirablement compris, avec leurs apothéoses, qu'ils faisaient rayonner, non pas sur la vie de ces hommes aux œuvres presque divines, mais autour de leur mort, comme pour bien marquer, ainsi que nous le disions, qu'au lieu d'être un effacement, ce n'est pour eux qu'une aurore nouvelle, et la plus éclatante, la moins chargée d'ombres, puisque, dès-lors, ils n'appartiennent plus au monde que par leur pensée, qui l'éclaire.

L'immortalité, toute calme et sereine qu'elle soit, n'est pas immobile ; elle a ses phases de clartés plus ou moins rayonnantes et acclamées.

C'est encore ce que l'on avait compris, aux temps anciens.

Rome, qui se croyait la ville éternelle, faisait, tous les cent ans, une halte dans son éternité.

Chaque siècle datait, pour elle, on le sait, de l'année de sa fondation. Arrivait-il à l'extrême limite qui devenait le seuil du siècle qui recommençait? Elle s'y arrêtait, comme pour mesurer la marche de sa destinée, et, afin de se rendre le Ciel favorable, elle n'entrait dans la lutte de ce siècle nouveau, qu'après avoir célébré ses dieux avec des cérémonies particulières.

La prospérité de l'avenir ne lui semblait sauvegardée que par ces pieux hommages, dont un chant, demandé chaque fois au poète le plus renommé du moment, était l'expression éclatante.

Un seul nous est resté, c'est le chant séculaire, le *Carmen seculare* d'Horace, où tout ce que Rome adorait de plus divin trouva son hommage et sa prière.

Cette année (mai 1873), l'occasion d'une de ces cérémonies s'est présentée à nous, et avec toutes les conditions qu'on exigeait à Rome pour le chant séculaire : il s'agissait, en effet, pour nous, au bout d'un siècle révolu, de fêter la mémoire d'un fondateur au génie divin ; pour la seconde fois, il était donné à notre Théâtre de célébrer, à sa date centenaire, l'entrée dans l'immortalité de celui dont les œuvres furent la fondation et font l'éternelle gloire de la Comédie en France.

Au siècle dernier, à pareille date, on se garda bien de l'oublier, là où il fallait le mieux s'en souvenir.

Le Théâtre-Français, qui se connaissait en apothéose, car il avait joué plus d'un « Hercule mourant, » et qui savait ainsi que l'immortalité d'un grand homme ne commence qu'à sa mort, se rappela, quand arriva le mois de février 1773, qu'un siècle auparavant, une des immortalités. qui lui était le plus précieuses et le plus chères, celle de Molière, avait commencé à pareille date.

. Il se souvint aussi, car il savait ses auteurs, il se souvint « de ces chants séculaires, » si fameux chez les anciens, comme hommages de piété et de reconnaissance; et sans tarder, il prépara une cérémonie qui les renouvellerait en l'honneur du grand homme, devenu son dieu.

M. le duc de Duras, premier gentilhomme de la chambre, chargé de la Comédie-Française, donna sa pleine approbation à ce projet. Sachant qu'on voulait surtout célébrer Molière, par Molière même, dans une pièce qui serait faite avec des fragments des siennes, il proposa, pour ce travail, Arthaud, son secrétaire, qui lui semblait des plus aptes à le bien exécuter.

La Comédie ne s'en tint pas là. Il lui fallait deux soirées au moins pour célébrer dignement son grand homme, et, par conséquent, deux pièces.

Avant celle d'Arthaud, qui viendrait le second soir, elle en voulait une autre.

L'abbé Lebeau de Schosne, qui n'avait que de l'admiration, sans le moindre préjugé, pour l'auteur du *Tartuffe*, s'en chargea.

Tout le monde, — j'entends les acteurs de la comédie, qui ne se mêlaient pas alors avec les tragiques, — tout le monde voulut être de l'une ou de l'autre pièce. Quelques-uns furent même des deux.

Dans celle du premier soir, qui était toute en vers et s'appelait l'*Assemblée*, Dugazon prit le principal rôle,

« un poëte, » et Auger, celui du « gagiste » Robert.

A la suite, pour une scène, une réplique, un mot, ou même seulement comme simples comparses, défilèrent : Monvel, Molé, Bellecourt, Bouret ; Mmes Dumesnil, Dugazon, Molé, Vestris, Sainval, Doligny, Hus, Fanier, etc.

A la fin, comme couronnement, se déploya « l'apothéose, » dans une sorte de « ballet héroïque, » avec tout le personnel de la Comédie.

C'est le 17 février 1773, jour même de l'anniversaire, que cela se passa. Le lendemain, ce fut encore mieux.

La pièce-centon du secrétaire de M. de Duras, taillée avec d'assez adroits ciseaux, se faufilant et fourrageant à travers tout le répertoire de Molière, arriva comme bouquet de la double fête.

Chaque chef d'emploi parut dans un coin du rôle qu'il préférait, et où il était sûr de n'avoir qu'à paraître pour être applaudi : Molé choisit Lélie de l'*Etourdi* ; Bellecourt, Alceste du *Misanthrope* ; Auger, Tartuffe ; Préville, Sosie ; Desessarts, Harpagon ; Dauberval, Trissotin ; Feulie, M. Jourdain ; Monvel, Clitandre ; Bouret, Georges Dandin.

Dans une apparition de quelques phrases, Mlle Hus prit le rôle d'Angélique ; Mlles Fanier et Drouin, ceux de Claudine et de Mme Pernelle.

Pour mener tout ce brillant cortége, Dugazon et Mme Bellecourt marchaient en tête, l'un jouant Momus, l'autre Thalie.

Enfin, tout se termina, comme le premier soir, par une déification du grand homme, où, pour prendre le style de la brochure, « par un divertissement relatif à l'apothéose. »

En tout cela, vous l'avez vu, par l'absence de ses acteurs, la tragédie n'avait été pour rien. Elle avait laissé
Molière et ses comédies à ceux qui, chaque soir, les faisaient revivre.

Lekain, cependant, ne voulut pas que sa condition
de tragédien le réduisît à ne pas même intervenir dans
cette fête, où quiconque appartenait au Théâtre-Français devait être au moins par le cœur, s'il n'y pouvait
contribuer par le talent.

Il prétendit y avoir sa part, et d'élan il se la fit des
plus belles, par l'idée généreuse que, l'avant-veille de la
solennité, il vint soumettre à ses camarades, et dont ils
se montrèrent dignes, en l'approuvant.

Voici comment le *registre* des délibérations des sociétaires rend compte de cet épisode, où se continue et se
complète ce que la Comédie-Française tout entière déploya de piété et de reconnaissance envers Molière, il y
a cent ans :

« Ce jour, le sieur Lekain, l'un de nos camarades, a
demandé qu'il lui fût permis d'exposer à l'assemblée ce
qu'il avoit imaginé pour célébrer la mémoire de Molière,
et consacrer sa Centenaire, par un monument qui pût
convaincre la postérité, de la vénération profonde que
nous devons avoir pour le fondateur de la vraie comédie, et qui n'est pas moins recommandable à nos yeux
comme le père et l'ami des comédiens.

» Après quoi, il nous a représenté qu'il estimoit convenable et honorable d'annoncer, ce même jour, au
public, et de motiver dans les journaux, que le bénéfice
entier de la première représentation de l'*Assemblée*,
qui doit être jouée, mercredi prochain, 17 courant,
pour célébrer la Centenaire de Molière, sera consacré à

faire élever une statue à la mémoire de ce grand
homme...

» La matière mise en délibération, nous, comédiens
du roi, avons de grand cœur donné notre consentement
au projet énoncé ci-dessus. »

Ce que Lekain avait désiré s'exécuta : les annonces
du spectacle apprirent, au public où irait la recette, s'il
prenait la peine de l'apporter, et le public n'y manqua
pas. Il y eut foule de gens de toutes sortes, car tout le
monde alors aimait Molière, et ne négligeait rien pour
le prouver à ceux qui aidaient à le lui faire aimer :

« On a, lisons-nous dans les *Mémoires secrets*, on a
ajouté, sur l'affiche, que le profit de cette représentation
seroit consacré à une statue en l'honneur du grand
homme ; ce qui a augmenté la foule des curieux et excité
la munificence des grands seigneurs. »

Louis XV lui-même, quoiqu'il fût alors bien tombé,
car on était aux plus tristes jours du règne de Mme Du
Barry, ne voulut pas laisser passer cette fête de Molière,
sans que la Cour y donnât son applaudissement.

Deux semaines après, le 3 mars, *la Centenaire de Molière* fut jouée, devant le roi, à Versailles.

Tous les journaux et même les livres se firent les
échos de ce grand succès, qui faillit prendre les proportions d'une solennité nationale, d'un événement patrio-
tique.

Bret, qui, à ce même moment, choisi d'ailleurs tout
exprès, publia sa remarquable édition de Molière, trouva
moyen d'y féliciter en phrases chaleureuses les comédiens si bien inspirés, le public si empressé, et jusqu'à
l'auteur de la *Centenaire*, dont l'idée de grouper en pièce
les fragments de Molière, de telle sorte qu'il ne dût

qu'à lui-même son bouquet de fête, lui paraissait tout à fait excellente.

A ce propos, il rappela ce qu'avaient fait les Anglais, lorsque, eux aussi, ils avaient célébré leur plus grand poète Shakespeare, à la centenaire de sa mort, et non à la centenaire, de sa naissance :

« C'est ainsi, dit-il, c'est ainsi qu'à Londres, en 1716, pour célébrer la centenaire de Shakespeare, on fit passer en revue sur le théâtre les plus beaux morceaux des pièces du Sophocle anglais. »

Grimm, si pincé d'ordinaire, se détendit un peu pour mêler un bravo à cet unisson de sympathies.

Les pièces, à l'entendre, et nous ne le contredirons pas, n'étaient peut-être pas merveilleuses, mais l'idée était si excellente, l'intention si louable ! Il ne pouvait qu'y avoir succès : Grimm le constate et s'y associe même :

« Ces pièces, dit-il, ne pouvaient manquer de réussir ; elles offraient au public l'occasion d'acquitter un acte de religion envers un des premiers génies du siècle passé, et les acteurs mirent beaucoup de zèle et de gaieté à célébrer la mémoire du premier poète comique. »

Vous avez lu : « Beaucoup de zèle et de gaieté ! » C'est la vraie note qu'il fallait prendre : du zèle pour le grand homme, de la gaieté pour son œuvre.

Ils eurent, ces braves comédiens d'il y a cent ans, le sentiment parfait de ce qu'exigeait cette fête, où la mort, qui n'est que pour la date, disparaît sous l'immortalité dont y rayonne l'auréole première.

La gaieté ! elle doit être partout dans une fête de Molière. C'est ce qu'a peut-être un peu trop oublié M. Ballande, en organisant le nouveau Jubilé de Molière, à la salle Ventadour. Au surplus, son entreprise est irréprochable, et surtout d'une vaillance au-dessus de tout éloge.

Dans les strophes d'inauguration, *la Dernière heure de Molière*, et dans le drame de chaque soir, *la Mort de Molière*, il y a trop d'échos funèbres.

Les cyprès foisonnent trop là où je n'aurais voulu que des palmes. L'homme qui doit toujours vivre ne se voit pas assez sous le malade qui meurt ; la mort enfin pèse trop sur l'immortalité, qui l'efface et la rend légère.

Par cette inadvertance, qui vient d'une trop grande préoccupation de la date funèbre, M. Ballande a, sans le vouloir, fait le jeu des malveillants, des sophistes, qui ne veulent, en tout cela, se rappeler que la mort de Molière, pour se prouver que ce n'était pas le moment de le fêter !

Mais, autrement, je le répète, quand on voit l'intrépidité de son initiative, la somme d'efforts et de sacrifices qu'il a dû dépenser pour arriver où il en est venu, certes, il a bien, contre les malveillants et les sophistes, partie gagnée!

Notre confrère Sarcey l'a parfaitement prouvé dans son éloquente causerie d'inauguration : il était impossible d'être plus brave dans une plus belle cause, plus dévoué dans une plus généreuse entreprise.

« Elle ne réussira pas ! » nous dit-on, en voyant les hésitations des premiers jours. Eh bien ! ce ne sera pas tant pis pour lui ! Il aura, d'ailleurs, pour se consoler, la conscience d'une belle œuvre courageusement conduite. Ce qu'on perd, en pareil cas, vaut souvent mieux que ce qu'on gagne autrement.

Et qui sait si les derniers jours ne seront pas la revanche des premiers ?

Paris, quand il saura ce qui en est, peut se piquer d'honneur, et faire la foule, là où il fait le vide.

Il ne voudra pas valoir moins que sous la Du Barry, et délaisser sans honneur son génie le plus grand, lorsqu'en ce temps-là on lui faisait de si belles fêtes!

La pièce de la *Mort de Molière*, drame en 4 actes et en vers, par M. Plichon, si elle est un peu trop morne, ne manque pas, d'ailleurs, de qualités intéressantes, et parfois très hautes. Le souffle s'y soutient dans la note vraie de la vie douloureuse de ce grand rieur qui souffrit tant.

L'intercalation du troisième acte et de la cérémonie du *Malade imaginaire* est heureuse et habile. Le dernier acte est trop long, mais très curieux, s'il est pris épisodiquement ; et dans l'apothéose, qui arrive un peu trop tard, quelques beaux vers jettent une belle clarté. Mme Laurent et Mlle Duguéret s'en renvoient très éloquemment les éclairs. Dans la pièce même et dans l'acte du *Malade*, Dumaine est surprenant. Quelle incomparable pâte de comédien! comme il se pétrit et se met dans le moule qu'il veut! Colosse, il arrive à faire croire qu'il est poitrinaire:

II

Comme nous l'avions espéré, les derniers jours de la grande fête organisée par M. Ballande ont attiré une grande affluence. Il lui a suffi de mettre les prix un peu plus à la portée des ressources de tout le monde, et tout le monde est arrivé. Jeudi, notamment, jour de l'Ascension, la salle a été comble, et dans la journée, et le soir ; c'était le terme marqué pour les représentations, mais il a semblé qu'en raison de cette affluence, il était indispensable de n'y pas couper court si vite. Pour faire bonne mesure, on a donc donné une soirée de plus.

« Tout va bien, qui finit bien. » Ce résultat final nous rend très heureux, parce que, s'il ne récompense pas complètement le promoteur intrépide de cette tentative généreuse, il le dédommage du moins, et lui donne sur-tout absolument raison, par la seule force qui fasse loi chez nous : *la foule ;* par le seul argument qui nous soit irrésistible : *le succès.*

Pour le public, nous sommes content: après avoir un peu hésité à faire son devoir envers Molière, il l'a fait. On ne lui demandait qu'à venir : il est venu.

Ainsi on ne pourra donc pas dire qu'une solennité, toute à la gloire du génie le plus français, le plus pari-sien, aura, en France, à Paris, sombré, sans échos, dans le vide.

Les représentations, que nous avons suivies le plus assidûment possible, ont été fort curieuses.

Nous ne reparlerons plus de celles du soir, consa-crées immuablement, pendant toute la durée de la fête, à la comédie, ou plutôt au drame de M. Plichon, *la Mort de Molière.*

Nous ne dirons quelques mots que des spectacles de jour, où Molière se célébrait lui-même, par ses propres comédies.

Toutes ont été précédées d'une conférence, qui, pré-parant le public à chacun de ces réveils du grand homme dans son œuvre, était comme le piédestal, avant la statue. J'en pourrais beaucoup parler, car je m'y suis fort intéressé. Contentez-vous donc de savoir, que M. Sarcey, qui commença le feu — vrai feu d'esprit et d'érudition — fut mieux que jamais en verve de bon

sens et d'originalité ; que M. Jules Claretie mit à nous
raconter les voyages de Molière la plus vive et la plus
chercheuse ingéniosité, et qu'on applaudit fort M. de
Lapommeraye, pour son éloquence à faire revivre ce multiple chapitre des Amours, qui fut le roman de la vie de
Molière ; et M. Emile Deschanel, pour son incisive clarté
dans le récit de ce qui en fut le drame, « la bataille de
Tartuffe ; » et M. Charles Hippeau, pour sa spirituelle
préface de la même comédie : « Tartuffe et ses petits-
fils ; » et enfin, M. Vitu, pour sa bonne humeur d'érudit
dans l'exposition qu'il nous fit « des portraits de Molière »
où le nombre et l'aridité des détails techniques n'em-
barrassèrent pas un moment l'esprit net et clairvoyant
de l'habile démonstrateur.

Cela nous fait six conférences. Or, comme la semaine
fut complète, il en faut une de plus. Elle eut lieu, comme
les autres, avec applaudissements. S'il vous plaisait
d'en savoir plus et de vous édifier sur les raisons, plus
ou moins bonnes, qui l'ont fait estimer curieuse, vous
trouveriez cette conférence, entretien ou lecture, dans
la *Revue des cours publics* (1).

Les pièces de Molière, auxquelles ce petit appareil littéraire en sept parties servit successivement d'introduction, ont toutes, comme je l'ai déjà dit, été jouées d'une
façon intéressante. Il y avait là des maîtres artistes,
comédiens ou comédiennes. Sans compter Dumaine, qui
a si excellemment fait sa partie chaque soir, dans l'acte
intercalé du *Malade Imaginaire*, n'avions-nous pas là
Roger, l'ancien acteur de l'Odéon et du Théâtre-Français

_____

(1) Voyez une grande partie de cette conférence, *la Famille
et la Jeunesse de Molière,* dans les *Études sur la Vie de Molière,* p. 20 et suiv.   *(Note de l'Editeur.)*

de St-Pétersbourg, aujourd'hui directeur du théâtre
Cluny, qui est venu tenir, avec un .entrain de bonhomie
merveilleux, le rôle de Chrysale et d'Orgon, dans les
Femmes savantes et le *Tartuffe ;* Paul Clèves, émigré de
ses rôles des jeunes sots d'aujourd'hui, pour entrer dans
la peau du grand fat de jadis, Trissotin ; Bilhaut, qui,
en jouant Valère et Damis, se croyait revenu à l'Odéon,
où il a passé trop vite, et Mlle Picard, vraie soubrette
du bon temps, avec la « patine » de son meilleur métal,
qui nous est venu dégoiser à neuf les plus alertes rôles
de l'emploi : Toinette, Martine, Dorine, et, par dessus
tout, la Marinette du *Dépit amoureux !*

La représentation du *Misanthrope* est de celles qui,
dans toute la série, présentèrent le plus d'intérêt. Marck,
fort bien secondé par Monval, jeune comédien peu connu
encore, mais qu'on ne tardera pas à connaître, car il a
du soin, du zèle et du savoir, Marck, chargé du rôle
d'Alceste, en a très crânement porté le poids. Il en a eu
l'ampleur de diction et de fougue nécessaires, avec tout
autant de passion emportée qui convient, se tenant juste
entre la brusquerie, qui le pousse où va surtout le rôle,
c'est-à-dire au comique, et la distinction de grand seigneur, qui le retient.

Le costume qu'il a rendu au personnage lui a refait,
pour une part curieuse, son originalité. On en avait choisi
l'étoffe, dont la couleur n'est pas chose indifférente,
comme on va voir, en se réglant sur la description, que
l'Inventaire, fait après la mort de Molière, donne de l'habit qu'il portait dans ce même rôle : « haut-de-chausses
et justaucorps de brocart rayé or et soie *gris*, doublé de
tabis, garni de *ruban vert* ; la veste de brocart d'or, les
bas de soie, les jarretières. »

26

C'est riche, car Alceste est homme de Cour, mais bizarre aussi, car c'est un fantasque. Ce *vert* sur ce *gris* semble bien, comme disparate, l'enseigne de son humeur, qui, rompant en visière avec le convenu des mœurs de son temps au lieu de s'y assortir, se moque tout aussi volontiers, quand il s'habille, des nuances assorties.

La couleur, du reste, quoiqu'il vienne chez Célimène un jour où elle reçoit, est celle de l'habit négligé : « l'habit gris », c'est tout dire pour qui sait l'étiquette de ce temps-là.

Jamais homme de Cour ne se le permettait, que comme « déshabillé » ou habit de campagne. Qu'on relise Saint-Simon : en cent endroits on y trouvera que, pour le gentilhomme ou le magistrat, c'était le vêtement sans gêne, ou, comme nous dirions, de petite tenue (1).

Quand le jeune Louis XIV arriva de Vincennes faire au Parlement la belle algarade que l'on connaît, il vint, le fouet à la main, etc. — Saint-Simon ne manque pas d'ajouter, comme un trait de plus de son sans-gêne insolent — « en habit gris ! »

Alceste, entrant ainsi vêtu chez celle qu'il aime, un jour de cérémonie, n'avait donc qu'à paraître, surtout venant avec Philinte, qui était, lui, dans la plus correcte tenue de l'homme de cour irréprochable, pour qu'on sût, dès l'entrée, qu'on allait avoir affaire au plus franc original, à un véritable « homme d'humeur », tout prêt à se moquer du monde, comme il se raille de ses modes.

Soyez sûr qu'en prenant cet habit pour jouer Alceste,

(1) Voyez, dans les *Etudes sur les Œuvres de Molière,* Le Misanthrope, chap. vi. p. 285.   *(Note de l'Editeur)*

Molière songeait à tout cela. L'eût-il, d'ailleurs, fait appeler « l'homme aux rubans verts », par sa coquette, très experte, très entendue sur l'assortiment des nuances, si ces rubans n'avaient pas fait disparate avec la couleur grise de l'habit et n'y avaient pas été une sorte de mascarade plutôt qu'un ornement ?

Le bel habit de velours vert sombre que prennent les Alcestes du Théâtre-Français, en ayant grand soin que les rubans de nuance toute pareille s'y confondent sans pouvoir être presque distingués, comme l'avait si bien voulu Molière, est donc un incontestable contre-sens.

Cette petite dissertation sur un des costumes du grand homme nous amène tout droit au Musée de Molière, où l'on a recueilli le plus que l'on a pu de ses reliques si précieuses et trop rares.

Quelques signatures de Molière ; trois lignes au plus de sa main, écrites derrière un tableau, en souvenir du peintre Sébastien Bourdon, son ami, qui le lui a donné, à la St-Jean de 1670, jour de sa fête ; une liste raturée des acteurs qui jouaient avec lui l'*Andromède* de Corneille, voilà presque tout ce qu'on a pu trouver de son écriture, et encore n'est-on pas bien sûr qu'en ce peu de lignes il n'y en ait pas quelques-unes de fausses.

Le fameux fauteuil de Pezenas, sur lequel Molière s'asseyait, les jours de barbe, chez le barbier Gély, pour s'amuser des commérages en patois dont il a fait babiller un si plaisant écho dans un coin de son *Pourceaugnac*, est la plus intéressante curiosité de ce grand reliquaire.

Depuis Cailhava et Jouy, qui en dirent quelques mots, les premiers, l'un dans ses *Etudes sur Molière*, l'autre dans l'*Ermite en province*, on a beaucoup parlé de ce haut meuble de bois, que sa forme et son ancienneté suffiraient à rendre précieux.

Le propriétaire, M. Astruc, a même fait toute une brochure sur ce singulier bahut, à la fois coffre-fort et fauteuil, chaise et tire-lire, où le barbier glissait, par deux trous pratiqués dans le siége, disposé en buffet, à double battant, d'un côté les gros sous, de l'autre les pièces blanches ; on l'a décrit, on l'a même dessiné un peu partout. Il ne fallait plus que le voir à Paris, où il fut bien souvent demandé.

L'y voici, grâce à M. Ballande, qui a fait tous les frais de son voyage ; nous espérons bien qu'il y restera.

Ce serait une bien curieuse pièce dans le Musée des Grands hommes, qui manque au Louvre et que, sans nul doute, on ouvrira, quelque jour, avec un coin pour les grands princes. On aurait ainsi une juste revanche de la dispersion, trop hâtée, du Musée des Souverains.

Il y a beaucoup de portraits, dans le Musée de Molière, et très différents, ce qui peut justifier ce qu'on a dit de la mobilité de son visage, de la variété de ses physionomies, mais nuit un peu à la confiance de la galerie.

Dans toutes ces ressemblances si diverses, quelle peut être la vraie ?

Il en est deux, selon moi, qui s'imposent : pour Molière vieillissant, la tête sérieuse du portrait, prêté par M. Marcille, de Chartres, et qui semble n'être qu'un fragment déchiré de la toile de Mignard, dont Nolin fit, en 1685, une si excellente gravure ; pour Molière jeune, le portrait du Musée-Ingres, à Montauban.

Qu'il soit ou non, celui-ci, de Sébastien Bourdon, qui, en ce cas, n'aurait jamais eu pinceau plus vivant, ni plus

fière palette ; peu nous importe. Il doit être vrai, voilà
l'intéressant.

Je crois même que celui qui se trouve assez près, dans
la travée voisine, et qu'une belle gravure de Beauvarlet
a popularisé dès 1777, ne fait que le reproduire, mais
malheureusement avec une figure nouvelle.

On en a pris la draperie couleur orange, la pose, les
mains, qui restent charmantes, mais — chose assez fâ-
cheuse pour un portrait — on a planté, sur tout cela, une
tout autre tête. Ceux qui s'étonnent de ne pas reconnaître Molière dans ce portrait qui se donne pour le sien,
ne s'étonneront plus.

Celui de Montauban me semble, au contraire, très authentique, et d'autant plus précieux, une fois cette authenticité admise, qu'il représente Molière jeune homme.

Je ne le connaissais, à cet âge, que par la gravure rarissime, mise en tête d'*Elomire hypocondre*, où on le voit
imitant dans un miroir les grimaces de Scaramouche.
Or, sa figure est là, moins l'apparat du costume et de
la perruque, ce qu'elle est sur le portrait de Montauban.

Nous n'avons fait que parcourir ce Musée, parce qu'on
nous assure qu'un écrivain d'art, connu et autorisé, a bien
voulu se charger d'en décrire et d'en expliquer les curiosités, entre autres le magnifique modèle en terre cuite du
buste de Molière par Houdon, appartenant à Mme Paul
Lacroix, et cinq ou six portraits intéressants de Molière
et des Comédiens de sa Troupe, que M. Vitu a bien voulu
faire sortir, pour la première fois, de sa belle collection
de portraits historiques.

FIN.

TABLE DES MATIÈRES

TROISIÈME PARTIE.

VARIA.

FIN DE LA TABLE.

Besançon. — Imprimerie Outhenin-Chalandre fils et Cⁱᵉ.

GARNIER FRÈRES, Libraires-Éditeurs

6, rue des Saints-Pères. — Paris N° 2

Envoi FRANCO *contre mandat ou timbres-poste joints à la demande.*

ŒUVRES COMPLÈTES
D'ALFRED DE MUSSET

NOUVELLE ÉDITION

revue, corrigée et complétée de documents inédits. Précédée d'une Notice biographique sur l'Auteur et suivie de notes.

Par EDMOND BIRÉ

Ouvrage illustré de **26 héliogravures** exécutées d'après les dessins de *MAILLART, 9 volumes* in-18 jésus. — Prix du volume, broché . . . . **3 fr. 50**

Même édition sans gravures . . . . **3 fr.** »

Édition de luxe en 9 volumes in-8° cavalier avec gravures : le volume . . . . **6 fr.** »

NOUVEAU DICTIONNAIRE NATIONAL
OU DICTIONNAIRE·UNIVERSEL
DE LA LANGUE FRANÇAISE
Répertoire encyclopédique des Lettres, de l'Histoire, de la Géographie, des Sciences, des Arts et de l'Industrie

Par BESCHERELLE Aîné

CONTENANT :

1° La NOMENCLATURE la plus riche et la plus étendue que l'on puisse trouver dans aucun dictionnaire.

2° L'ÉTYMOLOGIE de tous les mots de la langue, d'après les recherches les plus récentes;

3° La PRONONCIATION de tous les mots qui offrent quelque difficulté;

4° L'EXAMEN critique et raisonné des principaux dictionnaires;

5° La SOLUTION de toutes les difficultés d'orthographe, de grammaire et de style;

6° La BIOGRAPHIE des personnages les plus remarquables de tous les pays et de tous les temps;

7° Les NOMS de tous les peuples anciens et modernes, de tous les souverains, des institutions, des sectes religieuses, politiques, philosophiques, les grands événements, sièges, batailles, etc.;

8° La GÉOGRAPHIE ancienne et moderne, physique et politique.

Ancien Dictionnaire de BESCHERELLE entièrement refondu

Le *Nouveau Dictionnaire national de Bescherelle* se compose de 508 feuilles. Il forme quatre magnifiques volumes en caractères neufs et très lisibles, 4,064 pages, ou 16,256 colonnes, matière de 400 volumes in-8°, nombreuses vignettes, imprimé, sur papier glacé-et satiné. 100 fr. Relié 1/2 chagrin..... .... **120 fr.**
Souscription permanente, 184 livraisons à 50 cent. la livraison.
Paraît également en 18 fascicules, composés de 10 livraisons, à **5 fr.**

GRAMMAIRE NATIONALE

Ou grammaire de Voltaire, de Racine, de Bossuet, de Fénelon, de J.-J. Rousseau, de Bernardin de Saint-Pierre, de Chateaubriand, de tous les écrivains les plus distingués de la France; par MM. BESCHERELLE frères. 1 fort vol. in-8° jés. **10 fr.**

DICTIONNAIRE CLASSIQUE DE LA LANGUE FRANÇAISE

Comprenant les mots du Dictionnaire de l'Académie, tous ceux autorisés par l'emploi qu'en ont fait les bons écrivains; leurs acceptions propres et figurées et l'indication de leur emploi dans les différents genres de styles; les termes usités dans les sciences, ou tirés des langues étrangères; la prononciation de tous les mots qui présentent quelque difficulté; de géographie, d'histoire et de biographie, etc. Par M. BESCHERELLE aîné, *auteur du Dictionnaire National de la langue française*. 1 fort volume grand in-8° jésus illustré. 1,200 gravures dans le texte et 40 cartes et gravures d'ensemble............................... **12 fr.**
Relié dos chagrin... **16 fr.**

BESCHERELLE Aîné

NOUVEAU DICTIONNAIRE ENCYCLOPÉDIQUE ILLUSTRÉ
RÉDIGÉ D'APRÈS LE NOUVEAU DICTIONNAIRE DE BESCHERELLE ET CELUI DE L'ACADÉMIE
Langue française — Histoire — Biographie — Géographie — Sciences Arts — Industrie
Par E. BERGEROL et F. TULOU
1.000 vignettes, dessins de CHAPUIS et de CATENACCI. 1 volume in-18, 1,026 pages cart. dos toile. 3 fr. — Relié toile pleine. 3 fr. 50.

NOUVEAU DICTIONNAIRE ANGLAIS-FRANÇAIS ET FRANÇAIS-ANGLAIS

Contenant tout le vocabulaire de la langue usuelle et donnant, ainsi que les mots nouveaux, un grand nombre de termes scientifiques, techniques et commerciaux, la prononciation figurée de tous les mots, par E. CLIFTON. Ouvrage entièrement refondu et considérablement augmenté, par J. Mac LAUGHLIN, officier de l'Instruction publique, professeur à l'Institut commercial de Paris, professeur honoraire au collège Sainte-Barbe. 1 vol. in-18 jésus de 1370 pages, relié toile....... **5 fr.**

GRAMMAIRES EN DEUX LANGUES

GRAMMAIRE DE LA LANGUE ANGLAISE. 1° Traité de la prononciation avec un *syllabaire*, exemples de lectures; — 2° Cours de thèmes complet sur les règles, difficultés de la langue; — 3° Idiotismes; — 4° Dialogues familiers, par CLIFTON et MERVOYER, 1 vol. in-18.............. 2 fr.

NEW ETYMOLOGICAL FRENCH GRAMMAR, by A. CHASSANG. With introductory remarks for the use of English schools and colleges, by L. Paul BLOUNT. B. A. French Master, St-Paul's School, Examiner at Christ's Hospital. London. 1 vol. in-18... 5 fr.

GRAMMAIRE ALLEMANDE pratique et raisonnée, par H.-A. BIRMANN. 1 vol. in-18........ 1 fr. 50

RECUEIL DE LECTURES ALLEMANDES en prose et en vers, par H. BIRMANN et DREYFUS. 1 vol. in-18................. 1 fr. 50

GRAMMAIRE ESPAGNOLE-FRANÇAISE de SOBRINO. Très complète et très détaillée, contenant toutes les notions nécessaires pour apprendre à parler et à écrire correctement l'espagnol. Nouvelle édition, refondue par A. GALBAN. 1 vol. in-8, cartonné..................... 4 fr.

NOUVELLE GRAMMAIRE ESPAGNOLE-FRANÇAISE. Avec des thèmes, grand nombre d'exemples dans chaque leçon, par A. GALBAN. 1 vol. in-18..................... 2 fr.

LEÇONS D'ESPAGNOL à l'usage des établissements d'instruction, par ALLAUX.

1° partie, in-18 cartonné...... 2 fr.
2° partie, in-18 cartonné....... 8 fr.

GRAMATICA DE LA LENGUA FRANCESA, para los españoles, por CHANTREAU, corrigée avec le plus grand soin par A. GALBAN. 1 vol. in-8.................... 4 fr.

NOUVELLE GRAMMAIRE RUSSE à l'usage des Français, par N. SOKOLOFF. 1 vol. in-18.. 3 fr. 50

GRAMMAIRE ITALIENNE en 25 leçons, d'après VERGANI, corrigée et complétée par C. FERRARI. 1 vol. in-18.................... 2 fr.

NUOVA GRAMMATICA FRANCESE-ITALIANA di LUDOVICO GOUDAR. Nuova edizione, corretta e arrichita da CACCIA. Un vol. in-18 2 fr.

GRAMMAIRE ALLEMANDE à l'usage des Italiens, par ENENKEL. 1 vol. in-18.................... 2 fr.

METODO TEORICO E PRATICO por apprendere a leggere, scrivere e parlare la *Lingua Tedesca*, da ARTURO ENENKEL. 1 vol. in-18 cartonné 2 fr.

GRAMMAIRE PORTUGAISE, raisonnée et simplifiée, par M. Pauline DE SOUZA. 1 fort v. grand in-18.... 6 fr.

ABRÉGÉ DE LA GRAMMAIRE PORTUGAISE de M. P. de SOUZA, avec un cours gradué de thèmes, par L.-S. de FONSECA. 1 vol. in-18. 3 fr.

GRAMMAIRE DE LA LANGUE D'OIL, français des XII° et XIII° siècles, par A. BOURGUIGNON. 1 v. in-18.. 3 fr.

MÉTHODE PRATIQUE DE LANGUE HOVA. 1° année, 1 vol. in-18, relié toile souple.............. 4 fr.
2° année, 1 vol. relié toile..... 4 fr.
3° année. (*En préparation.*)

DICTIONNAIRE USUEL DE LA LANGUE FRANÇAISE

Comprenant : 1° Les mots admis par l'Académie, les mots nouveaux dont l'emploi est suffisament autorisé, les archaïsmes utiles à connaître pour l'intelligence des auteurs classiques, la prononciation dans les cas douteux, les étymologies, la solution des difficultés grammaticales et un grand nombre d'exemples ; — 2° L'histoire, la mythologie et la géographie, par MM. BESCHERELLE aîné et A. BOURGUIGNON. 1 vol. grand in-18, 1,271 pages. Relié toile..................... 6 fr.

DICTIONNAIRE USUEL DE TOUS LES VERBES FRANÇAIS

Tant réguliers qu'irréguliers, par MM. BESCHERELLE frères.
2 forts vol. in-8 à 3 col., 12 fr. Relié 16 fr.

DICTIONNAIRE DES SYNONYMES DE LA LANGUE FRANÇAISE, par A. BOURGUIGNON et H. BERGEROL. 1 vol. in-32 relié.... 5 fr.

DICTIONNAIRE ÉTYMOLOGIQUE DE LA LANGUE FRANÇAISE, par MM. BERGEROL et TULOU. 1 vol. in-32, format Cazin, relié 5 fr.

PETIT DICTIONNAIRE D'HISTOIRE, DE GEOGRAPHIE ET DE MYTHOLOGIE, par QUITARD,

faisant suite au *Petit Dictionnaire national* de M. BESCHERELLE. 1 vol. in-32 broché, 1 fr. 50; relié... 2 fr.

NOUVEAU DICTIONNAIRE DES RIMES. Précédé d'un traité complet de la versification, par QUITARD. 1 vol. in-32 2 fr.; relié.......... 2 fr. 50

DICTIONNAIRE DES TERMES DE MARINE, par POUSSART, officier de marine. Gravures, Cartes. 1 vol. in-32 relié.................. 3 fr. 50

PETIT DICTIONNAIRE NATIONAL. Nouvelle édition entièrement refondue, d'après la 7° édition du

Dictionnaire de l'Académie, par BESCHERELLE aîné. 1 vol. in-32 élégamment relié, toile souple................ 2 fr.

DICTIONNAIRES EN DEUX LANGUES

Avec la prononciation figurée, très complets et exécutés avec le plus grand soin, contenant chacun la matière d'un fort vol. in-32, à l'usage des voyageurs, des lycées, des collèges, de la jeunesse des deux sexes, et de toutes les personnes qui étudient les langues étrangères.

Nouveau dictionnaire anglais-français et français-anglais, par CLIFTON, revu par M. FÉNARD. 1 v. 5 fr.

Nouveau dictionnaire allemand-français et français-allemand, par K. ROTTECK, revu par M. KISTER. 1 vol. relié.......... 5 fr.

Nouveau dictionnaire italien-français et français-italien, par C. FERRARI. 1 vol. relié....... 5 fr.

Nouveau dictionnaire français-espagnol et espagnol-français, par VICENTE SALVA. 1 vol. relié. 6 fr.

Nouveau dictionnaire portugais-français et français-portugais, par SOUZA PINTO. 1 fort vol. relié 6 fr.

Nouveau dictionnaire français-russe et russe-français, par SOKOLOFF. 2 vol. reliés......... 10 fr.

Nouveau dictionnaire latin-français, par de SUCKAU. 1 vol. relié 5 fr.

Nouveau dictionnaire français-latin, par BENOIST. 1 vol. relié 5 fr.

Nouveau dictionnaire grec-français, rédigé sur un plan nouveau, par A. CHASSANG. 1 vol. relié...... 6 fr.

Nouveau dictionnaire grec moderne-français et français-grec moderne, par E. LEGRAND. 2 v. 12 fr.

Diccionario español-inglés é inglés-español portatil, por D.-F. COLONA BUSTAMANTE, 2 vol. reliés 6 fr.

Neuvo diccionario español-alemán y alemán-español, por ARTURO ENENKEL. 1 vol. relié...... 6 fr.

Diccionario español-italiano é italiano-español, por D.-J. CACCIA. 1 vol. relié................. 5 fr.

New dictionary of the english and italian languages, by ALPP DE BIRMINGHAM, 1 vol. relié....... 6 fr.

Dictionnaire italien-allemand et allemand-italien, composé d'après un nouveau plan, par ARTURO ENENKEL. 1 vol. relié............. 6 fr.

Dictionnaire anglais-portugais et portugais-anglais, par CASTRO DE LAFAYETTE. 1 volume........ 6 fr.

Dictionnaire portugais-allemand et allemand-portugais, par ENENKEL. 1 vol. in-32 relié......... 8 fr.

Diccionario portuguez-hespanhol e hespanhol-portuguez. Com a pronuncia figurada em ambas as linguas pelo VISCONDE DE WILDIK. 2 vol. reliés................. 6 fr.

Dictionnaire anglais-portugais et portugais-anglais. Contenant tout le vocabulaire de la langue usuelle et donnant la prononciation figurée de tous les mots anglais et portugais dans tous les cas incertains ou difficiles, par CASTRO DE LAFAYETTE, professeur à l'Institut Polyglotte de Paris. 1 vol. relié......................... 6 fr.

GUIDES POLYGLOTTES

Manuels de la conversation et du style épistolaire, à l'usage des voyageurs et des écoles. Grand in-32, format dit Cazin, papier satiné, reliure élégante..... 2 fr.

Français-Anglais, 1 vol.
Français-Allemand, 1 vol.
Français-Espagnol, 1 vol.
Français-Italien, 1 vol.
Français-Portugais, 1 vol.
English and French, 1 vol.
English and Spanish, 1 vol.
English and Italian, 1 vol.
English-Russian, 1 vol.
Deutsch-Franzœsischen, 1 vol.
Deutsch-English, 1 vol.
Español-Francés, 1 vol.
Español-Inglés, 1 vol.
Español-Alemán, 1 vol.

Español-Italiano, 1 vol.
Español-Portugués, 1 vol.
Italiano-Francese, 1 vol.
Italiano-Tedesco, 1 vol.
Italiano-Portoghese, 1 vol
Portuguez-Francez, 1 vol.
Portuguez-Inglez, 1 vol.
Hollandsch-Fransh, 1 vol.
Russe-Français, 1 vol.
Russe-Italien, 1 vol.
Russe-Allemand, 1 vol.
Français-Roumain, 1 vol.
Greo moderne-Français, 1 vol.

GUIDE EN QUATRE LANGUES, Français-Anglais-Allemand-Italien. 1 volume in-16....... 3 fr.

GUIDE EN SIX LANGUES, Français-Anglais-Allemand-Italien-Espagnol-Portugais, 1 vol. 5 fr.

GUIDE EN TROIS LANGUES Français-Anglais-Malgache. 1 vol. in-16.

Avec la prononciation figurée, format in-16, reliure élégante............... 3 fr.

Français-Anglais, 1 vol.
Français-Allemand, 1 vol.
Français-Espagnol, 1 vol.
Français-Italien, 1 vol.
Français-Portugais, 1 vol.

Français-Russe, 1 vol.
English and French, 1 vol.
English and Spanish, 1 vol.
English and Italian, 1 vol.
English and Portuguese, 1 vol.

Deutsch-Franzœsischen, 1 vol.
Deutsch-Italieanisch, 1 vol.
Deutsch-Spanisch, 1 vol.
Deutsch-Portugiesisch, 1 vol.
Español-Francés, 1 vol.
Español-Inglés, 1 vol.
Español-Alemán, 1 vol.
Español-Italiano, 1 vol.
Español-Portuguez, 1 vol.
Italiano-Francese, 1 vol.
Italiano-Inglese, 1 vol.

Italiano-Tedesco, 1 vol.
Italiano-Espagnuolo, 1 vol.
Italiano-Portughese, 1 vol.
Portuguez-Francez, 1 vol.
Portuguez-Inglez, 1 vol.
Portuguez-Alemão, 1 vol.
Portuguez-Hespanhol, 1 vol.
Portuguez-Italiáno, 1 vol.
Russe-Français, 1 vol.
Russe-Italien, 1 vol.

NOUVEAUX VOCABULAIRES EN DEUX LANGUES

Avec la prononciation figurée dans les deux langues, contenant les mots usuels de la vie pratique, à l'usage des voyageurs. Format elzévir, relié toile...... 2.50

Français-Anglais, par LAUGHLIN, 1 vol.
Français-Allemand, par BIRMANN, 1 vol.
Français-Italien, par ANGELI, 1 vol.
Français-Russe. par TKATCHEFF, 1 vol.
Français-Espagnol, par ROZZOL, 1 vol.
Français-Portugais, par FONSECA, 1 vol.
Français-Néerlandais, par VAN CUYCK, 1 v.
Français-Danois, par DESMOINEAUX, 1 vol.
Français-Roumain, par RIZO, 1 vol.
Deutsch-Franzœsischen, par BIRMANN, 1 v.
Déutsch-Spanisch, par ENENKEL, 1 vol.
Deutsch-Englisch, par BLUM, 1 vol.
Deutsch-Italienisch, par ENENKEL, 1 vol.
Allemão-Portuguez, par MESQUITA, 1 vol.
Allemand-Russe, par TKATCHEFF, 1 vol.
English-French, par LAUGHLIN, 1 vol.
English-Italian, par CARDIN, 1 vol.
English-German, par BLUM, 1 vol.
English-Spanish, par J. PEREZ, 1 vol.
English-Portuguese, por MESQUITA, 1 vol.
Anglais-Russe, par WASSILIEW, 1 vol.

Italiano-Francese, par ANGELI, 1 vol.
Italiano-Inglese, par CARDIN, 1 vol.
Italiano-Portuguez, par MESQUITA, 1 vol.
Italiano-Spagnuolo, par ANGELI, 1 vol.
Italiano-Tedesco, par ANGELI, 1 vol.
Español-Francés, par ROZZOL, 1 vol.
Español-Alemán, par ENENKEL, 1 vol.
Español-Inglés, par J. PEREZ, 1 vol.
Español-Italiano, par ANGELI, 1 vol.
Español-Portugués, par MESQUITA, 1 vol.
Portuguez-Allemão, par MESQUITA, 1 vol.
Portuguez-Francez, par FONSECA, 1 vol.
Portuguez-Inglez, par MESQUITA, 1 vol.
Portuguez-Italiano, par MESQUITA, 1 vol.
Portugués-Español, par MESQUITA, 1 vol.
Russe-Français, par TKATCHEFF, 1 vol.
Russe-Allemand, par TKATCHEFF, 1 vol.
Russe-Anglais, par WASSILIEW, 1 vol.
Neerlandais-Français, par VAN CUYK, 1 v.
Danois-Français, par DESMOINEAUX. 1 vol.

GRANDS DICTIONNAIRES EN DEUX LANGUES

NOUVEAU DICTIONNAIRE latin-français, par MM. H. GOELZER et BENOIST. 1 volume grand in-8° à 3 colonnes.............. 10 fr.
DICTIONNAIRE anglais-français et français-anglais. Composé sur un nouveau plan d'après les ouvrages spéciaux les plus récents, par CLIFTON et ADRIEN GRIMAUX. 2 vol. in-8°. 2,200 pages à 3 colonnes. 20 fr.
— Reliés, 2 volumes en un. 25 fr. en 2 volumes............; .. 28 fr.
GRAND DICTIONNAIRE français-allemand et allemand-français, par H. A. BIRMANN, 2 forts vol. grand in-18. 25 fr. Reliés... 33 fr.
GRAND DICTIONNAIRE espagnol-français et français-espagnol. Avec la prononciation dans les deux langues, rédigé par D. VINCENTE SALVA et d'après les meilleurs dictionnaires anciens et modernes, par MM. NORIEGA ET GUIM. 1 fort vol. gr. in-18, 1,600 pages à 3 colonnes 16 fr.; Relié............... 20 fr.
GRAND DICTIONNAIRE italien-français et français-italien. Rédigé d'après les ouvrages et les travaux les plus récents, avec la prononciation dans les deux langues. par MM. CACCIA et FERRARI, 2 forts vol. grand in-8 à 8 colonnes, réunis en 1 vol. 20 fr.; reliés...... 25 fr.
DICTIONARY spanish-english et

inglés-español. Le plus complet de ceux publiés jusqu'à ce jour, rédigé d'après les meilleurs dictionnaires anglais et espagnols : de l'Académie espagnole, Salva, Seouse, Clifton, Woucesien, Webster, etc., par LOPEZ et BENSLEY. 1 vol. gr. in-18 relié. 20 fr.
NOUVEAU DICTIONNAIRE grec-français, par M. CHASSANG. 1 vol. gr. in-8 relié................. 12 fr.
DICTIONNAIRE latin-français, rédigé d'après les meilleurs travaux de lexicographie latine parus en France et à l'Etranger et particulièrement d'après les grands Dictionnaires de GEORGES, de KLOTZ et de FORCELLINI, par MM. Eugène BENOIST, Membre de l'Institut, Professeur à la Faculté des lettres de Paris, Henri GOELZER, Docteur ès lettres, Maître de Conférences à la Faculté des lettres de Paris. Un fort volume grand in-8°, relié en toile pleine 10 fr.
NOUVEAU DICTIONNAIRE français-latin, contenant la traduction de tous les termes, employés dans la langue depuis le XVII° siècle jusqu'à nos jours et rédigé spécialement à l'usage des Classes et des Etudiants en lettres, par Henri GOELZER, Docteur ès lettres, Lauréat de l'Institut, Maître de Conférences à l'Ecole Normale supérieure, chargé de Cours à la Faculté des Lettres de l'Université de Paris. Un volume in-8°, relié toile pleine. 10 fr

CODES ET LOIS USUELLES

Classés par ordre alphabétique, contenant la législation jusqu'à ce jour collationnée sur les textes officiels, présentant en notes, sous chaque article des Codes, ses différentes modifications, la corrélation des articles entre eux, la concordance avec le droit romain, l'ancienne législation française et les lois nouvelles, précédées des *Lois Constitutionnelles* et accompagnées d'une table chronologique et d'une table des matières.

Par MM. Augustin ROGER et Alexandre SOREL

Président du Tribunal Civil de Compiègne, Chevalier de la Légion d'honneur

Nouvelle édition imprimée en caractères neufs, entièrement refondue et considérablement augmentée.

1 vol. gr. in-8, d'environ 1,500 pages. — Broché, **20** fr. Relié demi-chagrin, **25** fr.

LE MÊME OUVRAGE édition portative, format grand in-32 jésus, en deux parties. — Cette édition, entièrement refondue, est imprimée en caractères neufs comme l'édition grand in-8°.

1re PARTIE. Les *Codes*, broché. **4** fr. »	2e PARTIE. Les *Lois usuelles*, b. **8** fr. »
Relié, 1/2 chagrin......... **5** fr. **25**	Relié, 1/2 chagrin......... **10** fr. **50**

CHEFS-D'ŒUVRE DE LA LITTÉRATURE FRANÇAISE

Format in-8 cavalier, papier vélin satiné du Marais. Imprimés avec luxe, ornés de gravures sur acier; dessins par les meilleurs artistes. — 60 volumes sont en vente à 7 fr. 50. — On tire, de chaque volume de la collection, *150 exemplaires numérotés* sur papier de Hollande avec fig. sur Chine avant la lettre ; le volume, **15** fr.

Œuvres complètes de Molière. 2e édition, très soigneusement revue sur les textes originaux, avec un nouveau travail de critique et d'érudition, aperçus d'histoire littéraire, examen de chaque pièce, commentaires, vocabulaire, par L. MOLAND. 12 vol.

Œuvres complètes de J. Racine. Avec une vie de l'auteur et un examen de chacun de ses ouvrages, par M. SAINT-MARC-GIRARDIN, de l'Académie française. 8 volumes.

Essais de Michel de Montaigne. Nouvelle édition avec les notes de tous les commentateurs, complétée par M. J.-V.-L. CLERC, étude sur Montaigne par PRÉVOST-PARADOL. 4 vol. avec portrait.

Œuvres complètes de La Bruyère. Publiées d'après les éditions données par l'auteur, notice sur La Bruyère, variantes, notes et un lexique, par A. CHASSANG, lauréat de l'Académie française, inspecteur général de l'Instruction publique. 2 vol.

Œuvres complètes de La Rochefoucauld. Nouvelle édition, avec des notices sur la vie de La Rochefoucauld et sur ses divers ouvrages, variantes, notes, table analytique, un lexique, par A. CHASSANG, 2 vol.

Œuvres complètes de Boileau. Avec des commentaires et un travail de M. GIDEL. Gravures de STAAL. 4 vol.

André Chénier. Œuvres poéti- ques. Nouvelle édition, vignettes de STAAL. 2 vol.

Œuvres complètes de Montesquieu. Textes revus, collationnés et annotés par ÉDOUARD LABOULAYE, membre de l'Institut. 7 vol.

Œuvres de Pascal. Lettres écrites à un provincial. Nouvelle édition, introduction, notice, variantes des éditions originales, commentaire, bibliographie, par L. DEROME. Portraits de personnages importants de Port-Royal, gravés sur acier. 2 vol.

Œuvres choisies de Pierre de Ronsard. Avec notice, notes et commentaires, par SAINTE-BEUVE ; nouvelle édition, revue et augmentée, par MOLAND. 1 vol. avec portrait.

Œuvres de Clément Marot. Annotées, revues sur les éditions originales; Vie de Clément Marot, par CHARLES D'HÉRICAULT. 1 vol. avec portrait.

Œuvres de Jean-Baptiste Rousseau. Avec un nouveau travail de ANT. DE LATOUR. 1 vol. orné du portrait de l'auteur.

Chefs-d'œuvre littéraires de Buffon. Introduction par M. FLOURENS, de l'Académie française. 2 vol. avec portrait.

Œuvres complètes de La Fontaine.

Œuvres choisies de Massillon. Accompagnées de notes, M. GODEFROY. 2 vol. avec portraits.

ŒUVRES COMPLÈTES DE VOLTAIRE

Nouvelle édition avec Notices, Préfaces, Variantes, Table analytique

LES NOTES DE TOUS LES COMMENTATEURS ET DES NOTES NOUVELLES

Conforme pour le texte à l'édition de Beuchot.

Enrichie des découvertes les plus récentes et mise au courant des travaux qui ont paru jusqu'à nos jours.

Cette nouvelle édition des *Œuvres complètes de Voltaire*, publiée sous la direction de M. Louis MOLAND, a supplanté celle de Beuchot : c'est un travail remarquable et digne de l'érudition de notre temps.

52 vol. in-8°, y compris 2 vol. de table, le volume . . . . **7 fr.**

SUITE DE 90 GRAVURES MODERNES

Dessins de STAAL, PHILIPPOTEAUX, etc.

Ces quatre-vingt-dix gravures modernes, qui viennent s'ajouter aux gravures de l'édition de Kehl, sont des œuvres excellentes pour lesquelles aucun soin n'a été épargné et qui représentent dignement l'art actuel à côté de l'art ancien . . . . **30 fr.**

Il a été tiré 150 épreuves sur papier de Chine, 60 fr.

Suite de 109 gravures d'après les dessins de MOREAU jeune.

Nouvelle édition tirée sur les planches originales.

Les gravures exécutées d'après les dessins de MOREAU jeune, pour la célèbre édition des ŒUVRES DE VOLTAIRE imprimée à Kehl à la fin du siècle dernier, jouissent d'une réputation qui en faisait désirer vivement la réimpression par les amateurs. Tirée sur les planches originales. Le travail de cette édition a été confié à un de nos meilleurs imprimeurs en taille-douce . . . . **30 fr.**

Il a été tiré 150 épreuves sur papier de Chine et 150 sur papier Wathman . . . . **60 fr.**

ŒUVRES COMPLÈTES DE DENIS DIDEROT

COMPRENANT :

Tout ce qui a été publié à diverses époques et tous les manuscrits inédits conservés à la Bibliothèque de l'Ermitage. Revues avec soin sur les éditions originales, Notices, Notes, Table analytique.

Par J. ASSÉZAT.

Cette édition, véritablement complète des Œuvres de Diderot, forme 20 volumes in-8° cavalier, imprimés par M. Claye sur beau papier du Marais, à **7 fr.** le volume.

CORRESPONDANCE LITTÉRAIRE, PHILOSOPHIQUE ET CRITIQUE

Par GRIMM, DIDEROT, RAYNAL et MEISTER.

Nouvelle édition collationnée sur les textes originaux, comprenant outre ce qui a été publié à diverses époques et les fragments supprimés en 1813 par la censure, les parties inédites conservées à la Bibliothèque ducale de Gotha et à l'Arsenal de Paris.

Notice, Notes, Table générale, par Maurice TOURNEUX. 16 vol. in-8° cavalier; le caractère et le papier sont semblables à ceux des *Œuvres complètes* de Diderot, le volume . . . . **7 fr.**

Il a été tiré 100 exemplaires numérotés sur papier de Hollande. Le volume. . . . . **15 fr.**

ŒUVRES COMPLÈTES DE BÉRANGER

8 vol. in-8, format caval., magnifiquement imprimés, papier vélin satiné, contenant :

Les Œuvres anciennes, illustrées de 52 gravures sur acier, d'après CHARLET, JOHANNOT, RAFFET, etc....... **28 fr.**

Les Œuvres posthumes. Dernières chansons (1834 à 1851), illustrées de 14 gravures sur acier, de A. de LEMUD, 1 vol.................. **12 fr.**

Ma Biographie, illustrée de 8 gravures, 1 vol................ **12 fr.**

Musique des chansons, airs notés anciens et modernes. Edition revue par F. BÉRAT, ill. de 80 gravures d'après GRANDVILLE et RAFFET. 1 vol. **10 fr.**

MÊME OUVRAGE, sans gravures.. **6 fr.**

Correspondance de Béranger. Un magnifique portrait gravé sur acier. 4 forts vol. 1,200 lettres et le catalogue analytique de 150 autres...... **24 fr.**

Chansons de Béranger, anciennes et posthumes. Nouvelle édition populaire, illustrée de 161 dessins inédits de BAYARD, DARJOU, GODEFROY, DURAND, PAUQUET, etc., gravés par les meilleurs artistes, vignettes par M. GIACOMELLI. 1 vol. gr. in-8................ **10 fr.**

Chansons grivoises et bachiques suivies des *Chansons de Bérat,* musique avec accompagnement de piano par M. F. CASADEISUS, 1 vol. in-8, broché............... **5 fr.**

Les chansons de Béranger avec musique et accompagnement de piano illustré par BAYARD, 1 vol. in-4°. **15 fr.** relié..................... **20 fr.**

Musique des chansons de Béranger, airs notés anciens et modernes. Nouvelle édition revue par FRÉDÉRIC BÉRAT, augmentée de la musique des chansons posthumes d'airs composés par BÉRANGER, HALÉVY, GOUNOD, LAURENT DE RILLÉ, 120 gravures d'après GRANDVILLE et RAFFET. 1 vol. gr. in-8................ **10 fr.**

Album Béranger, par GRANDVILLE, 80 dessins, 1 vol. in-8 cav.... **10 fr.** Ces gravures ne font pas double emploi avec les aciers.

Chants et chansons populaires de la France. Nouvelle édition *avec musique,* illustrée de 339 belles gravures sur acier, d'après DAUBIGNY, M. GIRAUD, MEISSONIER, STALL, STEINHEIL, TRIMOLHET, gravées par les meilleurs artistes. Notice par A. DE LAMARTINE, 3 vol. in-8.............................. **48 fr.**

Chants et chansons populaires des provinces de France. Notice par CHAMPFLEURY. Accompagnement de piano par J.-B. WECKERLIN. Illustrés par BIDA, COURBET, JACQUE, etc. 1 vol. gr. in-8........................... **12 fr.**

Chansons nationales et populaires de la France. Notes historiques et littéraires par DUMERSAN et NOEL SÉGUR, vignettes dans le texte et gravures sur acier, 2 vol. gr. in-8.. **20 fr.**

L'ancienne chanson populaire en France aux seizième et dix-septième siècles, par J.-B. WECKERLIN, bibliothécaire au Conservatoire de musique et anciens airs notés, gravures en chromotypographie, 1 vol. in-18......... **5 fr.** Il a été tiré 50 exemplaires numérotés sur papier de Hollande.......... **10 fr.**

Le Béranger des écoles, accompagné d'une étude et de notes, par E. LEGOUVÉ de l'Académie française, 1 vol. in-18...................... **1 fr. 50**

BIBLIOTHÈQUE D'UN DÉSŒUVRÉ

Série d'ouvrages in-32, format elzévirien.

Œuvres complètes de Béranger, avec les 10 chansons publiées en 1847, 1 vol................. **3.50**

Œuvres posthumes de Béranger Dernières chansons et Ma Biographie, appendice, notes inédites de Béranger. 1 vol..................... **3 fr. 50**

PIERRE DUPONT. Muse populaire, chants et poésies. 1 vol... **3 fr.**

RABELAIS
Illustré par GUSTAVE DORÉ

Deux vol. in-4°.............. **70 fr.** | Relié chagrin............... **90 fr.**
Relié toile.................. **80 fr.** | avec coins...... **100 fr.**

Il a été tiré 50 exemplaires numérotés sur chine.

MÊME OUVRAGE. Première édition. Texte revu et collationné sur les éditions originales, accompagné d'une vie de l'auteur et de notes. 2 vol. in-f° colomb. **200 fr.** 200 exempl. sur papier de Hollande..................................... **300 fr.**

Ouvrages grand in-8° jésus, magnifiquement illustrés

GALERIES DE PORTRAITS

GRAVURES SUR ACIER

20 fr. le volume. — 1/2 reliure soignée, tranches dorées, 26 fr.

GALERIE DE PORTRAITS LITTÉRAIRES

Par SAINTE-BEUVE. — J. de Maistre, Montalembert, Thiers, Tocqueville, etc. Portraits gravés à l'eau-forte. 1 vol.

GALERIES DE PORTRAITS HISTORIQUES

Tirés des *Causeries du Lundi*, par SAINTE-BEUVE, de l'Académie Française. Portraits gravés sur acier, 1 vol.

GALERIE DES GRANDS ÉCRIVAINS FRANÇAIS

Par LE MÊME, semblable au précédent pour l'exécution et les illustrations. 1 vol.

NOUVELLE GALERIE DES GRANDS ÉCRIVAINS FRANÇAIS

Tirée des *Portraits littéraires* et des *Causeries du Lundi*, par LE MÊME. 1 vol.

GALERIE DES FEMMES CÉLÈBRES

Tirée des *Causeries du Lundi*, des *Portraits littéraires*, des *Portraits de Femmes*, par LE MÊME, 1 vol.

NOUVELLE GALERIE DE FEMMES CÉLÈBRES

Par LE MÊME, semblable pour l'exécution à ceux ci-dessus. 1 vol.

Ces 5 volumes se complètent l'un par l'autre. Ils contiennent la fleur des *Causeries du Lundi*, des *Portraits littéraires* et des *Portraits de Femmes*.

POÉSIES D'ANDRÉ CHÉNIER

Avec notice et notes par M. L. MOLAND, gravures sur acier, dessins de STAAL. 1 vol.

DANTE ALIGHIERI

La Divine Comédie, traduite en français par le chevalier ARTAUD DE MONTOR, préface de M. LOUIS MOLAND. Illustrée, dessins de YAN' DARGENT. 1 vol.

HISTOIRE DE FRANCE

Depuis la fondation de la monarchie, par MENNECHET, ill. 20 grav. sur acier, gravées par F. DELANNOY, OUTHWAITH, etc., 1 vol.

NOUVELLE GALERIE D'HISTOIRE NATURELLE

Tirée des œuvres complètes de Buffon et de Lacépède, vie de Buffon par FLOURENS, illustrée dans le texte, coloriées et hors texte, 30 planches sur acier de MM. TRAVIÈS et Henri GOBIN, 1 fort volume.

LA FRANCE GUERRIÈRE

Récits historiques d'après les chroniques et les mémoires de chaque siècle, par CH. D'HÉRICAULT et L. MOLAND, gravures sur acier. 1 vol.

LETTRES CHOISIES DE Mme DE SÉVIGNÉ

Avec une magnifique galerie de portraits sur acier. 1 vol.

GALERIE ILLUSTRÉE D'HISTOIRE NATURELLE

Tirée de Buffon, édition annotée par FLOURENS, 33 gravures sur acier, coloriées, dessins nouveaux de ED. TRAVIÈS et H. GOBIN. 1 vol.

LA FEMME JUGÉE PAR LES GRANDS ÉCRIVAINS DES DEUX SEXES

La Femme devant *Dieu*, devant la *Nature*, devant la *Loi*, devant la *Société*. Riche et précieuse mosaïque de toutes les opinions émises sur la Femme depuis les siècles les plus reculés jusqu'à nos jours, par D.-J. LARCHER, introduction de BESCHERELLE AÎNÉ, 20 superbes gravures sur acier, dessins de STAAL. 1 vol.

LES FEMMES D'APRÈS LES AUTEURS FRANÇAIS

Par E. MULLER. Illustré des portraits des femmes les plus illustres, gravés au burin, dessins de STAAL. 1 vol.

LETTRES CHOISIES DE VOLTAIRE

Notice et notes explicatives par M. L. MOLAND, ornées de portraits historiques. Dessins de PHILIPPOTEAUX et STAAL, gravés sur acier. 1 vol.

GALERIES HISTORIQUES DE VERSAILLES
(Édition unique)

Ce grand et important ouvrage a été entrepris aux frais de la liste civile du roi Louis-Philippe, et rédigé d'après ses instructions. Il renferme la description de 1,200 tableaux; des notices historiques sur 676 écussons armoriés, 10 vol. in-8°, accompagnés d'un atlas de 100 gravures in-folio........ 100 fr.

ALBUM (formant un tout complet) de 400 gr., avec notice. Relié, doré. 60 fr.

DICTIONNAIRE ENCYCLOPÉDIQUE
D'HISTOIRE, DE BIOGRAPHIE, DE MYTHOLOGIE ET DE GÉOGRAPHIE

1° HISTOIRE : l'Histoire des peuples, la Chronologie des dynasties, l'Archéologie, l'Étude des institutions. — 2° BIOGRAPHIE : la Biographie des hommes célèbres, avec notices biographiques. — 3° MYTHOLOGIE : Biographie des dieux et des personnages fabuleux, fêtes et mystères. — 4° GÉOGRAPHIE : la Géographie physique, politique, industrielle et commerciale, la Géographie ancienne et moderne, comparée, par GRÉGOIRE. **Nouvelle édition mise au courant des modifications amenées par les événements politiques.** 1 fort volume gr. in-8 à 2 colonnes de 2,132 pages, la matière d'environ 60 vol. in-8. Broché, 20 fr. — Relié.............. **25 fr.**

DICTIONNAIRE ENCYCLOPÉDIQUE DES LETTRES ET DES ARTS

Avec des gravures intercalées dans le texte par LE MÊME. 1 volume grand in-8° illustré, 10 fr. — Relié.........................: .... **15 fr.**

Nouveau dictionnaire de géographie ancienne et moderne, par GRÉGOIRE, 1 vol. grand in-32, relié 2 fr. **Dictionnaire classique d'Histoire, de Géographie, de Biographie** et de Mythologie, rédigé d'après le *Dictionnaire encyclopédique d'Histoire et de Géographie*, par L. GRÉGOIRE, 1 fort volume de 1,260 pages, gr. in-18, relié........................ **8 fr.**

ŒUVRES COMPLÈTES DE CHATEAUBRIAND

Nouvelle édition, précédée d'une Étude littéraire sur Chateaubriand, par SAINTE-BEUVE, de l'Académie française, 12 très forts volumes in-8°, sur papier cavalier vélin, orné d'un beau portrait de Chateaubriand et de 42 gravures par STAAL, le volume. 6 fr. Les notes manuscrites de Chateaubriand, recueillies par SAINTE-BEUVE, sur les marges d'un exemplaire de la 1re édition de l'*Essai sur les Révolutions*, donnent à notre édition de cet ouvrage une valeur exceptionnelle.

ON VEND SÉPARÉMENT AVEC TITRE SPÉCIAL :

Le Génie du Christianisme	1 vol.	Voyage en Amérique, en Italie, en Suisse.......... 1 vol.
Les Martyrs..............	1 vol.	Le Paradis perdu. Essai sur la littérature anglaise... 1 vol.
L'Itinéraire de Paris à Jérusalem..................	1 vol.	Histoire de France......... 1 vol.
Atala. René. Le dernier Abencérage. Les Natchez. Poésies..................	1 vol.	Etudes historiques........ 1 vol.

Chaque vol. avec 3, 4 ou 5 grav. 6 fr. — Relié demi-chagrin, tranches dorées. **9 fr.**

LES MÉMOIRES D'OUTRE-TOMBE

6 volumes in-8° cavalier, gravures sur acier, le volume 6 fr. — Relié....... **9 fr.**

LES DERNIÈRES ANNÉES DE CHATEAUBRIAND (1830-1848)

Par EDMOND BIRÉ. 1 volume in-8° cavalier................................. **6 fr.**

Mémoires d'Outre-Tombe.	6 vol.	Les Martyrs.............. 1 vol.
Essai sur les Révolutions.	1 vol.	Opinions et discours politiques............. 1 vol.
Génie du Christianisme...	1 vol.	Etudes historiques........ 1 vol.
Atala. René. Le dernier Abencérage. Les Natchez. Poésies..............	1 vol.	Histoire de France. Les quatre Stuarts. Vie de Rancé. 1 vol.
Itinéraire de Paris à Jérusalem..............	1 vol.	Le paradis perdu. Essai sur la littérature anglaise... 1 vol.
Voyages en Italie, en Amérique et en Suisse........	1 vol.	Congrès de Vérone. Guerre d'Espagne.............. 1 vol.
Mélanges politiques, polémiques..................	1 vol.	Les dernières années de Chateaubriand.......... 1 vol.

ŒUVRES COMPLÈTES DE SHAKSPEARE

Traduction de M. GUIZOT, nouvelle édition complète, revue, avec une étude sur Shakspeare, des notices sur chaque pièce et des notes.
9 vol. in-8° cavalier, sans gravures, le vol. 5 fr. — Avec gravures, le vol... **6 fr.**

CHEFS-D'ŒUVRE DU ROMAN FRANÇAIS

12 beaux vol. in-8° cavalier, illustr. de charmantes grav. sur acier, dessins de STAAL

Chaque volume sans tomaison se vend séparément 3 fr. 50

Œuvres de Mᵐᵉ de La Fayette. 1 v.
Œuvres de Mᵐᵉˢ de Fontaines et de Tencin................. 1 vol.
Œuvres de Mᵐᵉ Riccoboni. 1 vol.
Œuvres de Mᵐᵉ Elie de Beau-

mont, de Mᵐᵉ de Genlis, de Fiévée, de Mᵐᵉ Duras... 1 vol.
Œuvres de Mᵐᵉ de Souza. 1 vol.
Corinne ou l'Italie, par Mᵐᵉ DE STAEL.................. 1 vol.

ŒUVRES DE WALTER SCOTT

Traduction de M. DEFAUCONPRET, édition de luxe revue et corrigée avec le plus grand soin, illustrée de 59 magnifiques vignettes et portraits sur acier d'après RAFFET, 30 volumes in-8° cavalier, papier glacé et satiné........ .... **150 fr.**
Chaque volume.. **5 fr.**

TOMES.	TOMES.	TOMES.
1. Waverley.	10. L'abbé.	21. Chronique de la Ca-
2. Guy Mannering.	11. Kenilworth.	nongate.
3. L'Antiquaire.	12. Le Pirate.	22. La jolie fille de Perth.
4. Rob-Roy.	13. Les Aventures de Ni-	23. Charles le Téméraire.
5. Le nain noir.	gel.	24. Robert de Paris.
6. {Les puritains d'Écosse. {La prison d'Edimbourg.	14. Peveril du Pic.	25. {Le Château périlleux. {La Démonologie.
7. {La fiancée de Lamer- { moor. {L'officier de fortune.	15. Quentin Durward. 16. Eaux de Saint-Ronan. 17. Redgauntlet.	26. 27. }Histoire d'Écosse. 28.
8. Ivanhoé.	18. Connétable de Chester.	29.
9. Le Monastère.	19. Richard en Palestine. 20. Woodstock.	30. }Romans poétiques.

LE MÊME OUVRAGE, 30 volumes in-8° carré, avec gravures sur acier. Chaque volume contient au moins un roman complet................................ **3 fr. 50**

ŒUVRES DE J. FENIMORE COOPER

Traduction de M. DEFAUCONPRET, avec 90 vignettes, d'après les dessins de MM. Alfred et Tony JOHANNOT. 30 volumes in-8°............................. **150 fr.**
On vend séparément chaque volume.................................. **5 fr.**

TOME.	TOMES.	TOMES.
1. Précaution.	11. Le Bravo.	21. Le Feu-Follet.
2. L'Espion.	12. L'Heidenmauer.	22. A Bord et à Terre.
3. Le Pilote.	13. Le Bourreau de Berne.	23. Lucie Hardinge.
4. Lionel Lincoln.	14. Les Monikins.	24. Wyandotté.
5. Les Mohicans.	15. Le Paquebot.	25. Satanstoë.
6. Les Pionniers.	16. Eve Effingham.	26. Le Porte-Chaîne.
7. La Prairie.	17. Le lac Ontario.	27. Ravensnest.
8. Le Corsaire rouge.	18. Mercédès de Castille.	28. Les lions de mer.
9. Les Puritains.	19. Le tueur de daims.	29. Le Cratère.
10. L'Ecumeur de mer.	20. Les deux amiraux.	30. Les mœurs du jour.

LE MÊME OUVRAGE, 30 volumes in-8° carré avec gravures sur acier. Chaque volume contient au moins un roman complet.................................. **3 fr. 50**

HISTOIRE DES DEUX RESTAURATIONS

Jusqu'à l'avènement de Louis-Philippe (janvier 1813 à octobre 1830), par ACHILLE DE VAULABELLE. Nouvelle édition illustrée de vignettes et portraits sur acier, gravés par les premiers artistes, dessins de PHILIPPOTAUX. 10 vol. in-8°....... **60 fr.**

ŒUVRES COMPLÈTES D'AUGUSTIN THIERRY

5 vol. in-8° cavalier, papier vélin glacé, le volume... **6 fr.**

Histoire de la conquête de l'Angleterre................ 2 vol.
Lettres sur l'Histoire de France. Dix ans d'Etudes historiques. 1 vol.

Récits des temps mérovingiens..................... 1 vol.
Essai sur l'Histoire du Tiers-Etat..................... 1 vol.

COLLECTION DES COMPACTES

GRAND IN-8° JÉSUS A 2 COLONNES

Gravures sur acier à 12 fr. 50 le volume. *Reliés demi-chagrin, tranches dorées*, 18 fr.

ŒUVRES COMPLÈTES DE MO-LIÈRE. Gravures sur acier, dessins de G. STAAL, notes philologiques et littéraires, par LEMAISTRE. 1 vol.

ŒUVRES DE P. ET TH. COR-NEILLE. Vie de P. Corneille, par FONTENELLE. Grav. sur acier. 1 vol. 12 grav.

ŒUVRES DE J. RACINE. Avec Essai sur la vie et les ouvrages de J. Racine, par Louis RACINE; 13 vignettes d'après STAAL, 1 vol.

ŒUVRES COMPLÈTES DE BOI-LEAU. Notice par M. SAINTE-BEUVE. Notes de tous les commentateurs; gravures sur acier, 1 vol.

ŒUVRES COMPLÈTES DE BEAUMARCHAIS. Notice par M. LOUIS MOLAND, enrichie à l'aide des travaux les plus récents, grav., dessins de STAAL. 1 vol.

ŒUVRES COMPLÈTES DE CA-SIMIR DELAVIGNE. — Théâtres. — Messéniennes. — Œuvres posthumes. Illustrées. 1 vol.

MORALISTES FRANÇAIS. — PASCAL, LA ROCHEFOUCAULD, LA BRUYÈRE, VAUVENARGUES, avec portraits. 1 vol.

PLUTARQUE. VIE DES HOMMES ILLUSTRES, traduit par RICARD. 14 grav. 1 vol.

ŒUVRES COMPLÈTES D'AL-FRED DE MUSSET, 28 gravures dessins de M. BIDA, notice biographique par son frère. 10 vol. in-8° cavalier............................ 80 fr.
Édition en 1 vol. gr. in-8°, ornée de 29 gravures.................. 20 fr.

LE PLUTARQUE FRANÇAIS. Vie des hommes et des femmes illustres de la France. Édition revue sous la direction de M. T. HADOT. 180 biographies, autant de portraits sur acier, dessins

de INGRES, MEISSONIER, etc., 6 vol. gr. in-8°.................... 96 fr.
ŒUVRES CHOISIES DE GA-VARNI. — La Vie de jeune homme. — Les débardeurs, notices par BALZAC, TH. GAUTHIER. 1 vol. gr. in-8°, 80 gravures.......................... 5 fr.
TABLEAU DE PARIS, par TIXIER. Illustré, 1,500 gravures, dessins de BLANCHARD, CHAM, GAVARNI, etc. 2 vol. in-folio...................... 20 fr.
Relié en toile, tr. dor., fers spéciaux. 2 vol., 30 fr.; rel. en 1 vol..... 25 fr.

ŒUVRES DE GRANDVILLE

9 vol. gr. in-8° jés., brochés, 90 fr. — Reliure demi-chag., tranches dorées, 6 fr. par vol.

FABLES DE LA FONTAINE. Illustrées de 240 gravures. Un sujet pour chaque fable, 1 vol. gr. in-8°.. 15 fr.
LES FLEURS ANIMÉES. Texte par Alphonse KARR, TAXILE DELORD et le comte FŒLIX. Planches très soigneusement retouchées pour la gravure et le coloris. 2 volumes gr. in-8°, 50 gravures coloriées.................. 25 fr.
LES PETITES MISÈRES DE LA VIE HUMAINE. Illustrées, texte par OLD-NICK, portrait de GRANDVILLE.

1 fort vol. gr. in-8° jésus..... 15 fr.
LES MÉTAMORPHOSES DU JOUR. 70 gravures coloriées. Texte par MM. ALBÉRIC SECOND, TAXILE DELORD, LOUIS HUART, MONSELET. Notice sur Grandville par Charles BLANC. 1 magnifique vol. gr. in-8°.... 18 fr.
CENT PROVERBES. Illustrés, gravures coloriées, texte par TROIS TÊTES DANS UN BONNET. Édition, revue et augmentée pour le texte, par QUITARD. 1 volume grand in-8°......... 15 fr.

MOLIÈRE

FÊTES ET NAISSANCES

1 vol. in-32, élégamment relié, tranches dorées..................... 5 fr.

HISTOIRE DE FRANCE. Depuis les temps les plus reculés jusqu'à la révolution de 1789, par ANQUETIL, suivie de l'*Histoire de la Révolution*, du *Directoire*, du *Consulat*, de l'*Empire* et de la *Révolution*, par GALLOIS, vignettes sur acier. 10 volumes in-8° cavalier à..... .... 5 fr.

HISTOIRE DE FRANCE (1830 à 1875). ÉPOQUE CONTEMPO-RAINE. Par GRÉGOIRE, professeur

d'histoire. 4 volumes in-8° cavalier, gravures sur acier. le vol.......... 5 fr.
HISTOIRE DE LA GUERRE Franco-Allemande (1870-1871). Par M. AMÉDÉE LE FAURE, illustrée, portraits histor., combats, batailles. Cartes avec les positions stratégiques. 2 magnifiques volumes gr. in-8°. 15 fr. Relié, doré, 2 volumes en un... 20 fr.
Atlas de la guerre (1870-1871). Cartes des batailles et sièges, par LE MÊME, 1 vol. in-4°, 50 cartes.... 5 fr.

HISTOIRE DE LA GUERRE D'ORIENT, par M. A. LE FAURE, cartes, plans, d'après l'état-major russe et autrichien, portraits, grav., etc. 2 vol. in-8° colombier........ **15 fr.**
— Relié, doré, 2 vol. en un..... **20 fr.**

LE VOYAGE EN TUNISIE, de M. A. LE FAURE, préface de JÉZIERSKI, carte. 1 vol. gr. in-8°, 70 pages. **1 fr.**

HISTOIRE DE LA RÉVOLUTION FRANÇAISE, par LOUIS BLANC, 12 vol. in-8° .... **60 fr.**

ENCYCLOPÉDIE THÉORIQUE-PRATIQUE DES CONNAISSANCES UTILES. Composée de traités sur les connaissances les plus indispensables avec 1,500 gravures dans le texte. 2 vol. gr. in-8° ...... **15 fr.**

UN MILLION DE FAITS. Aide-mémoire universel des sciences, des arts et des lettres, par J. AICARD, L. LALANNE, LUD. LALANNE, etc. 1 fort vol. in-8°, 1,720 col., avec grav. **6 fr.**

BIOGRAPHIE PORTATIVE UNIVERSELLE. (29,000 noms), suivie d'une table chronologique et alphabé-tique, par LALANNE, A. DELLOYE, etc. 1 vol. de 2,000 col............. **6 fr.**

MYTHOLOGIE DE LA GRÈCE ANTIQUE, par Paul DECHARME, professeur de littérature grecque à la Faculté des lettres de Nancy, ancien membre de l'École française d'Athènes, 180 gravures et 4 chromolithographies, d'après l'antique. 1 vol. grand in-8° raisin .... **12 fr.**

GÉOGRAPHIE UNIVERSELLE, par MALTE-BRUN. 6e édit. 6 vol. grand in-8°, orné de grav. et cartes. **20 fr.**

ATLAS DE LA GÉOGRAPHIE UNIVERSELLE. Ou *description de toutes les parties du monde sur un plan nouveau*, par MALTE-BRUN. 1 vol. gr. in-folio, de 72 cartes, dont 14 doubles, coloriées, 1 vol. in-folio. **20 fr.**

LORD MACAULAY. Histoire d'Angleterre sous le règne de Jacques II. Traduit de l'anglais par le comte DE PEYRONNET, 3 vol. in-8°...... **15 fr.**
— Histoire du règne de Guillaume III. Pour faire suite à l'*Histoire du règne de Jacques II*, traduit par PICHOT. 4 volumes in-8°...... **20 fr.**

OUVRAGES RELIGIEUX

ŒUVRES COMPLÈTES DE BOSSUET

Classées pour la première fois selon l'ordre logique et analogique, publiées par l'abbé MIGNE, éditeur de la *Bibliothèque du clergé*. 11 volumes grand in-8°. **60 fr.**

Discours sur l'Histoire universelle. Édition revue d'après les meilleurs textes, illustrée. Gravures en taille-douce. 1 vol. gr. in-8° .. **12 fr.**

Oraisons funèbres et panégyriques. Édition illustrée. 12 gravures sur acier, d'après REMBRANDT, MIGNARD, RIBÉRA, POUSSIN, CARRACHE, etc. 1 vol. grand in-8° .... **12 fr.**

Méditations sur l'Évangile. Revues sur les éditions les plus correctes. 12 gra-vures de RAPHAEL, RUBENS, POUSSIN, REMBRANDT. 1 vol. grand in-8°. **12 fr.**

Élévations à Dieu sur tous les mystères de la religion chré-tienne. 1 vol. grand in-8°, 10 magnifiques gravures de LE GUIDE, POUSSIN, VANDERWERF, MARATTE, etc... **12 fr.**

Histoire des variations des églises protestantes. 2 vol. in-18 à.................. **3 fr.**

Œuvres oratoires complètes, oraisons funèbres, panégyriques, sermons. Édition suivant le texte de l'édition de Versailles, amélioré à l'aide des travaux les plus récents. 4 volumes in-8°, 20 fr. — Bien relié.... **28 fr.**

Les Vies des Saints. POUR TOUS LES JOURS DE L'ANNÉE, nouvellement écrites par une réunion d'ecclésiastiques et d'écrivains catholiques, classées pour chaque jour de l'année par ordre de dates, d'après les Martyrologes et Godescard ; illustrées 1,800 gravures. 4 beaux vol. grand in-8°.................. **25 fr.**
Reliure chagrin, tranches dorées, 4 t. en 2 volumes.................. **37 fr.**
LES VIES DES SAINTS ont obtenu l'approbation des archevêques et des évêques.

Les Saints Évangiles. Traduction de LEMAISTRE DE SACY, selon saint Marc, saint Mathieu, saint Luc et saint Jean, encadrements en couleur, gravures sur acier, frontispice or. 1 vol. gr. in-8°. **12 fr.**

Manuel ecclésiastique. Ou répertoire offrant alphabétiquement 640 p. blan-ches, autant de titres avec divisions et sous-divisions sur le dogme, etc. Ouvrage à l'aide duquel il est impossible de perdre une seule pensée, soit qu'elle survienne à l'église, etc. 1 volume in-4° relié.......... **6 fr.**

L'Imitation de Jésus-Christ. Traduction, avec des réflexions à la fin de chaque chapitre, par M. l'abbé F. DE LAMENNAIS. Nouv. édit., avec encadrements couleur, 10 gravures sur acier, avec frontispice or. 1 volume grand in-8° jésus.................. **15 fr.**

Les Femmes de la Bible. Principaux fragments d'une histoire du peuple de Dieu, par Mgr DARBOY, archevêque de Paris, avec une collection de portraits des Femmes célèbres de l'Ancien et du Nouveau Testament, dessins de G. STAAL

8 vol. grand in-8°. Chaque volume, formant un tout complet, se vend séparément.................... **20 fr.**

Les Saintes Femmes. Texte par LE MÊME. Collection de portraits, gravés sur acier, des femmes remarquables de l'histoire de l'Eglise. 1 volume grand in-8° jésus.................... **20 fr.**

LA SAINTE BIBLE. Traduite en français, par LEMAISTRE DE SACY, accompagnée du texte latin de la Vulgate, 80 gravures sur acier de RAPHAEL, LE TITIEN, LE GUIDE, PAUL VÉRONÈSE, SALVATOR ROSA, POUSSIN, etc., 6 volumes grand in-8°, carte de la Terre-Sainte et du plan de Jérusalem.................... **100 fr.**

La Sainte Bible. Traduite en français par LEMAISTRE DE SACY, avec magnifiques gravures d'après RAPHAEL, LE TITIEN, LE GUIDE, PAUL VÉRONÈSE, POUSSIN. 1 fort volume, grand in-8°, carte de la Terre-Sainte et plan de Jérusalem.................... **25 fr.** Relié, tranche dorée.......... **32 fr.**

Biblia sacra. (Approuvée), *Vulgatæ editionis.* SIXTI V, PONTIFICIS MAXIMI *jussu recognita et* CLEMENTIS VIII *auctoritate edita.* — 1 beau volume in-18, caractères très lisibles........ **6 fr.**

La Bible des enfants. Par l'abbé A. SACHET. — Ouvrage illustré de nombreuses gravures. 1 volume in-18 jésus. Cartonné.................... **1 fr.** Relié toile................ **1 fr. 50** Reliure, tranche dorée, par vol. **6 fr.**

LECTURES SPIRITUELLES

Approuvées par plusieurs archevêques et évêques et disposées par P. GŒDERT E. M.

BOURDALOUE.—**Temps de l'Avent.** 1 vol.

SAINT AUGUSTIN. — **Noël et l'Épiphanie.** 1 vol.

BOSSUET. — **Préparation au Carême.** 1 vol.

MASSILLON. — **Carême.** 1 vol.

P. VENTURA. — **Passion de N.S. Jésus-Christ.** 1 vol.

LOUIS DE GRENADE. — **Fêtes de la T.S. Vierge.** 1 vol.

SAINT-CHRYSOSTOME. — **Les Vertus chrétiennes,** 1 vol.

SAINT-THOMAS D'AQUIN. — **Sacrement de l'autel.** 1 vol.

FÉNELON. — **La Vie intérieure,** 1 vol.

SAINT-FRANÇOIS DE SALES. — **Sur la Piété,** 1 vol.

ALPHONSE DE LIGUORI. — **Sur les Fins dernières,** 1 vol.

SAINT BERNARD. — **Sur la Vie chrétienne.** (*Sous presse.*)

Chaque vol. in-18 br. **2 fr. 50**; rel. souple, tranche rouge **4 fr.**

COLLECTIONS D'OUVRAGES ILLUSTRÉS POUR LES ENFANTS

86 jolis volumes grand in-18 à **2 fr. 50**; reliés dorés, **3 fr. 50.**

ANDERSEN. **La Vierge des Glaciers,** etc. 1 vol.
— **Histoire de Valdemar Daae,** — Petite-Poucette, etc. 4 vol.
— **La camarade de voyage.** — Sous le saule. Les Aventures, etc. 1 vol.
— **Le Coffre volant, les Galoches du bonheur,** etc. 1 vol.
— **L'Homme de neige, le Jardin du Paradis, les deux Coqs.** 1 vol.
BARTOLOMÉ. **Histoire de la vie et des astuces du rustique Bertoldo.** 1 volume in-18 jésus.
BAYARD. **Histoire du bon chevalier sans peur et sans reproches,** par LE LOYAL SERVITEUR. 2 vol.
BELLOC (LOUISE Sw.), 7 vol.
— **La Tirelire aux histoires.** 2 vol.
— **Histoires et contes.** 1 vol.
— **Contes familiers.** 1 vol.
— **Grave et gai. Rose et Gris.** 1 vol.
— **Lectures enfantines.** 1 vol.
— **Contes pour le premier âge.** 1 vol.
BERNARDIN DE SAINT-PIERRE. **Paul et Virginie. Chaumière indienne.** 1 vol.
BERQUIN. **Ami des enfants.** 1 vol.
— **Sandford et Merton.** 1 vol.
— **Le petit Grandisson.** 1 vol.

— **Théâtre choisi.** 1 vol.
BOCHET. **Le premier livre des enfants.** Alphabet illustré. 1 vol.
BOISGONTIER. **Choix de nouvelles,** DE GENLIS, BERQUIN. 1 vol.
BOUILLY (Œuvres de J.-N.). 7 vol.
— **Contes à ma fille.** 1 vol.
— **Conseils à ma fille.** 1 vol.
— **Les Encouragements de la jeunesse.** 1 vol.
— **Contes populaires.** 1 vol.
— **Contes aux enfants de France.** 1 vol.
— **Causeries et Nouvelles causeries.** 1 vol.
— **Contes à mes petites amies.** 1 v.
BUFFON (Le petit) illustré. Histoire et description des animaux. 1 fort vol.
CAMPE. **Histoire de la découverte de l'Amérique.** 1 vol.
COZZENS (S. W.). **Voyage dans l'Arizona,** traduction. 1 vol.
— **Voyage au Nouveau Mexique** Traduction de W. BATTIER. 1 vol.
DEMESSE (Henri). **Zizi, histoire d'un moineau de Paris.** 1 vol.
DESBORDES-VALMORE. **Contes et scènes, vie de famille.** 2 vol.
— **Les poésies de l'enfance.** 1 vol.

DU GUESCLIN (La Vie de). D'après la chanson et la chronique. Texte rajeuni par MOLAND. 2 vol.

FÉNELON. Aventures de Télémaque. 1 vol.

FLORIAN. Fables. 1 vol.
— Don Quichotte de la jeunesse. 1 vol.

FOE (de). Aventures de Robinson Crusoé. 1 vol.

FOURNIER. Animaux historiques. 1 vol.

GENLIS. Veillées du Château. 2 vol.

GRIMM. Contes. 1 vol. illustré.

HÉRICAULT et L. MOLAND. La France guerrière. 4 vol.
— Vercingétorix à Du Guesclin. 1 v.
— Jeanne d'Arc à Henri IV. 1 vol.
— Louis XIV à la République. 1 v.
— Rivoli à Solférino. 1 vol.

HÉRODOTE. Récits historiques, extraits par M. L. HUMBERT. 1 vol.

HERVEY. Petites histoires. 1 vol.

JACQUET (l'abbé). L'Année chrétienne, la vie d'un saint pour chaque jour, approuvée de NN. SS. les archevèques et évêques. 2 vol.

LA FONTAINE. Fables. 1 vol.

LAMBERT. Lectures de l'enfance. 1 vol.

LEPRINCE DE BEAUMONT. Le Magasin des enfants. 2 vol.

LOIZEAU DU BIZOT. Cent petits contes pour les enfants. 1 vol.

MAISTRE (de). Œuvres complètes. Voyage autour de ma chambre. Cité d'Aoste. La Jeune Sibérienne, etc. 1 vol.

MANZONI. Les Fiancés. Histoire milanaise. 2 vol.

MONTIGNY (Mlle de). Mille et une Nuits des Familles (Les). 2 vol.
— Les Mille et une Nuits de la jeunesse. 1 vol.

NODIER. Neuvaine de la Chandeleur, Génie Bonhomme. 1 vol.

PELLICO (Silvio). Mes prisons, suivi des Devoirs des hommes. 1 vol.

PERRAULT, Mme D'AULNOY. Contes des fées. 1 vol.

PLUTARQUE. Vie des Grecs célèbres, par M. L. HUMBERT. 1 vol.

SACHOT. Inventeurs et Inventions. 1 vol.

SCHMID. Contes. 4 vol. se vendant séparément.

SÉVIGNÉ. Lettres choisies. 1 vol.

SWIFT. Voyages de Gulliver. 1 vol.

THÉATRE DE L'ENFANCE ET DE LA JEUNESSE. 1 vol.

CONTES ET HISTORIETTES, par un PAPA. 1 vol. illustré, gros caractères.

VAULABELLE. Ligny, Waterloo. 1 v.

WISEMAN. Fabiola. Trad. 1 vol.

WYSS. Robinson Suisse. 2 vol.

COLLECTION DE

43 BEAUX VOLUMES ILLUSTRÉS

GRAND IN-8° RAISIN, 7 FR. 50

Demi-reliure en maroquin, plats toile, doré sur tranche, le volume, 11 fr.
Toile dorée, fers spéciaux, 10 fr.

Cette charmante collection se distingue non seulement par l'excellent choix des auteurs et l'élégance du style, mais encore par un grand nombre de gravures dans le texte et hors texte, exécutées par les premiers artistes. Jamais livres édités à ce prix n'ont offert autant de belles illustrations.

ANDERSEN. Contes Danois. Traduit du danois par MM. L. MOLAND et E. GRÉGOIRE. 1 vol.
— Nouveaux Contes Danois, traduits par les mêmes. 1 vol.
— Les Souliers rouges et autres contes, traduits par les mêmes. 1 vol.

BAYARD. La très joyeuse plaisante et récréative histoire du Gentil (seigneur de), composée par LE LOYAL SERVITEUR. Introduction par L. MOLAND. 1 vol.

BELLOC. Le fond du sac de la grand'mère, contes et histoires. 1 vol.
— La tirelire aux histoires. Lectures choisies. 1 vol.

J.-R. BELLOT. Journal d'un voyage aux mers polaires à la recherche de SIR JOHN FRANKLIN. 1 vol.

BERNARDIN DE SAINT-PIERRE. Paul et Virginie suivi de la Chaumière indienne. 1 vol.

BERQUIN. L'ami des enfants. 1 vol.
— Sandford et Merton. — Le Petit Grandisson. — Le Retour de Croisière. — Les Sœurs de lait. — L'honnête Fermier. 1 v.

BERTHOUD (Œuvres de S. Henry).
— La Cassette des sept amis. 1 vol.
— Les Hôtes du logis. 1 vol.
— Soirées du docteur Sam. 1 vol.
— Le Monde des Insectes. 1 vol.
— L'homme depuis cinq mille ans. 1 vol.
— Contes du docteur Sam. 1 vol.

BUFFON des familles. Histoire et description des animaux, extrait des Œuvres de Buffon et de Lacépède. 1 vol.

COZZENS (S.-W.). La contrée merveilleuse, voyage dans l'Arizona et le Nouveau Mexique, trad. de W. BATTIER. 1 vol.

DU GUESCLIN (Histoire). Introduction par L. MOLAND. 1 vol.

FABRE. **Histoire de la Bûche.** Récits sur la vie des plantes. 1 vol.

FÉNELON. **Aventures de Télémaque.** 1 vol.

FLORIAN. **Don Quichotte de la jeunesse.** 1 vol.

— **Fables.** 1 vol.

FOÉ. **Aventures de Robinson Crusoé.** 1 vol.

GALLAND. **Les Mille et une Nuits des Familles.** Contes arabes. 1 vol.

GENLIS. **Les veillées du château.** 1 vol.

JACQUET (l'abbé). **Vie des Saints les plus populaires et les plus intéressants,** avec l'approbation de plusieurs archevêques et évêques. 1 vol.

LE PRINCE DE BEAUMONT. **Le Magasin des enfants.** 1 vol.

LEVAILLANT. **Voyages dans l'intérieur de l'Afrique.** 1 vol.

LONLAY (DICK DE). **Au Tonkin,** récits anecdotiques. 1 vol.

MAISTRE (DE). **Œuvres complètes du** comte **Xavier.** — Voyage autour de ma chambre, le Lépreux de la cité d'Aoste, les Prisonniers du Caucase, la Jeune Sibérienne, préface par SAINTE-BEUVE. 1 vol.

NODIER. **Le Génie Bonhomme.** — Séraphine. — François-les-Bas-Bleus. — La Neuvaine de la Chandeleur. — Trilby. — Trésor des Fèves. 1 vol.

PELLICO. **Mes prisons,** suivi des *Devoirs des hommes.* 1 vol.

PERRAULT, D'AULNOY, LE PRINCE DE BEAUMONT et HAMILTON. **Contes des fées.** 1 vol.

SCHMID. **Contes.** Traductions de l'abbé MACKER, la seule approuvée par l'auteur. 2 beaux vol. Chaque volume complet se vend séparément.

SWIFT. **Voyages de Gulliver.** 1 vol.

WISEMAN. **Fabiola ou l'Eglise des Catacombes.** 4 vol.

WYSS. **Robinson Suisse,** avec la suite. Notice de NODIER. 1 vol.

ALBUMS POUR LES ENFANTS

In-4° imp. en *chromo*, cartonné, dos toile, couv. chromo.................... **6 fr.**
Relié toile, tranche dorée, plaque spéciale......................... **8 fr.**

Fées des Fleurs, des Bois et des Eaux. Illust. en couleurs par Edouard ZIER. — 1 vol.

Jeanne d'Arc, texte par M. MOLLAND, dessin chromo, de LIX.

Je serai soldat, alphabet militaire. Nombreuses gravures en chromo.

Don Quichotte. Gravure chromo.

Voyages de Gulliver à Lilliput et à Brobdingnac. Ouvrage illustré de chromotypographie.

Les Héros du siècle. — Récits militaires, par DICK DE LONLAY. 1 vol.

Nouveau voyage en France, par un PAPA, gravures couleurs, 1 vol.

Je saurai lire, illustré par LIX, gravure chromo. 1 vol.

Je sais lire. — Contes et historiettes, gravures chromo, par LIX. 1 vol.

Petit voyage en France. — Gravures chromo. 1 vol.

Contes de Mme d'Aulnoy. Chromo. 1 vol.

Choix de fables de La Fontaine. — Chromos, par DAVID. 1 vol.

Contes de Perrault. — Gravures chromolithographie de LIX. Illustrations par STAAL. 1 vol.

Animaux sauvages et domestiques. — 1 vol.

Robinson Crusoé. — Gravures chromolithographie. 1 vol.

Les dernières merveilles de la science. — Gravures chromo, 1 vol.

La légende du Juif-Errant. — Dessins de GUSTAVE DORÉ, gravures sur bois. 1 vol.

Écoutez-moi, album in-4°, par Benjamin RABIER........................ **4 fr.**
Le fond du sac, album in-4°, par Benjamin RABIER.................... **4 fr.**

CHANSONS ET RONDES ENFANTINES

Album illustré, format in-8° colombier, notices et accompagnement de piano par J.-B. WECKERLIN. Chromotypographies, par Henri PILLE. Dessins de J. Blass Trimole, gravés par Lefman, élégamment relié étoffe, tr. dorée........ **10 fr.**

Chansons et rondes enfantines des provinces de la France, par J.-B. WECKERLIN. Album illustré, format in-8° colombier, avec notices et accompagnement de piano. Chromotypographies par LIX, relié étoffe riche......................... **10 fr.**

Nouvelles chansons et rondes enfantines, musique de WECKERLIN, dessins de SANDOZ, POISSON, etc. Album in-8° colombier, illustrations. Elégamment relié étoffe, tr. dorées... **10 fr.**

ŒUVRES DE TOPFER. — **Premiers voyages en zigzag,** ou excursions d'un pensionnat en vacances dans les cantons suisses, etc., 35 grands dessins par CALAME. 1 vol. grand in-8°, 12 fr. Relié......................... **18 fr.**

— **Nouveaux voyages en zigzag,** la Grande-Chartreuse, au Mont-Blanc, etc. 43 grav. tirées à part et 320 sujets dans le texte, par MM. CALAME, GIRARDET, DAUBIGNY. 1 vol. in-8°, 12 fr. — Relié................. 18 fr.

— Les nouvelles genevoises, 40 gravures hors texte, gravées par BEST, LELOIR, HOTELIN, 1 vol. in-8°. 10 fr. Relié................. 16 fr.

6 volumes grand in-18 illustrés, le vol. broché. **3 fr.**

Premiers voyages en zigzag. 2 vol.
Nouveaux voyages en zigzag. 2 vol.

Les Nouvelles Genevoises. 1 vol.
Rosa et Gertrude. 1 vol.

— Album Topfer, formant chacun un grand volume in-8° jésus oblong à................. 5 fr. Relié toile, plaque spéciale, doré sur tranche, le volume........ 7 fr. 50 Monsieur Jabot............. 1 vol.

Monsieur Vieux-Bois..... 1 vol.
Monsieur Crépin.......... 1 vol.
Monsieur Pencil.......... 1 vol.
Le docteur Festus........ 1 vol.
Albert................. 1 vol.
Histoire de M. Cryptogame. 1 vol.

ALBUMS DES PETITS ENFANTS

Richement illustrés et imprimés en couleur. Grand in-8° cart. 2 fr. 50; relié doré, 3 fr. 50.

L'Enfant dans la famille, illustré de 32 pages en couleurs.
Jeux de l'enfance, par un PAPA, dessins de LE NATUR. 1 vol.
Alphabet des animaux. Dessins de TRAVIÈS et GOBIN. 1 vol.
Alphabet des oiseaux. Dessins de TRAVIÈS et GOBIN. 1 vol.
Voyage du mandarin Ka-Li-Ko et de son secrétaire Pa-Tchou-

Li, par Eugène LE MOUEL. 1 album in-4° oblong, 32 gravures chromo, relié plaque spéciale.

Vie de l'Enfant Jésus, racontée à un enfant, par Mlle NETTEMENT. Illustrations de YAN D'ARGENT. 1 vol. in-8° cart................. 4 fr.
L'Enfant dans la famille, 1 album in-4° illustré................. 2 fr. 50

COLLECTION ENFANTINE

Albums in-4° imprimés en plusieurs couleurs, chaque album......... 0 fr. 50

1er Livre des petits enfants.
2e Livre des petits enfants.
3e Livre des petits enfants.
L'ange gardien.
Le bon frère.
Le chat de la grand'mère.

Jacques le petit Savoyard.
Le chapeau noir.
Le pôle Nord.
Les aventures d'Hilaire.
Murillo et Cerventès.
Le dernier conte de Perrault.

BIBLIOTHÈQUE PATRIOTIQUE ET INSTRUCTIVE

27 volumes in-8° carré, broché, 3 fr. 50. — Relié toile, tranche dorée, 5 fr.

Français et Allemands. — Histoire anecdotique de la guerre de 1870-71, par DICK DE LONLAY.
1er VOLUME. — Niederbronn, Wissembourg, Fræschwiller, Châlons, Reims, Buzancy, Bazeilles, Sedan. 79 dessins de l'auteur. 1 vol.
2e VOLUME. — Sarrebruck, Spickeren, La Retraite sur Metz, Pont-à-Mousson, Borny. Dessins de l'auteur, cartes et plans de batailles. 1 vol.
3e VOLUME. — Gravelotte, Rezonville, Vionville, Mars-la-Tour, Saint-Marcel, Flavigny. Dessins de l'auteur, cartes et plans de batailles, 1 vol.
4e VOLUME. — Les lignes d'Amanvillers, Saint-Privat, Sainte-Marie-aux-Chênes, les Fermes de Moscou et de Leipsick, Saint-Hubert, le Point-du-Jour. Dessins de l'auteur, cartes et plans de batailles. 1 volume.

5e VOLUME. — L'investissement de Metz, la Journée des Dupes, Servigny, Noisseville, Flanville, Nouilly, Coincy. Dessins de l'auteur, cartes et plans de batailles. 1 vol.
6e VOLUME. — Le blocus de Metz, Peltre, Mercy-le-Haut, Ladonchamps, la Capitulation. Dessins de l'auteur, cartes et plans de batailles. 1 vol.
L'armée de la Loire, récits anecdotiques de la guerre de 1870-71, par GRENEST.
1er VOLUME. — Tours, Orléans, Coulmiers, Beaune-la-Rolande, Villepion, Loigny. 1 vol.
2e VOLUME. — Beaugency, Vendôme, Le Mans, Sillé-le-Guillaume, Alençon.
L'armée de l'Est, récits anecdotiques de la guerre de 1870-71, par GRENEST.
1er VOLUME. — La Bourgogne, Dijon, Nuits.

2ᵉ VOLUME. — Villersexel, Héricourt, La Cluse.

PLUTARQUE. — Les Romains illustres, par Louis HUMBERT, professeur au lycée Condorcet, 1 vol.

Journal d'un aumônier militaire pendant la guerre franco-allemande, par M. l'abbé DE MESSAS. 1 volume.

L'Allemagne en 1813, par GALLI, gravures d'après les dessins de DICK DE LONLAY. 1 vol.

Galeries des enfants célèbres, par Louis TULOU. — Du Guesclin, Jeanne d'Arc, Turenne, Duguay-Trouin, Watteau, Mozart, Béranger, Lamartine, etc., illustré de 16 dessins hors texte, par DAVID. 1 volume.

Nouvelles galeries des enfants célèbres. — V. Hugo, Vaucanson, Michel-Ange, Bayard, Newton, Mᵐᵉ Desbordes-Valmore, Rossini, etc. 1 vol. in-8ᵉ carré, par F. TULOU, illustré par Jules DAVID.

Les généraux de vingt ans, Hoche, Marceau, Joubert, Desaix, par François TULOU. 1 volume illustré de 20 gravures, dessins de DICK DE LONLAY.

Les marins français depuis les Gaulois jusqu'à nos jours, par DICK DE LONLAY. Combats, batailles. Biographie, souvenirs anecdotiques. 1 vol. illustré, 110 dessins par l'auteur.

Originaux et beaux esprits, par SAINTE-BEUVE. — Agrippa d'Aubigné, Voiture, Chapelle, Santeuil, de Chaulieu, Nodier. 1 vol.

Lettres de Madame de Sévigné. — Notice par SAINTE-BEUVE, accompagnées de notes. Illustrées de vignettes et portraits. 1 vol.

Derniers récits, par Mᵐᵉ BELLOC. — Mathurin, Une Nuit terrible, Orléans en 1829, Malemort, Le Père Kelern, la Grève, Rosette et Joson. 1 vol.

Bêtes et plantes, par SANTINI, officier d'Académie. 1 vol.

La case de l'oncle Tom, par Mistress BEECHER STOWE, traduit par MICHELS, illustré par DAVID. 1 vol.

A travers la Bulgarie. — Souvenirs de guerre et de voyage, par DICK DE LONLAY. Illustré de 20 dessins par l'auteur. 1 vol.

Les leçons d'une jeune mère. — Contes et récits, par Mᵐᵉ BELLOC. 1 volume.

La Russie inconnue. — Trois parties : 1ʳᵉ : En pleine forêt ; 2ᵉ et 3ᵉ : La chasse et la pêche.

L'armée russe en campagne. — Schipka, Lovtcha, Plevna, par DICK DE LONLAY. 1 vol. illustré de 23 dessins par l'auteur.

Les Français du XVIIIᵉ siècle, par GIDEL. 1 vol. illustré.

Les Français en Allemagne. — Campagne de 1806, par GALLI. 1 vol. illustré de nombreux dessins par DICK DE LONLAY.

En Asie centrale à la vapeur. — De Paris à Samarkand en 43 jours. Impressions de voyages par Napoléon NEY, préface par Pierre VÉRON, illustré de dessins de DICK DE LONLAY. 1 vol.

MÉMOIRES HISTORIQUES ET MILITAIRES
sur la Révolution, le Consulat et l'Empire
Format grand in-18, le volume broché, 3 fr. 50; relié, 5 fr. 50.

Mémoires de Napoléon. Écrits à Sainte-Hélène sous sa dictée par les généraux qui ont partagé sa captivité. *Édition nouvelle,* avec introduction, notes et appendices, par Désiré LACROIX. 5 vol. in-18 jésus.......... 3 fr. 50

Mémoires du duc de Rovigo. — Édition nouvelle. 5 vol.

Quinze ans de haute police sous le Consulat et l'Empire, par P.-M. DESMAREST, chef de division au Ministère de la police. 1 vol.

Bonaparte en Egypte (1798-1799), par Désiré LACROIX. 1 vol.

Roi de Rome et duc de Reichstadt (1811-1832), par le même. 1 vol.

Histoire de Napoléon, par Désiré LACROIX. 1 fort vol. richement illustré.

Mémoires politiques et militaires du général Doppet. Édition nouvelle revue et annotée par Désiré LACROIX. 1 vol.

Le Mémorial de Sainte-Hélène, par LAS CASES. 4 vol.

Mémoires de Bourrienne sur Napoléon. — Le Directoire, le Consulat, l'Empire et la Restauration. 5 vol.

Derniers moments de Napoléon, par le Dʳ ANTOMMARCHI. 2 vol. in-18 avec gravures.

Les maréchaux de Napoléon, par Désiré LACROIX. 54 portraits. 1 vol.

Napoléon en exil, par le Dʳ BARRY et O'MEARA. 2 vol.

Mémoires de Mˡˡᵉ Avrillion, première femme de chambre de l'Impératrice. 2 vol.

Mémoires du général Rapp. — Édition illustrée. 1 vol.

Lettres de Napoléon à Joséphine — Édition illustrée. 1 vol.

Mémoires militaires du baron Sérurier. 1 volume.

Mémoires de Constant, premier valet de chambre de l'Empereur. 4 vol.

La vie militaire sous le 1ᵉʳ empire, par Elzéar BLAZE. Un vol. in-18 jésus illust. broché........ 3 fr. 50

Mémoires de M™ la duchesse d'Abrantès. 10 volumes.

Histoire des salons de Paris, par M™ la duchesse D'ABRANTÈS. 4 vol.

Histoire des Montagnards, par ESQUIROS. 1 vol.

Histoire des Vendéens (1792-1800), par Désiré LACROIX. 1 volume.

Marquis de la Jonquière, gouverneur général de la Nouvelle-France et le Canada de 1848 à 1852, par le marquis DE LA JONQUIÈRE, 1 volume in-18 broché...................... 2 fr. 50

BIBLIOTHÈQUE CHOISIE

Collection des meilleurs auteurs français et étrangers, anciens et modernes, grand in-18 (dit anglais). Cette collection est divisée par séries. La première contient des volumes à 3 fr. 50. La deuxième à 3 fr. le volume.

PREMIÈRE SÉRIE, *volumes grand in-18 jésus à 3 fr. 50*

BELLOT. Voyage aux mers polaires, portrait et carte. 1 vol.

BÉRANGER (Œuvres complètes), avec gravures. 4 vol. illustré.

— Chansons anciennes. 2 vol.

— Œuvres posthumes. Dernières chansons (1833 à 1851). 1 vol.

— Ma biographie. Ouvrages posthumes de Béranger. 1 vol.

BOURGEOIS (E.). La Danse. 1 vol. orné de gravures.

BOURGOIN. Les maîtres de la critique. 1 vol.

CHARPENTIER. La littérature française au dix-neuvième siècle. 1 volume.

DARBOY (Mgr). Les femmes de la Bible. 1 fort volume. Gravures.

DUPONT (Pierre). Chansons et Poésies, 5° édition. 1 vol.

ETCHEGOYEN. Les Contes de ma giberne. Illustration de Malespine. 1 vol.

FAVRE. Conférences littér. 1 vol.

FRANÇOIS DE SALES (Saint). Nouveaux choix de lettres. 1 vol.

GERUZEZ. Essai de littérature française. 2 vol.

LAMARTINE. Histoire de la Révolution de 1848. 4° édition. 2 vol.

LAMENNAIS. L'Imitation de J.-C., gravures sur acier. 1 vol.

MAROT (Œuvres choisies de). Étude sur la vie de ce poète, note par VOIZARD, docteur ès lettres. 1 vol.

MARTIN. Éducation des mères de famille. Ouvrage couronné par l'Académie française. 1 vol.

MENNECHET (Œuvres). 8 vol.

— Matinées littéraires. Cours de littérature moderne. 4 vol.

— Histoire de France depuis la fondation de la Monarchie. 2 vol. Ouvrage couronné par l'Académie française.

NECKER DE SAUSSURE. Education progressive. 2 vol.

OLLIVIER (Émile), de l'Académie française

— L'Empire libéral. 11 vol. in-18.

— Michel-Ange. 1 vol 3 50

— La Révolution. 1 vol..... 3 50

— Lamartine. 1 vol......... 3 50

— Principes et conduites, 1 vol. grand in-18............. 3 50

— L'Eglise et l'Etat au concile du Vatican. 2 vol................ 8 fr.

PARDIEU (M.). Excursion en Orient, l'Egypte. 1 vol.

ROUSSEAU (J.-J.). Lettre à d'Alembert sur les spectacles, texte revu d'après les anciennes éditions, introduction, notes par M. FONTAINE, professeur à la Faculté des Lettres. 1 v.

SAINTE-BEUVE (Œuvres de). 20 vol.

— Causeries du lundi. 15 vol. Chaque volume se vend séparément.

— Portraits littéraires et derniers portraits, suivis des *Portraits de Femmes*. Nouvelle édition. 4 vol.

— Table générale et analytique des *Causeries du lundi*, des *Portraits littéraires* et des *Portraits de Femmes*. 1 volume.

— Extrait des causeries du lundi, par ROBERT et PICHON. 1 vol.

— Discours prononcé au Collège de France, cours de poésie latine. 1 volume.................... 0 75

Sainte-Bible, traduite par LEMAISTRE DE SACY; 2 forts volumes.

SIENKIEWICZ. Quo vadis? Illustrations de Toffani. 1 vol. in-18 jés. broché. Le même, in-8° cavalier........ 6 fr.

VARENNES (Henri). Un an de justice 4 volumes in-18 (1900-1904).

— L'affaire Humbert, 1 vol. (1903-1904) 1 vol.

WILLY. Chaussettes pour Dames. Illust. de Mirande. 1 vol.

DEUXIÈME SÉRIE, *vol. in-18 à 3 fr.* — *Relié veau, genre antique,* 5 fr.

ARIOSTE. Roland le furieux. Traduit par HIPPEAU. 2 vol.

ARISTOPHANE. Théâtre. Trad. de BROTIER, revue par HUMBERT. 2 vol.

ARISTOTE. La politique. Traduction de THUROT, revue par BASTIEN. 1 vol.

— Poétique et Rhétorique. Trad. nouvelle par Ch. RUELLE. 1 vol.

AURIAC. **Théâtre de la foire.** 1 vol.

BACHAUMONT. **Mémoires secrets,** revus, avec notes. 1 vol.

BARTHELEMY. **Némésis.** 1 vol.

BEAUMARCHAIS. **Mémoires.** 1 vol.
— **Théâtre.** 1 vol.

BEECHER-STOWE. **La Case de l'oncle Tom.** Trad. par MICHIELS. 1 vol.

Béranger des familles, vignettes sur acier. 1 vol.

BERNARDIN DE SAINT-PIERRE. **Paul et Virginie ;** LA CHAUMIÈRE INDIENNE, vign. 1 vol.

BERTHOUD. **Les petites chroniques de la science.** 10 vol.
— **Légendes et traditions surnaturelles des Flandres.** 1 vol.
— **Les femmes des Pays-Bas et des Flandres.** 1 vol.

BOILEAU (Œuvres de), notice de SAINTE-BEUVE, notes de GIDEL. 1 vol.

BOSSUET (Œuvres de). 13 vol.
— **Discours sur l'histoire universelle.** 1 vol.
— **Histoire des variations des églises protestantes.** 2 vol.
— **Elévations à Dieu,** sur les mystères de la religion. 1 vol.
— **Méditations sur l'Evangile.** 1 v.
— **Oraisons funèbres, panégyriques.** 1 vol.
— **Sermons** (Edition complète). 4 vol.
— **Sermons choisis.** Nouv. édit. 1 vol.
— **Traité de la connaissance de Dieu et de soi-même.** 1 vol.
— **Traité de la concupiscence.** Maximes et réflexions sur la comédie. La logique. Libre arbitre. 1 vol.

BEROALDE DE VERVILLE. **Le moyen de parvenir.** 1 vol.

BOURDALOUE. **Chefs-d'œuvre oratoires.** 1 vol.

BRILLAT-SAVARIN. **Physiologie du goût.** *Gastronomie* par BERCHOUX. 1 vol.

BYRON (Œuvres complètes de lord). Trad. de Amédée PICHOT. 18ᵉ édition. 4 vol.

CAMOENS. **Les Lusiades.** Traduction nouvelle avec une étude sur la vie et les œuvres de Camoëns, par Ed. HIPPEAU. 1 vol.

CANTU. **Abrégé de l'histoire universelle.** Traduit par L. XAVIER DE RICARD, portrait de l'auteur. 2 vol.

CERVANTES. **Don Quichotte.** Trad. par DELAUNAY. 2 vol.

CHASLES. **Philarète.** 4 vol.
— **Etudes sur l'Allemagne.** 1 vol.
— **Voyages, Philosophie et Beaux-Arts.** 1 vol.
— **Portraits contemporains.** 1 vol.
— **Encore sur les contemporains.** 1 vol.

CHATEAUBRIAND. 10 vol.
— **Génie du christianisme,** suivi de la Défense du Génie du Christianisme. Avec notes. 2 vol.
— **Les martyrs ou le triomphe de la religion chrétienne.** 1 vol.
— **Itinéraire de Paris à Jérusalem.** 1 vol.
— **Atala. — René. — Le dernier Abencérage. — Nachez.** 1 vol.
— **Voyages en Amérique, en Italie et au Mont-Blanc.** 1 vol.
— **Paradis perdu.** Littér. anglaise. 1 v.
— **Etudes historiques.** 1 vol.
— **Histoire de France. — Les Quatre Stuart.** 1 vol.
— **Mélanges** historiques et politiques. Vie de Rancé. 1 vol.

CHÉNIER (ANDRÉ). **Œuvres poétiques.** Nouvelle édition. 2 vol.
— **Œuvres en prose.** 1 vol.

COLIN D'HARLEVILLE. **Théâtre.** Introduction par L. MOLAND. 1 vol.

CONFUCIUS ou **les quatre livres de philosophie morale et politique de la Chine,** traduits du chinois, par G. PAUTHIER. 1 vol.

CORNEILLE. Edition collationnée sur la dernière publiée du vivant de l'auteur, notes. 2 vol.
— **Théâtre.** 1 vol.

COURRIER. (Œuvres de). Essai sur sa vie et ses écrits par Armand CARREL. 1 v.

COUSIN. **Instruction publique en France.** 2 vol.

CRÉQUY (La marquise de). **Souvenirs** (1718-1803). 5 vol. 10 portraits.

CYRANO DE BERGERAC. **Histoire de la lune et du soleil.** 1 vol.
— **Aventures comiques et galantes.** 1 vol.

DANTE. **La divine comédie.** Trad. par ARTAUD DE MONTOR. 1 vol.

DASSOUCY. **Aventures burlesques,** avec préfaces et notes. 1 vol.

DÉMOSTHÈNE. **Discours politiques.** 1 vol.

DEMOUSTIER. **Lettres à Emilie sur la mythologie,** notice. 1 vol.

DÉSAUGIERS, **Théâtre choisi.** Introduction par MOLAND. 1 vol.

DESCARTES. **Œuvres choisies.** Discours de la méthode. Méditations métaphysiques. 1 vol.

DESTOUCHES. **Théâtre.** Notes de MOLAND. 1 vol.

DONVILLE. **Mille et un calembours et bons mots,** *histoire du calembour*, 1 vol.

DUPONT. **Muse Juvénile,** vers et prose. 1 vol.

DUPUGET. **Romans de famille,** trad. du suédois, sur textes originaux.

— Les Voisins, par M¹¹ᵉ BREMER. 4ᵉ édition. 1 vol.

— Le foyer domestique, par M¹¹ᵉ BREMER, ou *Chagrins et joies de la famille*. 2ᵉ édit. 1 vol.

— Les filles du Président, par M¹¹ᵉ BREMER, 3ᵉ édit. 1 vol.

— La famille H., par M¹¹ᵉ BREMER 1 v.

— Un journal, par M¹¹ᵉ BREMER. 1 v.

— Guerre et Paix. Le voyage de la Saint-Jean, par M¹¹ᵉ BREMER. 1 v.

— Abrégé des voyages de Bremer dans l'Ancien et le Nouveau-Monde. 1 v.

— La vie de la famille dans le Nouveau-Monde. Lettres écrites pendant un séjour dans l'Amérique du Nord et à Cuba. 3 vol.

— Les Cousins, par Mᵐᵉ la baronne de KNORRING, 2ᵉ édit. 1 vol.

— Une femme capricieuse, par Mᵐᵉ CARLEN. 2 vol.

— L'Argent et le Travail, tableau de genre, par l'ONCLE ADAM. 1 vol.

— La veuve et ses enfants, par Mᵐᵉ SCHWARTZ.

— Histoire de Gustave II-Adolphe, par A. FRYXELL. 1 vol.

— Fleurs scandinaves, poésies. 1 v.

— La Suède depuis son origine jusqu'à nos jours. 1 vol.

— Chronique du temps d'Erick de Poméranie, par BERNHARD 1 v.

DUPUIS. Origines de tous les cultes 1 vol.

ESCHYLE. Théâtre. Trad. revue par HUMBERT. 1 vol.

— Eurépide, trad. de L. HUMBERT. 2 vol.

FÉNELON. Œuvres choisies. — De l'existence de Dieu. — Lettres sur la religion, etc. 1 vol.

— Dialogue sur l'éloquence. De l'éducation des filles. Fables. Dialogues des morts. 1 vol.

— Aventures de Télémaque, notes géographiques, littéraires. Grav. 1 v.

FLEURY. Discours sur l'histoire ecclésiastique. Mœurs des Israélites, etc. 2 volumes.

FLORIAN. Fables, suivies de son Théâtre, notice par SAINTE-BEUVE. Illustrées par Grandville. 1 vol.

— Don Quichotte de la jeunesse, vignettes, dessins de Staal. 1 vol.

FONTENELLE. Éloges, introduction et notes, par P. BOUILLIER. 1 vol.

FOURNEL. Curiosités théâtrales, 1 v.

FURETIÈRE. Le roman bourgeois. Ouvrage comique. Notice et notes, par F. TULOU. 1 vol.

GENTIL-BERNARD. L'art d'aimer. — Les Amours, par BERTIN. — Le Temple de Gnide, par LÉONARD. — Les Baisers, par DORAT. — Zélie au bain, par PEZAY. — Pièces. Notices et notes, par F. DE DONVILLE. 1 vol.

GILBERT (Œuvres de). Notice historique, par Ch. NODIER. 1 vol.

GOETHE. Faust et le second Faust, choix de poésies de Gœthe, Schiller, etc. trad. par GÉRARD DE NERVAL. 1 vol.

— Werther suivi de Hermann et Dorothée. 1 vol.

GOLDSMITH. Le Vicaire de Wakefield. Texte et traduction. 1 vol.

GRESSET. Œuvres choisies. 1 vol.

HAMILTON. Mémoires de Gramont. Préface par SAINTE-BEUVE. 1 vol.

HÉLOISE et ABEILARD. Lettres. Traduit par M. GÉRARD. 1 vol.

HEPTAMÉRON (L'). Contes de la reine de Navarre. 1 vol.

HÉRICAULT. Maximilien et le Mexique. L'Empire Mexicain. 1 vol.

HÉRODOTE. Histoire. Trad. de LARCHER, notes, commentaires, index, par L. HUMBERT. 2 vol.

HOFFMANN. Contes récits et nouvelles. 1 volume.

— Contes fantastiques. 1 volume.

HOMÈRE. Iliade. Trad. DACIER. Nouvelle édition, revue. 1 vol.

— Odyssée. Trad. par le même, revue, petits poèmes attribués à Homère. 1 v.

JACOB (P.-L.), bibliophile. Curiosités infernales. Diables, Bons Anges, Follets et Lutins possédés. 1 vol.

— Curiosités des sciences occultes. Alchimie, Talisman, Amulettes, Astrologie, Chiromancie, Secrets d'amour. 1 v.

— Curiosités théologiques. Légendes, Miracles, Superstitions bizarres, Brahmanes, Mahométans, Diables. 1 v.

— Paris ridicule et burlesque au XVIIᵉ siècle, par Claude SCARRON. 1 v.

— Recueil de farces, soties et moralités du XVᵉ siècle. Maître Pathelin. Moralité de l'Aveugle, etc. 1 vol.

LA BRUYÈRE. Les caractères de Théophraste. Notice de SAINTE-BEUVE. 1 vol.

LAFAYETTE. Romans, nouvelles. — Zaïde. — Princesse de Clèves. — Princesse de Montpensier. 1 vol.

LA FONTAINE. Fables. 1 vol.

— Contes et nouvelles. Édition revue, notes explicatives. 1 vol.

LAMENNAIS. 9 vol.

LA ROCHEFOUCAULD. Réflexions sentences et maximes morales, *Œuvres choisies de Vauvenargues*, notes de Voltaire. 1 vol.

LAVATER et GALL. Essai sur l'indifférence en matière de religion. 4 vol. Le 1ᵉʳ vol. se vend séparément.

— Paroles d'un croyant. — *Le livre du Peuple*. 1 vol.

— Affaires de Rome. 1 vol.

— Les Évangiles, trad., notes et réflexions. 1 vol.

— De l'Art et du Beau, tiré de l'*Esquisse d'une Philosophie*. 1 vol.
— De la société première et de ses lois. 1 vol.
MAHOMET. Le Koran. 1 vol.
MAISTRE (J. DE). Les soirées de Saint-Pétersbourg. 2 vol.
— Du Pape. 1 vol.
MAISTRE (XAVIER DE). Œuvres complètes, nouv. édit. *Voyage autour de ma chambre. La jeune Sibérienne*. Préface par SAINTE-BEUVE. 1 vol. illustré.
MALEBRANCHE. De la recherche de la vérité, notes et études de François BOUTILLIER. 2 vol.
MALHERBE. Œuvres poétiques, vie de MALHERBE, par RACAN. 1 vol.
MANAVA-DHARMA-SASTRA. Lois de Manou, comprenant les Institutions religieuses et civiles des Indiens traduites du sanscrit et accompagnées de notes explicatives, par A. LOISELEUR DESLONGCHAMPS, 1 vol. in-18.
MANZONI. Les Fiancés. Histoire milanaise. 2 vol. illustrés.
MARCELLUS. Souvenirs de l'Orient. 3e édit. 1 vol.
MARIVAUX. Théâtre choisi. Introduction par MOLAND. 1 vol.
MARMIER. Lettres sur la Russie. 2e édit. 1 vol.
MAROT. Œuvres complètes. 2 vol.
MARTEL. Recueil de proverbes français. 1 vol.
MARTIN. Le langage des fleurs, gravures coloriées. 1 vol.
MASSILLON. Petit Carême, sermons divers. 1 vol.
MASSILLON, FLÉCHIER, MASCARON. Oraisons. 1 vol.
MÉNIPPÉE (La Satire), par PICHON, RAPIN, PASSERAT, GILLOT, FLORENT, CHRÉTIEN. 1 vol.
MERLIN COCCAIE. Histoire macaronique, prototype de Rabelais, plus l'horrible bataille advenue entre les mouches et les fourmis. 1 vol.
MESLIER. Le bon sens du curé Meslier suivi de son Testament, 1 vol.
Mille et une nuits. Contes arabes. Trad. par GALLAND. 3 vol.
Mille et un jours. Contes arabes. 1 v.
MILLEVOYE. Œuvres. Notice par M. SAINTE-BEUVE. 1 vol.
MOLIÈRE. (Œuvres complètes), avec des remarques nouvelles, par LEMAISTRE ; vie de Molière, par VOLTAIRE. 3 v.
MONTAIGNE (Essais de), notes de tous les commentateurs. 2 vol.
MONTESQUIEU. L'esprit des lois, notes de Voltaire, de La Harpe. 1 vol.
— Lettres Persanes, suivies de ARSACE et ISMÉNIE et du *Temple de Gnide*. 1 vol.
— Considérations sur les causes

de la grandeur des Romains et de leur décadence. 1 vol.
MOREAU. Œuvres, le Myosotis. 1 v.
PARNY. Œuvres, élégies et poésies. Préface de M. SAINTE-BEUVE. 1 vol.
PASCAL. Pensées sur la religion. Edition conforme au véritable texte de l'auteur, additions de Port-Royal. 1 vol.
— Lettres écrites à un provincial. Essai sur *les Provinciales*. 1 vol.
PELLICO. Mes Prisons, suivies des *Devoirs des hommes*, 6 grav. 1 vol.
PÉTRARQUE. Œuvres amoureuses. Sonnets, triomphes, traduits en français, texte en regard. 1 vol.
PICARD. Théâtre. Note, notices, par L. MOLAND. 2 vol.
PINDARE et les lyriques grecs, traductions par M. C. POYARD. 1 vol.
PLATON. L'État ou la République. Trad. de BASTIEN. 1 vol.
— Apologie de Socrate. — Criton-Phédon-Gorgias. 1 vol.
PLUTARQUE. Les vies des hommes illustres. Traduites par RICARD. Vie de Plutarque, etc. 4 vol.
Poètes moralistes de la Grèce, Hésiode, Théognis, etc. 1 vol.
RACINE. Théâtre complet, remarques littéraires, notes class, par LEMAISTRE. 1 vol.
REGNARD. Théâtre. Notes et notices. 1 v.
RÉGNIER. Œuvres complètes. 1 vol.
Romans grecs. Les Pastorales de Longus. — Les Ethiopiennes d'Héliodore. Etude sur le roman grec, par A. CHASSANG. 1 vol.
RONSARD. Œuvres choisies. Notices, notes, par SAINTE-BEUVE. Edition revue par MOLAND. 1 vol.
RUNEBERG. Le roi Fialar. — Le Porte-Enseigne Stole. — La Nuit de Noël. Traduit par VALMORE. 1 vol.
SAINT-EVREMONT. Œuvres choisies. Vie et ouvrages de l'auteur par A.-CH. GIDEL. 1 vol.
SEDAINE. Théâtre, introduction par L. MOLAND. 1 vol.
SÉVIGNÉ. Lettres choisies. Notes explicatives sur les faits et personnages du temps et observations littéraires, par SAINTE-BEUVE. 1 vol.
SOPHOCLE. Tragédies. Traduction par L. HUMBERT. 1 vol.
SOREL. La vraie histoire comique de Francion. 1 vol.
STAEL. Corinne ou l'Italie, observations par Mme NECKER DE SAUSSURE et SAINTE-BEUVE. 1 vol.
— De l'Allemagne, Édit. revue 1 vol.
— Delphine. Nouv. édit. revue 1 vol.
STENDHAL. Le rouge et le noir, chronique du XIXe siècle. 1 vol.
— La Chartreuse de Parme, 1 vol.
— L'Amour. 1 volume in-18.
STERNE. Tristram Shandy. Voyage sentimental. 2 vol.

TABARIN (Œuvres de). *Aventures du Capitaine Rodomont*, la *Farce des Bossus*, pièces tabariniques. 1 vol.

TASSE. Jérusalem délivrée. Trad. de LE PRINCE LEBRUN. 1 vol.

— Théâtre espagnol. Traduction nouvelle, par DUBOIS et ORAZ. 1 vol.

Théâtre de la Révolution. — Charles IX. — Les victimes cloîtrées. — Madame Angot. — Madame Angot dans le sérail, introduct., notes par M. MOLAND. 1 vol.

— Théocrite. Traduction BARBIER. 1 vol.

THIERRY (Œuvres d'Augustin). Édit. définitive revue par l'auteur. 9 vol.

— Histoire de la conquête de l'Angleterre. 4 vol.

— Lettres sur l'Histoire de France 1 vol.

— Dix ans d'études historiques.1v.

— Récits des temps mérovingiens. 2 vol.

— Essai sur l'Histoire du Tiers-État. 1 vol.

THUCYDIDE.. Histoire. Traduc. LOISEAU 1 vol.

VADE. Œuvres. La pipe cassée. —

Chansons. — Bouquets poissards, etc. Notice par J. LEMER. 1 v.

VAUQUELIN DE LA FRESNAYE. (Œuvres poétiques de) Texte conforme à l'édition de 1605. 1 vol.

VILLENEUVE-BARGEMONT. Le livre des affligés. 2 vol.

VILLON. Poésies complètes. Notes par L. MOLAND. 1 vol.

VOISENON. Contes et Poésies fugitives. Notice sur sa vie. 1 vol.

VOLNEY. Les Ruines. — La loi naturelle. — L'histoire de Samuel. Edition revue. 1 vol.

VOLTAIRE. 11 vol.

— Le Siècle de Louis XIV. Édition revue. 1 vol.

— Siècle de Louis XV, histoire du Parlement. 1 vol.

— Histoire de Charles XII. Édition revue. 1 vol.

— Lettres choisies. Notices e- notes sur les faits et sur les personnages du temps, par L. MOLAND. 2 vol.

WARÉE. Curiosités judiciaires, historiques, anecdotiques. 1 vol.

YSABEAU (Docteur). Le Médecin du Foyer. *Guide médical des Familles.* 1 v.

RÉPÉTITIONS ÉCRITES SUR LE CODE CIVIL

Contenant l'exposé des principes généraux, leurs motifs et la solution des questions théoriques, par Mourlon, docteur en droit, avocat à la Cour d'appel.
2e édition, revue et mise au courant, par Ch. DEMANGEAT, conseiller à la Cour de Cassation, professeur honoraire à la Faculté de droit de Paris. 3 vol. in-8. 37 50
Chaque examen, formant 1 vol., se vend séparément.................... 12 50

Dictionnaire de droit commercial, industriel et maritime, par J. RUBEN DE COUDER, docteur en droit, Conseiller à la Cour de Cassation, 3e édition dans laquelle a été entièrement refondu et remis au courant l'ancien ouvrage de MM. GOUGET et MERGER. 6 forts vol. in-8. 60 fr. Bien relié........ 70 fr.
Supplément au dictionnaire de droit commercial, industriel et maritime, d'après MM. GOUGET et BERGER, par M. J. RUBEN DE COUDER, Conseiller à la Cour de Cassation. 1 volume, broché 10 fr.; relié 1/2 chagrin, tr. jaspées.. 12 fr.

ŒUVRES COMPLÈTES DE BUFFON. Avec la nomenclature Linnéenne et la classification de Cuvier; édition nouvelle : annotée par M. FLOURENS, membre de l'Académie française, nouvelle édition. 12 volumes, grand in-8, illustrés de 150 planches, 400 sujets coloriés, dessins originaux de MM. TRAVIÈS et GOBIN............... 150 fr.

ŒUVRES DE CUVIER. Suivies de celles du comte DE LACÉPÈDE, complément aux Œuvres complètes de BUFFON, annotées par M. FLOURENS. 4 forts vol. gr. in-8, 150 sujets coloriés. 50 fr.

ÉMILE OLLIVIER (de l'Académie française). L'Empire libéral, études, récits, souvenirs. 11 vol. in-18 brochés, chaque vol. 3 fr. 50. — Les mêmes in-8e cavalier, 6 fr.
1er vol. : *Du Principe des Nationalités.*
2e vol. : *Louis Napoléon et le coup d'Etat.*
3e vol. : *Napoléon III.*
4e vol. : *Napoléon III et Cavour.*
5e vol. : *L'Inauguration de l'Empire libéral, le Roi Guillaume.*
6e vol. : *La Pologne, les Élections de 1863, Loi des coalitions.*
7e vol. : *Le Démembrement du Danemark,*
le Syllabus, la Mort de Morny, l'Entrevue de Biarritz.
8e vol. : *L'Année fatale (Sadowa, 1866).*
9e vol. : *Le Luxembourg, le 29 Janvier, Querétaro.*
10e vol. : *Mentana.— L'agonie de l'empire autoritaire. — La loi militaire.—Loi sur la presse et les réunions publiques.*
11e vol. : *La Veillée des Armes, l'Affaire Baudin, Préparation militaire prussienne, Le Plan de Moltke, Réorganisation de l'armée française par l'Empereur et le Maréchal Niel, les Elections de 1869, l'Origine du Complot Hohenzollern.*

NOUVELLE BIBLIOTHÈQUE LATINE-FRANÇAISE

RÉIMPRESSION DES CLASSIQUES FRANÇAIS

75 volumes, format grand in-18 à 3 fr.

TRADUCTIONS REVUES ET REFONDUES AVEC LE PLUS GRAND SOIN

Le succès de cette collection est aujourd'hui avéré. Belle impression, joli papier, correction soignée, revision intelligente et sérieuse, rien n'a été négligé pour recommander ces éditions aux amis de la bonne littérature. La modicité du prix, jointe aux avantages d'une bonne exécution, fait rechercher nos *classiques* avec prédilection.

4 volumes à 4 fr. 50

CLAUDIEN. Œuvres complètes, traduites en français, par M. Héguin de Guerle. 1 vol.

SAINT-JÉROME. Lettres choisies, texte latin revu. Traduction nouvelle et introduction par M. Charpentier. 1 vol.

OVIDE. Les Métamorphoses. Trad. française de Gros, refondue par M. Cabaret-Dupaty. Notice par M. Charpentier. Edition complète en 1 vol.

TÉRENCE (Comédies). Traduction nouvelle par Bétolaud, docteur ès lettres de Paris. 1 fort vol.

72 volumes à 3 fr. — Chaque volume se vend séparément.

APULÉE (Œuvres complètes), traduites par Bétolaud. 2 vol.

AULU-GELLE (Œuvres complètes), édition revue par Charpentier et Blanchet. 2 vol.

CATULLE, TIBULLE et PROPERCE. Œuvres traduites par Héguin de Guerle, Valatoux et Genouille. 1 vol.

CÉSAR. Commentaires sur la Guerre des Gaules et sur la Guerre civile, trad. par M. Artaud. Edition revue par Lemaistre, notice par M. Charpentier. 2 vol.

CICÉRON (Œuvres complètes), avec la traduction française améliorée et refaite en grande partie par Charpentier, Lemaistre, Gérard-Delcasso, Cabaret-Dupaty, etc. 20 vol.

Tome I. — Étude sur Cicéron : Vie de Cicéron par Plutarque; Tableau synchronomique de la vie et des ouvrages de Cicéron.

II. — Traité sur l'art oratoire; Rhétorique; l'Invention.

III. — L'Orateur.

IV. — Brutus; l'Orateur; des Orateurs parfaits; les Topiques; les Partitions oratoires.

V. — Discours; Introduction aux Verrines; Discours pour Sextius Roscius d'Amérie; Discours pour Publius Quintus; discours pour Q. Roscius, le comédien; Discours contre Q. Cecilius; Première action contre Verrès; Seconde action contre Verrès, livre premier.

VI. — Seconde action contre Verrès, livre deuxième; Seconde action contre Verrès, livre troisième; Seconde action contre Verrès, livre quatrième.

VII. — Seconde action contre Verrès, livre cinquième; Discours A. Cécina; Discours pour M. Fontrius; Discours en faveur de la loi Manilia; Discours pour A. Clientius Avitus; premier discours sur la loi agraire; Deuxième discours sur la loi agraire; Troisième discours sur la loi agraire; Discours pour C. Rabirius.

VIII. — 1er discours contre L. Catilina; 2e discours contre L. Catilina; 3e discours contre L. Catilina; 4e discours contre L. Catilina; Discours pour L. Licinius Murena; Discours pour P. Sylla; Discours pour le poète A. Licinius Archias; Discours pour L. Flaccus; Discours de Cicéron au Sénat, après son retour; Discours de Cicéron au peuple.

IX. — Discours de Cicéron pour sa maison; Discours pour P. Sextius; Discours contre P. Vatinius; Discours sur la réponse des aruspices; Discours sur les provinces consulaires; Discours pour L. Cornélius Balbus; Discours pour Marcus Celius Rufus.

X. — Discours contre L. Clapurnius Pison; Discours pour Cn. Plancius; Discours pour C. Rabirius Posthumus; Discours pour T. A. Milon; Discours pour Marcus Marcellus; Discours pour Quintus Ligarius; Discours pour le roi Déjoratus; Première philippique de M. T. Cicéron contre M. Antoine.

XI. — Deuxième, troisième et quatrième philippiques.

XII. — Lettres: Lettres I à CLXXXII. An de Rome 685 à décembre 701.

XIII. — Lettres CLXXXIII à CCCLXXIII; avril 703 à la fin d'avril 704.

XIV. — Lettres CCCLXXIV à DCLXVI; 2 mai 704 à 708.

XV. — Lettres DCLXVII à DCCCLII; 708 à 710; dates incertaines des lettres DCCCLIII à DCCCLIX. Lettres à Brutus.

XVI. — Ouvrages philosophiques; académiques; des vrais biens et des vrais maux; Les Paradoxes.

XVII. — Tusculanes; De l'amitié; De la demande du consulat.

XVIII. — Des devoirs; Dialogue de la vieillesse; De la nature des Dieux.

XIX. — De la Divination; Du Destin; De la République; Des Lois.

XX. — Fragments; Fragments des Discours de M. Cicéron; Fragments des Lettres; Fragments du Timée, du Protagoras, de l'Economique; Fragments des ouvrages philosophiques; Fragments des poèmes. Ouvrages apocryphes: Discours sur l'amnistie; Discours au peuple; Invective de Salluste contre Cicéron; Invective de Cicéron contre Salluste. Lettre à Octave; La Consolation.

CORNELIUS NEPOS. Traduct. par M. Amédée Pommier. EUTROPE. Abrégé de l'histoire romaine, traduit par Dubois. 1 vol.

HORACE (Œuvres complètes). Traduction revue par Lemaistre. Étude sur Horace par Rigault. 1 vol.

JORNANDES. De la succession du royaume; origine et actes des Goths. Traduction de Savagner. 1 vol.

JUSTIN (Œuvres complètes). Abrégé de l'Histoire universelle de Trogue Pompée. Trad. par Pierrot. Revue par Pessonneaux. 1 vol.

JUVÉNAL ET PERSE (Œuvres complètes), suivies des fragments de Turnus et de Sulpicia, traduction de Dussaulx, Lemaistre. 1 vol.

LUCAIN. La Pharsale. Traduction de Marmontel, revue par Durand. 1 vol.

LUCRÈCE (Œuvres complètes), trad. de Lagrange, revue par Blanchet. 1 v.

MARTIAL (Œuvres complètes), trad. de MM. V. Verger, Dubois et J. Mangeart. Précédée des Mémoires de Martial par Jules Janin. 2 vol.

OVIDE (Œuvres). 3 vol.

PETITS POÈTES. Arborius, Galpurnius, Eucharia, Gratius, Faliscus, Luper-cus, Servastus, Nemesianus, Pentadius, Sabinus, Valerius Cato, Vestritius Spurina et le Pervigilium Veneris, traduction de Cabaret-Dupaty. 1 v.

PÉTRONE (Œuvres complètes). 1 vol.

PHÈDRE (Fables) suivies des Œuvres d'Avianus, de Denis Caton, de Publius Syrus. Edition revue par M. E. Pessonneaux. 1 vol.

PLAUTE. Son Théâtre. Traduction nouvelle de M. Naudet, membre de l'Institut. 4 vol.

PLINE L'ANCIEN. L'Histoire des animaux, traduction de Guéroult. 1 v.

PLINE LE JEUNE (Lettres). Traduction par M. Cabaret-Dupaty. 1 vol.

PLINE LE NATURALISTE (Morceaux extraits). Traduction de Guéroult. 1 vol.

QUINTE-CURCE (Œuvres complètes) Edition revue par M. B. Pessonneaux. 1 vol.

QUINTILLIEN (Œuvres complètes) Traduction de Ouisille. Revue par Charpentier. 3 vol.

SALLUSTE (Œuvres complètes) Traduction du Rozoir. Revue par M. Charpentier. 1 vol.

SÉNÈQUE LE PHILOSOPHE (Œuvres complètes), édition revue par Charpentier et Lemaistre. 4 vol.

— (Tragédies) Edition revue par Cabaret-Dupaty. 1 vol.

SUÉTONE (Œuvres) Traduction refondue par Cabaret-Dupaty. 1 vol.

TACITE (Œuvres complètes) traduction de Dureau de la Malle, revue par M. Charpentier. 2 vol.

TACITE (Annales), traduction de M. Loiseau, Premier Président honoraire. 1 vol. in-18 jésus.

TITE-LIVE (Œuvres complètes), traduites. Edition revue par E. Pessonneaux et Blanchet. Etude sur Tite-Live par M. Charpentier. 6 vol.

VALÈRE-MAXIME (Œuvres complètes) traduction de Frémion. Edition revue par M. Charpentier. 2 vol.

VELLEIUS PATERCULUS, traduction refondue avec le plus grand soin par M. Gréard. — FLORUS (Œuvres). Notice sur Florus, par M. Villemain. 1 vol.

VIRGILE (Œuvres complètes), traduites en français. Nouvelle édition, refondue par M. Félix Lemaistre, précédée d'une Etude sur Virgile par M. Sainte-Beuve. 2 vol.

BIBLIOTHÈQUE D'UTILITÉ PRATIQUE

Format in-18, avec planches, vignettes explicatives, gravures.

L'Instruction sans maître. Grammaire, arithmétique, géométrie, topographie, géographie, histoire de France, par A. Bourguignon et E. Bergerol. 1 vol. de 400 pages............ 3 fr.

Fabrication du cidre, du poiré et de ses dérivés, par M. Trittchler. 1 vol. in-18 avec gravures... 3 fr. 50

Traité élémentaire d'agriculture, par Girardin. 2 forts vol. in-18, avec 993 gravures.................. 16 fr.

Nouveau Guide en affaires. Le droit usuel ou l'avocat de soi-même, par Durand de Nancy, 18e éd., augmentée, 1 fort vol. gr. in-18, 502 pages, 4 fr. 50 Relié .... 5 fr.

Traité pratique d'Arpentage, nivellement, levé de plans, par A. Poussart, professeur de mathématiques, 1 vol. in-18 br., nombreuses figures ..... 3 fr.

2e Partie. Opérations à grande portée, tachéométrie. 1 vol. in-18, nombreuses figures .... 3 fr.

Guide pratique des Gardes champêtres et des Gardes particuliers, par M. Marcel Grégoire, sous-préfet, 1 vol. in-18. (*Nouvelle édition*).......... 2 fr.

Manuel du Serrurier, à l'usage des écoles professionnelles et des ouvriers, par F. Husson, ancien ouvrier et maître serrurier parisien, conseiller honoraire de la Chambre syndicale de la Serrurerie. 1 vol. br., illustré. 3 fr. 50

L'Abeille domestique, son élevage et ses produits, par L. Iches, secrétaire à la Société centrale d'Apiculture, de Sériculture, et de Zoologie agricole. 1 vol. in-18 jésus, illustré par M. Clément..................... 3 fr.

Traité d'ébénisterie et de marqueterie, illustré de 318 figures dans le texte, par P. Fournier, professeur de trait. 1 vol. in-18 jésus .. 3 fr. 50

La Tenue des Livres apprise sans maître, en partie simple et en partie double, mise à la portée de toutes les intelligences, par Louis Deplanque, expert, prof. de comptabilité, 20e édition. 1 fort vol. in-8°............... 7 fr. 50

La Tenue des Livres rendue facile ou méthode raisonnée pour l'enseignement de la comptabilité, par Degrange. Ed. revue par Lefebvre. 1 v. in-8°. 5 fr.

Guide pour le choix d'une profession. Contenant des renseignements précis sur les professions qui exigent des préparations spéciales et sur les institutions, facultés et écoles qui préparent aux différentes carrières, par F. de Donville, 1 vol. in-18..... 3 fr.

Les Professions féminines, par F. Tolou. 1 vol. in-18.......... 3 fr.

Tenue des Livres, rendue facile à l'usage des personnes destinées au commerce, par un ancien négociant. 1 v. 3 fr.

Nouveau Manuel épistolaire, en français et en anglais. Théorie, pratique, par J. Mc. Laughlin, Officier d'académie, professeur au collège Sainte-Barbe. 1 fort volume in-18, contenant 558 pages, br. 3 fr. 50. — Elégamment relié 4 fr.

Dictionnaire français-anglais des termes commerciaux, des noms des produits du commerce et des articles employés dans les manufactures. Suivi d'un appendice contenant les *monnaies, poids et mesures français avec leurs équivalents en anglais,* par J.-Mc. Laughlin, officier de l'Instruction publique, professeur au collège Sainte-Barbe et à l'Institut commercial de Paris, examinateur aux Ecoles sup. de Commerce. 1 vol. gr. in-18 jésus, relié toile 3 fr. 50

Nouveau Guide de la Correspondance commerciale, contenant 515 lettres : circulaires; offres de service, remises, traites, lettres de change, avaries, etc., par Henri Page. 1 v. in-8°. 6 fr.

Nouveau Correspondant commercial en français et en anglais. Recueil complet de lettres sur toutes les affaires de commerce, par M. Laughlin. 1 vol. br. 3 fr. Relié.. 4 fr.

Le Secrétaire Français-allemand commercial, recueil complet de lettres sur toutes les affaires de commerce, par L. Mensch. 1 vol. broché. 3 fr. 50

Le Secrétaire commercial par H. Page. Extrait du précédent. 1 v. in-18 3 fr.

Nouveau Manuel épistolaire, en français et en anglais. Théorie, pratique, modèles de lettres, etc. 1 fort vol. de 558 pages, broché. 3 fr. 50. Relié. 4 fr.

Manuel du Capitaliste ou comptes faits des intérêts à tous les taux, pour toutes sommes de un jusqu'à 366 jours, ouvrage utile aux négociants, banquiers, commerçants de tous les états, etc., par Bonnet. Notice sur l'intérêt, l'escompte, etc., par M. Joseph Garnier. Revue pour les calculs, par M. X. Rymkiewicz, calculateur au Crédit Foncier. 1 vol. in-8°, 6 fr. Relié...... 7 fr. 50

Guide du Capitaliste ou comptes faits d'intérêts à tous les taux, pour toutes les sommes de un à 366 jours, par Bonnet. 1 vol. in-18, 3 fr. Relié 4 fr.

Barème universel. Calculateur du négociant. Comptes faits des prix par pièces, mesures, nombres, kilogrammes, etc., par Donker et Henry, 1 v. in-8°. 8 fr.

Traité élémentaire des opérations de banque et des principes du droit commercial, suivi d'un dictionnaire des expressions usuelles de banques de commerce et de droit par V. RICHARD. 1 vol. in-18 jésus.......... 7 fr. 50

Le Livre de barème ou comptes faits. Comptes faits depuis 0,02 jusqu'à 100 fr. Tableau des jours écoulés et à parcourir du 1er janv. au 31 déc. Mesures légales, etc. Revu par PONS. 1 vol. in-18, 3 fr. Relié toile.... 4 fr.

Tous Cyclistes : Traité pratique et théorique de vélocipédie, par PH. DUBOIS et A. VARENNES, 1 vol. in-18.. 2 fr. 25

Le Chasseur au chien d'arrêt, par ELZÉAR BLAZE, 1 vol. in-18.... 3 fr. 50

Le Chasseur au chien courant, formant avec le Chasseur au chien d'arrêt un cours complet de chasse à tir et à courre, par ELZÉAR BLAZE, 2 vol. in-18. Le volume...... 3 fr. 50

Le Chasseur aux filets ou chasses des dames, par LE MÊME, 1 vol. 3 fr. 50

Le Chasseur conteur, ou les chroniques de la Chasse, par LE MÊME. 1 vol............................ 3 fr. 50

Guide du Chasseur au chien d'arrêt sous ses rapports théorique, pratique et juridique, par F. CASSASSOLES. 1 vol. in-18 grav...... 3 fr. 50

Guide du Gendarme, par le capitaine IGERT, commandant l'arrondissement de gendarmerie de la Pointe-à-Pitre (Guadeloupe),1 vol. in-18 jés., broché 3 fr. 50

La Pêche à toutes lignes des poissons d'eau douce par JOHN FISHER, vol. illustré de nombreuses gravures. 3 fr.

Le Pêcheur à la mouche artificielle et le Pêcheur à toutes lignes, par MASSAS. Édition revue, étude sur le repeuplement des cours d'eau et la pisciculture, par LARBALÉTRIER. 80 vignettes, 1 vol........ 2 fr.

Chasses et Pêches anglaises. Variétés de pêches et de chasses. 1 vol. in-18..................... 2 fr.

La Pêche en mer et la Culture des Plages. Pêches côtières à la ligne et aux filets. Pêches à pied. Grandes pêches, par Albert LARBALÉTRIER, 1 v. in-18, illust., 140 grav. 3 fr. 50

L'Art d'instruire et d'élever les oiseaux. Oiseaux chanteurs, oiseaux parleurs, oiseaux de volière, par L.-E. CHAMPAIME. 1 vol. Nomb. grav. 3 fr. 50

Guide pratique des Maires, des Adjoints, des Secrétaires de mairie et des Conseillers municipaux : Lois, décrets, arrêtés, par DURAND DE NANCY, édit. mise au courant, par RUBEN DE COUDER, Conseiller à la Cour de Cassation, 12e édition, 1 fort vol. in-18. Broché 8 fr. Relié... 9 fr.

Loi municipale du 5 avril 1884 comprenant : La circulaire ministérielle,1 vol. in-18, 178 pages. 1 fr. 25

Nouvelle loi militaire de 1905.

Avec les Décrets, Règlements d'administration publique, Circulaires, Instructions, Arrêtés, Avis ministériels. 1 volume in-18e broché..... 1 fr. 50

Nouveau Traité pratique du Jardinage, par A. YSABEAU.1 v. in-18. 2 fr.

Traité pratique de la laiterie. Lait, beurre, fromages, par Albert LARBALÉTRIER, professeur à l'école d'agriculture du Pas-de-Calais. Orné de 73 gravures. 1 vol. in-18.................... 2 fr.

Traité de Chauffage et d'Eclairage domestiques, propreté et économie, par Albert LARBALÉTRIER. 1 vol. in-18.................... 2 fr.

Traité pratique des Savons et des Parfums, manuel raisonné du cabinet de toilette, par LARBALÉTRIER, 1 vol. in-18................. 2 fr. 50

Manuel pratique de l'achat et de la vente du bétail. Bœufs, veaux, moutons, porcs, par Henri VILLIERS, professeur vétérinaire, et Albert LARBALÉTRIER, professeur d'agriculture du Pas-de-Calais. Nombreuses gravures. 1 vol. in-18................ 2 fr. 50

Les Vaches laitières. Choix, races, entretien, etc.,par Albert LARBALÉTRIER, professeur d'agriculture du Pas-de-Calais. 36 figures. 1 vol. in-18... 2 fr.

Les Animaux de basse-cour. Elevage et entretien. Par LE MÊME. 1 vol. in-18................. 3 fr. 50

Le Nouveau Jardinier Fleuriste. Avec les principaux arbres d'ornement, la nomenclature des fleurs de parterre, de bordure, de massif, etc., par Hipp. LANGLOIS. 258 fig.1 fort v. in-18. 3 fr. 50

Tarif pour cuber les bois en grume et équarris. D'après les mesures anciennes, avec leur réduction en mesures métriques, tableau servant à déterminer les produits en nature, par PRUGNAUX, arpenteur forestier. Édition revue. 1 vol. in-18...... 2 fr.

Tarif de cubage des bois équarris et ronds. Evalués en stères et fractions décimales du stère, par J.-A.-FRANÇON, cubeur juré de la ville de Lyon. 1 fort vol. in-18....... 3 fr. 50

Machines agricoles. Semailles et labours, par A. POUSSART. 1 vol. in-18, nombreuses gravures........ 3 fr. 50

Le Jardinier de tout le monde. Traité complet de toutes les branches de l'horticulture, par A. YSABEAU. 1 fort vol.in-18, illustré.4 fr. 50.Rel. toile, 5 fr.

Cours d'Arboriculture. 1re partie. Principes généraux d'arboriculture. Par DU BREUIL, 175 figures, carte en couleur. 7e édition. 1 volume in-18...................... 3 fr. 50

En attendant le médecin. Soins et secours à donner en cas d'accidents ou de maladies, par le Dr PABLO MENDOZA, 1 vol. in-18 jésus illustré 2 fr.

Traité de typographie, par H. FOURNIER, imprimeur. Nouvelle édition revue et augmentée par M. A. VIOT, ancien directeur de l'imprimerie Mame, 1 vol. in-18 jésus illustré.... 3 fr. 50

Traité pratique de l'art lithographique, par MOROU et BROQUELET. Un volume in-18 illustré. *(en préparation)*.

Manuel pratique et complet des ateliers de Sellerie et Bourrellerie civils et militaires, par G. BRAY, rédacteur au *Moniteur de la Sellerie et Bourrellerie*, 1 vol. in-18 jésus illustré...................... 3 fr. 50

Traité élémentaire de cinématique « Les Mécanismes », par H. LEBLANC, ingénieur-mécanicien, 1 vol. in-18 jésus de 440 pages, illustré de 254 figures, relié toile... 5 fr.

La Vénerie contemporaine. Histoires bizarres, esquisses et portraits, par le marquis DE FOUDRAS. 1 v. in-18. 2 fr.

Manuel de Boxe et de Canne, ouvrage contenant des chapitres sur la lutte pratique, et les ruses diverses utiles pour la défensive dans la rue, par E. ANDRÉ. 1 vol. in-18 illust. 3 fr. 50

Manuel pratique d'Escrime. Fleuret, Escrime, Sabre, comprenant l'escrime moderne et l'historique de l'escrime ancienne, par M. EMILE ANDRÉ, fondateur de la revue *l'Escrime française*. 1 vol. in-18 jésus, dessins d'après MÉRIGNAC, etc................ 3 fr. 50

Escrimeurs contemporains, par Henri DE GOUDOURVILLE, avec 59 illustrations. 1 vol. in-16........ 1 fr. 50

Les Machines dynamo-électriques, par R.-V. PICOU, ingénieur des Arts et Manufactures, 1 v. in-18. 3 fr. 50

Manuel du poids des métaux, employés dans les constructions, à l'usage de toutes les personnes s'occupant de bâtiments, par ARNOULT, vice-président de la Chambre des Entrepreneurs, 1 vol. relié toile... 2 fr. 50

GASTON BONNEFON : La machine à coudre. Ses principales applications, son rôle dans la famille et dans l'industrie. 1 vol. in-18, orné de nombreux dessins........................ 1 fr.

Nouvelle Flore française. Description des plantes qui croissent spontanément en France et de celles qu'on y cultive en grand, indication de leurs propriétés, etc., par M. GILLET, vétérinaire principal de l'armée, et par M. J.-H. MAGNE, professeur de botanique. 1 beau vol. in-18, 97 planches, plus de 1,200 figures, 6e édition......... 8 fr.

Guide pratique pour les Herborisations et les Herbiers, par Clotaire DUVAL, secrétaire de la Société d'Agriculture de Melun et de Fontainebleau, avec une introduction de M. le Docteur BORNET, membre de l'Institut. 1 vol. in-18 jésus. .... 1 fr. 50

Le Petit Cuisinier moderne ou les secrets de l'art culinaire, par Gustave GARLIN (de Tonnerre), élève des premiers cuisiniers de Paris 1 vol. in-8 illustré, 976 pages, relié.. ...... 8 fr.

La Cuisine ancienne, par GARLIN (de Tonnerre). 1 vol. in-8° illustré 8 fr.

Traité pratique de l'élevage du porc et de charcuterie, par Aug. VALESSERT, ancien charcutier, par Alb. LARBALÉTRIER, professeur d'agriculture. 1 beau vol. in-18 orné de grav. 3 fr. 50

Causeries chevalines. par GAUME, propriétaire-éleveur. 1 v. gr. in-18° 3 fr. 50

Pour se marier, notions élémentaires et pratiques sur le mariage civil et religieux, les formalités, la dot et le contrat, par A. CLAIR. 1 vol. in-18 jésus, broché................ 3 fr. 50

La Conserve alimentaire. Traité pratique de fabrication, par CORTHAYS (Aug.) 1 vol. grand in-8 jésus avec nombreuses fig. dans le texte.. 10 fr.

Le Cuisinier européen. Ouvrage contenant les meilleures recettes des cuisines françaises et étrangères, par Jules BRETEUIL, ancien chef de cuisine. 1 fort. vol. grand in-18, illustré 300 gravures, 748 pages, relié...... 5 fr.

Le Cuisinier Durand. Cuisine du nord et du midi, 9e édition, revue par C. DURAND, petit-fils de l'auteur. 1 vol. in-18 illustré, 160 figures.... 3 fr. 50

Traité de l'Office, par T. BERTHE, ex-officier de bouche. 1 vol. in-18. 8 fr. 50

Traité pratique de la Pâtisserie, contenant un aperçu des glaces, sirops et confitures, par DE GUERRE. 16 planches hors texte, coloriées. 1 v. in-8°, br. 5 fr. Relié............................ 6 fr.

La Bonne Cuisine, comprenant 880 titres, avec observations et 70 gravures à l'appui, par Gustave GARLIN, auteur du *Cuisinier moderne*. 1 vol. gr. in-18 jésus relié toile................ 4 fr.

L'Enfant. Hygiène et soins médicaux pour le premier âge. A l'usage des jeunes mères et des nourrices, par ERMANCE DUFAUX DE LA JONCHÈRE. Précédé d'une introduction, par le docteur BLACHEZ. Nombreuses gravures. 1 vol. in-18........ 3 fr. 50

Le Conservateur ou Livre de tous les ménages, d'après les travaux de Carême, Appert, etc., par Léon KREBS, 150 gravures. 1 vol.. 3 fr. 50

Boissons économiques et liqueurs de table. Traité pratique de la fabrication des vins, cidres, bières, liqueurs, etc. par KREBS. 1 v. in-18. 3 fr. 50

Guide pratique des Ménages, contenant plus de 2,000 recettes sur la préparation et la conservation des aliments, etc., par le docteur ELGET. 1 volume.................. 3 fr. 50

Races chevalines et leur amélioration. Entretien, élevage du cheval, de l'âne et du mulet. 1 vol. in-18. 8 fr.

La Dentelle. Traité théorique et pratique. A l'usage des dames et des demoiselles, suivi de l'historique de la dentelle à travers les âges et les pays, par M.ᵐᵉ DU BERRY. 1 vol. in-18 orné de modèles et dessins de Mᵐᵉ SONGY. 3 f. 50

Jeux de Société. Jeux de salon. — Jeux d'enfants. — Jeux d'esprit et d'improvisation. — Patiences. — Jeux divers. — Rondes et danses de société, par L. de VALAINCOURT. 1 vol. illustré de nombreuses vignettes..... 3 fr. 50

Traité de Whist par M. DESCHAPELLES, 1 vol. in-18.............. 3 fr. 50

Le Jeu de Trictrac rendu facile pour toute personne d'un esprit juste et pénétrant. 2 vol. in-8°.......... 8 fr.

L'art de gagner au Bridge, préceptes et conseils pratiques, par HENRI DE GIZAGUET. 1 élégant volume de poche, in-18 .... 3 fr.

Les mots pour rire, par DUCRET. 1 volume in-18 broché........ 2 fr.

Cent patiences et réussites. (La plupart inédites), par POUSSART. 1 vol. in-18 illustré.............. 2 fr.

Mille Trucs, par POUSSART. 1 volume in-18 (en préparation).

Nouvelle Académie des Jeux. Contenant un dictionnaire des jeux anciens, le nouveau jeu de croquet, le bésigue chinois et une étude sur les jeux et paris de courses, par Jean QUINOLA. 1 fort vol. avec figures 3 fr.

Analyse du Jeu des Échecs par A.-D. PHILIDOR. Edition augmentée de 68 parties jouées par Philidor, du traité de Greco, des débuts de Stamme et de Ruy Lopez, par C. SANSON. 1 fort vol. in-18 .... 5 fr.

Le Cheval. Traité complet d'hippologie, suivi d'un cours complet d'équitation pour un cavalier et sa dame, par SANTINI. 1 vol. in-18........ 3 fr. 50

Dictionnaire de jurisprudence hippique, traité des courses, par CHARTON DE MEUR, avocat. 1 vol. in-18..................... 3 fr. 50

Choix et nourriture du cheval, ou description de tous les caractères à l'aide desquels on peut reconnaître l'aptitude des chevaux. 1 vol. in-18, avec vignettes.................. 3 fr. 50

Traité pratique de médecine vétérinaire, art de prévenir et de guérir les maladies chez le cheval, l'âne le mulet, le bœuf, le mouton, le porc et le chien, par H.-A. VILLIERS et LARBALÉTRIER. 1 vol. avec figures... 3 fr. 50

Ch. Le Brun-Renaud. Manuel pratique d'équitation, à l'usage des deux sexes. Ouvrage orné de 45 fig. 1 beau volume..................... 2 fr.

Traité pratique de la fabrication des eaux-de-vie par la distillation des vins, cidres, marcs, etc. Fabrication des eaux-de-vie communes avec le trois-six d'industrie, etc., par CH. STEINER, chimiste-distillateur. 50 figures dans le texte. 1 vol. gr. in-18. 3 fr. 50

Les nouvelles méthodes de la culture de la vigne, et de vinification, par A. BEDEL. 1 vol. in-18, orné de nombreuses gravures.... 3 fr. 50

Traité pratique des engrais, origine, utilité, emploi, par A. BEDEL. 3 fr. 50

Nobiliaire de Normandie. Publié sous la direction de DE MAGNY. 2 vol. grand in-8.................. 40 fr.

Abrégé méthodique de la science des armoiries, etc., par M. MAIGNE. Édit. augmentée ill. 1 vol. in-18. 10 fr. Imprimée à 154 exemplaires numérotés, sur papier de Hollande....... 20 fr.

Manuel pratique de l'amateur de chiens. Chiens de chasse, chiens de garde, chiens de berger, chiens d'agrément. 1 vol. in-18........... 2 fr.

Meunerie et boulangerie, par Léon HENDOUX, nombreuses vignettes explicatives. 1 vol. in-18, 20 feuilles. 5 fr.

Traité complet de manipulation des vins, par A. BEDEL. 2ᵉ édition. 1 beau vol. in-18, avec grav.. 3 fr. 50

Traité complet de la fabrication des liqueurs et des vins dits d'imitation, par A. BEDEL. 1 volume in-18............... 3 fr. 50

L'art de reconnaître les fruits de pressoir (pommes et poires), par A. TRUELLE. 1 vol. in-18....... 4 fr.

Fabrication du cidre, du poiré et de ses dérivés, par M. TRITSCHLER. 1 vol. in-18, avec gravures.. 3 fr. 50

Traité théorique et pratique de la brasserie. Analyse détaillée des méthodes les plus récentes appliquées à la fabrication de la bière, par A. BEDEL. 1 vol. in-18........... 3 fr. 50

Eléments généraux de législation française, par A. BOURGUIGNON. 1 fort vol. in-18, 720 pages..... 6 fr.

Traité pratique d'agriculture, par A. BOURGUIGNON. 1 vol. in-18 de 400 pages.................. 3 fr.

Guide du commerçant, par A. ROGER, Avocat à la Cour d'Appel de Paris, 1 vol. in-18 de 450 pages........ 3 fr.

Guide des commis et employés et de leurs patrons, par P. GUIGNARD, docteur en droit, Avocat agréé au Tribunal de Commerce de Lyon. 1 vol. in-18 jésus................. 3 fr.

L'industrie, par Arthur MANGIN, 60 gravures intercalées dans le texte. 1 vol. in-18 de 460 pages............. 3 fr.

Traité élémentaire de topographie et de lavis des plans, illustré, planches coloriées, notions de géométrie, avec gravures, par M. TRIPON, professeur de topographie. 1 vol. in-4° relié................... 10 fr.

Traité élémentaire pratique d'architecture ou étude des cinq ordres, d'après JACQUES BARROZIO DE VIGNOLE. Ouvrage divisé en 72 planches, comprenant les cinq ordres, composé, dessiné et mis en ordre par J.-A. LEVEIL.

architecte ; gravures sur acier par HIDON.............................. 10 fr.

Le Guide du Chauffeur. Traité des procédés en usage pour le montage, la conduite, l'entretien des chaudières à vapeur et moteurs divers et contenant de nombreux conseils pratiques, par M. COUDERT, ingénieur civil. 1 v. in-18, broché.. 2 fr. — Cartonné.. 2 fr. 50

Traité de menuiserie par MM. POUSSART, ancien élève de l'École polytechnique, et CAILLARD, maitre menuisier.

1re PARTIE : Notions de géométrie et d'architecture, bois, outils, moulures, assemblages. 1 vol. in-18 j. 3 fr. 50

2me PARTIE : Menuiserie de bâtiment, parquets, lambris, portes, escaliers, devantures. 1 vol. in-18 jésus.... 3 fr. 50

Manuel méthodique de l'art du teinturier-dégraisseur, Installation des Magasins et des Ateliers. — Matériel et produits. — Réception de l'ouvrage. — Exécution du travail. — Nettoyages. — Détachage. — Teintures. — Apprêts. — Travaux accessoires. — Tarif des travaux. Par M. GOUILLON, teinturier. 1 vol. in-8° de 680 pages, 120 figures (3e édit.)...... 4 fr. 50

Traité méthodique de la fabrication des encres et cirages. — Colles de bureau. — Cires à cacheter. — Encres à dessiner, à écrire, à marquer, à timbrer. — Gommes et colles de bureau. — Cirés à cacheter, à paqueter, à sceller. — Pains à cacheter. — Cirages, vernis et autres enduits pour cuire. Par M. GOUILLON. 65 figures, 300 formules. 1 vol. in-18 illustré........ 4 fr 50

Traité pratique de coupe et de confection de vêtements, par MARCEL DESSAULT, professeur de coupe à Paris.

Hommes et enfants. 1 vol. in-18. 275 fig. broché.. 4 fr. 50 — Relié... 5 fr.

Dames et enfants. 1 vol. in-18, 364 fig. broché... 5 fr. — Relié... 6 fr.

Traité pratique et scientifique de la coupe des chemises *et Spécialités du Tailleur-Chemisier*, par MARCEL DESSAULT, professeur de coupe à Paris. 1 vol. in-18 jés., br. 4 fr. Relié. 5 fr.

La science des armes : L'assaut et les assauts publics. — Le duel et la leçon de duel, par GEORGES ROBERT, professeur d'escrime au lycée Henri IV et au collège Sainte-Barbe. 1 vol. grand in-8°. 7 grands tableaux.. 8 fr.

Sports athlétiques, par ERN. WEBER, rédacteur au journal « l'Auto ». 1 vol. in-18 jésus illustré........ 3 fr. 50

Massage sportif, par COSTE, masseur. 1 volume in-18 illustré. .... 2 fr.

Le cuisinier moderne, ou les secrets de l'art culinaire. Suivi d'un index des termes techniques, par GUSTAVE GARLIN (de Tonnerre). Ouvrage complet illustré. (60 planches, 330 dessins),

comprenant 5,000 titres et 700 observations. 2 vol. in-4°......... 36 fr.

Le pâtissier moderne, suivi d'un traité de confiserie d'office, par GUSTAVE GARLIN (de Tonnerre). Ouvrage illustré de 262 dessins gravés par M. BLITZ. 1 vol. grand in-8°, relié toile... 20 fr.

Manuel de Zootechnie générale et spéciale, par L. PAUTET, ancien répétiteur de physiologie à l'École d'Alfort, vétérinaire sanitaire au marché de la Villette. 1 vol. in-18 ill. toile... 5 fr.

Principes de géologie ou illustrations de cette science, empruntés aux changements modernes que la Terre et ses habitants ont subis, par CHARLES LYELL, baronnet, traduit de l'anglais, sur la 10e édition, par M. JULES GINESTOU. 2 vol. in-8°......... 25 fr.

Éléments de géologie ou changements anciens de la Terre et de ses habitants, tels qu'ils sont représentés par les monuments géologiques, par LE MÊME. Traduit de l'anglais par M. GINESTOU. 6e édition, augmentée, illustrée, 770 grav. 2 beaux vol. in-8°. 20 fr.

Abrégé des éléments de géologie, par LE MÊME. Traduit par M. JULES GINESTOU. Ouvrage illustré de 644 gravures. 1 fort volume grand in-18 jésus.................... 10 fr.

Cours élémentaire d'histoire naturelle, à l'usage des lycéens et des maisons d'éducation, rédigé conformément au programme de l'Université. 3 forts vol. in-12. 2,000 figures intercalées dans le texte. Le cours comprend :

Zoologie, par M. MILNE-EDWARDS, membre de l'Institut, professeur au Jardin des Plantes. 1 vol....... 6 fr.

Botanique, par M. A. DE JUSSIEU, de l'Institut, professeur au Jardin des Plantes. 1 vol.......... 6 fr.

Minéralogie et géologie, par M. F. S. BEUDANT, de l'Institut, inspecteur gén. des études. 1 vol......... 6 fr.

La géologie seule, 1 vol........... 4 fr.

Cours élémentaire de chimie, par V. REGNAULT, de l'Institut, directeur de la manufacture nationale de Sèvres. 4 vol. in-18, 700 fig. 5e édit.. 20 fr.

Notions élémentaires de mécanique rationnelle à l'usage des candidats à l'Ecole forestière et à l'Ecole navale, des aspirants au baccalauréat ès sciences et au certificat de capacité des sciences appliquées, par M. G. PINET, inspecteur des études à l'Ecole polytechnique. 1 v. in-18 2 fr.

Traité d'astronomie, appliquée à la géographie et à la navigation, par EMM. LIAIS, astronome, auteur de l'*Espace céleste.* 1 fort vol. gr. in-8°.... 10 fr.

Traité de couverture (*ardoises, tuiles, zinc, chéneaux, tuyaux*), par MAGNÉ, entrepreneur spécialiste. 1 vol. in-18 jésus broché..................... 3 fr. 50

Manuel pratique d'automobilisme, voitures à essence, motocyclettes, voitures à vapeur, canots automobiles, remèdes pour pannes, par M. ZÉROLO, ingénieur civil des mines. 1 vol. in-18 jésus illustré de 150 gravures, relié toile .... 5 fr.

Comment on construit une automobile. *Guide pratique du Constructeur d'automobiles*, par M. ZÉROLO, Ingénieur. Outillage d'une usine de construction automobile. — Machines. — Outils. — Outillage de forge. — Atelier de montage. — Fonderie. — Chaudronnerie, etc. — 1 vol. in-18 de 390 p., avec 252 figures — Cartonné toile souple .... 5 fr.

Nouvelles orientations scientifiques, par FERNANDO ALSINA, traduit du catalan par J. PINY-SOLER. 1 vol. in-8° carré........................ **3 fr. 50**

Traité élémentaire de photographie pratique, par G. H. NIEWENGLOSKI. 1 vol. in-18 jésus, orné de 189 gravures, broché .... 3 fr.

Traité complémentaire de photographie pratique, par G.H. NIEWENGLOSKI. 1 vol. in-18 jésus, illustré de 172 gravures, broché.......... 8 fr.

Les applications de la Photographie, par G. H. NIEWENGLOSKI. (*en préparation*).

L'Électricité et ses applications pratiques. — Sonneries électriques — Téléphones — Éclairage électrique — Rayons X — Télégraphie sans fil, par ALFRED SOULIER, ingénieur électricien, Chef du Laboratoire de Mesures électriques de la Section technique de l'Artillerie, Secrétaire de la rédaction de *l'Industrie électrique*. 2e édition. 1 volume... 2 fr. — Relié toile... 2 fr. 50

Les grandes applications de l'Électricité. Éclairage électrique, transmission de la force à distance, tramways et chemins de fer électriques, électrochimie. Extraction des métaux, fabrication des couleurs. 1 vol. in-18 jésus. Prix : broché........ 2 fr. Relié toile .... 2 fr. 50

Manuel de l'Electricien, *Traité pratique des machines dynamo-électriques*, construction, installation, entretien, dérangement. Par LE MÊME : 1 vol. 2 fr. Relié toile .... 2 fr. 50

COLLECTION D'ANTONIN CARÊME
Chef des cuisines du Prince Régent d'Angleterre, de l'Empereur Alexandre, de M. le baron de Rothschild, etc.

Art de la cuisine française. 16 fr.
Le Maître d'hôtel français. 2 vol. in-8° ornés de 10 grandes planch. 16 fr.
Le Cuisinier parisien. 1 vol. in-8°, 25 planches .... 9 fr.

Le Pâtissier national parisien. 2 forts vol. in-18.............. 8 fr.
Le Pâtissier pittoresque. 1 vol. grand-in-8°, 126 planches.. 10 fr. 50

Ce que les Maîtres et les Domestiques doivent savoir, par Mlle DUFAUX DE LA JONCHÈRE. 1 vol. in-18.................... 3 fr. 50.

Le Savoir-vivre dans la vie ordinaire et dans les cérémonies civiles et religieuses, par Ermance DUFAUX. 1 vol. in-18. 3 fr. Relié. 4 fr.

DICTIONNAIRE GÉNÉRAL DES SCIENCES THÉORIQUES ET APPLIQUÉES
Comprenant les mathématiques, physique et chimie, mécanique et technologie, histoire naturelle et médecine, agriculture par PRIVAT-DESCHANEL et FOCILLON. Édition illustré entièrement refondue, 3500 gravures environ, par MM. Jules GAY docteur ès-Sciences, ancien professeur de physique au lycée Louis-le-Grand, et Louis MANGIN, docteur ès sciences naturelles, professeur de cryptogamie au Muséum d'histoire naturelle. Le *Dictionnaire des Sciences* forme deux volumes in-8° composé sur deux colonnes en caractères neufs d'environ 3.000 pages, 3.500 gravures. Brochés 40 fr. Reliés, demi-chagrin........................... 50 fr.

L'ESPACE CÉLESTE ET LA NATURE TROPICALE
Description physique de l'univers, d'après des observations personnelles faites dans les deux hémisphères, par L. LIAIS, ancien astronome de l'Observatoire de Paris, avec une préface de BADINET, de l'Institut. Illustrée de dessins de VAN' DARGENT. Un magnifique volume grand in-8° jésus.................... 15 fr. Relié demi-doré, 21 fr. — Toile, fers spéciaux..................... 20 fr.

CHIROMANCIE NOUVELLE EN HARMONIE AVEC LA PHRÉNOLOGIE ET LA PHYSIOGNOMONIE. Les mystères de la main, art de connaître la destinée de chacun d'après la seule inspection de la main, par A. DESBAROLLES. 17e édition, figures. 1 vol. in-18...... 5 fr.
Graphologie ou les mystères de l'écriture, par DESBAROLLES et JEAN HIPPOLYTE; autographies. 1 volume

in-18........................ 4 fr.
Manuel du drainage, par le baron VAN DER BRAKEL. 1 volume in-18. 9 cartes .... 2 fr. 50
Prairies et élevage du bétail. Guide pratique de l'éleveur, par A. BEDEL, rédacteur en chef du *Journal de la Vigne et de l'Agriculture*. 1 vol. in-18, illustré de nombreuses vignettes, broché........................ 3 fr. 50

PETIT DICTIONNAIRE DES COMMUNES

de la France, de l'Algérie, des Colonies, et pays de protectorat des Stations thermales et balnéaires françaises.

Précédé de tableaux synoptiques, par M. GINDRE DE MANCY. Nouvelle édition revue et augmentée, faite sur un plan nouveau avec des signes fondus spécialement, permettant une lecture facile de cet ouvrage. 1 vol in-32 jésus de 1090 pages.　5 fr.

Traité encyclopédique de la peinture industrielle. Revue générale des diverses catégories de la peinture dans l'industrie et des connaissances nécessaires au praticien. Aperçus théoriques, pratiques et artistiques sur le métier, et sur l'art dans la décoration, par P. FLEURY, peintre décor., direct. techn. et rédact. du *Journal-Manuel de Peinture*. 1 vol. in-18 jésus..... 4 fr.

Traité usuel de la peinture en bâtiment, décor et décoration, contenant l'étude des couleurs et des vernis, l'outillage, les peintures diverses, la vitrerie, la tenture, la dorure, l'imitation des bois, des marbres, des recettes et procédés divers, par PAUL FLEURY, peintre, directeur technique et rédacteur du *Journal-Manuel des Peintres*. 1 vol. in-18 illustré de 9 grav. en couleurs...................... 4 fr.
Honoré de souscriptions du Ministère de l'Instruction publique et du Ministère du Commerce.

Traité usuel de peinture à l'usage de tout le monde. Le dessin. La figure humaine. Perspective. Théorie des couleurs. Manière de peindre : La Nature morte. Les fleurs. Les glacis. Le paysage. La Marine. Les animaux,

etc... etc., par CAMILLE BELLANGER, artiste peintre, second prix de Rome (hors concours). 1 vol. in-18 orné de 12 planches en couleurs........ 4 fr.
Honoré de souscriptions du Ministère de l'Instruction publique.

Traité de peinture à l'eau. Aquarelle, gouache; par Mlle DE SÉRIGNAN. 1 vol. in-18, illustré de nombreuses gravures................... 3 fr. 50

Traité élémentaire de mécanique. Par A. POUSSART, ancien élève de l'Ecole Polytechnique, ancien officier de marine.
1re PARTIE : Mécanique théorique et mécanismes. 1 volume in-18 jésus, figures................... 3 fr. 50
2me PARTIE : Moteurs, récepteurs, opérateurs. 1 vol. in-18 jés. fig. 3 fr. 50
Cours de géométrie élémentaire. A l'usage des aspirants au baccalauréat ès sciences et aux écoles du gouvernement, par M. COLAS, professeur de mathématiques au lycée Henri-IV.
1re PARTIE. Géométrie plane. 1 volume in-8...................... 6 fr.
2e PARTIE. Géométrie dans l'espace, courbes usuelles. 1 volume in-18 broché...................... 3 fr.

Volumes grand in-18, couverture illustrée, à 2 fr.

DUNOIS (ARMAND) Le Secrétaire des familles et des pensions, 1 vol.
—Le Secrétaire des compliments, lettres de bonne année, lettres de fêtes, compliments. 1 vol.
FRAISSINET (ED.). Le Japon. Histoire et descriptions, mœurs, costumes et religion. Nouvelle édition avec une carte. 2 vol.

LAMARTINE. Raphaël. Pages de la vingtième année, 3e édition. 1 vol.
MULLER (E.). La Politesse, manuel des bienséances et du savoir-vivre. 1 vol.
PHILIPON DE LA MADELAINE. Manuel épistolaire à l'usage de la jeunesse. 17e édition. 1 vol.
REGNAULT. Histoire de Napoléon Ier. 4 vol.

Volumes in-32 à 1 franc, net 50 cent.

CONSTANT. Adolphe, 1 vol.
GODWIN. Caleb Williams. 3 vol.
EUGÈNE SUE. Arthur. 4 vol.
REVEL (TH.). Manuel des maris. 1 v.
MAITRE PIERRE. Vie de Napoléon, par MARCO DE SAINT-HILAIRE. 1 vol.
Les allopathes et les homœopathes devant le Sénat, par DUPIN et BONJEAN. 1 vol.

Les Mois, poème en douze chants, par ROUCHER. 2 vol.
La Natation. Art de nager appris seul, avec figures, par P. BRISSET. 1 vol.
GIRARDIN. Dossier de la guerre de 1870-1871. 1 vol.
BONJEAN. Conservation des oiseaux. 1 vol.

Volumes grand in-18, couverture illustrée, à 1 fr. 50

Barèmes ou comptes faits en francs et centimes. 1 vol. in-32 cartonné.

BOCHET. Le Livre du jour de l'An. 1 vol.

DUNOIS. Le petit Secrétaire français. 1 vol.

— **Le petit Secrétaire des compliments**, lettres de bonne année ; lettres de fêtes. 1 vol.

MARTIN (Mme AIMÉ). **Le Langage des Fleurs.** 1 vol.

MULLER. Petit traité de la Politesse française. Codes de bienséance et du savoir-vivre. 1 vol.

PÉRIGORD. Le Trésor de la Cuisinière et de la Maîtresse de maison. 7° édit., revue, corr. 1 vol.

ROBERT (GASTON). **Les Tours de Cartes.** 1 vol. in-18, illustré de 50 gravures.

— **Les gais et curieux tours d'escamotage anciens et modernes.** 1 vol. in-8°, 74 figures explicatives.

— **Tours de physique amusants,** anciens et modernes. 1 vol. in-18, 53 figures explicatives.

DICK DE LONLAY. Les Combats du général Négrier au Tonkin. 30 gravures. 1 vol.

— **Le Siège de Tuyen-Quan,** 20 gravures. 1 vol.

— **La Marine française en Chine,** l'amiral Courbet et «le Bayard», Souvenirs anecdotiques. — 40 gravures. 1 vol.

— **La Cavalerie française à la bataille de Rezonville.** 1 volume in-18, dessins de l'auteur.

— **La défense de Saint-Privat,** dessins de l'auteur. 1 vol.

— **Les Zouaves de l'armée du Rhin,** dessins de l'auteur. 1 vol.

— **Souvenirs de Frédéric III** (examens critiques et commentaires). 1 vol.

HUMBERT (L.). **Le Fablier de la Jeunesse.** Nombreuses vignettes. 1 vol.

ARMAND DE PONTMARTIN
LETTRES ET SOUVENIRS (1811-1890)
Par Edmond BIRÉ

1 fort volume in-8° cavalier. . . . . 6 fr.

60,000 VOLUMES COMPLETS DE " L'ILLUSTRATION "
DIVISÉS EN 4 CATÉGORIES DE PRIX

1° Volumes 27 à 47 et 56 à 60. Le vol. 18 fr. net. . . . . 6 fr.

2° Série de 46 volumes, 27 à 70, 72 et 73 inclusivement, contenant les guerres de Crimée, des Indes, de la Chine, d'Italie, du Mexique, le vol. 18 fr. net. 12 fr.

3° Les collections complètes dont il ne nous reste plus qu'un petit nombre d'exemplaires restent fixées au même prix que précédemment. 2 vol. 18 fr.

4° Volumes 55 à 70, 72 et 73 (Le tome 71 est épuisé). . . . . 18 fr.

Reliures et tranches dorées, le vol. 6 fr.

OUVRAGES DE JOSEPH GARNIER
MEMBRE DE L'INSTITUT
PROFESSEUR D'ÉCONOMIE POLITIQUE A L'ÉCOLE NATIONALE DES PONTS ET CHAUSSÉES
SECRÉTAIRE PERPÉTUEL DE LA SOCIÉTÉ D'ÉCONOMIE POLITIQUE, ETC.

Premières notions d'économie politique, sociale ou industrielle. *La Science du bonhomme Richard*, par FRANKLIN ; *l'Économie politique en une leçon*, par Frédéric BASTIAT ; *Vocabulaire de la science économique*, 8° édit. refondue. 1 vol. in-18. 2 fr. 50

Traité d'économie politique, sociale ou industrielle. Exposé didactique des principes et des applications de cette science, avec des développements sur le Crédit, les Banques, le Libre-Echange, la Production, les Salaires. — 9° édition revue, fort volume gr. in-18 . . . . . . 7 fr. 50

Traité de finances. — L'impôt en général. — Les diverses espèces d'impôts. — Le Crédit public. — Emprunts.

— Dépenses publiques. — Les Réformes financières. 4e édition. 1 vol. in-8.................................. 8 fr.

Notes et petits traités faisant suite au *Traité d'économie politique* et au *Traité de finances*. — Eléments de statistique et opuscules divers : Notices et questions sur l'économie politique ; — La Monnaie, la Liberté du travail, du Commerce ; les Traités de commerce, l'Accaparement, les Changes, l'Agiotage. 3e édition augmentée. 1 vol. in-18.................................. 4 fr. 50

Traité complet d'arithmétique théorique et appliquée au commerce, à la banque, aux finances, à l'industrie. Problèmes raisonnés, notes et notions. 3e édition. 1 vol. in-8°... 8 fr.

Traité élémentaire des opérations de bourse, par A. COURTOIS fils, membre de la Société d'économie politique de Paris. 12e édition remaniée et augmentée. 1 vol. gr. in-18..... 5 fr.

Manuel des fonds publics et des Sociétés par actions, par LE MÊME. 8e édition complètement refondue et considérablement augmentée. 1 fort vol. in-18 raisin 1,300 pages.. 20 fr.

Tableau des cours des principales valeurs. Négociées et cotées aux bourses des effets publics de Paris, Lyon et Marseille, du 17 janvier 1797 (28 nivôse an V) à nos jours, par LE MÊME, 3e édition. 1 vol. gr. in-8 oblong, relié........................... 3 fr. 50

Études sur la circulation et les banques, par M. Alfred SUDRE. 1 vol. grand in-18................. 3 fr. 50

Banques populaires. Associations coopératives de crédit, par Alphonse COURTOIS. 1 vol. in-18, portrait. 3 fr. 50

Guide complet de l'étranger dans Paris. Nouvelle édition, illustrée, vignettes des monuments, plan de Paris. Description des 20 arrondissements avec un plan à chacun. 1 vol. relié........................... 4 fr.

Nouveau guide pratique dans Paris, à l'usage des étrangers. 1 vol. relié........................... 2 fr.

Guide universel de l'étranger à Lyon, avec les renseignements nécessaires au voyageur. Illustré, PLAN DE LYON. 1 vol. in-32 toile.... 2 fr. 50

Guide général à Marseille. Description de ses monuments, places. Dictionnaire des rues, illustré, vues, plan. 1 vol. in-32 relié.

Guide de Fontainebleau, contenant une notice détaillée sur l'historique du château ; illustré de nombreuses gravures. 1 vol. in-18 broché....0 fr. 60

ATLAS UNIVERSEL DE GÉOGRAPHIE PHYSIQUE ET POLITIQUE
Par M. L. GRÉGOIRE

Docteur ès lettres, Professeur d'Histoire et de Géographie, auteur du *Dictionnaire des Lettres et des Arts*, du *Dictionnaire d'Histoire et de Géographie*, de la *Géographie illustrée*, etc. 1 volume in-4° cartonné, contenant 110 cartes coloriées et environ 70 petites cartes ou plans en cartouches................. 12 fr. 50

ŒUVRES DE P.-J. PROUDHON

De la Célébration du Dimanche. 1 volume..................... 75 c.

Résumé de la Question sociale. Banque d'échange. 1 vol. 1 fr. 25

Intérêt et principal, discussion entre *Proudhon* et *Bastiat*. 1 vol... 1 fr. 50

Des Réformes à opérer dans l'exploitation des Chemins de fer et de leurs conséquences. 1 volume................... 3 fr. 50

Idée générale de la Révolution au XIXe siècle. 1 vol....... 3 fr.

La Révolution sociale démontrée par le coup d'Etat. 1 vol... 2 fr. 50

LAMARTINE. Histoire de la Révolution de 1848. 2 vol. in-8°. 12 fr.
— Raphaël. Pages de la 20e année. 2e édit. 1 vol. in-8°........... 3 fr.
— Histoire de la Russie, par LE MÊME. 2 vol. in-8°........... 5 fr.

Cour martiale du Seraskerat, procès de Suleiman-Pacha, portraits et cartes par A. LE FAURE. 1 vol. grand in-8°................. 7 fr. 50

LAMENNAIS. Essai sur l'Indifférence en matière de religion. 4 vol. in-8°.................. 20 fr.
— Correspondances, notes et souvenirs de l'auteur, 1818 à 1840, 1859. 2 vol. in-8°.................. 10 fr.

ROBERTSON, œuvres complètes, notice, par BUCHON. 2 vol. gr. in-8°. 20 fr.

MACHIAVEL, œuvres complètes, notice. par BUCHON. 2 vol. gr in-8°. 20 fr.

COLLECTION DE NOUVELLES CARTES

Itinéraire *à l'usage des voyageurs et des gens du monde*, chemins de fer et routes, dressées, coloriées, par BERTHE, grand colombier, chacune..... **1 fr.**

Carte de l'Extrême-Orient, par POULMAIRE, raisin, en couleurs. **1 fr.**

Europe. Etat de l'Europe.

France en 86 départements.

Espagne et Portugal.

Hollande et Belgique.

Italie et ses divers Etats, en une feuille.

Confédération Suisse, en 22 cantons.

Russie d'Europe.

Grèce actuelle et Morée.

Turquie d'Europe et d'Asie.

Angleterre, Ecosse et Irlande.

Empire d'Allemagne.

Mappemonde.

Suède et Norvège.

Amérique méridionale.

Amérique septentrionale.

Océanie et Polynésie, Egypte et Palestine.

Amérique méridionale et septentrionale.

Carte de Tunisie. 1 feuille col. **2 fr.**

Nouveau plan d'Alger et de ses environs, 1 feuille jésus. **1 fr.**

Maroc-Algérie-Tunisie. 1 feuille colombier. Nouvelle édition.... **2 fr.**

Cartes de France en 89 départements. 1 feuille grand monde...... **4 fr. 50**

Carte d'Europe. 1 f. g. monde. **4 fr. 50** LES MÊMES, collées sur toile, vernies et montées sur gorges et rouleaux. **10 fr.**

Mappemonde en deux hémisphères. Haut. 0m,90, largeur 1m,80.. **6 fr. 50** Collée sur toile, ... **14 fr.**

Le Rhin et les pays voisins, de Constance à Cologne. 1 f. jés. **2 fr.**

Carte des environs de Paris. Villes, communes et châteaux desservis par les chemins de fer. 1 f. col. **2 fr.**

Carte du Tonkin, de l'Annam, Cochinchine, Cambodge, plan d'Hanoï, demi-colombier ... **60 cent.**

Carte de la Belgique, demi-jés. **1 fr.**

Carte de la Hollande, demi-jés. **1 fr.**

Nouvelle carte de l'Italie... **2 fr.**

Carte de l'Angleterre, de l'Irlande et de l'Ecosse. 1 f. jés. **2 fr.**

Nouvelle carte de l'Espagne et du Portugal. 1 feuille jésus . **2 fr.**

Nouvelle carte de la Suisse. 2 fr.

Nouvelle carte de l'Allemagne. 1 feuille jésus................ **2 fr.**

Carte physique et politique du Portugal. 1 feuille demi-jés.. **1 fr.**

Carte des environs de Paris avec routes vélocipédiques, 1 feuille grand colombier............... **2 fr.**

Carte générale des chemins de fer français, par CHARLE. Colombier........................... **2 fr.**

Nouvelle carte itinéraire des chemins de fer de l'Europe centrale. Les communications entre les villes capitales, par A. VUILLEMIN. 1 feuille .... **2 fr.**

Nouvelle carte routière et administrative de la France, chemins de fer, stations, divisions civiles et militaires, navigation, d'après celle des Ponts et Chaussées, par BERTHE. 1 feuille colombier............. **3 fr.**

Nouvelle carte physique et politique de l'Europe, routes et chemins de fer, dressée par FREMIN. Feuille grand monde.......... **3 fr.**

Planisphère terrestre, nouvelles découvertes, les colonies européennes et les parcours maritimes par VUILLEMIN. 1 feuille grand monde, chromo. **5 fr.**

Carte physique et politique de l'Algérie, divisions administratives et militaires, par M. A. VUILLEMIN. 1 feuille col................... **2 fr.**

Nouveau plan de Paris et des communes de la Banlieue. 1 feuille gr. monde, chromo. **4 fr. 50**

Paris et ses nouvelles divisions municipales. Plan-Guide à l'usage de l'étranger, par A. VUILLEMIN. 1 feuille grand-aigle........ **1 fr. 60**

Plan de Paris. Illustré, itinéraire des rues, demi-colombier.......... **1 fr.**

Nouveau Paris monumental. Itinéraire pratique des étrangers dans Paris, feuille chromo.......... **1 fr.**

Itinéraire des omnibus et tramways dans Paris. Feuille, colorié, plié..................... **1 fr. 20**

Plan général de Marseille, travaux en voie d'exécution, par PÉPIN MALHERBE. 1 feuille..................... **1 fr.**

Nouveau plan illustré de Lyon et de ses faubourgs. 1 f. gr. colombier, indication des tramways........ **2 fr.** LE MÊME sur colombier, en feuille. **1 fr.**

Plan monumental de Lyon, 1 feuille jésus, imprimé en chromolitho.................... **1 fr.**

La Guerre en Extrême=Orient

RUSSES ET JAPONAIS

Par H. GALLI. — Illustrations de Bombled, Lissac, Malespine, Salles.

2 volumes in-8° jésus de 120 livraisons. Chaque volume : Broché, **12 fr** — Relié, plaque spéciale, tranches dorées, **16 fr.** — Relié demi-chagrin, tranches dorées, **18 fr.**

LE MÉMORIAL DE SAINTE-HÉLÈNE

Par le Comte de LAS CASES

2 volumes grand in-8° d'environ 240 livraisons en couleurs, par L. BOMBLED, suivi de la biographie des vingt-six maréchaux du premier Empire, par Désiré LACROIX. Chaque volume se vend séparément :
Broché. . . . . **12 fr.** — Relié toile, plaque, tr. dorées . . . . **16 fr.**

FRANÇAIS ET ALLEMANDS

HISTOIRE ANECDOTIQUE DE LA GUERRE 1870-71

Par DICK DE LONLAY

4 volumes format grand in-8° jésus. — Chaque volume contient de nombreux dessins, plans de batailles, 120 gravures en couleurs et se vend séparément, broché, **12 fr.** — Relié, plaque spéciale, tranches dorées, **16 fr.** — Demi-chagrin, tranches dorées . . . . **18 fr.**

L'ARMÉE DE LA LOIRE

RELATION ANECDOTIQUE DE LA CAMPAGNE 1870-71

Par GRENEST

1 volume illustré de 120 gravures en couleurs, par L. BOMBLED.
Broché. . . . . . . **12 fr.** — Relié avec plaque. . . . . . . **16 fr.**

L'Armée de l'Est

RELATION ANECDOTIQUE DE LA CAMPAGNE 1870-71

Par GRENEST

1 volume illustré de 120 gravures en couleurs, par L. BOMBLED.
Broché. . . . . **12 fr.** — Relié avec plaque. . . . . . . **16 fr.**

Voir pages 17 et 18, format in-8° carré

LA GUERRE A MADAGASCAR

HISTOIRE ANECDOTIQUE DE L'EXPÉDITION

Par H. GALLI

Deux volumes grand in-8°, contenant environ 240 gravures en couleurs, portraits, cartes et plans, par L. BOMBLED. Chaque volume se vend séparément :
Broché . . . . **12 fr.** — Relié doré, plaque chromo, le vol. . . **18 fr.**

Paris. — Imp. PAUL DUPONT, 4, rue du Bouloi (Cl.). 21.3.1908

www.ingramcontent.com/pod-product-compliance
Lightning Source LLC
Chambersburg PA
CBHW060750030726
47503CB00002B/220